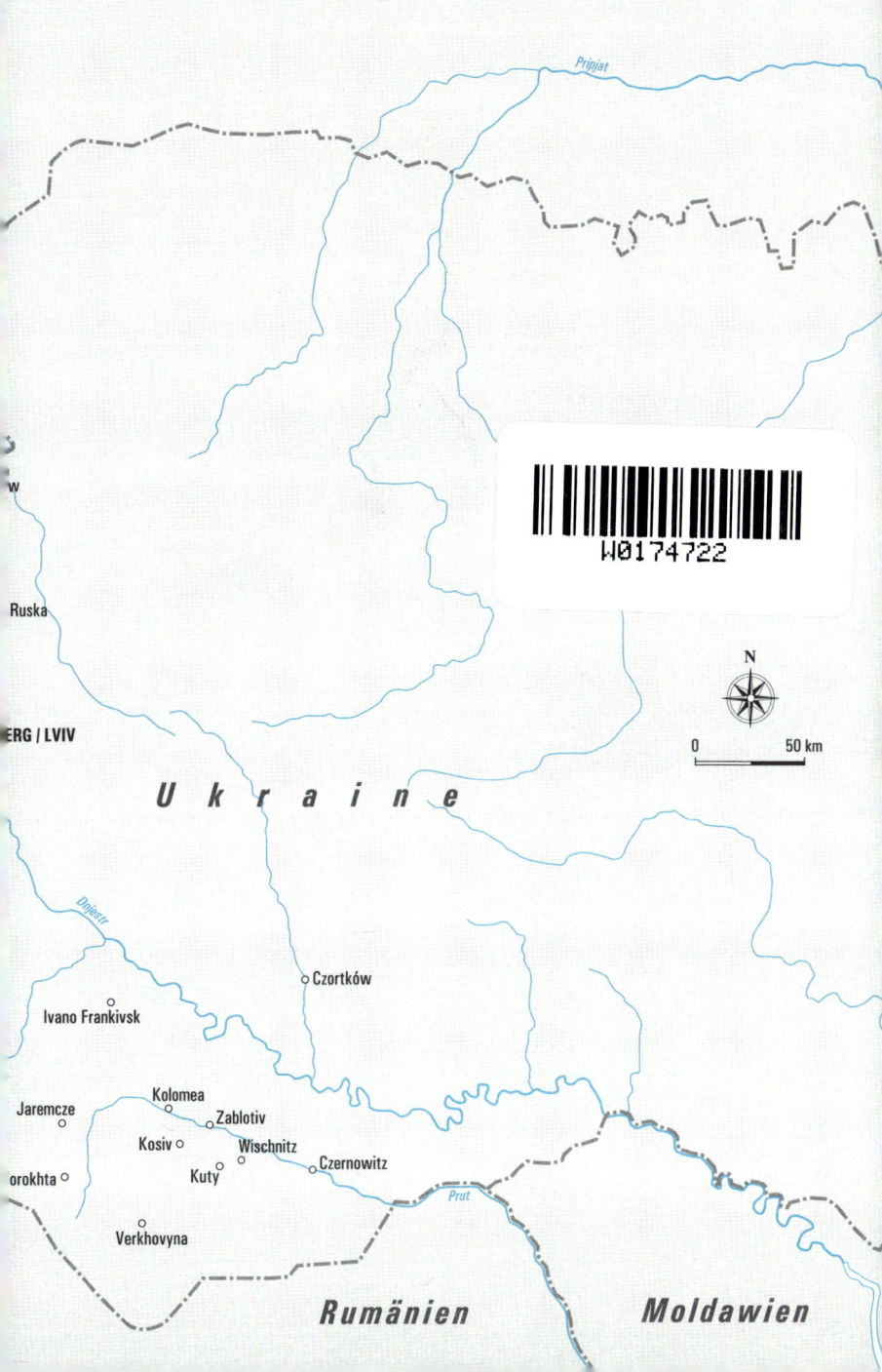

Weißrussland

Pripjat

Ukraine

Dnjestr

w

Ruska

ERG / LVIV

N

0   50 km

Czortków

Ivano Frankivsk

Kolomea

Jaremcze   Zablotiv

Kosiv   Wischnitz

orokhta   Kuty   Czernowitz

Prut

Verkhovyna

Rumänien   Moldawien

Uwe von Seltmann

Todleben

Inhalt

Prolog

»Auch dort wohnen Menschen«
Verkhovyna, Juni 2010

Um manche Geschichten erzählen zu können, muss man reisen, in die Vergangenheit zum Beispiel. Oder in eine Gegend, die geografisch in der Mitte Europas liegt und auf der Landkarte so nah scheint, aber zugleich fern und fremd ist wie die Sterne, die über den dunklen Bergen aufgehen. Es sind dieselben Berge, »die etliche Jahre zuvor der schrecklichsten Katastrophe zusahen – dem Tod Tausender und Abertausender, deren Gebeine auf ewig im Gedächtnis der Jahre ruhen; dieselben Berge, die wie treue Wächter in ihren Berghöhlen die heldenhaften Widerstandskämpfer verbargen. Noch dunkeln dort in den Bergen die Überreste der Schützengräben wie Wunden, die die Zeit nicht zu heilen vermag, und sie mahnen und mahnen.« So hat Josef Burg, der letzte der großen jiddischen Dichter, verstorben im August 2009, die Berge beschrieben, die ich inzwischen kaum mehr erkennen kann.

Mit jeder Minute werden es mehr Sterne, die am Nachthimmel erscheinen. So viele, dass man sie nicht mehr zählen kann. Keine Leuchtreklame trübt den Blick, keine Straßenlaterne, kein Autoscheinwerfer. Den Großen Wagen und den Kleinen Wagen erkenne ich, die anderen Sternbilder sind mir ein Rätsel. Mein Vater hätte sie mir erklären können, so wie er es in meiner Kindheit getan hat, als es auch in unserem Dorf noch dunkel war. Es waren Augenblicke des ehrfürchtigen Staunens, als wir in den kalten Winternächten zum Himmel aufschauten.

Ich halte den Atem an und wage nicht, mich zu bewegen. Wie damals, als ich ein Kind war. Nur dass ich in dieser Nacht nicht die Hand des Vaters habe, die ich hätte ergreifen können. Ich frage mich, ob mein Vater jemals an der Hand seines Vaters den Sternenhimmel betrachtet hat. Wahrscheinlich nicht, denn als sein Vater ihm den Sternenhimmel hätte erklären können, war mein Vater schon Waise. Er war nicht einmal zwei Jahre alt, als sein Vater, mein Großvater, seinem Leben selbst ein Ende gesetzt hat.

Mein Großvater ist in dieser Gegend gewesen, das weiß ich aus seinen Briefen, hier in den östlichen Karpaten, in denen alte Leute zigmal die Nationalität wechselten, ohne dass sie ihr Dorf auch nur ein einziges Mal verlassen haben: Geboren in der österreichisch-ungarischen Doppelmonarchie, dann polnisch oder rumänisch, sowjetisch, deutsch, wieder sowjetisch, seit 1991 ukrainisch. Ukraine bedeutet Grenzland, und hier am Czeremosz trägt die Ukraine diesen Namen zu Recht. Oben auf den Gipfeln des Czarnohora-Gebirges, der Schwarzen Berge, liegt die Grenze zu Rumänien, wenige Kilometer westlich die zur Slowakei und zu Ungarn, den Czeremosz flussabwärts, durchs Tal des Pruths, unweit von Czernowitz die zu Moldawien und nordwestlich die zu Polen.

Als mein Großvater geboren wurde, im Januar 1917 in Graz, war alles ein Staat, und obwohl keine zwei Monate zuvor Kaiser Franz Joseph nach 68-jähriger Regentschaft gestorben war, deutete noch nichts darauf hin, dass sich die Monarchie einmal auflösen könnte. Für diese Gewissheit stand schon mein Urgroßvater, Dr. Josef Armand von Seltmann, kaiserlicher und königlicher Hofrat und damit Garant der ewigen Herrschaft des Habsburgergeschlechts. Wien lag weit weg, und die Schlachten des Ersten Weltkriegs wurden in Galizien und der Bukowina geschlagen, den östlichsten Vorposten der Doppelmonarchie – jenem Land, in dem Menschen und Bücher lebten, wie der Czernowitzer Dichter Paul Celan einmal sagte. Und in dem später die Menschen zu Hunderttausenden starben, weil Herrscher kamen, die alle ermordeten oder deportierten, die nicht in ihre Ideologie passten: Juden und Huzulen, Rumänen und Ruthenen, Bojken und Lemken, Ukrainer und Polen wie Michał Pazdanowski, den Großvater meiner Frau Gabriela, der 1937 in dieses Dorf am Czeremosz gezogen war, in dem ich 73 Jahre später den ehrfurchtgebietenden Sternenhimmel betrachte.

Die Sterne gehen über allen auf, über Guten und Bösen, so wie die Sonne über allen scheint, ohne einen Unterschied zu machen, ob es Gerechte oder Ungerechte sind. Das sagt schon die Bibel. Jaroslaw, unser Fahrer, der uns auf Straßen, die zu Zeiten der k. u. k. Monarchie nicht schlechter gewesen sein konnten als heute, in das Städtchen am Czeremosz gebracht hat, kennt die Bibel nahezu auswendig – Jaroslaw ist ein Zeuge Jehova. Er wohnt in Lemberg/L'viv/Lwów, das einst hinter Wien, Budapest und Prag die viertgrößte Stadt der Doppelmonarchie war, und liebt das Gebirge. Die Berge sind für ihn ein Ort der Ruhe und Zuflucht. In sie zieht er sich zurück, wenn er mal wieder genug hat von den Verhältnissen in der Ukraine: Überall Gewalt und Pornografie, aber keine Arbeit und keine Gerechtigkeit, klagt er, ob Polizisten oder Richter, alle seien käuflich. Die Menschen fühlten sich wie ein Tier in die Ecke gedrängt und glaubten an nichts mehr. Deshalb lächelten sie so selten und tränken so viel: »Wodka – und bis morgen keine Sorgen.«

Für Jaroslaw, den wir schon bald freundschaftlich Jarek nennen, sind die ukrainischen Verhältnisse ein Zeichen, dass die in der Bibel erwähnte endzeitliche Schlacht von Armageddon bald bevorstehe. Ob wir wüssten, wann Satan auf die Erde gekommen sei, fragt er einmal und gibt gleich die Antwort: im Sommer 1914, mit der Ermordung des österreichischen Thronfolgers Franz-Ferdinand in Sarajewo und dem Ausbruch des Ersten Weltkriegs. Und dann sagt er Sätze, die wir mehrfach auf dieser Reise in das Herz Europas hören: Wir brauchen wieder einen Krieg. Gegen die Deutschen. Und einen Tag nach dem Einmarsch der Deutschen ergibt sich die ukrainische Armee. Und dann können die Deutschen hier Ordnung schaffen. Seit vielen Jahren reise ich in die Ukraine, aber niemals habe ich diese Sätze so oft gehört wie in diesem Frühsommer. Schon der freundliche, ältere Herr, der uns, weil kein Marschrutka, kein Kleinbus, vom Grenzübergang nach Lemberg aufzutreiben war, in einem alten VW Passat dorthin chauffierte, hatte sich einen Krieg herbeigewünscht – damit die Deutschen kommen und für Ordnung sorgen. Er deutete, während er Schlagloch um Schlagloch umkurvte und wir uns wie auf einem schlingernden Schiff vorkamen, auf die zahllosen Bauruinen, die niemand bewohnt, und auf die fruchtbaren Felder und saftigen Wiesen, die brachliegen, weil sie niemand bewirtschaftet. Er spare für einen Traktor, sagte er, aber er werde das nötige Geld wohl niemals zusammenbekommen, denn das Leben in der Ukraine sei sehr teuer geworden. Sein Sohn sei Grenzbeamter und verdiene 1800 Gryvna im Monat, keine 200 Euro. Wie solle man davon leben? Wenn wir an der Grenze mal Probleme hätten, sagte er und rieb Daumen und Zeigefinger aneinander, sollten wir uns an seinen Sohn wenden. Ein Krieg, sagte er zum Abschied noch einmal, ja ein Krieg, das wäre die Lösung.

Ich denke an ihn, während ich in den Sternenhimmel schaue, und an den alten Mann mit dem zerfurchten Gesicht, dem Josef Burg auf seiner Karpatenreise Ende der 1980er-Jahre begegnet war:

Was sieht er dort in den Bergen? Vielleicht ist er in den Kriegsjahren Partisan in dieser Gegend gewesen, und die Einzelheiten aus jener schrecklichen Zeit fügen sich nun zu einem deutlichen Bild. In seiner Vorstellung erwacht möglicherweise die fürchterliche Jagd nach schutzlosen Greisen, Frauen und Kindern, mit Weinen und Wehklagen und kurzen scharfen Schüssen. Und vielleicht durchlebt er noch einmal das Elend und die Verlorenheit jener letzten Minute, wenn die Erde unsicher wird und der Mensch vor sich selbst fliehen möchte.

Vergangene Nacht, unserer ersten hier am Czeremosz, war in Gabriela die Vorstellung der »fürchterlichen Jagd« erwacht. Waren es die rätselhaften Stimmen, die aus der Finsternis in unser Zimmer drangen, die sie in panische Angst versetzt hatten? Es waren keine harten, barschen Männerstimmen, die wir hörten, sondern helle, klare, hohe Frauenstimmen. Minutenlang, gleichförmig, mantraartig, in einer unverständlichen Sprache, als ob alte Kräuterweiber Beschwörungsformeln murmeln oder geheimnisvolle Zaubersprüche aufsagen. Bei den Huzulen, jenem sagenumwobenen Bergstamm hier in den östlichen Karpaten, würden solche archaischen Bräuche bis heute gepflegt, hatte man uns erzählt.

Oder war es die Quelle unter unserem Zimmer, die Tag und Nacht sprudelte? Oder der abendliche Anruf von Gabrielas Vater, der von rätselhaften Geschehnissen im elterlichen Haus berichtete und seine Tochter beschwörend bat, bitte achtsam und vorsichtig zu sein? Niemals zuvor, sagte Gabriela, habe sich ihr Vater so verängstigt und besorgt gezeigt.

Als die Dämmerung hereinbrach und die ersten Hähne krähten, erstarben die seltsamen Stimmen. Womöglich waren es lediglich zwei Frauen, die auf den ersten Bus nach Vorokhta oder nach Kolomea warteten und sich mit munteren Gesprächen die Zeit verkürzten. Und auch die Angst legte sich allmählich, als sich das Morgengrauen mehr und mehr in einen lichten Tag verwandelte.

»Kann man die Gefühle eines anderen noch einmal erleben und durchleben?«, fragte Gabriela plötzlich. Es war drei Uhr in der Nacht, als sie erwachte. Und es war drei Uhr in der Nacht gewesen, als vor knapp 70 Jahren, am 13. November 1942, unweit von unserem Quartier Gabrielas Großvater abgeholt worden war und niemals wieder nach Hause zurückkehren sollte. Seine Frau war allein geblieben, mit drei kleinen Kindern.

Sie habe sich in ihrer Angst wie ein Stein gefühlt, sagte Gabriela, unfähig, sich zu bewegen. Hilflos und ohnmächtig. Eine fürchterliche Ungewissheit habe sich in ihr breitgemacht. Sie rieb ihren schmerzenden Nacken. »Ich habe das Gefühl, mich die ganze Nacht versteckt zu haben.«

Hat sie noch einmal »das Elend und die Verlorenheit jener letzten Minute« erlebt, von der Josef Burg schreibt, »wenn die Erde unsicher wird und der Mensch vor sich selbst fliehen möchte?« Waren es die Gefühle der Großmutter, als ihr Mann abgeholt wurde und sie mit der ohnmächtigen Frage zurückblieb: Was geschieht mit meinem Mann? Was wird aus uns?

»Lass uns morgen früh gleich abreisen«, bat Gabriela. »Ich kann nicht länger bleiben.«

Gabriela schläft bereits, als ich an dem gusseisernen Gartentor lehne und mich in der unendlichen Weite des Sternenhimmels verliere. Ich denke an Josef Burg, der 1912 nur wenige Kilometer flussabwärts geboren worden war, in Wischnitz, wo von 6800 Einwohnern 6300 Juden waren und auch die christlichen Huzulen jiddisch sprachen. Die Abende in seinem Arbeitszimmer sind mir unvergesslich, als er, der letzte Übriggebliebene aus der großen Tradition der Czernowitzer jüdischen Literatur, aus seinem Leben erzählte. Und von seinem Vater, der den für Juden seltenen Beruf des Flößers ausgeübt hatte. »Der Vater hat Glück gehabt«, sagte Josef Burg an einem dieser Abende. »Er ist 1938 gestorben. Er musste nicht miterleben, wie die Familie ausgelöscht wurde. Alle meine Verwandten sind umgekommen. Ich bin der einzige Überlebende meiner großen Familie. Es waren über 50.« Einmal spielte, während er erzählte, irgendjemand im Haus Klavier. Es war ein elegisches, leicht melancholisches Stück, wie bestellt zur Untermalung seiner Geschichte und Geschichten, vielleicht Chopin. Die Musik ließ den greisen Mann mit dem schlohweißen ungebändigten Haar wirken wie ein Relikt längst vergangener Zeiten, als einen lebenden Anachronismus, ein Denkmal gegen das Vergessen, das eine Welt verkörpert, wie es sie heute nicht mehr gibt.

Einen Satz von Josef Burg habe ich im Ohr, als ob er ihn mir soeben gesagt hätte: »Das 20. Jahrhundert war das schrecklichste Jahrhundert in der Geschichte der Menschheit.« Aber es ist nicht Josef Burg, der gerade etwas zu mir sagt, sondern Stepan, der sich in der Dunkelheit unbemerkt zu mir gesellt hat. Stepan und seine Frau Anna sind unsere Gastgeber, beide sind sie, wie viele Huzulen, Musiker. Was Stepan zu mir sagt, verstehe ich nicht, aber es hat irgendetwas mit den Sternen zu tun, denn er macht eine ausholende Armbewegung und deutet zum Himmel. Weil Stepan von wortkargem Naturell ist und wir keine gemeinsame Sprache haben, sprechen wir Deutsch miteinander, denn »mówić po niemiecku« – Deutsch sprechen – sagt man in der Ukraine, wenn man schweigt und nicht miteinander redet. Oder sich nicht versteht und sich nichts zu sagen hat. Auch im Polnischen sind die Deutschen die »Niemcy«, die Stummen. Und die Slawen ihrerseits haben den Namen vom gotischen »slavan«, was ebenfalls nichts anderes heißt als »schweigen«.

Schweigen die Täter, reden die Enkel hatte ich das Buch genannt, mit dem ich das Schweigen über meinen Großvater gebrochen hatte. Mein Großvater, von dem ich nichts gewusst hatte, außer dass er SS-Mann gewesen war, dass drei seiner sechs Kinder in der Nähe von Vernichtungslagern geboren worden waren und dass er irgendwo in Schlesien als vermisst galt. Ich hatte nichts über ihn gewusst, weil in meiner Familie nicht über ihn geredet worden war und auch mein Vater nichts über ihn gewusst hatte. Es war, als ob er überhaupt nicht existiert hätte, so als ob jemand einen Zweig aus dem Familienstammbaum herausgesägt hätte. Er war abwesend und in dieser Abwesenheit zugleich anwesend – einem Phantom gleich, das irgendwie irgendwo herumgeistert, aber nicht zu fassen ist.

Doch es hat ihn nicht nur als Phantom gegeben, sondern auch als Menschen, denn sonst gäbe es meinen Vater nicht und auch mich nicht. Wenn es meinen Großvater nicht gegeben hätte, wäre ich nicht mit Gabriela ins ukrainische Verkhovyna gereist, das bis 1962 den polnischen Namen Żabie trug. Wenn es ihn nicht gegeben hätte, wäre ich nicht mit Gabriela verheiratet. Und ich würde nicht mit ihr nach ihrem Großvater forschen.

Stepan und ich schauen noch immer sinnierend auf die Sterne. Doch mit einem Mal richtet Stepan sich auf und beendet das Schweigen. »Tam też mieszkają ludzie«, sagt er. Und ich verstehe ihn: »Auch dort wohnen Menschen.«

»Może być«, antworte ich, »kann sein.«

»Pewno«, sagt er, »ganz bestimmt.« Er geht zum Haus und wünscht mir eine gute Nacht.

»Dobranic«, sage ich auf Ukrainisch.

»Tam też mieszkają ludzie.« Dieser Satz geht mir nicht aus dem Kopf und begleitet mich noch, als wir längst die Huzultschtschyna, die Huzulei, wieder verlassen haben, die für die meisten Europäer gar nicht mehr zu ihrem Kontinent gehört und in der doch 1887 kaiserlich und königliche Landvermesser die geografische Mitte Europas festgestellt haben.

»Auch dort wohnen Menschen«. Stepans Satz ist ein Satz, der an jedem Ort der Erde gültig ist: Egal, wo man sich gerade aufhält und in welche Himmelsrichtung man blickt, irgendwo wohnen immer auch dort Menschen. Es sind Menschen, die zu allem fähig sind, die Gutes vollbringen und unsagbar Grauenvolles anrichten, die liebende Eltern sind und brutale Schlächter. Und manchmal beides zugleich.

»My grandfather was killed at Auschwitz«
Krakau, 7. Juli 2006

Die Reisen in die Vergangenheit und quer durch Europa führten mich vom polnisch-ukrainischen Galizien bis fast zu jener Region, die denselben Namen trägt und mit der das östliche Galizien gerne verwechselt wird: der Provinz Galicien im Nordwesten Spaniens. Sie haben ihren Anfang genommen in einer Stadt, die für mich so etwas wie mein Schicksalsort geworden ist. Mehrfach hat sie, ohne dass ich es im jeweiligen Augenblick ahnen konnte, meinem Leben eine andere Richtung gegeben – und die Weisheit bestätigt: Leben ist das, was geschieht, wenn man gerade ganz andere Pläne gemacht hat. Krakau war seit meiner Kindheit eine Art Mythos für mich. Irgendwann hatte ich im Ausweis meines Vaters entdeckt, dass er dort geboren war, und die alte polnische Königsstadt war mir – ohne dass ich recht wusste, wo sie lag – zu einem Ort magischer Anziehungskraft geworden. Ein Ort der Sehnsucht und des Fernwehs, so wie Timbuktu, Samarkand oder Macchu Picchu. In meiner kindlichen Fantasie bin ich oft an diese Orte gereist, als einzigen erreicht habe ich bisher – viele Jahre später – Krakau.

Ich war genau an jenem Tag zum ersten Mal dort eingetroffen, als der sowjetische Staats- und Parteichef Michail Sergejewitsch Gorbatschow den legendären Satz sagte: »Wer zu spät kommt, den bestraft das Leben.« Ich war zusammen mit meinem Vater gefahren, der die Stadt 45 Jahre zuvor, im Sommer 1944, verlassen hatte. Wir hatten uns das Haus angeschaut, in dem er im Mai 1943 geboren worden war, als fünftes Kind eines österreichischen SS-Mannes und einer thüringischen Pfarrerstochter. Lange hatten wir überlegt, ob wir an einer der Türen der Villa läuten sollten. Leider fanden wir nicht den Mut, und so sollte es noch zwölf Jahre dauern, ehe ich das damalige Vorhaben in die Tat umsetzte. Zu spät, denn ich traf nur noch Pani Leśniak, die als Kind mit meinem Vater und seinen älteren Geschwistern gespielt hatte. Ihre Mutter, die uns viel hätte erzählen können, war inzwischen verstorben.

Das mythische Krakau hatte im Oktober 1989 der Begegnung mit dem wirklichen Krakau standgehalten, und die Konfrontation von Mythos und Realität hatte nicht zu Ernüchterung und Enttäuschung geführt. Und so war ich immer wieder gekommen, auch wenn ich nur wenige Stunden Zeit hatte, wie an jenem Abend des 7. Juli 2006, als ich auf dem Weg vom ukrainisch-galizischen Lemberg ins sächsische Leipzig war.

Es war im Laufe der Jahre zu einer Tradition geworden, dass ich meine Krakauer Abende in Kazimierz verbrachte, in jenem Viertel, in dem einst die meisten der über 60 000 Krakauer Juden gelebt hatten, und das heute wegen seiner ungezählten Kneipen, Galerien, Clubs und Cafés mit dem Prenzlauer Berg im Berlin der Nachwendezeit oder dem Pariser Künstlerviertel Montmartre verglichen wird. In Kazimierz saß ich gerne im Café Singer – im Winter das flackernde Kaminfeuer im Rücken, im Sommer den Blick auf die ulica Estery genießend, auf der all die flanierenden Esters, Kasias und Agnieszkas Polens landschaftliche Reize und Krakaus städtebauliche Schönheiten zur Nebensache werden lassen.

Die Nacht vom 7. auf den 8. Juli 2006 war eine besondere, denn es war der letzte Abend des Jüdischen Festivals, das alljährlich im Frühsommer Tausende Juden und Nichtjuden aus aller Welt nach Krakau lockt. Die wenigen Stunden reichten, um die magische Atmosphäre des Festivals aufzusaugen. Während dieser Tage geschehe in Kazimierz etwas »Mystisches«, pflegt Janusz Makuch, 1988 Mitgründer und bis heute Direktor des Festivals, zu sagen: Die Energie der einstigen Bewohner sei dann besonders zu spüren, eine gerissene Kette werde wieder zusammengefügt. Er sei sich sicher, dass die ermordeten Juden aus Kazimierz »eine Art Erlaubnis« erteilt hätten »für das, was wir hier machen.« Und so war es letztlich kein Wunder, dass ich, der ich eigentlich nur meinen alten Stammplatz aufsuchen wollte, um bei einem letzten Bier ein wenig zu sinnieren, mit einem Mal mit Kasia, Gabriela und Bogumił an einem Tisch saß, denen ich nie zuvor begegnet war, und mit ihnen mit »na zdrowie«, »zum Wohl« und »l'chaim« anstieß, als ob wir uns seit Jahren vertraut wären. Bis ich irgendwann erzählte, dass ich hier im Café Singer einige Kapitel eines Buches geschrieben hatte – was ich sogleich bereute, denn die Frage, wovon das Buch handele, folgte umgehend.

Ich war nicht in der Stimmung, darüber zu reden, denn obwohl ich noch immer gelegentlich zu Lesungen eingeladen wurde, hatte ich – so glaubte ich zumindest – mit diesem Kapitel meines Lebens abgeschlossen. Leider konnte ich nicht mit einem Werk über, zum Beispiel, Bob Dylan aufwarten oder mit einem harmlosen Liebesroman. Außerdem bin ich ein schlechter Lügner. Also sagte ich zögernd, dass das Buch von meinem Großvater handele.

Ein Buch über deinen Großvater? Warum über deinen Großvater? Ich holte etwas aus, erzählte von meinen österreichischen Vorfahren und sagte schließlich, dass mein Vater in Krakau geboren sei. Aber mit diesen eher zurückhaltend vorgetragenen Geschichten gab man sich nicht zufrieden. Um Zeit zu gewinnen, ging ich zur Theke, um eine neue Bestellung aufzugeben – vorbei an dem Tischchen neben dem Kamin, an dem ich unter der Überschrift »Krakau, Mittwoch, 10. November 1999«, die Sätze geschrieben hatte: »Es war in der Krakauer Remuh-Synagoge, im alten jüdischen Stadtviertel Kazimierz, als ich meinen Großvater zum ersten Mal hasste. Obwohl ich ihn nie gesehen hatte, wusste ich, dass er es war, der sich vor meinem inneren Auge aufbaute. Ich hätte ihn nicht beschreiben können, so schnell war er wieder verschwunden.«

Eigentlich war ich im November 1999 nach Krakau gereist, um eine Reportage zu schreiben – eine Reportage über das, was von dem einst blühenden jüdischen Leben in der Stadt geblieben war. Krakau sollte wenige Wochen später Kulturhauptstadt Europas werden, und so war die Stadt auch für deutsche Zeitungen interessant. Es war ein kalter, trüber Herbsttag, der nichts von der sommerlichen Leichtigkeit und Anmut Krakaus erahnen ließ. Weil es regnete, hatte ich beschlossen, die Remuh-Synagoge aufzusuchen – ein folgenschwerer Entschluss, wie sich später herausstellen sollte.

Die Synagoge trägt den Namen des legendären Rabbi Moses Isserle, genannt Remuh, der im 16. Jahrhundert über Polen hinaus den Ruf eines Wunderrabbis hatte. Auch mit seinem Grab, das sich hinter der Synagoge auf dem Alten Jüdischen Friedhof befindet und von frommen Juden aus aller Welt aufgesucht wird, verbindet sich eine Wundergeschichte: Die Nationalsozialisten hatten den Friedhof bereits weitgehend zerstört und als Müllkippe entweiht, als sie auch das Grabmal Remuhs vernichten wollten. Der erste Arbeiter, der den Grabstein berührte, soll jedoch wie vom Blitz getroffen tot umgefallen sein – was sogar die sonst so skrupellosen Nazis beeindruckte. Die Synagoge selbst hatten die deutschen Besatzer als Lagerstätte für Feuerwehrgeräte und imprägnierte Leichensäcke missbraucht. Heute ist sie die einzige der sieben erhalten gebliebenen Synagogen in Krakau, in der Schabbat für Schabbat Gottesdienste stattfinden.

Außer mir hielt sich an jenem trüben Novembertag nur ein älterer Herr in der Remuh-Synagoge auf. Er trug einen grauen Bart, einen schwarzen Anzug und einen schwarzen Hut, hielt ein Gebetbuch in seinen Händen und bewegte seinen Oberkörper rhythmisch vor und zurück. Er betete – so viel konnte ich verstehen – das Kaddisch, das Gebet für die Verstorbenen. Als er die Synagoge verließ, sprach ich ihn an, stellte mich ihm als Journalisten aus Deutschland vor und bat ihn, mir einige Fragen zu beantworten. Gerne, sagte er, doch ich erfuhr von ihm nicht mehr, als dass er in London lebe und dass er einmal im Jahr nach Krakau fahre, um seiner Eltern zu gedenken. Mit einer Handbewegung verdeutlichte er, was mit ihnen geschehen war: Sie waren in Rauch aufgegangen.

Danach stellte nur noch er die Fragen: Warum ich die Synagoge aufgesucht und ihn angesprochen hätte, warum ich eine Reportage über jüdisches Leben schreiben wolle, warum ausgerechnet hier in Krakau, warum ich in Jerusalem gelebt hätte, warum ich mich überhaupt für das Judentum interessiere, schließlich könne ich mich doch auch für den Islam oder den Hinduismus interessieren, wann mein Großvater geboren sei, wann mein Vater. Und so weiter. Nach jeder Antwort eine weitere Frage.

Ich fühlte mich zunehmend unwohl, wollte ihn fragen, was er sich eigentlich erlaube, wollte gehen, blieb aber stehen, als ob ich zum Inventar der Synagoge gehörte. So wie die Holzbänke oder das Kantorpult. Ich war unfähig, mich zu bewegen. Schließlich sagte er, mir weiterhin tief in die Augen schauend: »Sie interessieren sich für das Judentum, weil Sie sich schuldig fühlen. Sie fühlen sich schuldig für das, was Ihr Großvater getan hat – was immer es auch war.«

In diesem Augenblick baute sich mein Großvater vor meinem inneren Auge auf. Und ich hasste ihn. Ich machte ihn verantwortlich für mein diffuses Unbehagen, das mich über Jahre hinweg immer wieder geplagt hatte. Es war nicht so, dass ich mich gramgebeugt, mit einem Joch auf den Schultern, durchs Leben gequält hätte, aber es war auch nicht zu leugnen: Irgendwo versteckt in einem verborgenen Winkel spürte ich, dass irgendetwas irgendwie nicht stimmte. Irgendwo, irgendwie, irgendwas – es war im Unbestimmten geblieben, bis es dieser Londoner Jude, der nichts anderes sein sollte als schmückendes Beiwerk für meine Reportage, an den Tag brachte: Ich fühlte mich schuldig.

Absurd eigentlich, denn ich wusste natürlich, dass man sich nicht für etwas schuldig zu fühlen braucht, das man nicht getan hat. Was sollte ich mich also schuldig fühlen für die möglichen Untaten meines Großvaters, dem ich nie begegnet war? Ich war zwei Jahrzehnte nach seinem Tod zur Welt gekommen, in einer anderen Zeit. Und in einer anderen Welt, fernab von allen Orten, die ich mit ihm in Verbindung brachte, in einem kleinen Dorf im westfälischen Siegerland, das weit weg lag von Polen, Österreich und der Ukraine.

Und doch hatte die Begegnung mit dem Londoner Juden Folgen. Ich setzte das in die Tat um, was ich schon lange vorgehabt hatte: das Leben meines Großvaters nachzuzeichnen. Ich verbrachte die nächsten Jahre damit, in Archiven zu wühlen, Dokumente zu studieren, Zeitzeugen zu finden, Zeitzeugen zu befragen, Fotos zu sichten, Briefe zu entziffern. Ich trug mein Schuldgefühl ab, verlor den Hass gegenüber meinem Großvater, schrieb ein Buch, hielt Vorträge und Lesungen, beantwortete Briefe von Leuten, denen es ähnlich erging, wie es mir ergangen war, und wandte mich anderen Dingen zu.

Bis Krakau in der Nacht vom 7. auf den 8. Juli 2006 wieder einmal Schicksal spielte und mein Leben erneut veränderte. Oder zurück auf den Weg lenkte, den ich nach dem 10. November 1999 eingeschlagen hatte?

Ich war irgendwann in der nächtlichen Runde im Café Singer mit der Wahrheit herausgerückt, dass mein Großvater in Krakau SS-Mann gewesen war. Es wurde still am Tisch, man räusperte sich, hüstelte oder nippte am Glas. Mir kamen Bilder aus meiner Kindheit in den Sinn, ein Urlaub in Norwegen, als meine Eltern und deren Freunde beschimpft worden waren, urplötzlich, und ich nicht verstanden hatte, worum es ging und was überhaupt Nazis waren. Ich erinnerte mich auch an die Fahrt in einem Sammeltaxi von Jerusalem nach Bethlehem, über 20 Jahre später, als ich unaufhörlich von einem zahnlosen Alten mit Berbertuch geherzt und geküsst worden war: Du Deutscher? Gutt! Hitler gutt! Deutsche gutt! Hitler best man! Und dann sagte ausgerechnet diejenige am Tisch, auf die ich ein heimliches Auge geworfen hatte: »Oh, my grandfather was killed at Auschwitz.«

Ich wusste nicht, wie ich mich verhalten sollte, stammelte ein Das-tut-mir-leid und bereitete mich auf einen möglichst unverfänglichen Abschied vor. Doch ich wurde weder verflucht noch verdammt. Wir wandten uns wieder anderen Themen zu, tranken noch ein Glas und standen schließlich – es war längst taghell – unschlüssig auf der Straße. Bogumił verabschiedete sich als Erster, dann Kasia. Sie rief Gabriela auf Polnisch noch etwas zu, das ich nicht verstand: Sie solle bloß nicht mit diesem Deutschen gehen! Aber das erzählten sie mir erst später. So wie mir Gabriela auch erst später erzählte, welch ein Schock es für sie war, ausgerechnet dem Enkel eines SS-Mannes zu begegnen.

Ich hatte noch etwas Zeit, bis der Frühzug nach Berlin abfuhr, und Gabriela und ich bummelten zum Rynek, dem Marktplatz im Herzen der Krakauer Altstadt. Wir gingen über die ulica Szeroka, die Breite Straße, an der die Remuh-Synagoge steht. Dort sei es ihr erst richtig bewusst geworden, dass sie mit jemandem spazieren gehe, der ihr eigentlich sympathisch war, aber zugleich Enkel eines SS-Mannes, sagte Gabriela lange Zeit später. Es sei wie ein Stich ins Herz gewesen. Sie habe natürlich gewusst, dass ich jemand anderes als mein Großvater sei und dass sie mich nicht für seine Taten verantwortlich machen dürfe. Aber ein Unbehagen sei geblieben. Und zugleich das Gefühl, dass auch in ihrer Familie irgendetwas nicht in Ordnung sei. Dass sie sich dieser Geschichte stellen müsse. Unsere Verabschiedung war dann nicht so, dass man ein Wiedersehen hätte einplanen sollen.

Doch nach zwei Tagen bekam ich von Gabriela eine E-Mail mit Fotos aus dem Café Singer. Und eine Woche später bat sie mich um das Buch. Ich fragte, ob ich es per Post schicken solle oder persönlich nach Krakau bringen. Zwei Wochen später saßen wir wieder im Café Singer – und beschlossen spontan, von Krakau aus gemeinsam nach Istrien zu fahren, in das mittelalterliche Städtchen Grožnjan, in dem alljährlich im Sommer ein Jazz- und Bluesfestival stattfindet, meinem eigentlichen und ursprünglichen Urlaubsziel. Ich war seit Jahren dort zu Gast, und Grožnjan war für mich zu einem Stück Heimat geworden. Vermutlich war es die berühmte Mischung aus Wein, Weib und Gesang, die mich an einem lauen Abend einen Heiratsantrag an Gabriela stellen ließ. Sie war etwas überrascht und unschlüssig, wie sie reagieren sollte. Also beschlossen wir, die Passanten in den Gassen zu befragen. Das Urteil war einmütig: Natürlich sollten wir heiraten, keine Frage. Gabriela konnte daraufhin allen Freunden zu Hause Entwarnung melden – sie hatte vor unserer Abreise mein Foto großflächig verbreitet, für den Fall, dass ich nicht der gute Deutsche war, für den man mich hielt, sondern mich als Unhold entpuppen würde. Die Reise ins Ungewisse, die sie für Gabriela gewesen war, nahm also ein gutes Ende und wir blieben zusammen. Und ein Jahr später sagte ein Hochzeitsgast: »She wanted your book and you gave her your heart.«

Vier Jahre später brachte der polnische Rundfunksender *Radio Trójka* einen Beitrag über uns als polnisch-deutsches Ehepaar. Es war ein symbolträchtiges Bild auf der Internetseite des Senders: Links eine weiß-rote polnische Flagge, rechts eine schwarz-rot-goldene deutsche Flagge, und in der Mitte zwei ineinander verschränkte goldene Ringe, die die beiden Flaggen miteinander verbanden. »Polskoniemiecki happy end« – polnisch-deutsches Happy End –, lautete die Überschrift. Doch bis zu diesem glücklichen Ende war es ein weiter Weg. Und es ist auch nur die halbe Wahrheit.

»Don't be Jesus! Don't suffer!«
Pobershau/Erzgebirge, 5. Januar 2007

Auf unserer winterlichen Fahrt ins Erzgebirge, dem Weihnachtsland, in dem fast jedes Haus von einem Schwibbogen oder von Lichterketten erleuchtet ist, wurde Gabriela immer schweigsamer. Wir waren auf dem Weg zu einem großväterlichen Freund von mir, zu Gottfried Reichel. Es war für mich keine Frage, dass ich ihm Gabriela vorstellen würde, denn wir waren seit vielen Jahren vertraut miteinander.

Ich hatte Gabriela viel von ihm erzählt und gesagt, dass er ein besonderer Mensch sei – kein gewöhnlicher Schnitzer, der die langen Winterabende damit verbringe, sich der traditionellen erzgebirgischen Volkskunst zu widmen, und Räuchermännel, Nussknacker oder Bergmänner anfertige, sondern ein Künstler, der Holz zum Leben erwecken könne. Und ich hatte ihr gesagt, dass er bei der SS gewesen war. Für Gabriela war jeder Deutsche, der älter als achtzig war, ein potenzieller Mörder. Und zu diesen Über-Achtzig-Jährigen zählte auch Gottfried Reichel.

In dem halben Jahr seit unserer ersten Begegnung hatten Gabriela und ich uns oft über unsere Großväter unterhalten. Über ihren Großvater Zbygniew, bei dem sie aufgewachsen war und der in ihren Armen starb, als sie 13 Jahre alt war. Und über den Großvater Michał, über den sie nicht viel mehr wusste, als ich vor meinen Recherchen über meinen Großvater gewusst hatte. So wie mein Großvater in meiner Familie ein Tabu war, über das nicht geredet wurde, so wurde auch über ihren Großvater nicht geredet. Sie wusste, dass er 1944 in Auschwitz ermordet worden war. Aber warum? Sie wusste auch, dass er Leiter einer Schule in den sogenannten Kresy gewesen war, jenen Gebieten, die von 1919 bis 1939 zu Polen gehört hatten und dann zunächst von der Sowjetunion, 1941 von den Deutschen und 1944 wieder von der Sowjetunion besetzt worden waren. Ihre Mutter war dort 1942 geboren worden, in ihrem Pass stand: Żabie, UdSSR.

Aber warum war Michał Pazdanowski dort verhaftet worden? Und von wem? Von den Nationalsozialisten? Oder war er von militanten ukrainischen Nationalisten verraten worden, die in ihrem Kampf um einen eigenen Staat zeitweise mit den Deutschen kollaborierten und einen eigenen Krieg gegen Polen und Juden führten? Auch Gabrielas Großonkel Jerzy Pazdanowski, Michałs älterer Bruder, war in einem deutschen Konzentrationslager interniert gewesen. In Dachau. Jerzy war Kunstmaler gewesen, und einige seiner Bilder hingen in der Wohnung von Gabrielas Eltern. Doch auch über ihn, der gestorben war, als Gabriela fünf Jahre alt war, wusste sie nicht mehr, als dass er sich gelegentlich sonderbar verhalten hatte: dass er zum Beispiel nie aus dem Haus ging, ohne sich einen Kanten Brot in die Jackentasche zu stecken.

Und dennoch – oder gerade deswegen – war die Vergangenheit in Gabriela gegenwärtig. Wenn sie mich in Leipzig besuchte, fühlte sie sich unwohl. Die harte deutsche Sprache, der Kommando- und Befehlston: »Hände hoch, polnische Schweine!« »Kennkarte raus!« »Arbeit macht frei« – diese Sätze, die alle Polen aus einschlägigen Filmen kennen, konnte auch sie nachsprechen. Sie meinte, diese Sätze immer wieder auf den Leipziger Straßen zu hören – die Sprache des Krieges und der Besatzer. Oder wenige Wochen zuvor, als sie in Wien von einer Freundin ein Geschenk zu Halloween bekommen hatte. Es war ein Notizbuch mit einer Banderole, auf der grinsende und feixende Totenköpfe abgebildet waren. Sie wolle das Buch nicht, sagte Gabriela und reichte es an mich weiter.

Warum nicht?

Gabriela deutete auf die Banderole: SS! Totenkopfdivision!

Oder eines Nachts, als wir beieinanderlagen. Plötzlich richtete sie sich auf, hielt inne und fragte, was wohl ihr Großvater sagen würde, wenn er wüsste, dass sie mit einem Deutschen im Bett lag? Oder mein Großvater, dass ich mit einer Polin die Nacht verbrachte?

War dieser Großvater oder vielmehr das Verschweigen dieses Großvaters der Grund, warum ich die Freundschaft zu Gottfried Reichel gesucht hatte? Ohne mir dessen bewusst zu sein? Es war 1997, als ich Gottfried Reichel zum ersten Mal aufgesucht hatte. Es war für mich keine Frage, dass ich ihm Gabriela vorstellen würde.

Je enger die Täler und je höher die Berge des Erzgebirges wurden, desto weniger hatte Gabriela einen Blick für die Landschaft, die ihrer Heimat, den südpolnischen Beskiden, so ähnlich ist. Schließlich bogen wir, nur noch zehn Kilometer von der tschechischen Grenze entfernt, in die Dorfstraße von Pobershau. Links und rechts klebten kleine Häuser an den Hängen, aus ihren Schornsteinen stiegen Wolken in den winterlichen Himmel. Gaststätten luden mit traditioneller Küche zum Verweilen ein, die Wiesen waren schneebedeckt. Ein Ort der Ruhe und Erholung. Doch Gabriela sagte, dass sie Angst habe.

Gottfried Reichel erwartete uns schon vor der »Hütte«, dem Museum, das ihm die Gemeinde Pobershau eingerichtet hat. Er trug wie immer einen flusigen Wollpullover und Cordhosen, das schüttere graue Haar etwas zerzaust. Seine Augen lagen tief in den Höhlen, doch sie waren milde und scharfsichtig, sein Händedruck war kräftig.

»Dzień dobry«, begrüßte er Gabriela auf Polnisch.

Gabriela raunte mir zu, ob er das als SS-Mann in Polen gelernt habe. Gottfried Reichel führte uns hinein. Ein Vierteljahrhundert hatte er »auf Halde« geschnitzt, unterstützt nur von seiner vor 15 Jahren verstorbenen Frau, ehe ihm die erste Ausstellung gewidmet wurde. Im Laufe der Jahrzehnte waren in stillen und dunklen Wintermonaten über 300 Holzklötze unter seinen Händen lebendig geworden.

»Natürlich hätte ich viel Geld machen können«, sagte Reichel, »das wär ein schöner Mercedes geworden.« Statt Geld für einen Mercedes hatte er jedoch anderes im Sinn gehabt: Gebete aus Lindenholz zu schaffen. Er wollte der Bibel ein Gesicht gegeben, viele Gesichter. Es sind schmucklose Figuren, schlicht und grob geschnitzt, sie wirken durch die Kunst des Weglassens. Reichels Vorbild war Ernst Barlach, ein von den Nationalsozialisten verfemter Bildhauer. »Den Erzgebirglern gefällt's nicht«, sagte Reichel lakonisch.

Wir betrachteten den Tanz um das Goldene Kalb, den Brudermord Kains, Jakobs Wiedersehen mit seinem Sohn Joseph, Maria mit dem Kind, den verlorenen Sohn, den verspotteten und gekreuzigten Christus. Und die Deportation der Juden in die babylonische Gefangenschaft im 6. Jahrhundert vor Christus. 30, 40 Figuren waren es, verzweifelt, leidend, und an ihrer Spitze ein kleiner Junge mit einer Mütze auf dem Kopf und erhobenen Händen. Er hatte ein bekanntes Gesicht – es war der Junge, der in fast jedem Geschichtsbuch abgebildet ist, fotografiert im Warschauer Ghetto. Und auch die Bewacher kamen einem seltsam vertraut vor: Sie trugen keine Gewänder aus babylonischer Zeit, sondern Mäntel der deutschen Wehrmacht.

Und dann erreichten wir die Stirnwand des Raumes, auf der mit großen Buchstaben geschrieben stand: »Wider das Vergessen«. Darunter hing ein schlichtes Holzkreuz. Und unter dem Kreuz standen 36 Figuren. Hier fand dieser andere Auftrag seinen Ausdruck, der Gottfried Reichel keine Ruhe finden ließ: »Ich komme nicht los von der ganzen Geschichte. Wer einen Krieg erlebt hat, kommt nie wirklich darüber hinweg – egal wie schnell er vorwärts geht, um nicht zurückschauen zu müssen.« Wenn er durch die Ausstellung führte, kamen gerade an dieser Stelle die Fragen der jungen Leute, egal ob sie aus Deutschland, Polen oder Israel stammten: »Wie war das damals? Was haben Sie gewusst? Sie waren doch Christ – wie konnten Sie …?« Und Reichel antwortete, offen und ehrlich, sich selbst nicht schonend.

»Wenn ich Ihnen erzählen würde: Ich habe in einer Zeit gelebt, in der sechs Millionen Juden ermordet wurden, und niemand hat etwas davon gemerkt«, sagte er dann und schaute sein Gegenüber durchdringend an: »Würden Sie mir das glauben? Wir wussten, dass sie weggingen. Wir waren sogar froh darüber. Das andere wollten wir nicht wissen.« Er müsse davon erzählen, was damals geschah. Wenn nicht, mache er sich wieder schuldig.

Gabriela stellte keine Fragen, als sie sich die Figuren anschaute, lange, still und in sich gekehrt. Es waren ausgemergelte, von Leid gezeichnete Gesichter, Kinder, Mütter, bärtige Männer, in sich verkrümmte oder einander Schutz gebende Gestalten mit weit aufgerissenen Augen – 36 Juden aus dem Warschauer Ghetto. Gottfried Reichel hatte sie von historischen Fotos nachgebildet. »Man braucht ihnen nur noch Atem einhauchen, dann leben sie«, sagte einmal eine Besucherin.

Gabriela schwieg, Gottfried Reichel und ich schwiegen ebenfalls. Schon oft hatte ich mit ihm vor diesen Figuren gestanden, hier hatten wir unsere Gespräche geführt. Hier hatte er mir erzählt, dass in seinem Elternhaus Christenkreuz und Hakenkreuz gleichermaßen verehrt wurden, dass er der Propaganda Glauben geschenkt hatte – so sehr, dass er Angst hatte, den Endsieg zu verpassen, dass er sich als 19-Jähriger freiwillig an die Front meldete und noch im Spätsommer 1944, als der Krieg für die Deutschen längst verloren war, Mitglied einer Eliteeinheit wurde: der 3. SS-Panzerdivision Totenkopf, eingesetzt zu letzten sinnlosen Durchbruchsversuchen und Verteidigungskämpfen gegen die Rote Armee zwischen Warschau und Wien, in Polen, Ungarn und Österreich.

Der junge Bordfunker Gottfried Reichel aus dem kleinen Erzgebirgsdorf Pobershau gehörte nun zu den »Soldaten des Todes«, wie der amerikanische Historiker Charles W. Sydnor die Mitglieder der Totenkopf-Division nannte. Sie waren die Elite in der schon elitären SS und berüchtigt für ihre besonders rücksichtslose Kriegführung. Ihr Gründer war SS-Gruppenführer Theodor Eicke, als Kommandant des KZs Dachau und Inspekteur der Konzentrationslager maßgeblich am Aufbau der deutschen Konzentrationslager beteiligt, einer der brutalsten unter den Nationalsozialisten.

Eine Frage verfolgt Gottfried Reichel seitdem bis heute: Wie hätte ich mich verhalten, wenn ich nach Dachau abkommandiert worden wäre? Oder nach Auschwitz? Wahrscheinlich hätte er den Befehl nicht verweigert. »Das ist mein Trauma bis zum heutigen Tag.«

Reichel überlebte den Krieg und hatte Glück. Er kam nicht in sowjetische Kriegsgefangenschaft, sondern in ein Kriegsgefangenenlager nach England. In den Händen derer, die er zu hassen gelernt hatte, sei er »wieder zu einem Menschen« geworden, sagte er über sechs Jahrzehnte später. »Ich hätte es den Engländern nicht übel nehmen können, wenn sie uns angespuckt hätten.« Doch nichts dergleichen geschah. Im Gegenteil: Weihnachten 1946 öffneten die Opfer ihre Häuser für deutsche Täter – gemeinsam feierten sie das Fest der Versöhnung. »Was Mitmenschlichkeit ist, was Menschenwürde bedeutet, das habe ich dort begriffen.«

Die Kriegsgefangenschaft betrachtete Reichel rückblickend als »Segen«: Gott habe ihm Menschen geschickt, die ihm geholfen hätten, »diesen ganzen Unrat, diesen Hass, die Vorstellung, es gäbe minderwertiges Leben, all das, was die Nazis so systematisch in uns jungen Menschen angehäuft hatten, abzutragen, loszuwerden, Stück um Stück.« Als ein veränderter Mensch kehrte er 1948 in seine erzgebirgische Heimat zurück, in das Dorf, in dem er 1925 geboren worden war. Er war nun keiner mehr, der irdischen Heilsversprechern Vertrauen schenkte. Und er verspürte einen klaren Auftrag, den er erfüllen wollte: Alles zu tun, damit sich das, was in Nazi-Deutschland geschehen war, nicht wiederholte. Reichel wurde Lehrer an einer Dorfschule, um die jungen Leute vor den Irrtümern seiner Generation zu warnen. Doch jemand, der sich nicht mehr verbiegen ließ, erregte rasch Anstoß: Den neuen Machthabern missfiel sein kompromissloses Wirken, das nun auf dem Fundament der Bibel fußte – ohne Angabe von Gründen wurde er vom Dienst entfernt. Reichel wurde arbeitslos und verdiente später seinen Lebensunterhalt als Buchhalter in einer Pappenfabrik.

Auf einmal lief Gabriela hinaus. Ich wollte ihr nacheilen, doch Gottfried Reichel hielt mich zurück. Er spürte, dass Gabriela alleine sein wollte. Er war wahrlich mehr als ein Schnitzer. Er war ein Weiser. Und einer, der sich um die Zukunft sorgte. Im Untergeschoss des Museums hatte er eine Bibliothek eingerichtet: Mehr als 5000 Bücher über die NS-Zeit und den Zweiten Weltkrieg hatte er zusammengetragen – sein zweites Vermächtnis.

Hier, in dieser Bibliothek, war mir eines Tages unerwartet mein Großvater begegnet: »*Endlösung*« *in Galizien. Der Judenmord in Ostpolen und die Rettungsinitiative von Berthold Beitz 1941–1944* lautete der Titel des Buches von Thomas Sandkühler, das ich in einem der Regale sah. Ich nahm es heraus, schlug es auf, blätterte herum – und entdeckte den Namen meines Großvaters. Allerdings nicht im Zusammenhang mit der Rettungsinitiative des Fabrikanten Berthold Beitz, sondern als Mitglied des Stabes des SS- und Polizeiführers Fritz Katzmann (1906–1957) in Lemberg, der am 30. Juni 1943 in einem Abschlussbericht an seinen Vorgesetzten, den Höheren SS- und Polizeiführer Friedrich-Wilhelm Krüger in Krakau, stolz vermeldete:

In der Zwischenzeit wurde die weitere Aussiedlung energisch betrieben, so dass mit Wirkung vom 23. Juni 1943 sämtliche Judenwohnbezirke aufgelöst werden konnten. Der Distrikt Galizien ist damit, bis auf die Juden, die sich unter der Kontrolle des SS- und Polizeiführers in Lagern befinden, judenfrei. Die noch vereinzelt aufgegriffenen Juden werden von den jeweiligen Ordnungspolizei- und Gendarmerieposten sonderbehandelt. Bis zum 27. Juni 43 waren insgesamt 434 329 Juden ausgesiedelt.

»434 329 Juden ausgesiedelt« heißt im Klartext: 434 329 Juden ermordet. Katzmann ist im Übrigen nie für seine Taten zur Rechenschaft gezogen worden – er lebte nach dem Krieg, unbehelligt von der Justiz, unter dem falschen Namen Bruno Albrecht. Als er 1953 in Ludwigsburg einer Krankenschwester seine wahre Identität preisgab, behielt diese ihr Wissen für sich. Sie offenbarte sich erst vier Jahre später. Aber da war Katzmann schon tot.

»Wenn man nicht über die Vergangenheit spricht, wird es nur schlimmer«, lautete einer der Sätze von Gottfried Reichel, die sich mir eingeprägt haben. Vielleicht hatte er ihn auch zu Gabriela gesagt, als er sich von ihr verabschiedete, denn am Abend nach unserem Besuch fand Gabriela zum ersten Mal den Mut und die Kraft, ihre

Mutter nach dem Großvater zu fragen. Und ihre Mutter, 800 Kilometer entfernt, fand zum ersten Mal den Mut und die Kraft, über ihren Vater zu reden.

Das Telefongespräch im Korridor dauerte Stunden – Reden, Schluchzen, Schweigen, Schluchzen, Reden. Ich verstand nicht viel, aber so viel, um zu spüren, dass dieses Gespräch für beide schmerzhaft war. Sehr schmerzhaft. Und während die beiden telefonierten, fühlte ich mich mit einem Mal wieder schuldig. Längst verarbeitet geglaubte Gedanken und Gefühle kamen wieder an die Oberfläche. Ich fühlte mich mies und schäbig, verantwortlich für das, was mein Großvater getan hatte. Ich sah wieder die Figuren aus dem Warschauer Ghetto vor mir. Es sei schwer für ihn gewesen, diese Figuren zu schnitzen, hatte Gottfried Reichel mir erzählt. Immer wieder habe er sie zur Hand nehmen müssen – in dem Wissen, dass sie tot waren und nicht wieder zu Leben erweckt werden konnten.

Als ich sie zum ersten Mal betrachtet hatte, ahnte ich nicht, dass ich Jahre später herausfinden würde, dass mein Großvater ebenfalls im Warschauer Ghetto gewesen war – als Mitglied des 2. SS Panzergrenadier Ausbildungs- und Ersatzbataillons, das im Frühjahr 1943 den Befehl hatte, den Aufstand der letzten überlebenden und verzweifelt kämpfenden Juden niederzuschlagen.

Er wolle noch eine letzte Figurengruppe schnitzen und dann Werkschürze, Schnitzmesser und Hammer für immer beiseitelegen, hatte mir Gottfried Reichel bei der Verabschiedung gesagt. Es sollten Figuren aus Auschwitz werden.

Als Gabriela weit nach Mitternacht ins Zimmer zurückkehrte, waren wir beide erschöpft – sie vom Reden, ich vom Grübeln. Wir saßen uns gegenüber und fanden lange keine Worte für das, was uns bewegte. Schließlich sagte Gabriela: »Don't be Jesus! Don't suffer!« Die Enkelin eines in Auschwitz Ermordeten sagt zum Enkel eines Mörders, er solle nicht leiden. Diese Bemerkung ließ mich keinen Schlaf finden. Ich hatte das Leben meines Großvaters nachgezeichnet. Sollte ich nun nicht auch das Leben und Sterben Michał Pazdanowskis recherchieren?

»Stille Nacht, heilige Nacht«
Grybów, 24. Dezember 2007

Die Vergangenheit bricht meistens dann in die Gegenwart hinein, wenn man nicht damit rechnet. Das war im November 1999 in der Remuh-Synagoge so, im Juli 2006 während des Jüdischen Festivals im Café Singer, im Januar 2007 in der Hütte von Gottfried Reichel und nun, fast ein Jahr später, am Heiligen Abend in einer festlich geschmückten Wohnstube, zum ersten Weihnachtsfest im Kreis meiner neuen polnischen Familie. »Weihnachten wirkt in Polen als der Magnet, der sämtliche verstreuten Splitter der Familie für diese zwei Tage zusammenzieht«, hat der Schriftsteller Michael Zeller treffend beobachtet, und so hatten auch Gabriela und ich das himmlisch leere Krakau verlassen und uns auf den Weg in die Berge gemacht.

Ich fühlte mich am Feuer des Kamins, das den Raum mit einer behaglichen Wärme erfüllte, wie zu Hause. In Gabrielas Familie war ich wohlwollend aufgenommen worden, zunächst von Gabrielas Schwestern Izabela und Dominika, die beide in Krakau leben, dann auch von ihren Eltern. Das Herz der Mutter hatte ich rasch gewonnen, denn ich war nach dem ersten gemeinsamen Abendessen gleich aufgestanden, um beim Abräumen der reich gedeckten Tafel behilflich zu sein. Ich hatte mir nichts dabei gedacht, denn ich war es nicht anders gewohnt. Erst als ich die verwunderten und etwas spöttischen Blicke von Gabrielas Bruder und Vater bemerkte, kam mir in den Sinn, dass ich mich soeben wohl sehr deutsch verhalten hatte.

Mit Gabrielas Mutter, einer Französischlehrerin, gab es keine Verständigungsprobleme, denn Hanka-Babel, wie sie genannt wird, findet immer das fehlende Wort, egal in welcher Sprache. Auch der Vater, Inhaber einer Gemischtwarenhandlung und langjähriger Kreisveterinär, erhob keine Einsprüche, als ich wenige Monate später offiziell und in aller Form um die Hand seiner Tochter angehalten hatte. Gabriela hatte mir die entscheidenden Worte auf einen Zettel geschrieben: »Chciałbym prosić Pana o rękę Pana córki« – Ich möchte Sie um die Hand Ihrer Tochter Gabriela bitten. Wir hatten kein Geheimnis daraus gemacht, dass mein Großvater während des Krieges SS-Mann in Polen gewesen war, aber es schien keine Rolle zu spielen – zumindest wurde nicht darüber geredet.

Blieb allein der Bruder, der sich nicht damit anfreunden konnte, dass ein Deutscher in seine Familie einheiraten wollte. Bei unserer ersten Begegnung hatte Zbyszek alle Orte und Plätze seines Heimatkreises aufgezählt, in denen während des Ersten und Zweiten Weltkriegs deutsche Soldaten erschossen worden waren. Später kommentierte er jedes Missgeschick, dass irgendwo auf der Erde irgendeinem Deutschen zustieß, mit kaum verhohlener Häme und Schadenfreude. Er war in der Geschichte ebenso bewandert wie im politischen Zeitgeschehen und es verging kaum eine Diskussion, in der wir uns nicht stritten. Unser Verhältnis blieb frostig.

Doch dann, fünf Monate nach der Hochzeit, begab er sich unerwartet zu mir und sagte, dass er mir etwas zeigen müsse. Wir hatten zuvor im Familienkreis, als der erste Stern sichtbar wurde, die Oblate gebrochen, uns gegenseitig Glück und Segen gewünscht, das ebenso traditionelle wie mehrstündige Heilig-Abend-Menü zu uns genommen und es uns nun um Weihnachtsbaum und Kamin gemütlich gemacht. Im Hintergrund lief der Fernseher, der ein Programm übertrug, das an diesem Abend auch in allen anderen Ländern Europas hätte gezeigt werden können: Winterliche Landschaften, heimelige Stuben, geschmückte Christbäume, zuckersüße Melodien, Chöre in Trachten und Kinder in Engels- und Hirtengewändern, das unvermeidliche »Stille Nacht, heilige Nacht«.

Das wohlige Gefühl des Gesättigtseins und die friedvolle Gemütlichkeit hatten mich sanft in jenen Zustand hinwegdämmern lassen, in dem die Gedanken zu wandern beginnen und die Grenzen zwischen Traum und Wirklichkeit verschwimmen. Die Engelschöre im Fernsehen, das prasselnde Kaminfeuer und die Erinnerungen an die Weihnachtsfeste der Kindheit hatten sich vermischt, und so dauerte es eine Weile, bis mir die Tragweite dessen bewusst wurde, was vor meinen Augen geschah. Zbyszek hatte eine Mappe, die mit einem weißen Band verschnürt war, auf den Tisch gelegt und sie vorsichtig geöffnet. Er zeigte mir ein Foto, das in die winterliche Zeit passte: Auf ihm war eine Eishockey-Mannschaft abgebildet, die sich für den Fotografen in Reih und Glied aufgestellt hatte. Die sechs Feldspieler trugen längs gestreifte Trikots mit einem Schnürkragen und trotz der Kälte kurze Hosen. Den Torwart, dessen Brust und Bauch in einen dunklen Körperschutz gehüllt waren, hatten sie in die Mitte genommen. Rechts stand ein Mann ohne Schlittschuh und Schläger, mit einem langen Wollschal um den Hals, aber ebenfalls in kurzen Hosen; vermutlich der Trainer. Die Eisfläche war durch einen Lattenzaun begrenzt, an dem in Mäntel eingemummte Männer lehnten. Dahinter standen einige Holzhäuser, von deren Dächern lange Eiszapfen herabhingen. Die Sonne erhellte die bewaldeten, schneebedeckten Hügel im Hintergrund und warf Schatten auf die Gesichter der Spieler. »1927 in Zakopane«, sagte Zbyszek und deutete auf den Feldspieler links neben dem Torwart, der nicht nur der größte in der Mannschaft war, sondern auch als Einziger eine Brille trug: »This is my grandfather.«

Ich war mit einem Mal hellwach und stürzte mich auf die anderen Dokumente, die mit dem Foto verbunden waren: Mitgliedsausweise von Michał Pazdanowski, ausgestellt vom Krakauer Klub Sportowy »Cracovia«: Einer von der Eislaufabteilung, auf dessen Rückseite jemand handschriftlich vermerkt hatte, dass Michał Pazdanowski Mitglied der 1. Hockeymannschaft war, und zwei von der Leichtathletikabteilung, ausgestellt für die Jahre 1927 und 1931. Dann eine Postkarte vom 20. Dezember 1926 mit der höflichen Einladung zu einer Mannschaftsversammlung für Mittwoch, den 22., um 5.30 Uhr im Klublokal. Auf der Tagesordnung stehe die Fahrt der Mannschaft am 28. und 29. nach Zakopane. Die vollständige Anwesenheit sei unbedingt erforderlich. Mit der Bitte um pünktliches Erscheinen und den sportlichen Grüßen schloss das Schreiben. Eine weitere, undatierte Postkarte lud für »den 25. dieses Monats« zu einem Vortrag mit dem Trainer der Hockeymannschaft von Legia Warszawa ein. Pan Ogrodzki werde über die Grundsätze und das System des sommer- und winterlichen Eishockeytrainings referieren. Eine dritte Karte stammte von der Tatra-Skigesellschaft in Krakau, die Michał die Teilnahme an einem Skikurs vom 26. Dezember 1922 bis zum 1. Januar 1923 bescheinigte.

Mit besonderem Stolz wies Zbyszek auf ein kleines Plakat, das auch ohne größere Polnischkenntnisse zu verstehen war: Es war der Spielplan für das Finalturnier um die polnische Eishockeymeisterschaft in der Saison 1926/27, das im Wintersportort Zakopane ausgetragen wurde. Cracovia hatte sich für die erste Austragung des Wettbewerbs überhaupt qualifiziert und war mit einer Mannschaft aus Warschau und einer aus Lwów – die Stadt gehörte in der Zwischenkriegszeit zu Polen – in der Gruppe A, weitere drei Mannschaften aus Poznań, Toruń und Warszawa spielten in der Gruppe B. Als Nummer 1 bei Cracovia war der Name Pazdanowski aufgeführt. Sein Großvater sei Mitgründer des Krakauer Eishockeyteams gewesen, sagte Zbyszek. Seine Angaben habe ich später bestätigt gefunden; das erste offizielle Eishockeyspiel, so vermeldet die Chronik von Cracovia, habe am 17. Februar 1924 stattgefunden: 1:0-Sieg gegen AZS Warszawa. Unter den »Hockeypionieren«: Michał Pazdanowski. Der erste größere Erfolg war zwei Jahre später zu verzeichnen – der Gewinn der inoffiziellen Stadtmeisterschaft, errungen durch Siege gegen die beiden jüdischen Mannschaften von Jutrzenka, einem linken Arbeiterverein, und Makkabi, deren Anhänger der zionistischen Bewegung angehörten. Die Teilnahme an der Finalrunde am 21. und 22. Februar 1927 in Zakopane war jedoch nicht von Erfolg gekrönt: Nach zwei Niederlagen gegen Pogoń Lwów und Klub Łyżwiarski Poznań blieb nur der fünfte Platz.

Michał Pazdanowski war Mitglied bei Cracovia gewesen und nicht bei Wisła, dem zweiten der beiden großen Krakauer Sportvereine. Das machte ihn mir sympathisch, denn es kam damals einem Bekenntnis gleich, zu welchem Verein man gehörte. Beide Vereine waren 1906 gegründet worden, als Krakau noch zur österreichisch-ungarischen Monarchie gehört hatte. Die jeweiligen Anhänger waren von Beginn an in inniger Feindschaft verbunden – man sprach vom »heiligen Krieg«. Als Begründung für den Hass, der bis heute andauert, wird auf die Geschichte verwiesen: Cracovia habe jüdische Wurzeln und vor dem Ersten Weltkrieg mit den österreichischen Besatzern kollaboriert, Wisła hingegen sei der einzig wahre polnische Verein in Krakau.

In der Tat war das Cracovia des Michał Pazdanowski ein demokratischer und offener Verein gewesen – die Zugehörigkeit zu einer bestimmten Religion, Nationalität oder Schicht hatte keine Rolle gespielt. Cracovia hatte vor dem Zweiten Weltkrieg als Bastion gegen den Antisemitismus gegolten, und Juden waren als Mitglieder nicht per Satzung von vornherein ausgeschlossen worden wie etwa bei Wisła, das katholisch, nationalistisch und antisemitisch gewesen war – mit einem, wie sich der Krakauer Maler Manuel Rympel erinnerte, »numerus nullus« gegenüber Juden. Aus den 1930er-Jahren ist ein Foto überliefert, auf dem die Wisła-Spieler ihre Arme zum faschistischen Gruß erheben.

Fast sieben Jahrzehnte später benannte Wisła sein Stadion nach dem Nationalisten und Antisemiten Henryk Reyman, und die Cracovia-Hooligans tragen Israel-Fahnen, Schals mit dem Davidstern oder Plakate mit der Aufschrift »Naród Wybrany« (Auserwähltes Volk), bezeichnen ihr Stadion als »Ziemia Święta« (Heiliges Land), und ihre Schlägerbande nennt sich selbst »Jude Gang«. In Kazimierz markieren sie ihr Quartier unübersehbar mit großformatig aufgesprühten Graffiti: Der Schriftzug »Jude Gang« ist an vielen Häuserfassaden im ehemals jüdischen Viertel zu sehen – kommentiert von antisemitischen Sprüchen und Graffitti der »Wisła-Hunde«. Manchmal werden Sprüche und Graffitti gleich überpinselt, manchmal bleiben sie wochenlang stehen.

Michał Pazdanowski war bis in die 1930er-Jahre hinein Mitglied bei Cracovia gewesen; seine Beiträge hatte er – das war den Quittungen zu entnehmen – ordentlich bezahlt. Er war auch Mitglied geblieben, als er für einige Zeit in der Schweiz gelebt hatte.

In dem wahren Schatz, den Zbyszek nach und nach ausbreitete – Schwarz-Weiß-Fotos, Zeichnungen, Dokumente, Briefe, Postkarten – befand sich ein in rotbraunem Leder gehaltener Ausweis mit goldener Aufschrift: »Kanton Bern – Fahrausweis/Permis de Circulation«. Der Regierungsstatthalter des Schweizer Kantons Bern, Amtsbezirk Interlaken, hatte am 25. April 1930 Herrn Michael Pazdanowski, geboren 1903, Praktikant, wohnhaft in Brienz, »gemäß den Vorschriften des Konkordats vom 7. April 1914 die polizeiliche Bewilligung für die Dauer des laufenden Jahres zum Fahren mit einem Fahrrad erteilt« – verbunden mit der »Verpflichtung, sich den Vorschriften dieses Konkordates und der Vollziehungsverordnung des Regierungsrates vom 21. Juli 1914 betreffend den Motorwagen- und Fahrradverkehr im Kanton Bern zu unterziehen.«

Michał Pazdanowski hatte in der Schweiz aber nicht nur die Erlaubnis zum Fahren eines Fahrrads erworben, sondern auch ein Diplom der Alpwirtschaftlichen Schule Brienz. Ein mit Wappen und Girlanden verziertes »Zeugnisbüchlein« bescheinigte ihm den Besuch des alpwirtschaftlichen Kurses vom 28. Oktober 1929 bis zum 5. April 1930. Auf einer Doppelseite waren seine Leistungsausweise verzeichnet, und ganz oben stand: Betragen »sehr gut«. Die Fachnoten hätten besser nicht sein können: In allen 15 Fächern von Deutsch über Düngerkunde bis Tierheilkunde und Obstbau stand in der Spalte »Fleiß« die Höchstnote 4, in der Spalte »Leistungen« waren bis auf zwei »3-4« in Deutsch und Geschäftsaufsätze sowie in der Landwirtschaftlichen Buchhaltung ebenfalls nur Bestnoten aufgeführt. Auch in den praktischen Lehrfächern Käsefabrikation und Viehbeurteilung hatte er mit der besten Note abgeschnitten.

Ja, sein Großvater habe auch in der Schweiz studiert, sagte Zbyszek und reichte mir ein paar Briefe und Ansichtskarten aus dieser Zeit. Da sie jedoch in polnischer Sprache verfasst waren, legte ich sie erst einmal beiseite. Mein Auge war bereits auf ein Schreiben gefallen, das ich lesen konnte. Es war an Frau Izabela Pazdanowska gerichtet, Gabrielas Großmutter, und trug das Datum des 22. Novembers 1974. Der Absender: Internationaler Suchdienst, D-3548 Arolsen.

Ihr Schreiben, eingegangen am 17. Mai 1974, und Schreiben vom 27.
September 1974
Pazdanowski, Michał, geboren am 22.9.1903 in Poręba Żegoty.
Sehr geehrte Frau Pazdanowska!
Wir nehmen Bezug auf Ihre oben angeführten Schreiben und teilen
Ihnen mit, dass wir von dem tragischen Schicksal ihres Ehemannes mit
Bedauern Kenntnis genommen haben.
Aufgrund der von Ihnen gemachten Angaben wurde eine Überprüfung
der uns zur Verfügung stehenden Unterlagen durchgeführt.
Leider konnten in dem hier sehr umfangreich, aber unvollständig vor-
liegenden Dokumenten-Material keine Hinweise über die Inhaftierung
Ihres Ehemannes ermittelt werden. Ein Todesnachweis liegt ebenfalls
nicht vor. Wir sind daher nicht in der Lage, die Ausstellung einer Ster-
beurkunde zu veranlassen.
Bezüglich des negativen Überprüfungsergebnisses verweisen wir auf
unser Merkblatt, welches wir Ihnen mit Schreiben vom 27. Mai 1974
übersandten. Dieses gibt Ihnen gleichzeitig Aufklärung über die Art
der hier verwandten Unterlagen sowie die Aufgaben des Internatio-
nalen Suchdienstes.
Wir bedauern, Ihnen keine schicksalsklärenden Angaben über Ihren
Ehemann erteilen zu können, und reichen Ihnen die uns übersandte
Postkarte aus dem Konzentrationslager Lublin in der Anlage wieder
zurück.
Wir verbleiben mit vorzüglicher Hochachtung
A. Opitz, Leiter der Archive

Die in dem Brief erwähnte Postkarte aus dem Konzentrationslager
Lublin war an das Schreiben des Internationalen Suchdienstes gehef-
tet und stammte vom 22. Juni 1945. Unterschrieben war sie von der
Direktion des Panstwowe Muzeum na Majdanku, des Staatlichen
Museums Majdanek, und adressiert an den Bürger Pazdanowski, in
Kraków, ulica Michałowskiego Nr. 15, oficyna I p. Die Direktion bat
in zwei dürren Sätzen um die Zusendung weiterer Daten über den
Sohn, Ingenieur Michał Pazdanowski. Zur Orientierung schicke sie

ein Formular für die Aussagen ehemaliger Häftlinge des Vernichtungslagers Majdanek mit.

Mit dem Schreiben des Suchdienstes war auch ein Blatt kariertes Papier verbunden, auf dem ein Text in deutscher Sprache stand, der aber ohne Ort und Datum abgefasst war – womöglich der Entwurf für einen offiziellen Brief. Verfasst hatte ihn Gabrielas und Zbyszeks Großmutter:

Der Regierungspräsident in Köln, Köln, Zeughausgasse 4, Niemcy Zachodnie
Erst neulich habe ich eine Nachricht bekommen von der Unmöglichkeit, eine Entschädigung für die seitens des Nationalsozialismus erlittenen Schäden zu erlangen. Ich ersuche um Zusendung der bezüglichen Formulare, die ich in ausführlicher Redaktion Ihnen zurücksende.
Mein Mann wurde im Jahre 1942 am 13. November in Żabie von der Gestapo als Geisel genommen, dann aber wurde er verhaftet und im Jahre 1944 habe ich die Nachricht von seinem Tode aus dem K.L. in Majdanek (bei Lublin) erhalten. Er hat mich mit drei Kindern zurückgelassen. Ich wohne bis auf den heutigen Tag in Rabka und bin nicht wiederverheiratet.

Auf diesem Blatt Papier stand eine Fülle von Neuigkeiten, die ich sogleich mit Zbyszek diskutierte. Michał Pazdanowski war also seiner Ehefrau zufolge nicht von ukrainischen Nationalisten verschleppt worden, wie gelegentlich in der Familie gemutmaßt wurde, sondern von der deutschen Gestapo. Das Datum hatten wir nun auch: der 13. November 1942. Das bedeutete, dass Michał nicht verhaftet worden war, weil er Jude war. Im November 1942 hatten die deutschen Besatzer mit ihren ukrainischen Helfern das Vernichtungswerk an den galizischen Juden bereits nahezu vollendet.

Die Möglichkeit, dass ihr Großvater Jude war, hatte vor allem Gabriela in Erwägung gezogen, denn dass es in ihrer Familie jüdische Vorfahren gab, war für sie immer klar gewesen – auch wenn darüber nicht geredet wurde. Aber was war dann der Grund gewe-

sen? Weil er Mitglied einer Widerstandsgruppe gewesen war? Weil
er zur polnischen Intelligenz gehört hatte? Oder womöglich nur, weil
irgendein niederer Gestapo-Posten sein wöchentliches Kontingent
an Verhaftungen hatte erfüllen wollen oder müssen?

Neu war auch, dass Michał Pazdanowski im Konzentrationslager
Majdanek zu Tode gekommen war. Das stimmte nicht mit der Information überein, dass er in Auschwitz ermordet worden war. Wann
war dieser Briefentwurf geschrieben worden? Es musste vor 1975
gewesen sein, denn in jenem Jahr war die Großmutter nach Frankreich emigriert. Aber warum hatte sie ein Schreiben an den Regie-
rungspräsidenten in Köln, Westdeutschland, richten wollen? Ich
schaute Zbyszek fragend an, doch er zuckte mit den Achseln. Aber
er habe noch etwas, sagte er.

Während Zbyszek sich nach weiteren Unterlagen umschaute, ging
ich an die frische Luft. Ich wollte begreifen, was eben geschehen war.
Offensichtlich war Zbyszek derjenige in seiner Familie, der ich in
meiner war: Beide waren wir die Einzigen in unseren Familien, die
sich mit der Geschichte ihrer Großväter beschäftigt hatten. Und
beide hatten wir offensichtlich dieses Unterfangen weitgehend im
Verborgenen betrieben. Keine von Zbyszeks Schwestern hatte
geahnt, dass er schon seit Jahren Unterlagen über den gemeinsamen
Großvater sammelte. Auch seine Mutter hatte nichts davon gewusst,
dass ihr Sohn die Geschichte ihres Vaters recherchierte. Und sein
Vater? Von ihm gab es nur eine Äußerung, die er gebetsmühlenar-
tig wiederholte: Die Geschichte interessiere ihn nicht, die Vergangenheit sei vorbei, man lebe in der Gegenwart und müsse in die
Zukunft schauen.

Noch ein Drittes verband Zbyszek und mich: Das Interesse an unseren Nachforschungen hielt sich augenscheinlich in einem über-
schaubaren Rahmen. Anfangs hatten uns alle am Tisch umringt,
Fotos und Dokumente bestaunend und kommentierend, die Mutter
mit Tränen in den Augen, doch es dauerte nicht lange und Zbyszek
und ich waren alleine zurückgeblieben. Die Beschäftigung mit einem
Vorfahren, der totgeschwiegen wurde, war eine einsame Angele-

genheit. Noch dazu an einem Tag, an dem sich alle auf das Fest des Friedens und der Harmonie eingestimmt hatten und es auch gebührend feiern wollten.

Ich sah Zbyszek nun mit anderen Augen. Sein Großvater, dem er nie begegnet war, war ihm zu einem Wegbegleiter geworden. Niemand in der Familie wusste so viel über ihn wie er – und dann kam jemand in diese Familie, dessen Großvater der Mörder seines Großvaters gewesen sein könnte. Wie konnte ich ihm da seine Abneigung mir gegenüber verübeln?

Es war kurz vor Mitternacht, als ich von meinem Spaziergang zurückkehrte, gerade noch rechtzeitig, denn Gabriela hatte mir ein Ereignis angekündigt, das ich unbedingt erleben müsse: die Mitternachtsmesse in der Stadtkirche. Zbyszek schloss sich uns an und wir gingen gemeinsam den Hügel hinab zum Marktplatz, an dessen Ende sich die Kirche befindet – ein alles überragender, doppeltürmiger, monumentaler Ziegelbau aus den Anfangsjahren des 20. Jahrhunderts. Der Marktplatz und die umliegenden Straßen waren mit Autos zugestellt und von allen Seiten strömten die Massen herbei, geleitet von Gesängen, die mit Lautsprechern aus der Kirche nach draußen übertragen wurden. Die Kirche selbst war bereits überfüllt, aber wir zwängten uns noch hinein. Mir stockte der Atem: Eine solche Geruchsmixtur aus Weihrauch, Wodka und Parfum hatte ich noch nicht erlebt – ein Kulturschock für einen puritanisch-pietistisch erzogenen Protestanten. Gott sei Dank herrschte unter Zbyszek, Gabriela und mir ein stilles Einvernehmen, und bereits nach wenigen Minuten befanden wir uns in einer Gasse, die von der Kirche wegführte. Zbyszek deutete auf ein verfallendes Gebäude, dessen einstmalige Würde allenfalls zu erahnen war: Es war die Synagoge. Warum die Synagoge nicht renoviert werde, fragte ich.

Eigentümer sei die Jüdische Gemeinde in Krakau, sagte Zbyszek, und die habe kein Geld.

Und die Stadt Grybów?

Zbyszek lachte und winkte ab. Auch ohne Worte gab er mir zu verstehen, dass ich in Polen wohl noch viel zu lernen hätte.

Meine erste Lektion wurde mir noch in der Weihnachtsnacht erteilt, als ich mich über einen Stapel mit Postkarten beugte, den Zbyszek bereitgelegt hatte. Die Postkarten stammten aus dem Herbst 1943 und dem Winter 1944. Zwei von ihnen konnte ich lesen und verstehen, denn sie waren auf Deutsch abgefasst. Absender war der Schutzhäftling Michael Pazdanowski, K.L. Waffen SS, Lublin I. Unter den Namen hatte jemand mit Tinte hinzugefügt »1042/V«, und unten prangte, fett und lilafarben gestempelt, das Wort »Zensiert«. Die Karte war am 4. Oktober 1943 in Lublin abgestempelt und gerichtet an seine Mutter Hedwig Pazdanowska, Krakau, Michałowskigasse 15/18.

Liebe Mutter! Ich lebe u. bin gesund. Erhalte aber letzten Zeiten keine Postsendungen v. Euch. Sind Sie zu Hause nicht gesund? <u>Schreiben Sie mir von Euch, Izia und Kindern.</u> Ich bin unruhig wass mit Euch u. meinen giebt. Die Sendungen können auch nicht Einschreiben sein, <u>dafür grösser, mehr Brot, Früchten, Zwiebel</u>, Knoblauch, <u>Maggiwürfeln</u>, und was Sie noch senden wollen. Schreiben Sie mir wass Sie mir senden, und wie oft. Meine Adresse müssen Sie auch deutlich am Schachtel schreiben, nicht nur am Umwicklung. Das Brot darf Weizenrazowiez sein, nicht ganz frisch, sonst verfault. Marmelade u. dergleichen gut umpackt. Die Schachteln Steiff (und grösser) oder Papierumwicklung. Warum habe ich nichts im Nahmenstag erhalten? Schreiben Sie mir alles um was ich frage – ich küsse Sie Alle herzlichst Michael, 30. IX. 43.

Mit einem anderen Stift hat er noch die Frage hinzugefügt: »Warum erhalte ich von 8 Wochen keine Sendungen, ist jemand krank.«
Seit mindestens Juli 1943 befand sich also Michał Pazdanowski im Konzentrationslager Majdanek. Wie war er dort hingekommen? Und von wo? Und weshalb? Er lebte und war gesund – diese gute Nachricht hatte er gleich an den Anfang der Karte gestellt. Doch unter welchen Umständen lebte er in dem Konzentrationslager, das unter der Leitung der Waffen-SS Lublin stand?

Lublin? Meine Großeltern hatten in Lublin gewohnt, das ungefähr auf halbem Weg zwischen Warschau und Lemberg liegt. Seit 1939 gehörte es zum Generalgouvernement, jenem Teil Polens, den die Deutschen nach ihrem Überfall nicht unmittelbar dem Reich eingegliedert hatten, sondern sich wie eine Kolonie hielten. »Restpolen« sollte zu einer Stätte der Ausbeutung und Ausrottung von unvorstellbarem Ausmaß werden: Rund drei Millionen polnische Juden und fast ebenso viele polnische Christen fielen in einem Gebiet, das flächenmäßig etwa die Größe von Bayern und Baden-Württemberg hat, der organisierten Vernichtungspolitik der Deutschen zum Opfer.

Das Generalgouvernement war in vier Distrikte geteilt: Warschau, Radom, Krakau und Lublin. Nach dem Einmarsch in die Sowjetunion kam am 1. August 1941 ein fünfter hinzu: der Distrikt Galizien mit Lemberg als Hauptstadt. An der Spitze stand der Generalgouverneur: Es war Hans Frank, ein Jurist aus München, Hitlers Rechtsanwalt. Im November 1939 hatte der noch nicht einmal 40-Jährige seinen neuen Dienstsitz bezogen: den Wawel in Krakau, die alte polnische Königsburg.

Lublin hatte 1939 rund 120 000 Einwohner, davon ein Drittel Juden. Bereits am Morgen des zweiten Kriegstages, am 2. September 1939, war die Stadt zum ersten Mal von deutschen Flugzeugen bombardiert worden; endgültig erobert wurde sie eine Woche später. Im November 1939 trat in Lublin ein 35-jähriger Österreicher seinen Dienst an, der in seiner Heimat die nationalsozialistische Bewegung mit aufgebaut hatte und als der wichtigste Verbindungsmann zwischen Adolf Hitler und den österreichischen Nationalsozialisten galt. Dass er 1933 in Wien an der Ermordung eines jüdischen Juweliers beteiligt gewesen war, geriet ihm nicht zum Nachteil. Bei Kriegsbeginn leistete er in der Waffen-SS seinen Wehrdienst ab – zur Bewährung, denn er war im Januar 1939 mit Schimpf und Schande aus seinem Amt als Gauleiter von Wien gejagt worden.

Der gelernte Techniker hatte in Wien nach weniger als einem Jahr ein organisatorisches und finanzielles Chaos hinterlassen, und ihm wurden kriminelle Devisengeschäfte, Veruntreuung von Parteigeldern und die Errichtung von Geheimkonten für erpresstes jüdisches Geld vorgeworfen. Doch er hatte einen Fürsprecher, der in der Hierarchie ganz oben stand: Heinrich Himmler, der Reichsführer SS und Chef der Deutschen Polizei, der ihm eine zweite Chance geben wollte und ihn am 9. November 1939 zum SS- und Polizeiführer des Distriktes Lublin ernannte: Odilo Lotaro Globocnik – einer der brutalsten und skrupellosesten Vollstrecker der Nationalsozialisten, dessen Truppe sogar der als »Schlächter von Polen« keinesfalls zimperliche Generalgouverneur Hans Frank bereits 1940 als »Mörderbande« bezeichnete.

Zum Stab des SS-Brigadeführers Odilo Lotaro Globocnik gehörte seit Sommer 1940 auch mein Großvater Lothar von Seltmann – die beiden kannten sich aller Wahrscheinlichkeit nach aus Wien. Globocnik und mein Großvater bekamen am 20. Juli 1941 hohen Besuch: Es war der Reichsführer SS Heinrich Himmler persönlich. An jenem Tag erhielt Globocnik von Himmler den Befehl, ein »Konzentrationslager von 25 000 bis 50 000 Häftlingen zum Einsatz für Werkstätten und Bauten der SS und Polizei« bauen zu lassen. Errichtet wurde es in einem Vorort von Lublin, an der Straße nach Lemberg – in Majdanek.

Michał Pazdanowski, der Großvater von Gabriela und Zbyszek, war bis mindestens 1. März 1944 Häftling in Majdanek gewesen. An diesem Tag war die letzte der insgesamt 15 Postkarten, die er aus Majdanek an seine Mutter geschickt hatte, abgestempelt worden. Die meisten von ihnen waren reine Formkarten: Der Häftling bestätigte den Eingang eines Paketes und konnte unterstreichen, ob er gesund oder krank war. Drei Postkarten hatte Michał in polnischer Sprache geschrieben – mit Bleistift, krakelig, mit zittriger Hand. Am 10. November 1943 hatte er eine zweite Postkarte auf Deutsch an seine Mutter geschickt – seine Worte wurden genehmigt und kontrolliert vom Postprüfer 3:

Liebste Mutter! Die Nachrichten von Euch und Isa freuen mich sehr, aber schreiben Sie zu mir öfters. Vielleicht kann Andrij etwas zu mir

schreiben. Warum schreibt Isa nicht? Wie sind die Kinder? Ist Jędruś
gehorsam, ob Inka singt und zeichnet, wie ist die Hanka? Schreiben Sie
mir das ales in jedem Briefe. Ich erwarte die nachrichten wie es Ihnen
Daheim geht. Ich bin gesund erwarte von Euch weitere Postsendungen
u. a. auch Zwibel, maggiwürfel (in jeder sendung und wenn es möglich
ist jede zweite sendung etwas weisses susses. z. B. fiernik, kuchen, ciasto
oder etwas änliches. In der ganzen Sendung wenn Ihr etwas Fleisch
(wie wędzona) von Zeit zu Zeit zusenden könnten, wäre gut. vielleicht
könnte Jędruś mir etwas zusenden. Ale Postsend. seit 1. X. sind gekom-
men, aber nichts Süsses. In den Sendungen an der Wand schreiben Sie
Verzeichnis was versandt ist und Nr. der Sendung. Ich küsse herzlichst
Inka und Kinder. Sowie alle Euch.
Euer Michał

Nein, sie konnten sich nicht begegnet sein. 1943 lebten meine Großeltern bereits in Krakau.

»Schreib das alles auf!«
Grybów, 19. September 2008

Der Herbst war in diesem Jahr sehr früh gekommen. Seit Tagen regnete es ununterbrochen. Die Wolken hingen bis in die Täler, und die umliegenden Hügel waren nur zu erahnen. Das Thermometer neben dem Hauseingang zeigte fünf Grad, es war viel zu kalt für die Jahreszeit. Im Kamin brannten die ersten Holzscheite, die eigentlich für den Winter eingelagert worden waren. Einzig die grünen Blätter an den Bäumen und der Blick auf den Kalender wiesen darauf hin, dass es nicht November war, sondern Mitte September. Ich war alleine im Haus, meine Schwiegereltern waren nach Lublin gefahren. Sie wollten an diesem Nachmittag in der Gedenkstätte Majdanek Michał Pazdanowski gedenken. Zum ersten Mal. Aber davon erzählt hatten sie uns erst, als sie bereits abgereist waren.

Auf den Fotos, die ich vor dem Kaminfeuer betrachtete, war das Wetter augenscheinlich besser. Sie waren in einer Gegend aufgenommen worden, die der Landschaft hier in den nördlichen Ausläufern des Karpatenbogens ähnelt: Saftige, fruchtbare Wiesen, umzäunte Weiden, die bis auf die Kuppen der Hügel reichen, kleine Wälder, in die Täler haben sich Flüsse eingegraben. Die Fenster und Türen der Häuser standen weit offen, die Wege waren trocken und staubig, man trug luftige Kleidung und Sonnenhut. Das Gesicht von Michał Pazdanowski war braun gebrannt und bildete einen Kontrast zu seinem weißen Hemd, das er trotz der Wärme bis zum Kragen zugeknöpft hatte. Er hatte den Oberkörper leicht nach vorne gebeugt und redete auf sein Gegenüber ein, einen würdigen älteren Herrn mit weißem Kinnbart, der aufrecht stand und die Hände hinter dem Rücken verschränkt hatte. Die beiden warfen Schatten bis zu dem dritten Mann, der keinen leichten Sommeranzug trug, sondern eine Tracht: Eine dunkle Leinenhose, ein weißes Hemd, das fast bis zu den Knien reichte und am Ärmelbund bestickt war, darüber eine offene ärmellose Fellweste, die selbst auf dem Schwarz-Weiß-Foto farbenprächtig erschien. Um die runde Krempe seines Hutes war ein Tuch gebunden. Die drei standen am Rand einer Wiese mit Obstbäumen, auf der fast mannshohe Stapel mit Holz aufgeschichtet waren. Aus welchem Anlass sie sich getroffen und was sie zu bereden hatten, ist leider nicht verzeichnet.

Ein weiteres Foto zeigte Michał Pazdanowski mit seiner Tochter Inka. Er war in die Hocke gegangen, hatte Inka auf seinen linken Oberschenkel gesetzt und schaute sie nun lächelnd von der Seite an. Links hinter den beiden stand eine junge Frau mit einer weißen, bestickten Bluse und einem dunklen Trägerkleid. Sie hielt ein Tuch in den Händen und betrachtete die beiden wohlwollend. War sie eine Haushälterin oder Kinderfrau? Im Hintergrund befand sich ein zweistöckiges Gebäude mit einem langgezogenen Dach. Der Giebel war reich verziert, rechts eine Gaube, die wie ein Auge Gottes aussah, das untere der beiden Vordächer wurde von rechteckigen steinernen Säulen getragen. Es war ein hoheitliches Gebäude, denn über dem Eingangsportal prangte der polnische Adler – offensichtlich die Schule, deren Direktor Michał Pazdanowski war.

Michał Pazdanowski: runde Brille, gestutzter Oberlippenbart, leichte Geheimratsecken, die Haare sorgfältig frisiert, an den Seiten etwas kürzer und über der Stirn leicht nach hinten gekämmt, auf manchen Bildern gewellt, auf anderen glatt. Links und rechts der Nasenflügel zwei kleine Kerben, die parallel zum Schnauzbart bis zu den Mundwinkeln verliefen. Zwischen den Augenbrauen eine Längsfalte, die sich auf der Stirn mit den Querfalten kreuzte. Mal trug er Anzughosen, mal Knickerbocker, aber stets ein weißes Hemd, häufig mit Krawatte oder Fliege. Er lächelte selten, meistens blickte er nachdenklich und ernst in die Kamera. Oder versonnen aus dem Fenster, wie auf dem Foto, das ihn im Profil zeigte, die vordere Gesichtspartie von der Sonne beleuchtet, Nacken und Hinterkopf im Schatten. Noch hatte das Leben kaum Spuren in seinem Gesicht hinterlassen. In diesem Sommer des Jahres 1938 schien das Unglück, das ein Jahr später hereinbrechen würde, unvorstellbar und unendlich weit weg. Was war Michał Pazdanowski für ein Mensch gewesen? Antworten könnten die Briefe geben, die ich zur Hand genommen habe. Einige von ihnen stammten aus der Schweiz, andere aus Żabie. Der letzte Brief war vom 14. November 1942 datiert. Allerdings war er ein Fragment – jemand hatte den größten Teil weggeschnitten, sodass nur ein L-förmiger Rest geblieben war. Außerdem hatte Michał noch zweimal auf einer Art Butterbrotpapier geschrieben, mit Bleistift und so eng, dass die Zeilen ineinander übergingen, ohne eine Angabe von Datum und Ort. Die Blätter sahen aus wie Kassiber, die heimlich verfasst und ebenso heimlich aus einem Gefängnis herausgeschmuggelt worden waren.

Mein Polnisch reichte noch nicht aus, dass ich diese Briefe hätte entziffern und übersetzen können. Und weil auch Gabriela und Zbyszek nicht behilflich waren – Zbyszek, weil er meinte, dass sich sowieso keiner für den Inhalt interessiere, weder in Polen noch in Deutschland, Gabriela, weil es ihr zu nahe ging –, legte ich sie wieder beiseite. So wie auch die acht Briefe und Karten, die in den Jahren 1945 bis 1947 von einem Herrn namens Leon Kulesza aus Udrzyn am Bug verfasst worden waren. Über Leon Kulesza hatte mir Zbyszek zumindest erzählt, dass er Lehrer gewesen war und mit seinem Großvater in Majdanek und Auschwitz inhaftiert.

Stattdessen versuchte ich wieder, Briefe meines Großvaters zu entziffern, die in einer schwer lesbaren Kurrent-Schrift geschrieben waren. In den vergangenen Tagen war mein Großvater uns buchstäblich auf Schritt und Tritt begegnet: in Haczów und Rzepiennik, in Sękowa und Binarowa, in Libusza und Libnica-Murowana. In Haczów standen wir vor der Holzkirche, der ältesten und größten in Europa, die er einst fotografiert hatte. Wir waren in Rzepiennik Strzyżewski gewesen, wo er Ende Juli 1942 mit seiner Frau, meiner Großmutter, eine Woche Urlaub gemacht hatte, »in reizvollster Gegend«, wie er an seine Eltern schrieb. Meine Großeltern »genießen« – mitten im Zweiten Weltkrieg – »bei vorzüglichster Verpflegung und bei ausgedehnten Spaziergängen die schöne Luft und die wohltuende Ruhe«. Einquartiert hatten sie sich beim katholischen Pfarrer, der eine größere Wirtschaft hatte und ihnen daher »Leckereien« bot, die es sonst kaum mehr gab.

Meine Großmutter Wilhelmine hatte ebenfalls über diesen Urlaub berichtet. Von ihr besaß ich mittlerweile 242 Briefe, die noch schwerer zu entziffern waren als die ihres Mannes, weil sie meistens in größter Eile geschrieben worden waren. Die Briefe waren an ihre Eltern und Geschwister in der damals zu Thüringen gehörenden Kleinstadt Allstedt gerichtet, in der ihr Vater Karl-August Fritsch als evangelisch-lutherischer Oberpfarrer amtierte.

Von der Existenz dieser Briefe hatte ich eher zufällig erfahren. Ich hatte meine Tante, in deren Besitz sie waren, um Einsicht gebeten, doch meine Mail war unbeantwortet geblieben. Schließlich hatte ich während eines Besuchs meinen Vater darauf angesprochen. Er sagte, er wisse von nichts. Es war dann meine Mutter, die sich daran erinnerte, dass mal ein Päckchen von meiner Tante gekommen sei. Mit einer CD. Aber das sei schon Jahre her. Ich bat meinen Vater, danach zu suchen, und schon nach wenigen Minuten war er fündig geworden: Die CD befand sich in seinem Arbeitszimmer. Ich legte sie in meinen Laptop – und war fassungslos: Meine Tante hatte 242 Briefe ihrer Mutter eingescannt – im März 2004, als das Buch über meinen Großvater, ihren Vater, erschienen war. Offensichtlich waren die Briefe in allen Familien der Geschwister meines Vaters verbreitet, und der Einzige, der von ihrer Existenz nichts wusste, war derjenige, der sich am meisten dafür interessierte.

Warum er mir diese CD nie gegeben habe, wollte ich von meinem Vater wissen.

Er zuckte eher hilflos mit den Achseln und sagte, das habe er wohl vergessen.

Ob er sich die Briefe angeschaut habe?

Er schüttelte den Kopf.

Meine Großmutter hatte in dem Brief vom 29. Juli 1942 – er war unter der Nummer 171 katalogisiert – ihren Eltern zum Hochzeitstag gratuliert und ausführlich von dem Urlaub in Rzepiennik Strzyżewski berichtet. Sie schilderte ein wahres Landidyll, das vom Krieg, der nunmehr seit knapp drei Jahren tobte, unberührt schien. Wenn Fotos erhalten geblieben wären, würde es auf ihnen so aussehen wie auf jenen, die vier Jahre zuvor ungezählte Hügel und Bergketten weiter östlich aufgenommen worden waren, im Żabie des Michał Pazdanowski.

Lothar und ich sind auch mal für eine Woche ganz allein. Sauer genug musste er sich diesen ersten Urlaub seit 2 ½ Jahren erkämpfen. Und weils eben nicht für 2 oder 3 Wochen ging, haben wir das recht umständliche Reisen mit den Kindern noch aufgehoben. Wir haben uns in ein wunderschön gelegenes walddeutsches Vorkarpatendorf verkrochen und genießen das fantastische Essen, die himmlische Ruhe, die würzige Luft in vollen Zügen; jede Minute ist ja kostbar!
Wir sonnen uns, lesen, schreiben, Lothar arbeitet etwas für den nächsten Kolonistenbrief, essen wie gesagt fast ununterbrochen und schlafen ausgiebig. Wunderschöne Wanderungen machen wir zu alten Holzkirchlein – Lothars derzeitige Spezialität, er arbeitet an dem Beweis, dass es sich dabei um deutsche Gründungen handelt – und Heldenfriedhöfen des Weltkriegs. In den Wäldern halten wir dabei reiche Himbeerernte, suchen uns kleine Sträuche zwischen den Ährenfeldern, springen von Stein zu Stein über die weidenumsäumten Bäche, kommen an einsamen Gehöften vorüber, sauber gekalkt mit weinumrankter Vorlaube und schönen Blumengärten. Gewöhnt sind wir das Laufen ja gar nicht mehr, ich hab richtiggehenden Muskelkater.
Jedenfalls haben wir nie das Gefühl, außerhalb Deutschlands zu sein, es wird auch bald wieder ganz deutsch sein, das Land hier.
Beim Vogt waren wir eingeladen, das Bild eines deutschen Bauern, sein Haus könnte man im Reich nicht sauberer finden, seine Gastfreundschaft ist musterhaft. Einquartiert sind wir beim Pfarrer, bei dem alle Gäste des Dorfes einkehren, der Schulinspektor am Montag, der Kreishauptmann heute. In den Ställen strolchen wir viel rum, 3 Pferde und 1 Fohlen, 10 Stk. Rindvieh, 2 Schweine, 3 Ferkel, Schafe und Geflügel.

Die Juden des Dorfes haben in der Dorfverschönerung arbeiten müssen. Der Kreishauptmann hat heut erklärt, die Hauptstraße sei eines kleinen Kurorts würdig.

Einen großen Judenfriedhof haben sie hier, den wir heut noch besichtigt haben. Leider können wir nicht hebräisch lesen. – Am Sonntag fahren wir nach Krakau zurück, da werd ich wieder Post von euch vorfinden. Für heut alles Liebe, Eure Minni.

Trotz des Muskelkaters hatten die reizvolle Gegend, die Ruhe und die Leckereien meine viel beschäftigten Großeltern dazu animiert, im katholischen Pfarrhaus von Rzepiennik Strzyżewski ihr fünftes Kind zu zeugen, meinen Vater. Das Leben, das sie schilderten, war jedoch nicht für alle Bewohner des Ortes so friedlich und idyllisch, vor allem nicht für die, die »in der Dorfverschönerung arbeiten« mussten. Gleich unterhalb der Kirche hatten die Deutschen ungefähr 300 der »Dorfverschönerer« in ein Ghetto eingepfercht. Ende Juli 1942 hatten diese nur noch wenige Tage zu leben: Am 11. August wurde das Ghetto geräumt, 364 Juden wurden in einem nahe gelegenen Wald, irgendwo zwischen Himbeersträuchern und weidenumsäumten Bächen, ermordet. Aber da waren meine Großeltern schon abgereist.

Nur wenige Kilometer von Rzepiennik entfernt liegt Bobowa. Auch hier lösten im August 1942 die Nationalsozialisten das Ghetto auf. 400 der 1500 Juden erschossen sie gleich vor Ort, die anderen deportierten sie in Arbeitslager oder in die Ghettos der nächstgelegenen Städte Gorlice und Biecz. Bobowa genießt unter frommen Juden bis heute einen legendären Ruf: Hier gab es einst eine Jeschiwa, in der sich die jungen Männer dem Studium der Thora und des Talmuds, der jüdischen heiligen Schriften, widmeten. Und hier liegt der legendäre Rebbe Schlomo Halbersztam begraben. Die Nachfahren und Anhänger des Zaddiks, des Gerechten, die zumeist in Brooklyn oder London leben, haben die Renovierung der unweit des Marktplatzes gelegenen Synagoge finanziert, so dass sie 2003 wiedereröffnet werden konnte.

Der Schlüssel für das Gebäude war beim Friseur erhältlich, der neben der Synagoge seinen Salon hatte und sich mit dem Auf- und Zuschließen ein paar Dollar, Euro oder Złoty dazuverdiente. Oberhalb Bobowas befand sich der Kirkut, der jüdische Friedhof, von dem aus sich uns ein weiter Blick ins Tal der Biała und auf die umliegenden Hügel bot. Auf dem Friedhof standen um die hundert Grabsteine, sie alle waren in hebräischer Sprache beschriftet. Einige Grabsteine waren völlig verwittert und von hohem Gras und Efeu überwuchert, auf anderen war die Inschrift vor nicht langer Zeit erneuert worden. Hier und dort hatte jemand einen Stein auf die Grabplatte gelegt. Das steinerne Becken am Ausgang des Friedhofs, in dem man sich einst nach dem Besuch die Hände gewaschen hatte, wurde als Mülleimer missbraucht.

An diesem Septembertag hatte der Dauerregen den letzten Teil des Weges fast unpassierbar gemacht, aber dennoch stand vor dem Eingangstor eine Reihe von Lastwagen – auf dem Friedhof wurde ein Film gedreht. Im Ohel, dem Grabhaus, in dem der Zaddik mit seiner Frau und – so wurde erzählt – mit seiner Geliebten begraben lag, hatten einige der Schauspieler Schutz vor Kälte und Nässe gesucht. Die meisten von ihnen waren alte Leute. Sie hatten die Shoah überlebt und wohnten nun in Belgien.

Einer von ihnen war Abraham Leber. Das Datum, an dem mit der Räumung des Ghettos in seinem Heimatstädtchen Piotrków Trybunalski begonnen wurde, war für immer in sein Gedächtnis eingebrannt: Es war der 14. Oktober 1942. Seine ganze Familie wurde im Vernichtungslager Treblinka ermordet, er selbst zur Zwangsarbeit in eine Glasfabrik geschickt. Am 6. Mai 1945, zwei Tage vor Ende des Zweiten Weltkriegs, wurde er im Konzentrationslager Mauthausen befreit. Da wog er, 20 Jahre alt, noch 32 Kilo und musste vom Arzt auf Händen getragen werden. Er war nach dem Krieg nach Piotrków Trybunalski zurückgekehrt, abendelang hatte er vor seinem Elternhaus gestanden, aber es wohnten inzwischen andere Leute in dem Haus, fremde Leute. Von einem Milizionär bekam er den Rat, die Stadt zu verlassen, sonst würden sie ihn womöglich auch umbringen, so wie andere zurückgekehrte Juden. Also verließ er Polen. »Żyłem, ale byłem martwy. Moje serce pękło na pół«, sagte er – ich war am Leben, doch ich war tot. Mein Herz ist in zwei Hälften zerrissen.

Wenn Abraham Leber – er war der Komiker des Films – nicht spielen musste, versuchte er die hebräischen Inschriften auf den Grabsteinen zu lesen. Er freute sich wie ein Kind, wenn er wieder ein Wort entziffert hatte. Je länger wir uns unterhielten, desto weniger sprach er Französisch und Polnisch – er fiel in eine Mischung aus Deutsch und Jiddisch zurück. Auf Nachfragen antwortete er nicht, er konnte sie nicht verstehen. Kurz vor seiner Befreiung hatte ihm ein Wachmann, ein Profiboxer, das Gesicht zerschlagen. Seitdem war Abraham Leber nahezu taub.

Abraham sei ein Traumatisierter, sagte uns seine Schauspielerkollegin Irène Herz, wie er Jahrgang 1925. Stundenlang saßen Gabriela und ich mit Pani Irène zusammen, im Bus für die Schauspieler, im Hotel, im Café. Die Gespräche mit ihr waren Reisen an Orte, deren einstige Kultur vernichtet worden war, so wie in Lemberg, Irène Herz' Geburtsstadt.

Am 30. Juni 1941, dem Tag, an dem die Deutschen einmarschierten, lebten etwa 150 000 Polen, 150 000 Juden und 50 000 Ukrainer in der östlichsten Stadt Mitteleuropas. »Wir standen am Fenster unserer Wohnung. Die Deutschen kamen auf ihren Motorrädern, in Uniformen gekleidet und mit geschorenen Köpfen, alle diese sehr jungen Soldaten.« Ihr Onkel habe auf die einmarschierenden Soldaten gedeutet und gesagt: »Diese Leute sind unser Tod.«

Sie habe erst nicht verstanden, was der Onkel gemeint hatte. »Doch schon bald sollte ich es verstehen – es war ein Vorgeschmack auf das, was die Deutschen als Endlösung bezeichneten.« Bereits wenige Stunden nach dem Einmarsch begann die Jagd auf die Lemberger Juden, die wahllos auf der Straße oder in ihren Wohnungen verhaftet wurden. Die ersten Massaker wurden vor allem von ukrainischen Nationalisten verübt – mit Billigung der Wehrmacht. Innerhalb von wenigen Tagen ermordeten Ukrainer und Deutsche rund 4000

Juden. Nur einige der Verhafteten überlebten – unter ihnen Irène, ihre Mutter und ihre beiden Schwestern.

Von Tag zu Tag verschlechterte sich die Lage der Lemberger Juden, sie wurden gedemütigt, drangsaliert, erschlagen und erschossen. Im Dezember 1941 trieben die Nazis rund 110 000 Juden zusammen und pferchten sie in einen abgesperrten Bezirk, der nur wenige Straßenzüge umfasste. Und während meine Großeltern auf den Möbelwagen aus Wien warteten, um ihre Wohnung in einer Krakauer Villa einzurichten, musste Irène Herz mit 20 anderen Personen in einem Raum von 25 Quadratmetern hausen. Bis zum September 1942 hatten die Nationalsozialisten bereits mehr als 50 000 Bewohner des Ghettos ermordet – die meisten von ihnen vergasten sie im Vernichtungslager Bełżec.

Irène Herz lebte noch, weil sie von den Besatzern gebraucht wurde: Als Arbeiterin in einer Fabrik, in der Uniformen für deutsche Wehrmachtsoldaten hergestellt wurden. Im Oktober 1942 verdichteten sich die Gerüchte, dass das Ghetto endgültig geräumt werden sollte. Außerdem wütete eine Typhus-Epidemie. Irène beschloss zu fliehen – mithilfe von gefälschten Papieren, die ein Verwandter für sie organisierte.

Es dauerte noch bange Monate, während denen weitere rund 30 000 Juden ermordet wurden, ehe Irène Herz im März 1943 die Flucht gelang. Dank ihres gefälschten Taufscheins konnte sie sich eine Kennkarte, den überlebenswichtigen Ausweis, besorgen. Sie schlug sich nach Krakau durch und fand Arbeit als Dienstmädchen – in der ulica Juliusza Lea, ausgerechnet in einem Gestapo-Haushalt: »Ich wusste nicht einmal, wie man eine Suppe kocht – und war plötzlich bei Deutschen angestellt, die Juden verabscheuten. Wenn die gewusst hätten, dass eine Jüdin ihren Haushalt und auch ihr Kind versorgt … Ich lebte in permanenter Angst, dass meine falsche Identität entdeckt würde.« Die Lage spitzte sich zu, als die Gestapo-Familie im Mai nach Deutschland versetzt wurde und vor ihrer Abreise Irène einem höherrangigen Gestapo-Beamten als Hausmädchen empfahl. Irène stellte sich ihm vor, doch er war misstrauisch und wollte alle Angaben überprüfen. Irène beschloss, erneut zu fliehen und nach Lemberg zurückzukehren.

In ihrer Heimatstadt wurde sie mit schlechten Nachrichten empfangen: Ihre Schwester Vera, 16 Jahre jung, war inzwischen ebenfalls ermordet worden. Außerdem erfuhr sie, dass auch hier die Gestapo bereits nach ihr suchte. Also fand sie sich erneut auf der Flucht, diesmal nach Warschau, wo sie Kontakt zur polnischen Untergrundarmee Armia Krajowa aufnahm. Doch auch in Warschau konnte sie nicht lange bleiben – in einer Straßenbahn wurden ihr alle Papiere gestohlen. »Was sollte ich tun?«

Den einzigen Ausweg sah sie darin, sich für eine Arbeit in Deutschland zu melden – die Nazi-Bautruppe Organisation Todt suchte polnische Freiwillige. So ging sie als Sekretärin erst nach Berlin und dann nach Wien. Und jetzt war sie es, die Flüchtlinge mit gefälschten Papieren versorgte – »um mein schlechtes Gewissen zu beruhigen, dass ich für die Deutschen arbeitete.« Ihre Tätigkeit für den polnischen Widerstand wurde enttarnt, sie wurde verhaftet und im Oktober 1944 – »als Polin, nicht als Jüdin« – ins Frauenkonzentrationslager Ravensbrück deportiert. Ende April 1945 wurde sie in der Aktion Weiße Busse des schwedischen Roten Kreuzes befreit – wenige Tage, bevor die anderen Häftlinge auf den Todesmarsch geschickt wurden.

Sie habe überlebt, sagte Irène Herz, weil sie in den Augen der Nationalsozialisten nicht wie eine Jüdin aussah, sondern »dobry wygląd« hatte, das gute Aussehen. Zum Regisseur des Films und zu Gabriela sagte Irène, sie hätten damals keine Chance gehabt zu überleben – sie hätten keinen »dobry wygląd«.

Von Bobowa sind es nur wenige Minuten im Biała-Tal flussaufwärts bis Grybów, der Kleinstadt, in der Gabrielas Eltern leben. Es waren die Gespräche mit Abraham Leber und Irène Herz, die mich an diesem regnerischen Septembernachmittag wieder zu den Fotos von Michał Pazdanowski und den Briefen meines Großvaters greifen ließen. Mein Großvater war nicht nur in Rzepiennik Strzyżewski, Gorlice und Haczów gewesen, in all den Dörfern und Städten der Vorkarpaten und Beskiden, sondern auch in Lemberg, Krakau, Warschau, Berlin und Wien. Ob er und Irène Herz sich in Lemberg begegnet waren? Oder in Krakau? Die ulica Juliusza Lea lag nicht weit von der ulica Kościelna entfernt, in der meine Großeltern im Mai 1943 gewohnt hatten; es war das Viertel der deutschen Beamten, Funktionäre, Gestapo- und SS-Männer mit ihren Familien. Oder in Warschau? Zufällig auf der Straße, achtlos aneinander vorbeigehend? Oder hatte er, der ein Faible für schöne Frauen hatte, ihr nachgeschaut? Auf diese Fragen würde ich wohl keine Antwort bekommen. Wie auf so viele nicht.

Sollte ich weiter Fragen stellen? »Schreib das alles auf«, hatte mir Irène Herz gesagt, »erzähl die Geschichten! Unsere Geschichten und eure. Die Geschichten der Ermordeten, der Überlebenden und der Täter. Und erzähl die Geschichte von Michał Pazdanowski!« Ich solle mich beeilen, hatte sie noch gesagt. Bald sei niemand mehr da, den ich fragen könnte.

»Heil Hitler, Herr Professor, wie geht es Ihnen?«
Krakau, 6. November 2009

An jedem 6. November hängen an den Gebäuden der Krakauer Jagiellonen-Universität schwarze Flaggen. Professoren und Politiker, Studenten und Gelehrte kommen an diesem Tag zusammen, um eines Ereignisses zu gedenken, das die 1364 gegründete Hochschule, die drittälteste in Europa, nachhaltig geprägt hat und das bis heute im kollektiven Gedächtnis der Stadt tief verankert ist. Sie erinnern an Professoren und Mitarbeiter der Universität, die einem übermächtigen Gegner zum Opfer gefallen waren – und würdigen zugleich Bürger der Stadt Krakau, die in scheinbar auswegloser Lage dank ihres Mutes und Widerstandsgeistes diesem übermächtigen Gegner getrotzt hatten. Es ist der Jahrestag einer Verhaftungsaktion, mit der die Nationalsozialisten das Geistesleben an der Universität auslöschen wollten, an der Ende des 15. Jahrhunderts Nikolaus Kopernikus Astronomie und Mathematik studiert hatte und in den 1920er-Jahren Michał Pazdanowski Agrarwissenschaften.

Die Falle war um Punkt zwölf Uhr mittags zugeschnappt. Für die Gelehrten im Hörsaal 66 der Jagiellonen-Universität gab es kein Entkommen mehr. SS-Obersturmbannführer Bruno Müller, ein promovierter Jurist, hatte es unmissverständlich deutlich gemacht: »Die Universität ist geschlossen. Und ihr alle seid verhaftet und werdet in ein Gefangenenlager verbracht, wo ihr genug Zeit haben werdet, euch über euer Verhalten Gedanken zu machen.«

Auf den Tag genau zwei Monate nach dem Einmarsch der deutschen Truppen in Krakau hatte Müller für den 6. November 1939 eine Vollversammlung an der Universität, die älter war als jede deutsche, einberufen lassen. Angekündigt hatte er einen scheinbar harmlos klingenden Vortrag mit dem Thema »Der deutsche Standpunkt in Wissenschafts- und Hochschulfragen«. Doch der 1905 in Straßburg geborene Müller war kein Hochschulpolitiker, sondern Leiter eines Einsatzkommandos der Sicherheitspolizei mit Standort Krakau. Sein Auftrag war nicht die Reform der Universität, sondern die Liquidierung der polnischen Intelligenz.

Ohne das akademische Viertel einzuhalten, war Müller, von bewaffneten SS-Männern flankiert und auf dem Kopf die schwarze Mütze mit dem Totenkopfsymbol tragend, gleich zur Sache gekommen: Die Universität habe ohne Zustimmung der Deutschen das Semester eröffnet und mit der wissenschaftlichen Arbeit begonnen. Für Deutschland sei ein derartiges Verhalten »ein feindlicher und böswilliger Akt«. Und im Übrigen sei die Krakauer Hochschule »immer das Hauptzentrum des wissenschaftlichen Kampfes gegen das Deutschtum« gewesen.

Unmittelbar nach Dr. Müllers Ansprache wurden – mit Ausnahme der drei anwesenden Frauen – alle im Hörsaal 66 versammelten Wissenschaftler verhaftet. Gleich mitgenommen wurden zudem 21 Angehörige der Bergakademie, die sich gerade in der Universität aufhielten, drei Studenten, mehrere Lehrer, Verwaltungsangestellte und ein Ordensgeistlicher. Insgesamt ließ SS-Mann Müller, »der vor grenzlosem Hass gegen die Polen glühte, besonders gegen die polnische Intelligenz«, wie sich einer der Professoren kurz nach dem Krieg erinnerte, 183 Personen in ein nahe gelegenes Gefängnis transportieren.

Die Sonderaktion Krakau, so der Codename der Verhaftungswelle, war für die deutschen Besatzer von symbolischer Bedeutung, denn – wie es der polnische Regisseur Andrzej Wajda einmal ausdrückte – »das erste Ziel der Verbrechen ist immer die Intelligenz, denn sie ist der Träger der Erinnerung. Eine Gesellschaft ohne Erinnerung ist nicht viel mehr als ein Menschenauflauf.« Die deutsche Besatzungsmacht wollte die intellektuelle Kraft Polens vernichten, weil sie in ihr den Träger und Vermittler polnischer nationaler Identität sah und somit mögliche Anstiftung zum Widerstand. Es sollte nichts übrig bleiben als eine Menschenmasse, die als Sklaven für die Sieger zu arbeiten hatte.

Die Deutschen kannten keine Gnade: Vom ersten Tag an hatten sie nicht nur gegen die polnischen Soldaten Krieg geführt, sondern auch gegen die Zivilbevölkerung. In den ersten Monaten der Okkupation fielen den Einsatzkommandos der Sicherheitspolizei und des Sicherheitsdienstes, die auf die jüdische Bevölkerung und die gebildete Schicht Polens angesetzt waren, zwischen 60 000 und 80 000 Menschen zum Opfer. Auch Teile der Wehrmacht beteiligten sich an Brandschatzungen, Vergewaltigungen und Massenerschießungen. Die Nationalsozialisten ließen keinen Zweifel daran, dass es ihnen nicht um die Verteidigung ihres Staates oder die militärische Beendigung politischer Auseinandersetzungen ging, sondern um die erbarmungslose Durchsetzung ihrer Ideologie, um Eroberung, Ausbeutung und Vernichtung.

Die Ereignisse auf dem polnischen Kriegsschauplatz, so der Historiker Jochen Böhler, wiesen bereits wesentliche Merkmale eines Vernichtungskrieges auf, der dann 1941 mit dem Überfall auf die Sowjetunion vollends zum Ausbruch kam. Schon vor ihrem Einmarsch in Polen hatten die Nationalsozialisten kein Geheimnis daraus gemacht, wie sie mit den Polen verfahren wollten. Bereits 1937 hatten sie damit begonnen, ein »Sonderfahndungsbuch Polen« mit den Namen von über 60 000 polnischen Intellektuellen zu erstellen, die nach dem Einmarsch der Wehrmacht verhaftet und ermordet werden sollten. Und auch der Reichsführer SS, Heinrich Himmler, hatte aus seinen Vorstellungen über die »Behandlung der Fremdvölkischen im Osten« nie einen Hehl gemacht: »Einfaches Rechnen bis höchstens 500, Schreiben des Namens, eine Lehre, dass es ein göttliches Gebot ist, den Deutschen gehorsam zu sein und ehrlich, fleißig und brav zu sein. Lesen halte ich nicht für erforderlich.« Außer einer vierklassigen Volksschule dürfe es im Osten keine Schule geben.

Die Sonderaktion Krakau war nur ein erster Schritt auf dem Weg der Vernichtung der Intelligenz und der geplanten Verdummung und Versklavung eines Volkes. Ein weiterer Schritt war die sogenannte »Außerordentliche Befriedungsaktion«. Deren eigentlichen Zweck,

Mord, hatten die Nationalsozialisten mit einem euphemistischen Tarnnamen verschleiert – so wie bei der »Endlösung«, der Vernichtung der Juden.

Den Befehl zu der AB-Aktion hatte Generalgouverneur Hans Frank gegeben, der sich auf eine direkte Anweisung Adolf Hitlers berief: »Was wir jetzt an Führungsschicht in Polen festgestellt haben, das ist zu liquidieren, was wieder nachwächst, ist von uns sicherzustellen und in einem entsprechenden Zeitraum wieder wegzuschaffen.«

Die Aktion werde »einigen Tausend Polen das Leben kosten, vor allem aus der geistigen Führerschicht Polens«, sagte Frank am 30. Mai 1940 in Krakau. In seinen Anweisungen machte er kein Geheimnis daraus, wie er über seine Untertanen dachte – sie waren für ihn keine Menschen mehr. »Diese Elemente« seien nicht erst in die Konzentrationslager des Reiches »abzuschleppen«, befahl er, denn dann gäbe es nur »Scherereien und einen unnötigen Briefwechsel mit den Familienangehörigen«. Stattdessen seien »die Dinge« im Lande zu »liquidieren«. Mit der Durchführung und der Koordination beauftragte Frank den Chef Bruno Müllers, den SS-Brigadeführer Bruno Streckenbach, und den Höheren SS- und Polizeiführer in Krakau, Friedrich-Wilhelm Krüger, den späteren Chef des SS-Offiziers Lothar von Seltmann.

Der Zeitpunkt des Beginns der Außerordentlichen Befriedungsaktion war bewusst gewählt: der 16. Mai 1940, ein Donnerstag. Sechs Tage zuvor hatte Deutschland die Niederlande, Belgien, Luxemburg und Frankreich überfallen. »Am 10. Mai begann die Offensive im Westen«, freute sich Frank, »das heißt an diesem Tag erlosch das vorherrschende Interesse der Welt an den Vorgängen hier bei uns.« Was nun in Polen geschehe, würde den Blicken der Weltöffentlichkeit verborgen bleiben: Während der AB-Aktion wurden im Frühjahr und Sommer 1940 rund 20 000 »Elemente« und »Dinge« verhaftet und etwa 7500 ermordet. Generalgouverneur Frank zeigte sich mit dem mörderischen Einsatz zufrieden: »Wenn ich für je sieben erschossene Polen ein Plakat aushängen lassen würde, dann würden die Wälder Polens nicht ausreichen, das Papier herzustellen.«

Auch im Deutschen Reich schauten am 16. Mai alle Augen auf die Ereignisse im Westen – doch nicht nur, denn es stand ein Tag bevor, der überall im Reich festlich begangen werden sollte: der Muttertag. Selbstverständlich hatten meine Großeltern ihren Müttern die gebührende Ehre erwiesen und zum Federhalter gegriffen – meine Großmutter in Wien, mein Großvater in Berlin. In einer Zeit, in der östlich der Reichshauptstadt großes Leid über die Mütter von polnischen Priestern, Lehrern, Ärzten und Künstlern gebracht wurde, schrieb Lothar von Seltmann:

Mein gutes Muttel! Zu Deinem Ehrentag sende ich Dir viele liebe Wünsche und Grüße! In Dankbarkeit und kindlicher Liebe denke ich dabei an alles, was Du uns Kindern an Fürsorge und Mütterlichkeit hast zuteil werden lassen. Auch daran denke ich, dass es uns ja gar nicht vergönnt ist, einer Mutter all die Sorgen und Träume, die sie um ihre Kinder aufgewandt hat, auch nur ein Weniges zu vergelten. Wir können nur dankbar sein und uns ermahnen, niemals zu vergessen, was eine Mutter für ihre Kinder, was unser Muttel für uns getan hat. Gebe der Himmel, dass Ihr Eltern und wir Kinder uns noch viele lange Jahre haben, dass wir noch lange beisammen bleiben und glücklich die große Zeit erleben dürfen.

Von dem, was die »große Zeit« in naher Zukunft für ihn vorgesehen hatte, war Lothar von Seltmann jedoch nicht begeistert. Seine Bemühungen, zur Wehrmacht zu kommen, waren gescheitert, da ihn seine Dienststelle nicht freigab, sondern nach Lublin kommandierte. Ihm war es »gar nicht recht, irgendwo im Osten versauern zu müssen, während im Westen die alte Macht aus den Angeln gehoben« wurde. Er hoffte jedoch »zuversichtlich«, dass er vor seiner Abreise in den Osten noch einmal nach Wien würde kommen können.

Seiner Schwiegermutter schickte er ebenfalls eine Karte mit »lieben Wünschen zum Muttertag« – am unteren Rand die Sätze hinzufügend:»Meine Abkommandierung nach Lublin ist bereits ausgesprochen. Ich werde in den nächsten Tagen dorthin abgehen.« Auch an seine Frau Minni, die mit den Kindern in Wien geblieben war, hatte er gedacht: Er sandte ihr, wie sie ihrer Mutter stolz berichtete, »einen sehr lieben Brief und ein Päckchen«, dass ihn »als Gratulant unsere Kleinen würdig vertreten« ließ. Minni wünschte ihrer Mutter, dass deren »Buben bald und heil aus dem Krieg« zurückkehrten und dass sie »noch ein paar Schwiegersöhne« bekäme, damit sie bald den »9x9 Enkelkindern« näher käme.

Meine Großeltern unternahmen alles, um ihren Beitrag zu leisten, dass die neun Kinder der Pfarrersfamilie Fritsch ihren Eltern einmal 81 Enkel bescheren könnten: Im August 1938 war das erste Kind geboren worden, im Dezember 1939 das zweite, und nun konnte die gerade einmal 23-jährige Minni pünktlich zum Muttertag die freudige Nachricht übermitteln: »Zu unseren Zweien hat sich ein Weihnachtsenglein angemeldet, d. h. ich werd's schon selber unter den Weihnachtsbaum legen können. Wir freuen uns schon mächtig und hoffen nur, dass wir dann wieder alle im Frieden beisammen sein können.« Der werdende Vater, fügte sie noch hinzu, werde »dieser Tage in Lublin eintreffen«.

Im nächsten Brief, eine gute Woche später, konnte Minni berichten, dass der Wunsch ihres Mannes sich erfüllt hatte: »Lothar war auf 1½ Tage da.« Dann sei er von Wien aus direkt nach Lublin gefahren. Sie sei »schon begierig«, was er von dort schreiben werde. Ihre Gedanken gingen aber auch – so wie von Generalgouverneur Hans Frank erwartet – in die entgegengesetzte Richtung: »Im Westen ist ja Gigantisches im Gange. Morgen werd ich mir die neue Wochenschau ansehen. Sicher wird der Führer alles gut und mit möglichst wenig Opfern zu Ende führen. Wir daheim bekommen manchmal direkt ein schlechtes Gewissen, dass wir's so gut haben.«

Bis zum nächsten Brief an die »Lieben« in Allstedt sollte ein Monat vergehen. Doch nicht weil sich das »schlechte Gewissen« auf Minnis Gemüt gelegt hätte, sondern weil sich Überraschendes ereignet hatte: »Da staunt ihr, woher mein Brief kommt, gelt?«, so Minni am 27. Juni 1940 zu Beginn ihrer Schilderung – »mitten aus Wildost!« Sie hatte sich »zu 10 Tagen Ferien aufgeschwungen« und war zu

Lothar gefahren. Doch kein Grund zur Beunruhigung: Die Kleinen waren gut versorgt. Ausführlich schilderte sie die Eindrücke auf ihrer Reise von Wien über Krakau nach Lublin, die fast 22 Stunden gedauert hatte und auf der sie »immer im besten Schlaf« zur Passkontrolle geweckt worden war. »Im Gouvernement gibt's Eisenbahnwagen ›nur für Deutsche‹«, berichtete sie, »in den andern geben die Juden (mit dem Davidsstern auf der Armbinde) den Ton an.« Sie habe sich »sehr nett mit Soldaten aller Art und aller Gaue unterhalten.« Die Landschaft bleibe sich »ungefähr immer gleich: Ebene, Felder, Wiesen, Wälder, Flüsse, mal fetter und mal magerer Boden, wenig Siedlungen. Spuren des Krieges sehe man an dieser Strecke kaum: ein paar Häuserruinen, umgestürzte rostende Güterwagen neben den Schienen, eine noch nicht wiederhergestellte San-Brücke, über die man laufen muss und drüben in einen neuen Zug einsteigen.« Als sie abends um Viertel vor zehn Uhr endlich in Lublin eintraf, wurde sie von »einer wüsten Schießerei aus allen Kasernen und Unterkünften« empfangen. Doch wieder kein Grund zur Sorge: Es war »der Freudenausbruch über den Waffenstillstand mit Frankreich!« Überall sei »bis in den halben Morgen hinein gefeiert« worden.

Minni berichtete ihren Eltern über das Leben in der für sie so fremden Stadt und über den Alltag »in den sechs Häusern, die zur Dienststelle des Brigadef. Globocnik gehören«, über Erlebnisse nach Lothars Dienstschluss im Judenghetto und über eine Fahrt nach Krakau, wo es »wirklich wüst« aussehe: »Kein Haus ohne mindestens Schrammen oder öde Fensterhöhlen!« Und unterwegs »manches Soldatengrab, 2 Friedhöfe gar und viele zerstörte Ortschaften«. Bevor sie mit herzlichen Grüßen schloss – »auch von Lothar, der schon die ganze Zeit bei irgendwelchen Dienststellen in der Stadt steckt und nicht aufzutreiben ist« –, fügte sie einen Satz ein, der etwas unvermittelt stand: »Es gibt neben Wehrmacht, SS, Polizei, NSKK« – Nationalsozialistisches Kraftfahrer Korps –, »Forstschutz usw. den volksdt. Selbstschutz, schwarz uniformierte rauhe Gesellen, die die ›Eingeborenen‹ am meisten schurigeln. Sie haben ja auch die nötige Wut jahrelang aufgespeichert!«

Diese »rauhen Gesellen« waren in der Tat gefürchtet: Die Männer des Volksdeutschen Selbstschutzes – einer paramilitärischen Einheit, die aus Angehörigen der deutschen Minderheit in Polen bestand – gehörten zu denen, die unter dem Befehl der SS in den Mordaktionen gegen die »Eingeborenen«, gegen Polen und Juden, eingesetzt wurden. 1941 hatten sie Lob von höchster Stelle bekommen, vom Höheren SS- und Polizeiführer Friedrich-Wilhelm Krüger: Die im Selbstschutz zusammengefassten Männer, die »unter der polnischen Herrschaft systematisch geknechtet und getreten« worden seien, hätten »nicht unwesentlich dazu beigetragen«, die deutschen Behörden und Polizeidienststellen »bei ihrer schwierigen Aufbauarbeit zu unterstützen« – vor allem auf dem »platten Lande«, wo anfangs weder Gendarmerie- noch sonstige Polizeikräfte stationiert gewesen seien. Zum Beispiel hätten sie geholfen, »Zehntausende von Festmetern Holz, das gestohlen worden war«, sicherzustellen. Auch auf anderen Gebieten hätten sie »wertvolle Hilfe« geleistet, lobte Krüger: bei »manchen Befriedungsaktionen«.

Dem Ziel der Besatzer, mit ihren »Befriedungsaktionen« die polnische Widerstandsbewegung »auf lange Zeit lahmzulegen«, hatte jedoch auch der Volksdeutsche Selbstschutz nicht beihelfen können. Im Gegenteil, die Deutschen hatten den Widerstand mit ihren brutalen Aktionen erst richtig entfacht – so wie unter den Ehefrauen, Familienangehörigen und Freunden der Professoren, die in der Sonderaktion Krakau verhaftet worden waren.

Schon bevor 168 der verhafteten Wissenschaftler am 28. November 1939 ins Konzentrationslager Sachsenhausen bei Berlin deportiert wurden, hatten die Krakauer aufbegehrt: Europaweit informierten sie Kollegen, Diplomaten und Politiker, sie bewegten den legendären Berliner Arzt Professor Ferdinand Sauerbruch zu einer Intervention, sprachen beim Vatikan und gar beim italienischen Diktator Mussolini vor, der – obwohl Verbündeter der Nazis – Protestnoten nach Berlin schickte.

Die Proteste hatten Erfolg, denn mehr und mehr sahen sich die Nationalsozialisten unter diplomatischen Druck gesetzt. »Was wir mit den Krakauer Professoren an Scherereien hatten, war furchtbar«, entfuhr es Generalgouvernerneur Hans Frank am 30. Mai 1940 entnervt bei jener Polizeisitzung in Krakau, in der auch die Außerordentliche Befriedungsaktion auf der Tagesordnung stand – knapp vier Monate nach einem Ereignis, das Historiker heute als »beispiellosen Akt« einschätzen: Am 8. Februar hatten rund 100 Krakauer Wissenschaftler, die älter als 40 Jahre waren, das KZ Sachsenhausen verlassen dürfen. 43 weitere Gelehrte waren in das KZ Dachau bei München verlegt worden, aus dem alle von ihnen bis spätestens Oktober 1941 freigelassen wurden. Für zwölf der verhafteten Krakauer Wissenschaftler kam die internationale Hilfe jedoch zu spät: Sie verstarben bereits in Sachsenhausen. Drei der Hochschullehrer hatten von vornherein keine Chance zu überleben: Sie waren Juden.

Unter den deportierten Gelehrten war auch Antoni Gaweł, Professor für Mineralogie und Petrografie. Da er jünger als 40 Jahre war, gehörte er nicht zu denen, die Sachsenhausen verlassen durften. Stattdessen wurde er am 4. März 1940 ins KZ Dachau überstellt, aus dem er schließlich am 9. Januar 1941 nach Krakau in die Freiheit entlassen wurde. Sein Sohn Jurek ist ein Freund von Gabrielas Familie, und ich hatte ihn von unserer Hochzeit in angenehmer Erinnerung – er war der Fahrer des Brautwagens.

Über die »schreckliche Zeit« in Sachsenhausen und Dachau habe sein Vater, der 1989 im Alter von 88 Jahren verstorben war, sein ganzes Leben geschwiegen, berichtete Jurek, als wir ihn auf seinen Vater ansprachen. Nur zweimal habe er geredet. Einmal zu Weihnachten, als er trotz des traditionell opulenten Festmahls nur eine Kartoffel mit Butter essen wollte. Und dann, als er die »bizarre Geschichte« erzählte, wie er nach seiner Freilassung plötzlich in Krakau den Dachauer SS-Mann Paul Neumann wiedergetroffen habe. Neumann, ein gelernter Gärtner, hatte im KZ Dachau eine »Wissenschaftliche Abteilung« eingerichtet und die Krakauer Professoren wohlwollend behandelt. »Heil Hitler, Herr Professor, wie geht es Ihnen?«, habe der als ebenso einfältig wie vergleichsweise gutmütig beschriebene Neumann über den Krakauer Marktplatz gerufen. Sein

Vater, sagte Jurek, sei vor Angst zusammengezuckt – er befürchtete, als Kollaborateur verdächtigt zu werden.

Antoni Gaweł, der kurz vor Kriegsende nochmals für drei Wochen im KZ, diesmal in Krakau-Płaszów, interniert gewesen war, hatte allen Grund, kein Aufsehen erregen zu wollen: Er gehörte zu jenen Professoren, die in den Kriegsjahren an der geheimen Untergrund-Universität in Krakau unterrichtet hatten. Ein lebensgefährliches Unterfangen, denn dass die Lehrer bei einer drohenden Verhaftung keine Gnade erwarten durften, war Anfang Juli 1941 offensichtlich geworden: Unmittelbar nach dem Überfall auf die Sowjetunion hatte die SS beim Einmarsch in Lemberg 25 polnische Professoren mitsamt ihren Familien umgehend erschossen.

Zur selben Zeit wie Antoni Gaweł, während der es Minni von Seltmann in Wien »so gut« hatte, dass sie das »schlechte Gewissen« plagte, und Lothar von Seltmann sich anschickte, »im Osten« Karriere zu machen, war ein weiterer Krakauer Intellektueller im Konzentrationslager Dachau inhaftiert: Jerzy Pazdanowski, Michałs älterer Bruder. Jerzy hatte an der Akademie der Schönen Künste in Krakau studiert – bei Józef Mehoffer, der einer der bedeutendsten Vertreter des Jungen Polen war, einer Gruppe von Künstlern, die um die Jahrhundertwende frischen Wind in die polnische Literatur, Musik und Malerei hatte bringen wollen.

In der Familie hieß es, Jerzy sei 1942 oder 1943 in Krakau verhaftet worden, auf offener Straße, während einer Razzia. Die Deutschen hätten seine Hände kontrolliert und gleich festgestellt, dass es nicht die schwieligen Hände eines Arbeiters waren, sondern die eines Intellektuellen. Daraufhin hätten sie ihn mitgenommen und erst ins Gefängnis gesteckt und dann ins Konzentrationslager Dachau deportiert.

»In den Listen der Häftlinge des KZ Dachau konnte ich einen Häftling namens Georg (Jerzy) Pazdanowski finden«, teilte uns ein Archivar der Gedenkstätte auf unsere Anfrage hin mit. Die Angaben im Archiv stimmten jedoch nicht mit den von uns genannten Daten überein. Der in Dachau verzeichnete Georg Pazdanowski sei nicht

1942 oder 1943, sondern vom 14. April bis 26. Oktober 1940 in Dachau inhaftiert gewesen. Wir sollten bitte unsere Angaben überprüfen.

In der Tat hatte sich das familiäre Gedächtnis geirrt: Schutzhäftling Georg Pazdanowski, geboren am 3. Januar 1902 in Poremba, letzter bekannter Wohnort: Olkusz, Beruf: Lehrer, katholisch, Häftlingsnummer 3386, war bereits zwei Jahre vor der vermuteten Zeit verhaftet worden – womöglich am 30. März 1940, als an einem Tag rund 1000 Polen festgenommen und eingesperrt worden waren.

Seine Zeit im Konzentrationslager habe Jerzy Pazdanowski nach dem Krieg niemals auf Bildern dargestellt, las ich später in der Einladung zu einer Ausstellung mit seinen Werken, die ihm 1992 im Beskidenstädtchen Żywiec gewidmet war. Allerdings seien 1976, nach seinem Tod, 27 Zeichnungen auf »armseligem Papier« mit Motiven aus dem Konzentrationslager Dachau aufgetaucht. Die Familie habe diese Zeichnungen an das Historische Museum in Krakau verkauft.

Auf der Vorderseite des Einladungszettels war ein Porträt Jerzys abgedruckt, jedoch ohne Angaben über das Aufnahmedatum. Jerzy trug ebenfalls eine runde Brille, die allerdings größer war als die seines Bruders, und auch sonst schien alles an ihm stärker ausgeprägt als bei Michał: die Frisur mit ihrem strengen Scheitel noch korrekter, die Lippen gepresster, der Blick ernster, der Krawattenknoten enger. Nach dem Krieg, so hieß es in der kurzen Biografie, sei Jerzy Pazdanowski zu seiner Leidenschaft zurückgekehrt und habe als Zeichner und Maler gearbeitet. Er habe ein riesiges künstlerisches Werk hinterlassen: Hunderte Ölbilder, mehr als 3000 Aquarelle und eine unermessliche Zahl an Zeichnungen und Grafiken. Sein gesamtes Werk sei vom Związek Artystów Plastyków, dem Künstlerverein, in Krakau inventarisiert worden. Einige seiner Bilder habe das Polnische Ministerium für Kultur erworben, und 1986 sei ihm sogar eine Ausstellung im spanischen Cordoba gewidmet worden. Auch in Kanada und in Italien seien Werke von ihm gezeigt worden, hieß es in den dürren Informationen diverser Auktionshäuser, doch trotz der gelegentlichen Ausstellungen waren seine Bilder in den Depots der Museen verstaut oder im Verkauf nicht mehr wert als 100 Zloty – rund 25 Euro. Jerzy Pazdanowski, den die Deutschen ins Konzentrationslager verfrachtet hatten, weil er ein polnischer Intellektueller und Schöngeist war, ist offensichtlich im Laufe der Jahre vergessen worden – im Unterschied zu den Professoren, die während der Sonderaktion Krakau verhaftet worden waren.

Die Professoren genießen bis heute in Polen einen legendären Ruf, für sie wurden Denkmäler und Gedenktafeln errichtet, und nicht nur im Jubiläumsjahr wurde an das Geschehen im November 1939 erinnert – als Beispiel für einen erfolgreichen Widerstand gegen den nationalsozialistischen Terror: Rund 1000 Studenten hatten während der deutschen Besatzung die illegale Untergrunduniversität in Krakau besucht. Unter ihnen war einer, der Weltgeschichte geschrieben hat: Karol Wojtyła, der spätere Papst Johannes Paul II.

Dass ich eines Tages in einer Wohnung sitzen würde, in der die Schüler und Studenten heimlich unterrichtet worden waren, hätte ich mir am 70. Jahrestag der Sonderaktion Krakau nicht träumen lassen. Es war Franek Wasyl, Historiker und Archivar an der Jagiellonen-Universität, der mich auf die Spur brachte. Bei einem Bier hatte ich ihm erzählt, dass ich – einen Tag nach der großen Gedenkfeier zum Jahrestag – auf der Krakauer Buchmesse Jan Marian Włodek begegnet war, der dort ein Buch über seinen Vater Jan Włodek, einen der deportierten Professoren, vorgestellt hatte. Er sei sich sicher, hatte Franek gesagt, dass Professor Jan Włodek ein Lehrer von Michał Pazdanowski gewesen sei. Ich solle mal im Studienbuch nachschauen. Professor Włodek sei eine internationale Berühmtheit gewesen: Der Ordinarius für landwirtschaftliche Kulturpflanzen habe das Versuchslandgut der Universität geleitet.

Die Fotos, die Jan Włodek zeigten, waren mir beim Durchblättern des Buchs seines Sohnes aufgefallen: Das eine, auf dem er mit schwarzem Anzug, weißem Kragen und dunklem Hut mitten in einem goldleuchtenden Getreidefeld stand, weil es das einzige Farbfoto war, das andere, weil er – während des Ersten Weltkriegs – in Uniform und mit General Władysław Sikorski zu sehen war, dem späteren Premierminister der polnischen Exilregierung in London. Dem Studienbuch von Michał Pazdanowski jedoch hatte ich sträflich wenig Beachtung geschenkt. Es befand sich irgendwo in der Mappe mit den Dokumenten, die mir mein Schwager Zbyszek Weihnachten 2007 mitgegeben hatte.

Ich holte also das »Książeczka Legitymacyjna« der Uniwersytet Jagielloński mit der Nummer 9337 hervor und las die bedeutungsschweren Worte: »Nos Rector et Decanus Collegii Professorum Facultatis agriculturae Universitatis Cracoviensis hac tabula profitemur testatumque esse volumus, Dominum Michalum Pazdanowski oriundum Poręba Żegoty in album Universitatis Cracoviensis Facultatis agriculturae rite relatum esse. Ejus rei fidem nomina ipse subscripsimus. Cracoviae, die 27 mensis septembris 1924.«

Unterschrieben hatten der Rektor der Universität und der Dekan der Fakultät für Agrarwissenschaften, beglaubigt durch den Stempel mit dem Wappen der Universität, den offensichtlich jemand eher nachlässig aufs Papier gedrückt hatte. Daneben ein Foto, das einen feierlich blickenden jungen Mann mit zugeknöpftem Kragen, Krawatte, Brille und Oberlippenbart zeigte.

Ich blätterte die Seiten mit den akademischen Jahren durch und fand am Ende ein beigelegtes Papier, das in alphabetischer Reihenfolge fünf Professoren auflistete, die dem Examenskandidaten Michał Pazdanowski am 8. Juli 1929 die Prüfung abgenommen hatten. Einer der Prüfer war tatsächlich Professor Jan Włodek gewesen.

Über das Schicksal und die Bedeutung von Professor Włodek hätte ich mehr erfahren, hätte ich das Buch seines Sohnes nicht ungelesen ins Regal gestellt. Und so sollte es noch anderthalb Jahre dauern, ehe ich Postkarten von ihm las, die auch sein Schüler Michał Pazdanowski hätte geschrieben haben können.

»... und die Mörder sterben in ihren Betten«
Krakau, Februar 2010

Seit mehr als zwei Jahren versuchte ich, Michał Pazdanowskis Leben nachzuzeichnen, doch ich hatte den Eindruck, noch keinen Schritt weitergekommen zu sein. Ich hatte Regalmeter an Literatur über die Geschichte Polens und der Ukraine, über den Nationalsozialismus und den Zweiten Weltkrieg gelesen, Historiker und Archivare kontaktiert, hatte versucht, Zeitzeugen zu finden und Dokumente zu verstehen – und fand mich mehr und mehr wieder in den Worten des israelischen Psychologen Dan Bar On, der in den 1980er-Jahren Interviews mit den Kindern von NS-Tätern geführt hatte und mit seinem Unterfangen auf Unverständnis und Widerstand gestoßen war. »Was mich aber am meisten aufwühlte«, hatte Dan Bar On resümiert, »war das Gefühl, nach etwas zu suchen, was niemanden wirklich interessierte. Manchmal kam ich aus einem emotional sehr intensiven Gespräch heraus und spürte, dass die Menschen draußen ihrem gewöhnlichen Alltag nachgingen, einem Alltag, der recht angenehm wirkte und nichts mit dem Interviewthema zu tun zu haben schien.«

Ich fühlte mich in einer ähnlichen Lage: Meine Recherchen und Gespräche schienen von dem gewöhnlichen Alltagsleben Lichtjahre entfernt. Ich war in einer Welt unterwegs, die mit der Welt um mich herum in keinerlei Verbindung zu stehen schien. Und warum sollte man sich auch in meine Welt begeben, in das *Land of Ashes* (Konstanty Gebert), in die *Bloodlands* (Timothy Snyder), in denen sich Gräueltaten ereignet hatten, die diejenigen, die sie nicht miterlebt hatten, nicht in Worte fassen können, und die denjenigen, die sie miterlebten, die Sprache raubten – den einen, weil ihnen mit ihrem Menschsein und ihrer Menschenwürde auch die Sprache genommen worden war, den anderen, weil sie sich nicht erinnern wollten, dass sie es waren, die diese Erde mit Blut getränkt und mit Asche bedeckt hatten.

Doch es waren nicht so sehr die Briefe, Berichte und Dokumente aus dem Blut- und Ascheland zwischen Krakau und Warschau, Lublin, Lemberg und Żabie, die mich an meinem Weg zweifeln ließen. Es war mehr das Unverständnis und das Desinteresse, mit dem mir begegnet wurde, die Worte und Blicke, die mir signalisierten, das ich mich auf einem Weg befand, der in die Irre führte: Ich hätte wohl »Auslastungsprobleme«. Es sei doch sinnlos, was ich da mache, niemand interessiere sich mehr für die alten Geschichten wie die von Irène Herz, Abraham Leber oder Michał Pazdanowski. Die Nazi-Zeit sei vorbei, und es sei nun wirklich endlich Zeit, den Schlussstrich zu ziehen. Sei doch vernünftig! Arbeite wieder was Anständiges! Mach dich doch nicht lächerlich!

Diese und ähnliche Worte hörte ich nicht nur von scheinbar wohlmeinenden Freunden, Bekannten und Kollegen oder aus dem Familienkreis, sondern auch von Vertretern von Institutionen, Vereinen oder Stiftungen, die sich die deutsch-polnische Zusammenarbeit auf die Fahnen geschrieben haben und denen ich unser Projekt *Zwei Familien, zwei Vergangenheiten – eine Zukunft* vorstellte. Ich hatte versucht, die Recherchen auf ein gesichertes Fundament zu stellen, denn ich wollte mich nicht wieder – wie bei den Forschungen nach meinem Großvater ein Jahrzehnt zuvor – finanziell ruinieren. Ich hatte auch – nach ungezählten wohlformulierten Absagen und ebenso vielen unbeantwortet gebliebenen Schreiben – schließlich Gehör gefunden: Beim Verein Weiterdenken in der Heinrich-Böll-Stiftung Sachsen, der sich des Projekts annahm und auch ein Spendenkonto einrichtete. Doch ich musste erkennen, dass ich offensichtlich nicht zum Spendensammler geboren bin.

Aber seltsam: Jedes Mal, wenn ich beschloss, meinen persönlichen Schlussstrich zu ziehen und die Recherchen aufzugeben, geschah etwas, dass mich auf meinem Weg weitergehen ließ: Mal eine unerwartete finanzielle Zuwendung, mit der ich wieder ein paar Übersetzungen bezahlen konnte, mal eine freundliche und mutmachende

E-Mail aus den USA oder Israel – oder der Blick in ein Buch, das ich in einer kleinen Buchhandlung eher zufällig aus dem Regal zog, wahllos aufschlug und in dem ich als Erstes die Sätze las: »Das Schweigen meines sonst so fröhlichen Großvaters war bedeutungsschwer. Und dieses Schweigen hatte einen Namen: Rawa Ruska.«

Das Buch stammte von dem französischen Priester Patrick Desbois, der in der Ukraine nach den letzten Zeugen der Judenvernichtung gesucht und Hunderte Massengräber entdeckt hatte, und hieß: *Der vergessene Holocaust – die Ermordung der ukrainischen Juden.* Sobald er, Patrick Desbois, als Kind den Namen Rawa Ruska erwähnt habe, hätten alle zu weinen begonnen, las ich weiter. Vor allem die Großmutter. »Rawa Ruska klang wie ein schmerzliches Familienrätsel. Was für ein seltsamer Name! Ich wusste noch nicht einmal, in welchem Land Rawa Ruska lag. Es war nirgends. Unmöglich, es zu lokalisieren, war das in Russland, Polen oder anderswo?«

Rawa Ruska? War mir der Name dieser Kleinstadt nicht erst kürzlich begegnet? Ja, im Großen Lesesaal der Deutschen Nationalbibliothek in Leipzig, in die ich mich für einige Tage zurückgezogen hatte, um in die Literatur über die Bloodlands einzutauchen. In der Bibliothek hatte ich mir die komplette Ausgabe der zweisprachigen Zeitschrift *Kolonistenbriefe/Listy Kolonistów* bringen lassen: von der ersten Nummer im April 1941 bis zur letzten im Juli 1944.

Herausgegeben worden waren die *Kolonistenbriefe* »im Auftrag des SS- und Polizeiführers im Distrikt Lublin vom Grenz- und volkspolitischen Amt in Zusammenarbeit mit der Abteilung Propaganda beim Chef des Distrikts Lublin« – von Odilo Globocnik. Sie waren an die »Deutschstämmigen« gerichtet, die in der Gegend um Zamość lebten, an die Nachfahren jener Einwanderer, die Ende des 18. Jahrhunderts vom österreichischen Kaiser Josef II. und von polnischen Grafen wie Andrzej Zamojski in das damals zu Habsburg gehörende Gebiet geholt worden waren. Die deutschen Kolonisten sollten in der dünn besiedelten Gegend das Land urbar machen und die Felder bestellen.

Die *Kolonistenbriefe* waren eingängig zu lesen: Hausbackene Texte in schlichter Sprache für diejenigen, »die ihrer Herkunft nach der deutschen Blutsgemeinschaft angehören, aber im Lauf der Generationen ins fremde Volkstum abgeglitten sind«, mit regelmäßigen Rubriken wie »Was der Bauer wissen muß«, »Aus Sippe und Familie« oder »Für unsere Kleinen«. Auf der letzten Seite dann unter der Überschrift »Die Sprache der Eltern« der Sprachkurs für die »deutsche Blutsgemeinschaft«, die der deutschen Sprache schon längst kaum noch oder gar nicht mehr mächtig war, mit Lernsätzen wie »Czy gruszki są okrągle? – Sind die Birnen rund?« oder »Gdzie pracuje gospodyni? – Wo arbeitet die Bäuerin?«

Es kam mir bisweilen wie ein Treppenwitz der Geschichte vor, dass ich mithilfe eines Propagandablättchens, dessen Chefredakteur mein Großvater gewesen war, meine Polnischkenntnisse erweiterte, denn Lothar von Seltmann war es gewesen, dem Odilo Globocnik die Herausgeberschaft der *Kolonistenbriefe* übertragen hatte.

Die Befürchtungen meines Großvaters, »irgendwo im Osten versauern zu müssen, während im Westen die alte Macht aus den Angeln gehoben wurde«, hatten sich nicht bestätigt. Im Gegenteil: Er hatte Karriere gemacht und am 15. August 1940, gerade mal 23 Jahre alt, von Odilo Globocnik den Auftrag erhalten, ein Grenz- und volkspolitisches Amt aufzubauen. »Einleitung der Aktion zur Rückgewinnung polonisierten Deutschtums im Zamoscer Land«, hatte er dazu in seinem Lebenslauf notiert. Die sogenannte Fahndung nach deutschem Blut, die mein Großvater für Globocnik durchgeführt hatte, war seit Herbst 1940 mehr und mehr auf das gesamte Generalgouvernement ausgedehnt worden und später auch auf das östliche Galizien, in das die Deutschen im Juni 1941 einmarschiert waren.

So hatte auch Rawa Ruska zum Arbeitsgebiet meines Großvaters gehört, über das im *Kolonistenbrief* vom 1. Juli 1943 folgende Geschichte zu lesen war:

Kasperltheater in Rawa Ruska
»Hurra, das Kasperl, das ist da.« So klang es in den Herzen der Kinder, die sich im großen Speisesaal der deutschen Heimschule in Rawa Ruska

vor dem Kasperltheater versammelten, um sich neue Erlebnisse des gro-
ßen Kinderlieblings anzusehen und anzuhören.
Endlich klingelt es und mucksmäuschenstill sitzt die Schar der kleinen
Schaulustigen. Da tanzte Kasperl singend und springend mit seinem
altbekannten Trulala an. Freudig erregt und auch zitternd vor Span-
nung verfolgen die Kinder sein Schicksal. Sie sehen, wie er zum Ein-
kaufen geht und von einem wilden Räuber überfallen wird, den er tüch-
tig verprügelt. Oder, wie er seiner kranken Großmutter ein schönes Haus
kaufen will und eine Hexe ihm nach dem Leben trachtet. Sie freuen sich,
wenn er alle drohenden Gefahren so glücklich übersteht und jedesmal
lustig und gesund heimkehrt.
Den größten Anteil an diesem Glück aber tragen die Kinder, die eifrig
mitspielten und ihn munter rufend vor den Gefahren warnten. Frisch
und fröhlich verabschiedeten sie sich vom Kasperl und baten ihn, recht
bald einmal wiederzukommen.

Der kleine Artikel über das Kasperle, das alle drohenden Gefahren so
glücklich übersteht, und die Kinder, die ihn munter rufend vor den
Gefahren warnen, war mir deshalb in Erinnerung geblieben, weil
neben ihm ein Leserbrief von einem K.N. aus Czortków abgedruckt
war. Unter der Überschrift »Uns verbindet das gleiche Blut« schilderte dieser K.N. sein »Heimweh« und seine »Liebe« zu Deutschland,
dem »Land der Arbeit, der Ordnung, der Vaterlandsliebe und des
guten Soldaten.« 1940 habe er, so K.N., das Polentum endgültig verlassen und sich der SS angeschlossen, um dem deutschen Volke seine
»ganzen Kräfte und wenn notwendig, auch das Leben zu geben.«
Überschwänglich lobte K.N. den Verfasser des Artikels »Der deutsche Anspruch« in Folge 3/1943 der *Kolonistenbriefe*, einen »Herrn
L.v.S.«: »Dieser Artikel machte auf die hiesigen Deutschstämmigen
einen tiefen Eindruck. Wir alle haben laut Beifall geklatscht. Er ist für
uns Leitstern.« Zum Abschluss gab der Leserbriefschreiber unmissverständlich kund, dass er sich das Deutschtum auch in wirklich allen
Punkten verinnerlicht hatte: »Schon als Kind hasste ich die Juden, dieses ansteckende Gift. Immer mehr überschwemmten sie die Welt.

Auch in Galizien sind sie besonders zahlreich. Ein Kampf mit den Juden schien aussichtslos. Adolf Hitler nahm ihn auf und wir Volksdeutschen und Deutschstämmigen wollen alle unsere Kräfte dem Führer geben, damit er diese Welthydra vernichte.«

Der Wunsch dieses K.N., dass die »Welthydra« vernichtet werde, sollte schon bald nach Erscheinen seines Leserbriefs in Erfüllung gehen. Laut Volkszählung vom 1. Januar 1939 lebten in Czortków 10 504 Polen, 4860 Juden, 3631 Ukrainer sowie 220 Deutsche, Russen und Sonstige. Im August 1943 waren es mindestens 4860 Einwohner weniger – die Nationalsozialisten erklärten Czortków für »judenrein«. Wie viele von den Czortkower Juden überlebt haben, lässt sich nicht mehr feststellen.

Feststellen konnte ich jedoch, wer den »Leitstern« für die Czortkower Deutschstämmigen verfasst hatte, wer sich also hinter dem Kürzel »L.v.S.« verbarg: Es war der Herausgeber der *Kolonistenbriefe*, der inzwischen zum SS-Obersturmführer beförderte Lothar von Seltmann. Bis Sommer 1943 hatte mein Großvater seinen Teil zur »Vernichtung der Welthydra« beigetragen – zunächst am Schreibtisch, dann mit der Waffe in der Hand.

Bereits knapp ein Jahr zuvor, im August 1942, als die Ghettos in Bobowa und Rzepiennik Strzyżewski geräumt wurden und die Judenvernichtung auf Hochtouren lief, aber bei Weitem noch nicht abgeschlossen war, hatte er in seinen *Kolonistenbriefen* einen Text veröffentlicht, in dem über Juden in der Vergangenheitsform geschrieben wurde. Der Artikel trug die Überschrift »Der polnische Jude – ein Kapitel in der Geschichte volksdeutscher Lebensnot«:

Wir haben alle Ursachen, die Vorsehung zu preisen und unserem Führer Adolf Hitler Dank zu sagen, dass wir eine Bürde losgeworden sind, einen üblen »Weggenossen«, der uns auf Schritt und Tritt begleitete. Mit seinen listigen, verschlagenen Augen sahen wir ihn oft sich an uns herandrängen, gierig nach unserem Besitz schielen, ins Haus, in die Scheune, in den Stall schleichen, wenn es galt, wieder etwas von unserem schwer erworbenen, mühsam erarbeiteten Gut an sich zu reißen.

Wen wir meinen, werden alle deutschen Leser dieser Blätter sofort erraten. Es ist der Jude. (…)

Alle Warnungen vor diesen asiatischen Fremdlingen, die in Europa eindrangen, um es sich dienstbar zu machen, fanden einen kühnen und erschrockenen Kämpfer in Adolf Hitler. Unser Führer umreißt knapp, aber wuchtig im 11. Kapitel seines »Mein Kampf« die Pflicht eines jeden deutschen Mannes, jeder deutschen Frau, jedes deutschen Kindes: des Führers Kampf gegen den jüdischen Geist, in welcher Form und Gestalt er auch immer uns bedroht wird, zu seinem eigenen Kampfe zu machen und nicht müde und matt zu werden in der Abwehr dieses verderblichsten Feindes unseres Volkes zu allen Zeiten. Und nicht nur um eine Sache unseres Volkes geht es dabei, sondern um eine der gewaltigsten und entscheidendsten weltgeschichtlichen Auseinandersetzungen, von deren Ausgang Sieg oder Niederlage, unsere und unserer Kinder Zukunft für Jahrhunderte abhängen wird.

Der Beitrag war mit dem Kürzel Dr. K. unterzeichnet, aber verantwortlich für die Veröffentlichung war L.v.S., auch wenn er Ende Juli und Anfang August 1942 gar nicht in der Redaktion gewesen war, sondern mit seiner Frau in Rzepiennik Strzyżewski im Urlaub weilte. Als Chefredakteur trug er die Verantwortung für das, was in den *Kolonistenbriefen* veröffentlicht wurde, und als Kritiker der Judenvernichtung wäre er erst gar nicht in diese Position gekommen.

Patrick Debois und ich waren beide wegen unserer Großväter zu Holocaust-Forschern geworden. Der Großvater von Patrick Debois hatte allerdings auf der anderen Seite gestanden: Er war Kriegsgefangener der Deutschen in Rawa Ruska gewesen. Wenn er später seinem Enkel von der Zeit im Lager erzählt hatte, hatte er gesagt: »Für die anderen war es noch viel schlimmer.« Wer die anderen waren, hatte der Großvater nicht gesagt, aber der Satz hatte sich auf immer in das kindliche Bewusstsein von Patrick Desbois eingegraben: »Ich verstand, dass er darüber nicht mehr sagen konnte. Aber wer waren ›die anderen‹?« Doch der Enkel hatte sich nicht getraut, ihn zu fragen. Als Patrick Desbois später, als Zwölfjähriger, in einem Buch Fotografien von Juden in einem Konzentrationslager sah, wusste er, was sein Opa gemeint hatte: »Ich habe das Geheimnis meines Großvaters begriffen. Die anderen, das sind die Juden!«

Die Kreisstadt Rawa Ruska, »in hübscher Waldlandschaft am Flüsschen Rata« gelegen, hatte 1943 laut *Baedeker*, der Bibel unter den Reiseführern, rund 7500 Einwohner. Vier Jahre zuvor waren es noch doppelt so viele gewesen, doch über die Ermordung der 6000 bis 7000 Juden, die jahrhundertelang das Stadtleben geprägt hatten, verlor der *Baedeker* kein Wort; sie existierten für ihn nicht. Er vermeldete jedoch, dass nach den Kämpfen mit der Roten Armee »der Neuaufbau der Stadt als Wirtschaftsmittelpunkt des Kreises im Gange (Mühlen, Sägewerke, Braunkohlenbergbau, keramische Fabriken)« sei und dass sich nun »in einem ehem. Dominikanerinnenkloster eine deutsche Heimschule« befinde.

Der *Baedeker* berichtete auch, dass Rawa Ruska, das rund 60 Kilometer südlich von Zamość und 60 Kilometer nördlich von Lemberg liegt, »ein bedeutender Straßen- und Eisenbahnknotenpunkt« sei. Hier kreuzten sich die Verkehrswege von Ost nach West und Süd nach Nord, hier trafen die Eisenbahnlinien aus Lemberg, Krakau und Lublin zusammen. Nur 22 Kilometer entfernt von Rawa Ruska befand sich der Ort, der um 1900 Endstation einer Staatsbahnlinie war und von dem aus vier Jahrzehnte später die Güterzüge leer zurückfuhren – der Ort, in dessen Todesfabriken zwischen März und Dezember 1942 nachweisbar 434 508 Menschen ermordet wurden. Nahezu alle Deportationszüge in das Vernichtungslager Bełżec stoppten im Bahnknotenpunkt Rawa Ruska, denn hier mussten die Lokführer auf das Signal warten, das die Strecke nach Bełżec freigab.

Wer von Lublin nach Lemberg wollte und umgekehrt, kam unweigerlich durch Rawa Ruska, so wie mein Großvater, der ständig auf dieser Strecke unterwegs war – so oft, dass meine Großmutter ihm einmal vorschlug, er solle sich ins Gästebuch eintragen, wenn er heimkäme. Was hatte er von der Vernichtung der Juden mitbekommen? Hatte er auch gesehen, was der deutsche Unteroffizier Wilhelm

Cornides gesehen hatte, der sich am 31. August 1942 auf der Durchreise im Bahnhof von Rawa Ruska aufhielt?

Cornides hatte seine Eindrücke in einem Tagebuch festgehalten – veröffentlicht wurden sie 1959 in den *Vierteljahresheften für Zeitgeschichte*, kommentiert mit den Worten des Historikers Hans Rothfels, dass »die Kenntnis der Vorgänge – was man an sich schon vermuten durfte – im Generalgouvernement durchaus verbreitet war und dass es jedenfalls verhältnismäßig geringer Anstrengung bedurfte, ihnen auf die Spur zu kommen.« Freilich, schränkte Rothfels in seinen Begleitworten ein, »werden nur wenige den Willen dazu gehabt haben oder gar den Wunsch, das Gesehene und Gehörte schriftlich festzulegen.«

Um 12 Uhr 10 sah ich einen Transportzug im Bahnhof einlaufen. Auf den Dächern und Trittbrettern saßen Wachmannschaften mit Gewehren. Man konnte von der Ferne sehen, dass die Wägen mit Menschen vollgepfropft waren. Ich kehrte um und ging den ganzen Zug entlang: Er bestand aus 35 Viehwägen und einem Personenwagen. In jedem der Wägen waren mindestens 60 Juden (bei Mannschafts- oder Gefangenentransporten werden in diesen Waggons 40 Mann verladen, hier waren jedoch die Bänke herausgenommen und man konnte sehen, dass die Eingeschlossenen eng aneinander gedrängt standen). Die Türen waren teilweise einen Spalt geöffnet, die Fenster mit Stacheldraht vergittert. Unter den Eingeschlossenen waren nur wenige, meist alte Männer zu sehen, alles andere waren Frauen, Mädchen und Kinder. Viele Kinder drängten sich an den Fenstern und den schmalen Türöffnungen. Die jüngsten waren bestimmt nicht älter als 2 Jahre.
Sobald der Zug hielt, versuchten die Juden Flaschen herauszugeben, um Wasser zu bekommen. Der Zug war jedoch von SS-Wachen umgeben, sodass niemand in die Nähe konnte. In diesem Augenblick lief ein Zug aus der Richtung von Jaroslau ein, die Reisenden strömten dem Ausgang zu, ohne sich weiter um den Transport zu kümmern. Ein paar Juden, die damit beschäftigt waren, einen Lastwagen der Wehrmacht zu beladen, winkten mit ihren Mützen zu den Eingeschlossenen.

Ich sprach mit einem Polizisten, der am Bahnhof Dienst tat. Auf meine Frage, wo denn die Juden herkämen, antwortete er: »Das sind wahrscheinlich die letzten von Lemberg. Das geht jetzt schon seit 3 Wochen ununterbrochen so, in Jaroslau haben sie nur 8 übrig gelassen, kein Mensch weiß warum.« Ich fragte: »Wie weit fahren die noch?« Er dann: »Nach Belzec.« »Und dann?« »Gift«. Ich fragte: »Gas?« Er zuckte mit den Achseln. Dann sagte er nur noch: »Am Anfang haben sie sie, wie ich glaube, immer erschossen.«

Hier im deutschen Haus sprach ich gerade mit 2 Soldaten vom Front-Stalag 325. Sie sagten, dass diese Transporte in der letzten Zeit täglich durchkamen, meistens nachts. Gestern soll einer mit 70 Waggons durchgefahren sein.

Hatte auch Michał Pazdanowski in einem überfüllten Güterwaggon im Bahnhof von Rawa Ruska gestanden, hinter Gittern aus Stacheldraht? Verzweifelt versucht, etwas zu trinken zu bekommen? Am 2. Februar 1943, als eine große Zahl von Häftlingen aus einem Gefängnis in Lemberg ins Konzentrationslager Majdanek transportiert worden war? Dass er an diesem Wintertag durch Rawa Ruska gefahren war, hatte uns unterdessen das Archiv der Gedenkstätte mitgeteilt. Aus den Archivakten gehe hervor, hieß es in dem Schreiben, dass Pazdanowski Michał, Sohn von Tadeusz und Jadwiga, geboren am 22. September 1903, am 13. November 1942 in Żabie verhaftet und ins Gefängnis von Kolomea gebracht worden sei. Am 27. Januar 1943 sei er in ein Gefängnis nach Lemberg weitertransportiert worden. In den Dokumenten gebe es keine Angaben über den Geburtsort und seinen Wohnsitz vor der Verhaftung. Aus ihnen sei aber ersichtlich, dass er im Zeitraum vom 29. März 1943 bis 10. Februar 1944 in Majdanek Päckchen des Polnischen Roten Kreuzes empfangen habe. Über das Datum der Ankunft im Lager und über die näheren Umstände der Einlieferung könnten keine Angaben gemacht werden. Damit wussten wir mehr als das Archiv: Wir besaßen eine Postkarte Michał Pazdanowskis vom 1. März 1944.

Doch dann eine Überraschung: Wir waren nicht die Ersten, die bei der Gedenkstätte um Informationen ersucht hatten. Bereits 1979 hatte sich Izabela Pazdanowska, die Witwe von Michał, mit der Bitte an das Museum gewandt, den Aufenthalt ihres Mannes in Majdanek zu bestätigen. In ihrem Schreiben hatte sie folgende Angaben gemacht: Ihr Mann sei am 13. November 1942 in Żabie, Kreis Kosów, verhaftet und anschließend ins Gefängnis von Kolomea eingeliefert worden. Von dort aus sei er zwei Wochen später nach Majdanek geschickt worden – also bereits Ende November 1942. Sie hatte auch den Zeitpunkt des Todes ihres Mannes angegeben: April 1944, während eines Transports nach Auschwitz.

Dann die noch größere Überraschung: Genauere Informationen habe das Archiv 1992 in einem weiteren Brief bekommen, teilte es uns mit. Und wer hatte diesen Brief geschrieben? Michałs Tochter Anna – Hanka, Gabrielas Mutter. Sie hatte Michałs Häftlingsnummer mitgeteilt: 1042. Und auch den Aufenthaltsort im Lager: Feld 5, Block 6. Und dass ihr Vater bis Ende März 1944 den Empfang von Päckchen des Polnischen Roten Kreuzes bestätigt habe.

Ob sie davon gewusst hätte, dass ihre Mutter sich mit der Gedenkstätte in Verbindung gesetzt hatte, fragte ich Gabriela. Sie schüttelte den Kopf. Nein, das sei für sie genauso neu wie für mich.

Aus allen diesen Informationen lasse sich schließen, so die Leiterin des Archivs, Anna Wójcik, dass Michał Pazdanowski mit sehr großer Wahrscheinlichkeit am 2. Februar 1943 mit dem großen Häftlingstransport aus Lemberg im Lager eingetroffen sei. Diese Vermutung werde durch einen weiteren Brief bestätigt, der im Besitz des Archivs sei: Ein Schreiben von Jadwiga Bóbrowna an das Polnische Rote Kreuz, Bezirk Lublin, abgeschickt am 17. Februar 1943 in Lemberg – mit der Frage, ob Michał Pazdanowski im Lager Majdanek bleibe und ob man ihm Päckchen senden dürfe. Auch Jadwiga Bóbrowna gab als Datum und Ort der Festnahme den 13. November 1942 in Żabie an, und sie erwähnte darüber hinaus den Häftlingstransport von Kolomea nach Lemberg am 27. Januar 1943. Doch wer war diese Jadwiga Bóbrowna aus Lemberg?

Es gebe zwar nicht viele Informationen über Michał Pazdanowski in den Beständen des Archivs, hatte Anna Wójcik ihr Schreiben beendet, aber wir seien herzlich eingeladen, in die Gedenkstätte zu kommen, um vor Ort zu recherchieren.

Gabriela und ich schoben den Besuch Majdaneks immer wieder auf – Gabriela, weil sie fürchtete, dass es über ihre Kräfte ginge, ich, weil ich meine Recherchen zunehmend als sinn- und nutzlos empfand. Vielleicht wären wir wirklich niemals dorthin gefahren, hätte ich nicht zufällig im Buch von Patrick Desbois das Kapitel über Rawa Ruska aufgeschlagen, an dessen Ende er schrieb:

Während die Massengräber der zu Tausenden erschossenen Juden unauffindbar sind, ist jeder im Krieg gefallene Deutsche unter seinem Namen umgebettet worden. Die Friedhöfe entsprechen dem Maßstab des Dritten Reichs. Prachtvolle Friedhöfe für die Deutschen, auch die SS-Männer, kleine Gräber für die Franzosen, weiße Steine unter Brombeergestrüpp für die anonymen sowjetischen Soldaten und absolut nichts für die Juden. So ist denn auch unter der Erde jeder an seinem Platz – wie es die Hierarchie des Reichs vorsah.

Als ich diese Sätze las, sah ich Abraham Leber vor mir, wie er zwischen den Grabsteinen auf dem Friedhof von Bobowa hin- und hersprang und versuchte, die Inschriften zu entziffern. Irgendwann hielt er inne und sagte, dass es von den Ermordeten in seiner Familie keine Gräber gebe. Er habe gesucht, sein Leben lang, aber statt Gräbern habe er nichts gefunden als – Staub. Abraham Leber, der über 80-Jährige, konnte seine Tränen nicht zurückhalten. Er ruderte mit den Armen, als ob er mit irgendetwas oder irgendjemandem rang oder als ob er etwas einfangen wollte, und blickte dabei ins Leere. Schließlich presste er einen Satz heraus, in dem er all seine Trauer und Wut, ja Verbitterung zum Ausdruck brachte. »... und sie«, sagte er, »und sie, die Mörder, sie sterben in ihren Betten.«

Auch von Michał Pazdanowski gibt es kein Grab, das ihn dem Vergessen entreißen würde. Keinen Ort, an dem die Familie Abschied nehmen und trauern könnte.

»You opened Pandora's box«
San Sebastián, 6. Mai 2010

Der Himmel verdunkelte sich in Minutenschnelle. Grauschwarze Wolkengebirge zogen über den Golf von Biskaya heran und vertrieben die letzte Hoffnung auf einen sonnigen Nachmittag. Die Boote in dem kleinen Hafen wurden von den Wellen auf und nieder geworfen, und der weite Sandstrand war menschenleer und verwaist. La Concha, die berühmte Muschelbucht mit der von kolonialen Prachtbauten gesäumten Strandpromenade, schien in einen Regenschleier eingehüllt. Der Sturm peitschte uns das Wasser ins Gesicht, sodass wir nicht mehr unterscheiden konnten, ob es der Regen war oder die Gischt, die uns durchnässte. Wir beeilten uns, den steinernen Christus, der auf einem vorgelagerten Felsen seine Arme über die Stadt ausbreitete, hinter uns zu lassen. Unser Ziel war eines der kleinen Lokale am Markt oder in der Altstadt, an denen es in San Sebastian wahrlich nicht mangelt.

Einige dieser Lokale hatten wir bereits am Vormittag besucht, als wir mit Cecilia durch die Gassen gebummelt waren, einer spanisch-kolumbianischen Filmemacherin, die wir im vergangenen Sommer während des Jüdischen Festivals in Krakau kennengelernt hatten. Uns verband dasselbe Thema – die Gegenwart der Vergangenheit –, und so wollte sie uns die Stadt zeigen, die General Francisco Franco, der faschistische Diktator Spaniens, von 1940 bis zu seinem Tod 1975 als Sommerfrische geschätzt hatte.

Spanien war für Cecilia ein Land, das von einem »Pakt des Schweigens« beherrscht werde: Kaum jemand in Spanien wolle wissen, sagte sie, dass Franco während seiner Diktatur über 100 Konzentrationslager errichtet habe, von denen das letzte erst 1962 geschlossen worden sei, dass er ungezählte politische Gegner ermorden ließ – waren es 200 000? Oder 400 000? Dass der Staatsterror unter Schutz und Segen der katholischen Kirche stand und dass noch immer Tonnenweise Akten unter Verschluss gehalten würden. Und die Opfer, die ehemaligen KZ-Häftlinge? Nur wenige von ihnen würden sich trauen zu reden. Es sei ein Tabu, offen über die Leiden zu sprechen, auch in den Familien. Und weil das Thema auch im Schulunterricht stiefmütterlich behandelt werde, habe die junge Generation keine Ahnung von dem, was in ihrem Land geschehen sei. Wer wisse denn schon, dass Franco während des Zweiten Weltkriegs 70 000 Flüchtlinge – Franzosen, Polen, Juden, die in dem neutralen Land Schutz gesucht hatten – in Konzentrationslager gesperrt habe?

Der Regen führte Gabriela und mich, nachdem wir uns von Cecilia verabschiedet hatten, in ein Café, das mit einer besonderen Fülle von Pinxtos – eine mit Tapas vergleichbare baskische Spezialität – lockte, die auf einer langen Theke dargeboten wurden. Ich wollte die Gelegenheit nutzen, um endlich das lange geplante Interview mit Gabriela zu führen. Bei mir hatte sich der Eindruck verfestigt, dass sie mir auswich, wenn ich sie auf ihren Großvater oder meine Recherchen ansprach. Und das nicht erst seit gestern. Natürlich gab es dafür Erklärungen: Gabriela hatte viel Arbeit und vielfältige Interessen und sie war häufig unterwegs und anderweitig beschäftigt. Keine Zeit, keine Zeit.

Nun hatten wir Zeit, denn unser Zug würde erst am Abend gehen, und das Wetter war wahrlich nicht so, dass man Zerstreuung bei einer Strandpartie oder Bootsfahrt suchen sollte. Wir waren einen Tag zuvor im Baskenland eingetroffen, allerdings im französischen Teil, in einem kleinen Dorf zwischen Biarritz und der spanisch-französischen Grenze. Dort hatten wir ein Zimmer in einem Haus bezogen, das am Rand eines Wäldchens stand, nur wenige Hundert Meter vom Atlantik entfernt, und im traditionellen Stil des Baskenlandes errichtet war: weiß gekalkte Fassaden, tiefrotes Fachwerk und ebenso tiefrote Fensterläden und Dachziegel. Unsere Gastgeber waren Ghislain, ein hundertprozentiger Baske, wie er sich selbst bezeichnete, und Marysia, die Tochter einer Polin.

Marysia gehörte zu Gabrielas Familie, die so weitverzweigt war, dass ich längst den Überblick verloren hatte, wer wie mit wem verwandt und verschwägert war. Die Verwandten wurden – unabhängig vom Grad der Verwandtschaft – der Einfachheit halber Onkel, Tante, Cousin oder Cousine genannt und lebten auf der halben Erde verstreut. Einige hatte es nach England oder Kanada verschlagen, andere in die USA oder nach Australien und wiederum andere nach Frankreich, weshalb wir nun knapp 2500 Kilometer bis ans andere Ende Europas gefahren waren. Dorthin gebracht hatten uns die Recherchen nach Michał Pazdanowski, dem gemeinsamen Großvater von Gabriela und ihrer Cousine Marysia.

Dass wir in den äußersten Südwesten Frankreichs reisen müssten, um mehr über Michał Pazdanowski zu erfahren, hatte sich bereits zu Beginn der Recherchen abgezeichnet. Schon am Weihnachtsabend 2007 war mir auf mein Nachhaken geantwortet worden: »Frag Inka, die könnte das wissen!« Und diesen Satz sollte ich noch Dutzende Male hören. Zwei Jahre lang hatten wir versucht, Inka zu erreichen und uns mit ihr zu treffen. Immer wieder. Doch jedes Mal, wenn wir einen Termin ins Auge gefasst hatten, wurde uns die Nachricht übermittelt: »Nein, sie kann noch nicht reden, nein, sie ist noch nicht so weit.« Und dann kam Ende März der überraschende Anruf von Marysia: »Meine Mutter ist bereit, sich mit euch zu treffen.«

Gabriela, die zweisprachig erzogen worden war, hatte sich früher häufig mit Marysia getroffen: in Paris, wo Gabriela als Au-pair-Mädchen und Reiseleiterin gearbeitet hatte. Für sie war es, wie sie sagte, ein beruhigendes Gefühl zu wissen, dass ihre Tante in der Stadt wohnte. Damals lebte auch die Großmutter Izabela noch, die Mitte der 1970er-Jahre Polen verlassen hatte und zu ihrer Tochter Inka gezogen war. Am 30. Januar 1994 war die Großmutter in Paris verstorben, im Alter von 92 Jahren. Bestattet worden war sie aber wieder in polnischer Erde, auf dem Friedhof in Grybów, wohin ihre Urne überführt worden war.

Das erste Wiedersehen von Gabriela und Marysia nach anderthalb Jahrzehnten war innig und herzlich, sodass ich mich schon bald als überflüssig empfand und alleine ans Meer ging. Als ich zurückkehrte, hatten Marysia und Gabriela verweinte Augen.

Was gestern Abend vorgefallen sei, wollte ich nun von Gabriela in diesem Café in der Altstadt von San Sebastian wissen.

Keine der Enkelinnen von Michał Pazdanowski habe ein Kind, sagte Gabriela, sie nicht, ihre Schwestern nicht und Marysia auch nicht. Und auch nicht ihr Cousin Michał, dessen Vater Andrzej, der älteste Sohn der Großeltern, 1962 auf tragische Weise ums Leben gekommen war. Sie starrte auf den Bildschirm an der Wand gegenüber, auf dem sich gerade die nur spärlich bekleidete Lady Gaga räkelte. Dann schaute sie mich an: »Was haben uns unsere Eltern angetan, dass wir keine Kinder haben wollen?« Ohne eine Antwort abzuwarten, sprach sie weiter: Marysia sei im Alter von fünf Jahren weggegeben worden. In eine Art Sanatorium in Rabka, einem Kurort, 50 Kilometer südlich von Krakau gelegen, der für sein Heilklima und die vielen Sonnenstunden berühmt ist. Dort hatte die Großmutter nach dem Krieg und bis zu ihrer Pensionierung 22 Jahre lang als Lehrerin gearbeitet. Marysia sei sehr unglücklich gewesen und nach einem Jahr abgeholt worden, sagte Gabriela. Und von wem? Von Hanka – ihrer, Gabrielas, Mutter. Hanka habe Marysia zu sich genommen, dieselbe Hanka, die ihre eigene Tochter wenige Jahre zuvor selbst weggegeben hatte – als sie, Gabriela, drei Jahre alt war, zu den anderen Großeltern, den Eltern ihres Vaters. Beide, sie und Marysia, hätten sich verstoßen gefühlt. Und noch eine Gemeinsamkeit hätten Marysia und sie entdeckt: Sie hätten beide als Kinder das Gefühl gehabt, sich um ihre Mütter kümmern zu müssen, sie trösten und beruhigen, ihnen beistehen zu müssen. »Wir waren die Mütter für unsere Mütter.«

Gabriela drehte mir wieder den Rücken zu, starrte auf den Bildschirm und schwieg, Bon Jovi sang »It's my life«, ich notierte mir in meinen Notizblock, dass eine Gruppe französischer Touristen in Regenjacken und mit Rucksäcken auf den Rücken das Pinxtos-Büfett leer räumte, dass die Serviettenbox auf unserem Tisch die Aufschrift »Cruzcampo« trug, und dass ein unglaublich dicker Mann in einem gestreiften Hemd und mit Turnschuhen an den Füßen das Café betrat, in der Hand eine Zigarre, im Schlepp zwei Frauen, die aussahen wie Schwestern. »Riesige Ohren und Nase«, schrieb ich auf. Doch ich wollte nicht die Besucher eines Cafés porträtieren, sondern ein Interview mit Gabriela führen. Meine Fragen, die ich vorbereitet hatte, konnte ich jedoch vergessen, das war mir klar. Die Stimmung war nicht mehr danach.

Worüber Marysia und sie noch geredet hätten, fragte ich stattdessen. Auf Englisch, denn das war noch immer unsere gemeinsame Sprache. Sie sei nicht in der Lage, mit mir Polnisch zu reden, hatte Gabriela einmal gesagt. Warum, das könne sie sich nicht erklären. Es sei wie eine Blockade.

»About Marysia's father«, antwortete Gabriela. Marysia habe ihren Vater nie kennengelernt. Eine tragische Geschichte, über die ich aber nicht schreiben solle. Sie habe lange Zeit nach ihm gesucht. Jedoch vergebens.

Wann und wo Marysia geboren sei, fragte ich.

»1975 in Paris«, sagte Gabriela und wechselte das Thema auf ihre Großmutter, die nie wieder geheiratet hatte, obwohl zahlreiche Verehrer ihr den Hof gemacht hätten. Und die nach dem Krieg keine Zeit hatte, sich um ihre Kinder zu kümmern. Sie habe immer nur gearbeitet, von früh morgens bis spät abends, niemals selbst gekocht. Das Essen habe sie aus dem Sanatorium mitgebracht, in dem sie als Lehrerin tätig gewesen war. Inka sei immer ihr Lieblingskind gewesen. Inka habe sich aber um Hanka, die drei Jahre jüngere Schwester, rührend gekümmert.

»And Andrzej?«

Andrzej, der Älteste, 1934 geboren, sei weggegeben worden. Aber wohin, das könne sie nicht sagen.

Ob Marysia etwas über den Großvater wisse?

Nein, Marysia wisse nichts. Ihre Mutter habe ihr nie von ihm erzählt, nie ein Foto gezeigt.

Ob Marysia denn nicht nach ihm gefragt habe?

Nein. Marysia habe gespürt, dass sie nicht fragen sollte. Das habe sie gestern erzählt.

Gabriela rieb sich die Schläfen. Sie habe Kopfschmerzen, sagte sie. Bei einem solchen Wetter kein Wunder, sagte ich.

Und dann brach aus Gabriela all das heraus, was sich seit Monaten angestaut hatte. Nein, die Kopfschmerzen lägen nicht am Wetter. Seit unserer Ankunft in Bidart liege eine Schwere auf ihr, eine Last, die sie nicht beschreiben könne. Über ihrer Familie schwebe eine große Traurigkeit, sähe ich das denn nicht? Mit welchem Recht ich in der Vergangenheit ihrer Familie herumstochere? Ob ich denn nicht merke, dass ich mit meinen Fragen allen Angst mache? Ihrer Mutter, Marysia, Inka und auch ihr. Ich solle endlich aufhören. »Stop it!«

»Stop it« – das hatte nicht lange zuvor auch ihre Schwester Bela zu mir gesagt. Es habe doch keinen Sinn, eine solch dunkle Vergangenheit aufdecken zu wollen. Ich müsse doch sehen, wie traurig ich ihre Mutter mache. Und wie viele Schmerzen es ihr bereite, wenn die Erinnerungen an die Oberfläche kämen.

»Stop it!« – das hatte ich mir selbst gesagt, als ich einen holländischen Freund gebeten hatte, mir bei der Übersetzung von Dokumenten behilflich zu sein. Wir hatten uns auch an die Briefe von Leon Kulesza gemacht, des Freundes von Michał Pazdanowski, der mit ihm in Majdanek inhaftiert gewesen war. Wir waren nicht weit gekommen, denn Marcel hatten erst die Stimme versagt und dann die Tränendrüsen. Im Café Singer hatte er mir später seine Geschichte erzählt: dass beide Großväter in deutschen Konzentrationslagern gesessen hätten, der eine als Holländer, der andere als Jude. Dass sie nie darüber geredet hätten. Dass ihm seine Mutter verboten habe, ihren Vater zu fragen, weil sie Angst hatte, dass er einen Herzanfall bekommen und sterben würde. Und dass die Mutter ihn, Marcel, erst gestern am Telefon gefragt habe, ob er sich nicht schäme, mit einem Deutschen befreundet zu sein.

»You opened Pandora's box«, hörte ich Gabriela sagen.

Das Öffnen der Büchse der Pandora – der Inbegriff für das Stiften von Unheil, das nicht wiedergutgemacht werden kann.

Ich hätte geglaubt, versuchte ich einzuwenden, dass auch sie, Gabriela, an der Geschichte ihres Großvaters interessiert sei.

»Yes«, sagte sie zögerlich, »and no.« Sie hätte nicht erwartet, dass die Konfrontation mit der Vergangenheit so schmerzhaft würde. Das halte sie nicht länger aus. Ich mache sie und alle anderen verrückt mit meinen Fragen. Wie weit ich noch gehen wolle? Was ich in meiner Familie angerichtet hätte, das sei meine Sache. Aber das solle ich nicht mit ihrer Familie machen. »I don't want that you hurt my family!«

»Ausgerechnet ein Deutscher ...«

Bidart, 8. Mai 2010

Ich war mit den ersten Sonnenstrahlen aus dem Bett gesprungen und hatte mich zur Bank an der St.-Joseph-Kapelle begeben, die ich bereits am ersten Abend für mich entdeckt hatte. Von hier aus, am Rand der Steilküste, bot sich dem Blick, wonach ich mich lange gesehnt hatte: Freiheit, Weite, Unendlichkeit. Links die Gipfel der Pyrenäen, in die sich die Regenwolken verzogen hatten, unter und vor mir einer der sechs Sandstrände, mit denen das Dörfchen für sich warb, an den Hängen ein paar schmucke Villen, rechter Hand nichts als das Meer, das an diesem Morgen mit dem Himmel wetteiferte, wer das tiefere Blau bieten könne.

Hier ließ es sich leben, hier – fernab von Rawa Ruska und Rzepiennik Strzyżewski, von Rabka und Bobowa – war eine Leichtigkeit des Seins, wie ich sie schon lange nicht verspürt hatte. Hier gab es kein Mémorial de la Shoah wie in Paris, das wir auf der Hinreise aufgesucht hatten, nirgends eine Steinmauer mit den Namen von 76 000 jüdischen Männern, Frauen und Kindern aus Frankreich, die in deutschen Vernichtungslagern im besetzten Polen ermordet worden waren, nirgendwo mussten Gedenktafeln und Erinnerungsstelen errichtet werden, um Orte und Menschen vor dem Vergessen zu retten. Hier waren die Häuser nicht auf Massengräbern erbaut und die Böden nicht von Blut getränkt, die Straßen durchzogen keine Aschefelder, und die Wege waren nicht mit Grabsteinen gepflastert. Hier gab es keine jüdischen Friedhöfe, die als Schuttabladeplatz dienten, oder auf denen – wie in Lemberg – mit Gemüse und Obst gehandelt wurde. »Die kaufen und verkaufen und treten auf menschliche Körper«, hatte mir mein alter Freund Boris Dorfman in seiner Mischung aus Jiddisch und Deutsch einmal gesagt. »Die Nazis und Sowjeten hom alles plattgemacht.«

Das Motto der Pariser Holocaust-Gedenkstätte »Comprendre le passé pour éclairer l'avenir« – die Vergangenheit verstehen, um die Zukunft zu erhellen – schien aus einer Welt zu stammen, die mit der jetzigen und hiesigen in keiner Berührung stand, hier hatten die Sätze des galizisch-israelischen Schriftstellers Aharon Appelfeld ihre Gewichtigkeit verloren: »Ganz Polen ist ein umgepflügter Friedhof. Es ist schwer, an einem solchen Ort zu beten. Dieses satte Grün macht einen verrückt. Ich habe mich sehr bemüht. Aber das ging über meine Kräfte.«

Ich war entspannt wie lange nicht mehr und bekam fast ein schlechtes Gewissen, wenn ich Gabriela und Marysia beobachtete, die auch während unseres touristischen Programms ihre Nervosität nicht ablegen konnten. Ihre Anspannung hatte sich noch gesteigert, als der Anruf kam, der unsere Zeit des ungeduldigen Wartens beendete: Sie habe sich vorbereitet, und wir sollten uns keine Sorgen machen, teilte Inka telefonisch mit. Sie komme morgen um neun Uhr. Und dann sagte sie noch, dass sie ihren Vater vor 15 Jahren im Fernsehen gesehen habe – als KZ-Häftling in einem französischen Dokumentarfilm. Warum sie ihr das nie erzählt habe, fragte Marysia. Die Antwort war ausgeblieben.

Es war mittlerweile kurz vor neun. Über dem Meer hatten sich – wie im Zeitraffer – Wolkenungetüme aufgebaut, die in für mich verblüffender Geschwindigkeit Richtung Land rasten. Boten eines drohenden Unheils, kam mir in den Sinn, und ich beeilte mich, trockenen Fußes nach Hause zu kommen. Drei nachdenkliche Gesichter erwarteten mich: Inka habe angerufen. Es habe Streit gegeben und sie komme später. Wenn sie überhaupt komme.

Wir saßen am Küchentisch, knabberten an unseren Knäckebroten, schälten einen Apfel oder eine Kiwi und hingen unseren Gedanken nach. Auch Gabriela und Marysia, die tagelang ohne Punkt und Komma miteinander geredet hatten, schwiegen. War unsere Reise doch vergebens gewesen? Würden wir unverrichteter Dinge die Rückfahrt antreten müssen? Es blieb nicht mehr viel Zeit, denn der Nachtzug nach Paris war bereits gebucht. Für Montag. Und heute war Samstag. Die Wolkenungetüme hatten inzwischen das Land erreicht und es goss wie aus Kübeln. Der Wetterbericht hatte Sonne erst wieder für Dienstag angekündigt, dem Tag nach unserer Abreise. Was also tun?

Es klingelte. Und gleich noch einmal. Und dann standen Inka und Jean, ihr Mann, auch schon im Raum. Jean wirkte wie aus einem Katalog für englische Landmode entsprungen: Karierte Hose, Tweed-Jackett, Tweed-Kappe, weißes Hemd, rote Krawatte, darüber ein blauer Pullunder, große Brille, weißes Menjou-Bärtchen – ein Gentleman par excellence. Inka hätte ich nicht als Schwester von Gabrielas Mutter erkannt – im Unterschied zu Hanka war sie groß, hager und dunkelhaarig. Gekleidet war sie in einen cremefarbenen Hosenanzug, ihr Haar trug sie streng zurückgekämmt. Jean begrüßte mich förmlich und zurückhaltend, Inka und Gabriela fielen sich um den Hals und küssten sich auf die Wangen, Inka und ich reichten uns die Hände.

Um die Unsicherheit zu überspielen, überschüttete ich sie mit meinem gesamten polnischen Wortschatz – in der Hoffnung, dass sich die Erfahrung bestätigte: Jeder noch so gebrochen gestammelte Satz auf Polnisch öffnet die Türen und Herzen der Polen. Und siehe da, es wirkte. Und weil Inka langsam und deutlich sprach, entwickelte sich sogar ein kleiner Dialog. Der erste Schritt war getan. Aufatmen. Dann baten Marysia und Ghislain zu Kaffee und Tee an den Tisch, und das Unheil nahm seinen Lauf.

Jean ergriff das Wort und war nicht mehr aufzuhalten. Je länger er monologisierte, desto weniger übersetzte mir Gabriela, bis sie schließlich ganz verstummte. Das, was er sagte, war offensichtlich nicht sehr gentleman-like. Marysia rückte von ihrem Stiefvater ab und verschränkte die Arme, Ghislain rührte in seinem Kaffee, Gabriela schaute zu Boden, Inka, die mich unablässig gemustert hatte, ebenfalls. Jean schimpfte über die Intellektuellen, so viel bekam ich mit, und wohl auch über die Deutschen. Er redete sich derart in Rage, dass sein Gesicht die Farbe seiner Krawatte annahm. Immer wieder deutete er mit seinem Kopf auf mich, ohne mich dabei eines

Blickes zu würdigen. Ich war heilfroh, als sich Gabrielas und Inkas Blicke kreuzten und ich ihre Worte hörte: »Chodź! Idziemy!« – Komm! Wir gehen!

Inka, Gabriela und ich eilten ins Obergeschoss, in dem sich das Gästezimmer befand. Wir überreichten uns gegenseitig unsere Geschenke und Mitbringsel, Gabriela und Inka tauschten Neuigkeiten über die Familie aus, und Inka sagte, dass sie überrascht sei, wie gut ich Polnisch spreche. Dann entschuldigte sie sich für das Verhalten ihres Mannes. Wir sollten es nicht persönlich nehmen, er sei gelegentlich etwas schwierig. Vor allem, wenn sie etwas unternehme, dass gegen seinen Willen sei. Er sei eben ein Macho. Aber mit seinem Macho-Verhalten versuche er nur, vieles zu überspielen. Im Grunde habe er ein gutes Herz. Wie zur Besänftigung zeigte sie uns Fotos von einem Bild, das Jean gemalt hatte: Fünf mal sechs Meter groß, 16 Tage daran gearbeitet, komplizierte Technik.

Inka griff schließlich zu ihrem schwarzen Aktenkoffer, und während sie ihn öffnete und einen Ordner herausholte, erfuhren wir, warum wir so lange auf das Treffen hatten warten müssen: Jean war es gewesen, der sich immer gegen ein Gespräch mit uns ausgesprochen hatte – mit dem Argument, das wir so oft zu hören bekamen: Die Vergangenheit sei vorbei und man solle alles vergessen, was geschehen war, vor allem das Schlechte. Noch am Morgen, auf der Hinfahrt, habe er wieder umkehren wollen, sagte Inka, doch sie habe sich durchgesetzt. Nun ja, aber auch sie habe sich lange Zeit gegen eine Begegnung mit uns gesträubt. Weil sie Angst gehabt hätte vor ihren Gefühlen. Aber heute sei der Tag gekommen. Und sie habe sich vorbereitet.

Inka legte ein Gebetsbüchlein und einen Rosenkranz auf den Deckel des Aktenkoffers, um den wir uns versammelt hatten. Ihr Vater sei sehr gläubig gewesen, sagte sie, als Kind habe er dem Priester als Ministrant gedient, und auch in Żabie sei er, obwohl es dort keine katholische Kirche gab, regelmäßig in den Gottesdienst gegangen. Sie habe als Kind immer gebetet, dass Gott ihr den Vater zurückbringen solle. Und stattdessen lieber sie wegnehmen. Aber Gott habe ihr den Vater nicht zurückgebracht. Immer habe sie darauf gewartet, dass ihr Gebet erhört werde. Und jetzt, nach so langer Zeit, sei es so weit. Gott habe ihr Gebet erhört. »Ojciec wrucił«, sagte sie, der Vater sei wieder da. Sie begann zu weinen, Gabriela ebenfalls. Es sollten nicht die letzten Tränen sein, die an diesem Tag flossen.

Inka hatte eine Fülle an Fotos und Dokumenten mitgebracht, die sie nach und nach vor uns ausbreitete – sich immer wieder entschuldigend, dass es so durcheinander gehe. Jean habe nicht gewollt, sagte sie, dass sie sich mit den Unterlagen beschäftige und sie in Ordnung bringe. Und so sprangen wir vom Krakau der 1920er-Jahre ins Paris der 1980er, vom Żabie in den östlichen Karpaten ins Rabka der westlichen, von Lemberg nach Majdanek und zurück, bis wir zum Mittagessen gerufen wurden.

Das Mittagessen begann wie das Frühstück: Jean hielt den befürchteten Monolog. Er dozierte über Diktaturen im Allgemeinen und Nationalsozialismus und Faschismus im Speziellen, und seine Rede endete in der Feststellung, dass man Deutsche und Nationalsozialisten keinesfalls gleichsetzen dürfe. Die Deutschen an sich schätze er, wegen ihrer Ordnung und Disziplin, aber wenn, wie im Nationalsozialismus, zu dieser Ordnung und Disziplin noch Enthusiasmus und Fanatismus hinzukämen, dann werde es gefährlich.

Jean erzählte schließlich auch etwas über sich: Dass er in Valencia geboren und tatsächlich 81 Jahre alt sei – die bewundernden Ausrufe, wie gut er sich doch gehalten habe, auskostend – und Spanien habe verlassen müssen. Warum, das sagte er nicht. Zwei Jahre sei er als Seemann um die Welt gereist, im Alter von 24 Jahren nach Frankreich gekommen, ohne ein Wort Französisch zu können, und dort habe er sich von unten hochgearbeitet. Ich rechnete schnell nach: Geboren also 1929 und Spanien als junger Mann 1951 verlassen – Franco-Diktatur! Was hatte Jean Schmerzliches erlebt, dass er seine Frau daran hindern wollte, mit uns über ihre Familiengeschichte zu sprechen?

Ich kam nicht dazu, nachzufragen, denn alle sprangen auf und eilten nach draußen, um den unerwarteten Sonnenschein für Erinnerungsfotos zu nutzen. Im Garten geschah etwas, das die Atmosphäre völlig verändern sollte: Es hatte wohl damit begonnen, dass Inka mich mit Uwuś anredete, der polnischen Koseform für meinen Namen. Uwuś? Jean versuchte es nachzusprechen: U wie bei ouvert, ganz einfach, doch dann jener seltsame Zischlaut am Ende, der irgendwo zwischen einem sch und einem ch liegt. So sehr Jean sich bemühte, es wollte ihm nicht gelingen, die Us und das ś so miteinander zu verbinden, dass es klang, wie es klingen sollte. Wir versuchten, es ihm beizubringen und uuten und zischten mit vollem Einsatz von Zungen, Zähnen, Unterkiefern und Lippen, dass man sich in einer Praxis für Sprecherziehung hätte wähnen können. Oder in einem Kindergarten.

Die unfreiwillige Komik brachte Jean zum Lachen, und irgendwann fielen alle in das Lachen ein. Wir lachten, bis uns die Tränen die Wangen herunterliefen. Und mit einem Mal fielen wir uns gegenseitig um den Hals und umarmten uns. Das Lachen hatte die Tränen des Schmerzes und der Trauer verwandelt in Tränen der Erleichterung. Alles, was uns beschwert und belastet hatte, schien in Richtung Himmel zu entweichen und sich aufzulösen wie die kleinen Federwölkchen über uns.

Es sei für sie ein Geschenk des Himmels, sagte Inka, dass wir gekommen seien. Sie könne es noch immer nicht begreifen, dass ein Deutscher Tausende Kilometer bis nach Südfrankreich gereist sei, weil er sich für die Geschichte ihrer Familie interessiere, dass ein Deutscher ihr den Vater zurückgebracht habe. Ausgerechnet ein Deutscher!

Nein, ich dürfe sie nicht missverstehen, fuhr sie fort, sie habe nichts gegen die Deutschen. So wie sie auch nichts gegen die Ukrainer habe. Sie verspüre keinen Hass. Deutsche Nationalsozialisten und ukrainische Nationalisten hätten ja oft nicht gewusst, was sie getan hätten, sie seien indoktriniert gewesen. Die Propaganda! Außerdem sei jeder nur für sich selbst verantwortlich und nicht für das, was vor ihm geschehen sei oder nach ihm geschehen werde. Und auch nicht für jemand anderen. Sie könne nur noch einmal sagen, dass sie froh sei, den Mut und die Kraft gefunden zu haben, sich mit uns zu treffen. Wie von einer großen Last befreit fühle sie sich. Erleichtert.

Als sich Jean zur Siesta niedergelegt hatte und Inka, Gabriela und ich uns wieder um den schwarzen Koffer mit Erinnerungen versammelten, fragte ich Inka, wann sie nach Frankreich gekommen sei. Im Oktober 1970, antwortete sie, mit nichts als fünf Dollar im Portemonnaie und ohne ein Wort Französisch zu können. Sie habe es schon vorher versucht, aber 1968 habe sie – trotz Einladung – wegen der Unruhen in Polen keine Ausreiseerlaubnis bekommen. Zwei Jahre später habe es dann geklappt und eine Freundin in Lille habe sie aufgenommen. Sie habe als Au-pair-Mädchen und als Putzfrau gearbeitet, Tag und Nacht. Als es in Lille keine Zukunft mehr gab, sei sie weiter nach Paris gezogen, habe die Sprache gelernt und irgendwann auch Arbeit in ihrem Beruf als Architektin gefunden.
Warum nach Frankreich?
Wegen der französischen Vorfahren. Ihre Ur-Ur-Großmutter sei Französin gewesen. Justine Mathis habe sie geheißen.
Wollte sie nach Polen zurückkehren?
Nein, niemals.
Weshalb nicht?
Sie habe immer von Polen weg gewollt. Inka wechselte wieder vom Polnischen ins Französische – so wie so oft an diesem Tag, wenn der Schmerz zu groß für sie wurde. Selbst einen auf Polnisch verfassten Lebenslauf ihrer Mutter hatte sie, als die Mutter über den Verlust ihres Mannes schrieb und die dramatischen Umstände der Flucht schilderte, in französischer Sprache vorgelesen. Möglichst weit weg habe sie gewollt, nach Australien oder Kanada, am liebsten bis ans Ende der Welt.
Warum?
Sie habe immer Angst gehabt, Angst, es komme alles wieder: Żabie, als der Vater plötzlich verschwunden war, und sie wusste, dass – obwohl die Mutter immer sagte: »Er kommt zurück, er kommt zurück« – etwas Schreckliches geschehen war. Żabie, als sie sich auf

dem Dachboden, hinter dem Kamin, vor den ukrainischen Nationalisten verstecken mussten. Lemberg, als der Bahnhof, während sie
auf den Zug nach Krakau warteten, bombardiert wurde und das
große Glasdach über ihnen einstürzte. Krakau, als die Deutschen
während einer Razzia auch die Wohnung in der ulica Dietla stürm-
ten, die Wohnung der Babcia Bielecka, in der die Flüchtlinge, obwohl
sie längst überfüllt war, Zuflucht gefunden hatten. Krakau, als sie sich
auf dem Weg zur Schule immer mit dem Rücken an die Mauer presste, aus Angst, von den Deutschen gefangen zu werden, Krakau, als
1945 russische Panzer durch die Straße fuhren und alles in der Wohnung zum Wackeln brachten, und sie Angst hatte, dass das Feuer im
Nachbargebäude auch auf ihr Haus übergreifen würde.
Immer wieder habe sie davon geträumt. Schreckliche Albträume, fast
jede Nacht. Dass sie im Gefängnis sitze, dass sie jemand verfolge und
verhaften und töten wolle. Die Deutschen seien überall gewesen –
»je les ai vu à Żabie, à Lwów, à Kraków, partout« –, eine Macht, der
man nicht entkommen konnte, größer als alle ihre Vorstellungen. In
den Träumen sei alles wiedergekommen. Der Krieg sei für sie 1945
nicht zu Ende gewesen.
Inka schaute auf den Erinnerungskoffer, der auf ihren Knien lag,
Gabriela warf mir einen Blick zu, der keinen Zweifel daran ließ, was
sie von mir forderte: Ich sollte mit meinen Fragen aufhören. Während ich mich wunderte, dass trotz des Regens, der gleichförmig aufs
Dach prasselte, die Vögel zwitscherten, fiel mir ein, dass heute der 8.
Mai war, der Tag der Befreiung. Auf den Tag genau vor 65 Jahren
hatte Deutschland die Kapitulationsurkunde unterzeichnet, und
damit war in Europa der Zweite Weltkrieg, dem über 55 Millionen
Menschen zum Opfer gefallen waren, zu Ende gegangen – der größte
und verheerendste Krieg in der Menschheitsgeschichte, der meinen
Großvater hatte zum Mörder werden lassen und Gabrielas und
Marysias Großvater, Inkas Vater, den Tod gebracht hatte.
Ob sie heute noch von Albträumen geplagt werde, fragte ich Inka.
Inka schüttelte den Kopf. Sie habe keine Albträume mehr. Seit sie in
Frankreich lebe, habe sie keine Albträume mehr.

Die Albträume seien in Frankreich verschwunden?

»Oui. W Francji koniec.«

Wann?

Gleich, nachdem sie in Frankreich angekommen sei.

Tatsächlich unmittelbar nach ihrer Ankunft in Frankreich?

»Oui.«

War mit den Albträumen auch die Angst verschwunden?

Jean würde sie immer verteidigen, antwortete Inka. 30 Jahre seien sie verheiratet und Jean sei gewiss gelegentlich etwas schwierig. Aber dass er sie verteidigen würde, daran habe sie nie gezweifelt.

Spät abends, nachdem wir Inka und Jean verabschiedet hatten, wurde die Angst wieder zum Thema, die Angst, die etwas Ur-Menschliches ist, die zum Leben gehört wie die Freude oder die Gelassenheit, die sich aber in etwas derart Bedrohliches verwandeln kann, dass sie das Leben nicht mehr vor den Bedrohungen bewahrt, sondern es selbst zu einer Bedrohung macht. Während Ghislain und ich das Geschirr abspülten, drangen vom Esstisch Satzfetzen und Wörter wie »okropny«, »straszny« und »boję się« zu mir herüber. Gabriela und Marysia unterhielten sich offensichtlich über die bedrohliche Angst, diese schreckliche, furchtbare Angst, die das Leben überschattet – immer wieder von Ausrufen untermalt, so als ob sie gerade etwas Überraschendes entdeckt hätten und sich nun gegenseitig versichern müssten, dass es kein Hirngespinst war, was sie gerade gehört und gesagt hatten.

Es sei unglaublich, sagte Gabriela, als ich mich zu ihnen setzte. Ja, wirklich unglaublich, bestätigte Marysia, und seltsam zugleich. Sie habe nichts gewusst, überhaupt nichts. Ihre Mutter habe ihr nie etwas erzählt, nie darüber geredet, was sie als Kind mitgemacht hatte. Und alle Fotos und Dokumente, die sie – Marysia und Ghislain – am Nachmittag in Ghislains Büro in Biarritz eingescannt hatten, habe sie zum ersten Mal gesehen.

Und dennoch, sagte Gabriela, dächten und fühlten sie und Marysia gleich.

An diesem Tag – 15 Jahre, nachdem sie sich zum letzten Mal begegnet waren – hätten sie das entdeckt: Marysia denke und fühle wie sie, und sie fühle und denke wie Marysia! Sie könnten sich beide keine Filme über Konzentrationslager ansehen, weil es ihnen zu nahe gehe. Und beide hätten sie die gleichen Ängste: die Angst, dass jederzeit ein Krieg ausbrechen könnte, und die Angst, fliehen zu müssen. Das Gefühl, stets irgendwie auf gepackten Koffern zu sitzen, immer auf dem Sprung zu sein, immer bereit, die Flucht zu ergreifen oder sich irgendwo zu verstecken – und das, obwohl Marysia nichts über die Familie gewusst hatte und sie nicht in Polen geboren und aufgewachsen war, sondern in Frankreich.

Ghislain schüttelte den Kopf: Er kenne solche Gefühle überhaupt nicht. Er würde nicht davonrennen. Er würde kämpfen.

Nein, sie würden nicht kämpfen, sagten Marysia und Gabriela, sie würden abhauen. Vielleicht nicht nur wegen ihrer Angst, sondern auch, weil sie keine Wurzeln hätten. Oder weil ihre Wurzeln irgendwann gekappt worden seien, es keinen Ort gebe, an dem sie sich zu Hause fühlten. Aber womöglich fühlten sie sich auch nirgendwo heimisch, weil sie in der ständigen Angst lebten, alles wieder zu verlieren, egal ob es geliebte Menschen seien oder Besitztümer.

Sie erinnere sich an einen Albtraum, sagte Gabriela, der sie häufig geplagt hatte, nach der Geburt ihrer Schwester Kika sei er zum ersten Mal gekommen: Sie hielt einen Säugling oder ein Kleinkind im Arm und versuchte, das Kind zu beschützen. Um sie herum tobte der Krieg. Nichts als Chaos. Sie rannte und rannte, um den Verfolgern zu entkommen, immer schneller, bis sie im letzten Moment aufwachte. Ja, die Träume seien gekommen, nachdem ihre Schwester Kika geboren worden war, um die sie sich – als 15 Jahre ältere Schwester – gekümmert hätte wie eine Mutter. »I was always like a mother to her.« Bis heute, dachte ich.

Damals habe sie vermutet, fuhr Gabriela fort, dass sie sich im Fernsehen zu viele Filme über den Krieg angeschaut habe. Sie hätte ja nicht gewusst, dass 40 Jahre zuvor ihre Großmutter mit einem Kleinkind im Arm, das kaum laufen konnte, und zwei anderen Kindern an der Hand alles hinter sich lassen musste und auf der Flucht war.

Vielleicht werde die Angst ja von einer Generation an die nächste weitergegeben, sagte Gabriela, von ihrer Mutter an sie.

Mir kam meine Siegerländer Großmutter in den Sinn, die mir nur eine Geschichte aus dem Krieg erzählt hatte, aber diese so häufig, dass sie sich mir eingeprägt hatte: Es war im Dezember 1944, als die Provinzstadt Siegen bombardiert und dem Erdboden gleichgemacht wurde. Meine Großmutter, damals 33 und seit einem Jahr sogenannte Kriegerwitwe, hielt sich in der Stadt auf, als die Bomber mit ihrer todbringenden Fracht heranflogen. Es fuhren keine Busse mehr und keine Züge, sodass sie den gesamten Weg zurück in ihr Dorf laufen musste, 20 Kilometer in Kälte und Dunkelheit, um sie herum brennende Häuser, über ihr die Bomber und auf dem Arm ein kleines Kind – ihre Tochter, meine Mutter. Es sei das Schrecklichste gewesen, sagte meine Großmutter, dass ihr in ihrem Leben widerfahren sei, so schlimm, dass ich es mir nicht vorstellen könne. Todesängste. »Das steckt der noch in den Knochen«, sagt in der Gegend, in der ich aufgewachsen bin, der Volksmund, wenn einer Person etwas zugestoßen war, über das sie nicht hinwegkam. Was steckte in den Knochen von Hanka und Inka, was in den Knochen von Gabriela und Marysia, was in meinen? Welche Angst hatten Hanka und meine Mutter, die nur wenig älter als Hanka war, ausgestanden, als ihre Mütter um ihr eigenes Leben und das ihrer Kinder rannten? Welche Ängste hatte sie, die Immer-Besorgte und Über-Fürsorgliche, an mich weitergegeben? Oder mein Vater, der nach einer Odyssee von Krakau über Thüringen schließlich als Vierjähriger mutterseelenallein an der Bushaltestelle in unserem Dorf stand, nur mit einem Köfferchen in der Hand – darauf wartend, dass ihn jemand abholte, den er nicht kannte?

Wir saßen bereits im Nachtzug von Biarritz nach Paris, als Inka noch einmal anrief. Sie hatte an den vergangenen beiden Tagen immer wieder angerufen – um uns noch etwas zu erzählen, das ihr wieder eingefallen war, oder um sich zu bedanken, dass wir uns mit ihr getroffen hatten. Es sei ihr, als ob sie ihr ganzes Leben auf diesen Tag gewartet hätte, sagte sie. Wir sollten nicht aufgeben.

»Wer tot ist, kehrt nicht wieder zurück«
Verkhovyna, 6. Juni 2010

In die tauben Winkel der huzulischen Erde, die an Sommerabenden nach Minze duftet, in verträumte Dörfer, die an stillen Almen liegen, wo die Hirten lange Holzflöten blasen, dringt die Eisenbahn. Sie allein verbindet diese entlegenen Gebiete mit der Welt. Sie wirft in die dunkle Nacht die bunten Lichter der Signale und vergewaltigt die Stille und Jungfräulichkeit des großen nächtlichen Friedens. Mit dem Getöse beleuchteter Waggons zerreißt sie den Schleier des Nebels, weckt mit langgedehntem Pfiff die Hasen und die eingeschläferte menschliche Neugier. Wie eine ungeheure eiserne Leiter, auf felsigen Boden gelegt, laufen schwarze schimmernde Schienen auf hölzernen Schwellen von Unendlichkeit zu Unendlichkeit. Weiße Stationshäuschen, von Hecken umzäunt, kleine Gärten, Lauben und Blumenrabatten mit farbigen Glaskugeln auf weiß angestrichenen Stöcken, unzählige eiserne Brücklein über Bäche gespannt und Wärterhäuschen, dicht nebeneinandergereiht, strafen die Mär Lüge, hier sage der Teufel dem Beelzebub gute Nacht.

Mit diesen Sätzen begleitete uns der polnische Schriftsteller Józef Wittlin auf dem Weg nach Verkhovyna, in dem wir das Żabie des Michał Pazdanowski suchen wollten. Wittlins Roman *Sól ziemi* war 1935 in Warschau veröffentlicht worden und zwei Jahre später unter dem Titel *Das Salz der Erde* im Amsterdamer Verlag Allert de Lange erschienen, in dem viele deutschsprachige Autoren, nachdem ihre Bücher in Deutschland verbrannt und verbannt worden waren, am Vorabend des Zweiten Weltkriegs ihre Heimat gefunden hatten. Wittlins Roman erzählt vom Anfang des ersten großen Krieges im 20. Jahrhundert, der den Huzulenburschen Piotr Niewiadomski – auf Deutsch etwa Peter Unbekannt – aus seinem gleichförmigen Alltag als Bahnbediensteten an der Strecke Lemberg-Czernowitz-Itzkany riss und den Untergang des alten Europas einleitete. Wittlin, der 1896 in einem nördlich von Lemberg gelegenen Dörfchen geboren wurde, erwies sich 17 Jahre nach dem Ersten Weltkrieg mit seinem *Salz der Erde* als Prophet: Schon bald sollten wieder Güterzüge mit Soldaten und Waffen über die Bahnstrecke rattern und dem neuerstandenen polnischen Staat ein Ende bereiten.

Die Straße nach Verkhovyna führt an der Bahnstrecke entlang, an der Piotr Niewiadomski seinen Dienst versehen hatte und auf der 1936 Michał Pazdanowski, als Verkhovyna noch Żabie hieß, in sein neues Leben gereist war. Kaiser Franz Joseph I. hatte 1892 das Gesetz zum Bau einer Eisenbahnlinie unterzeichnet, die vom damaligen Stanislau/Stanisławów und heutigem Ivano Frankivsk ins damals ungarische Máramarossziget, dem heute rumänischen Sighetu Marmaţiei, führen sollte. Der Bau war eine Herausforderung für die österreichisch-ungarischen Ingenieure, denn auf dem Weg durch die Ostkarpaten mussten ungezählte Täler und Flüsse überbrückt werden – so wie in Vorokhta, wo eine steinerne Gewölbebrücke, die zu den längsten ihrer Art in Europa zählt, das Tal des Pruth überquert. Wer nach Żabie wollte, musste am Bahnhof von Vorokhta aussteigen, auf den Weg nach Süden abbiegen, dem Oberlauf des Pruth noch ein Weilchen folgen, hinter dem Forsthaus und den Huzulenhütten von Ardzeluta auf knapp 1000 Meter Höhe den Bukowiela-Pass überqueren, wo sich die Kühe – vermutlich ebenfalls damals wie heute – auf der Straße tummelten, als ob es um sie herum keine grünen Weiden gäbe, ehe schließlich der Weg steil bergab über Kryvopole im immer breiter werdenden Tal zum Ziel führte. Zu Fuß hatte der Weg damals etwa sieben bis acht Stunden gedauert, mit dem Auto ging es heute schneller: Die 32 Kilometer von Vorokhta nach Verkhovyna ließen sich in einer knappen Stunde zurücklegen.

Vor dem Ersten Weltkrieg war Żabie flächenmäßig die größte Gemeinde in der gesamten Donau-Monarchie – sie erstreckte sich über rund 600 Quadratkilometer. Man musste stundenlange Wege zu Fuß oder auf dem Rücken der gedrungenen Huzulenpferde zurücklegen, um bergauf, bergab, flussaufwärts, flussabwärts die weit verstreut liegenden Häuser und Weiler zu erreichen. Daran änderte sich auch nichts, als 1939 die Sowjetrussen die östlichen Karpaten besetzten und 1941 die Deutschen. Nun war Żabie der größte Ort des Generalgouvernements und sogar »die ausgedehnteste Landgemeinde in Europa«, wie es im *Baedeker* von 1943 hieß, »mit etwa 10 000 huzulischen Einwohnern auf einer Gemarkung von über 600 qkm. Der im Südzipfel des Kreises Kolomea gelegene Ort ist weit verstreut im Tal des Schwarzen Czeremosz und in dessen Seitentälern sowie ringsum in der prächtigen Hochgebirgslandschaft der Waldkarpaten, die hier mit ihren von schwarzgeflecktem Vieh belebten Almen an Oberbayern oder Tirol erinnern, während die höheren Gebirgslagen in ihrer Wildheit schon dem Balkan ähnlich sind.« Der *Baedeker* des Jahres 1943 hatte die offizielle Rassenideologie der Nationalsozialisten in jeder Zeile verinnerlicht und verschwiegen, dass in Żabie bis zu ihrer Vernichtung rund 800 bis 1000 Juden gelebt hatten. Aber er bedachte die Huzulen, deren Herkunft und Ursprung im Dunkeln liegt, mit freundlichen Worten: in ihren malerischen Volkstrachten, den Schnitzereien und kleinen Metallarbeiten zeige sich »gute Volkskunst«, Männer wie auch Frauen seien »geschickte Reiter«, und ihre kleinen, ausdauernden Pferde seien bei den Nachbarn »sehr begehrt«. Würdigte der *Baedeker* die Huzulen, weil Heinrich Himmler, der oberste Rassen-Experte, davon überzeugt war, dass sie – wie auch die Bergvölker der Goralen und Lemken – »germanischen Ursprungs« seien? Im Gegensatz zu Volkskundlern aller Nationen, die der Ansicht waren, dass die Huzulen von den Tataren, Hunnen oder Mongolen abstammten, stellte Himmler eine »germanische Durchsetzung« fest. »Im Laufe der Zeit«, so Himmler gegenüber Generalgouverneur Hans Frank, sollten die Huzulen daher »verdeutscht werden«.

Die exotische Kulisse, in der die Huzulen lebten, ihre archaischen Bräuche und Riten hatten bereits im 18. Jahrhundert die Neugier von Wissenschaftlern und Literaten erweckt, die auf der romantischen Suche nach dem Unberührten und Ursprünglichen, der Stille und Jungfräulichkeit waren. Österreichische, polnische und ukrainische Gelehrte und Schöngeister brachen gleichermaßen aus der Ebene zu Forschungsreisen in die Waldkarpaten auf, die im fernen Wien wie Expeditionen in ein unbekanntes Land anmuteten und mit Fahrten in die Südsee verglichen wurden. Die Huculszczyzna, so der *Krótki Przewodnik po Huculszczyźnie* von 1933, sei eine »exotische Insel«, wie man sie in ganz Europa so nicht finde, ein »rezervat« nicht nur der unberührten Natur, sondern auch der alten Kostüme, Bräuche und Sitten und eines Menschenschlags, der aus einer anderen Zeit stamme. Die Touristen würden nach Amerika reisen, wo ihnen Indianer in künstlichen Kostümen vorgeführt würden. Aber »unser Huzule« in seinem farbenprächtigen Kostüm, mit seiner vier Meter langen Trembita auf der Hochalm, in der Parade der geschmückten Hochzeitspferde oder auf dem schäumenden und reißenden Czeremosz – sei er nicht 100-mal origineller, malerischer, natürlicher und entdeckenswerter?

Einen Niederschlag fanden die Berichte der Karpatenreisenden auch in dem monumentalen Werk *Die österreichisch-ungarische Monarchie in Wort und Bild*, das auf über 16 000 Seiten in 24 Teilbänden Aufsätze und Illustrationen zur Geschichte und Kultur der Kronländer vereinte und nach seinem Herausgeber – Kronprinz Erzherzog Rudolf – kurz das *Kronprinzenwerk* genannt wurde. Mein Großvater hatte im August 1941 alle Hebel in Bewegung gesetzt, um dieses *Kronprinzenwerk* zu erhalten – er benötigte es zur Vorbereitung für seinen neuen Dienst. »Wahrscheinlich bekomme ich ganz Galizien als Tätigkeitsbereich dazu«, schrieb er ebenso eilig wie aufgeregt an seine Mutter. Einen diesbezüglichen Antrag habe der Brigadeführer, Odilo Globocnik, an den Reichsführer SS, Heinrich Himmler, gestellt. Leider sei das *Kronprinzenwerk* auch antiquarisch nur zu Fantasiepreisen erhältlich. Er benötige daher Name und genauen Titel eines Bekannten der Eltern, um diesem freundlich zu schreiben, dass er ihm das Werk überlasse – es diene schließlich einem »wichtigen politischen Zweck«. Im Galizien-Band konnte mein Großvater dann auf Seite 387 nachlesen, wie der durchschnittliche

Huzule aussah: Er war »gewöhnlich kräftig gebaut, von hoher schlanker Statur und zeichnet sich durch männliche Gesichtszüge, gebräunte Hautfarbe, schwarze Augen und schwarzes langes Haar, schöne Adlernase und langen Schnurrbart aus.«

Meinen Großvater hatten bei einer seiner Dienstreisen, die ihn im Oktober 1941 auch durch die Hochkarpaten führten, wohl eher die Huzulinnen interessiert, die vor allem in Żabie von besonderer Schönheit waren – sie wurden wegen ihrer prächtigen Trachten, ihrer kunstvoll bestickten Blusen, ihrer Korallenketten und ihres fantasievollen Stirnschmucks aus silbernen Talern oder bunten Glasperlen die »Pariserinnen der Karpaten« genannt. »Wenn ich in den nächsten Wochen nach Wien komme«, schrieb er am 27. Oktober seinen Eltern, »zeige ich Euch die vielen Aufnahmen, die ich unterwegs gemacht habe.«

Womöglich hat ihm seine Mutter bei diesem Besuch gehörig ins Gewissen geredet, denn ihre Schwiegertochter hatte ihr kurz zuvor ihr Leid geklagt – im selben Brief, in dem sie für den März 1942 ein weiteres Enkelkind – das vierte in dreieinhalb Jahren – ankündigte. »In Bezug auf seine Schwärmereien kennst Du freilich Deinen Großen noch ganz gut«, schrieb meine Großmutter. Leider sei er noch nie enttäuscht worden, »weil er dann vielleicht mal eine Weile zurückhaltender wäre«. Nach einer für ihn »sehr kurzen«, für sie »sehr langen Zeit« habe er sich jedoch »immer von selbst eines Besseren besonnen«. Bedauerlicherweise sind die Fotos meines Großvaters – »ich entwickele mich langsam zum Pressefotografen« – nicht erhalten geblieben.

Mit den Fotos aus dem Żabie Michał Pazdanowskis im Kopf rollten wir gemächlich die Passstraße hinab ins Tal des Schwarzen Czeremosz. Die Landschaft war so, wie ich sie mir vorgestellt hatte, doch die Zeitläufte waren auch an der Huzulei nicht spurlos vorübergegangen. In Żabie war längst die Moderne eingezogen: Die in den alten Reiseberichten geschilderten ärmlichen, strohgedeckten Hütten aus grob behauenen Balken oder ungebrannten Lehmziegeln waren Steinhäusern mit Dächern aus Asbestplatten oder Wellblech gewichen, verschwunden waren auch die schwarzen, zottigen Schweine mit langen Rüsseln, die im Morast der Dorfstraße gewühlt hatten. Und die Mädchen trugen keine Diademe aus Pfauenfedern oder rote Saffianstiefel mehr, sondern Miniröcke und hochhackige Schuhe, die alten Frauen bunte Kittel und Kopftücher, die meisten Männer Hosen aus Ballonseide und Feinripp-Unterhemden – nichts unterschied die Bewohner von denen unten in der Ebene. Und auch der Mann, der uns neben dem kleinen Restaurant gegenüber der Brücke, die das breite Flussbett des Czeremosz überspannte, freundlich zuwinkte, hatte weder schwarze lange Haare noch einen langen Schnurrbart. Es war Stepan, der schon auf uns gewartet hatte, als wir in Jareks 30 Jahre altem Mercedes über die kilometerlange Dorfstraße von Verkhovyna heranholperten.

Stepan leitete uns in einen schmalen, unbefestigten Weg, ging voran und öffnete das Gartentor, hinter dem ein schwarzer Wolga stand, der noch zwei Jahrzehnte älter war als Jareks Mercedes. Die Sonne schien, es war frühsommerlich warm, und Anna hatte im Garten bereits den Tisch für uns gedeckt: Eine herzhafte Suppe mit frischem Gemüse und viel Sahne, Kulescha, den auch Mamalyga genannten traditionellen Maisbrei mit Ei und Speck, dazu frischer Krautsalat aus dem eigenen Garten, knuspriges Weißbrot und ein Glas Huslanka, huzulischen Kefir. Wir begegneten uns das erste Mal, aber es gab kein misstrauisches Fremdeln zwischen uns, nicht einmal ein zögerliches Herantasten oder vorsichtiges Ausloten der Befindlichkeiten. Vielleicht lag es daran, dass Anna und Stepan als Künstler mit ihrer Kapelle oder ihrem Tanzensemble gelegentlich im Ausland herumreisen, vielleicht aber auch daran, dass wir nicht als unbekannte Fremde gekommen waren, sondern als Freunde eines Freundes, der einige Monate zuvor bei Anna und Stepan zu Gast gewesen war: Der Liedermacher Manfred Maurenbrecher hatte uns im April, beim Bier nach einer gemeinsamen Veranstaltung, als wir ihm erzählten, dass wir bald nach Verkhovyna fahren wollten, zu unserer Verblüffung gesagt, er sei erst kürzlich dort gewesen und könne uns ein freundliches Quartier empfehlen. Was er uns berichtete, klang ermutigend – es war anders als das, was wir in den Wochen zuvor gehört hatten.

Seitdem sich herumgesprochen hatte, dass wir nach Verkhovyna reisen wollten, hatte uns eine Horrorgeschichte nach der anderen ereilt: Wir seien verrückt, dorthin zu fahren, es sei viel zu gefährlich, ob wir denn nicht wüssten, wie skrupellos die ukrainischen Nationalisten noch heute seien, dass man den Ukrainern niemals trauen dürfe. Wir hatten Bücher zugesteckt bekommen über die Verbrechen ukrainischer Nationalisten an der polnischen Bevölkerung während des Krieges und waren zu Veranstaltungen eingeladen worden, in denen polnischen Untergrundkämpfern gehuldigt worden war, die in Galizien und Wolhynien das Polentum gegen ukrainische Untergrundkämpfer märtyrerhaft verteidigt hatten. Dann ein ominöser Anruf, angeblich aus Verkhovyna, wir seien willkommen, allerdings nur zum Skifahren oder zum Wandern, als Touristen könnten wir also gerne kommen. Wenn wir aber Fragen stellen würden …

Auch in Gabrielas Familie waren uns Gräuelgeschichten erzählt worden wie die über eine Babcia Dora, die während des Krieges nach Żabie hatte fahren wollen, um der Familie Pazdanowski zu helfen. Sie sei niemals dort angekommen, weil sie auf dem Weg ermordet worden sei: in Kolomea, von ukrainischen Nationalisten mit Stacheldraht erwürgt und aufgeschlitzt. Es hatte sich mehr und mehr ein Film im Kopf gebildet, der nichts als Unheil verhieß: In den entlegenen Bergtälern der ukrainischen Karpaten wimmelte es nur von paramilitärischen Kämpfern, die mit Messern und Maschinengewehren bewaffnet darauf warteten, auf bestialische Weise Fremde und Ausländer zu massakrieren.

Das sei doch lächerlich, hatte ich einzuwenden versucht, paranoid und hysterisch, und hatte darauf verwiesen, dass ich seit Jahren in der Ukraine unterwegs sei und weder in Lemberg noch in Czernowitz oder Kolomea von ukrainischen Nationalisten attackiert worden sei. Aber ob ich denn nicht die an Mauern gepinselten Parolen wie »Ukraine den Ukrainern« gesehen hätte? Oder die Denkmäler für den Nationalistenführer Stepan Bandera, die in den galizischen

Dörfern längst die Lenin-Statuen abgelöst hatten? Oder die rot-schwarzen UPA-Fahnen und den Dreizack, das Symbol der Nationalisten?

Die Ukrainische Aufstandsarmee UPA war der militärische Arm der Organisation Ukrainischer Nationalisten (OUN), die 1929 von Exil-ukrainern in Wien gegründet worden war – unter dem Motto »Den ukrainischen Staat erkämpfen oder sterben!« Die OUN hatte von Beginn an den polnischen Staat mit bewaffnetem Terror bekämpft und auch vor Morden an Politikern nicht zurückgeschreckt; sie töte-ten auch oder gerade diejenigen, die sich für einen Ausgleich mit den Minderheiten einsetzten. Gewalt erzeugt Gegengewalt, und so dau-erte es nicht lange, bis der polnische Staat massiv zurückschlug. Die Spirale der Gewalt drehte sich unaufhaltsam weiter, und sie sollte auch das polnisch-ukrainische Verhältnis unter der sowjetischen und der deutschen Besatzung prägen. Entsprechend brutal war der Kampf der UPA gegen Polen, Juden, Russen und auch ihre eigenen Landsleute, die sich ihrer Ideologie verweigerten.

OUN und UPA seien »imstande gewesen«, fasst die Historikerin Franziska Bruder ihre umfangreiche Untersuchung zusammen, »die Gesellschaft in der Westukraine radikal zu polarisieren, weite Teile der Bevölkerung zu vertreiben oder zu ermorden.« Die »Spaltung der Gesellschaft« wirke bis heute fort: »Die Leere, die die Vertrei-bung und Ermordung ganzer Bevölkerungsgruppen hinterlassen haben, ist noch immer zu spüren.«

Die Vergangenheit war plötzlich ganz nah, aber in einer anderen Weise, als wir es erwartet hatten. Wir waren plötzlich inmitten einer Auseinandersetzung, die nicht nur die Ukraine spaltet – die einen sehen in der UPA »nationale Befreiungskämpfer«, die anderen »Faschisten« und »Handlanger der Nationalsozialisten« –, sondern auch das polnisch-ukrainische Verhältnis belastet. »Der Zweite Welt-krieg gehört zu den wichtigsten historischen Erfahrungen der Polen und der Ukrainer«, konstatierte der Historiker Grzegorz Motyka 2008. Für beide Völker sei der Krieg »eine besondere Erfahrung, ständig anwesend im historischen Bewusstsein.« Die Erinnerung an ihn sei »sehr lebhaft« und übe »einen immer größeren Einfluss auf die Politik« aus. Und auf »der Basis der schmerzhaften historischen Erfahrungen beider Völker« wüchsen die Stereotypen und Vorurteile zwischen Polen und Ukrainern.

Hatten nicht Historiker und Politologen aus drei Ländern unsere Bitte um Unterstützung abgelehnt? Ihm sei das Thema zu heiß, hatte uns ein ukrainischer Professor mitgeteilt, er halte sich aus allem heraus, was das polnisch-ukrainische Verhältnis betreffe. Die polnisch-ukrainische Vergangenheit in Ostgalizien sei so kompliziert, dass man besser nicht darüber schreibe, hatte uns ein deutscher Experte gesagt. Der polnische Professor war grundsätzlich geworden: Das Blut in der Erde sei noch zu frisch. Wir sollten unser Thema ruhen lassen, bis mehr Zeit vergangen sei. Und immer wieder Stimmen, dass ich – als Deutscher – überhaupt kein Recht hätte, die Geschichte eines von Deutschen ermordeten Polen zu recherchieren. Auf welches – und hier passt die Redewendung – verminte Gelände hatten wir uns begeben?

Natürlich waren mir die Auswüchse des westukrainischen Nationalismus nicht verborgen geblieben, hatte ich die Sprechchöre und Gesänge kahl geschorener Quadratschädel gehört, die mit schweren Stiefeln und in Bandera-T-Shirts über den Swoboda Prospekt in Lemberg marschiert waren. Aber hegte einer meiner ukrainischen Freunde und Bekannten Sympathie für diese Nationalisten? Teilte einer von ihnen deren faschistoides Weltbild?

Doch meine Freunde lebten in den Städten, in der Ebene, womöglich war es in den Bergen anders? Ich hatte die Gebirgskette der Karpaten immer nur von Weitem gesehen, durchs Fenster, von einem sicheren Platz im Bus oder einem Wagen aus, war ihr nie nahe gekommen. Meistens türmten sich über ihr, während in Lemberg, Kolomea oder Czernowitz die Sonne vom Himmel brannte, schwere Wolkengebilde, die ihre Fremdheit unterstrichen und ihr etwas Bedrohliches verliehen. Weil in den Bergen, wie ich es von Josef Burg gehört hatte, »die Wunden dunkeln, die die Zeit nicht zu heilen vermag«? Wenn ich die Karpaten aus der Ferne betrachtete, konnte ich verstehen, warum sie über Jahrhunderte hinweg auf die Städter abstoßend und anziehend zugleich gewirkt hatten, warum sie von Mythen umrankt waren.

Ich spürte, wie das schleichende Gift von jenseits der Berge in mir zu wirken begann, dass die Nationalisten mit ihren Einflüsterungen und Parolen, die sich in nichts von denen diesseits der Berge unterschieden, über mir kreisten wie schwarze Vögel, die auf der Suche nach einem Nistplatz waren. Aber ich wollte es nicht zulassen, dass sie sich bei mir ein Nest für ihre vergiftete Brut bauten, und rief mir die Gespräche mit Jurko in Erinnerung, einem Lemberger Germanisten, dessen geradezu enzyklopädisches Wissen mich beeindruckt hatte. Man könne sich keinen »besseren kulturellen Botschafter der Ukraine vorstellen, dem noch dazu alle nationalistischen Töne, selbst die leisesten, fremd sind«, wurde Jurko einmal in einer Laudatio für eine seiner kaum noch zu zählenden Auszeichnungen gewürdigt. Jurko Prochasko, der ein wunderbares, leicht österreichisch gefärbtes Deutsch spricht, ist für mich ein Wiederbringer vergangener Zeiten und Vorwegnehmer der kommenden zugleich, einer, in dem die positiven Seiten der alten Habsburger-Monarchie wieder aufleben, einer, dem es nichts Ungewöhnliches ist, viele Sprachen zu sprechen und in vielen Kulturen zu Hause zu sein, und mit dem man stundenlang über Galizien als »ukrainische Lokomotive nach Europa« und ein »Mitteleuropa ohne Grenzen« reden kann. Seine Großeltern hatten, wie so viele Galizier, in Wien studiert – seine Großmutter bei Sigmund Freud –, und so wollte auch Jurko »nicht auf das Gefühl Europas verzichten«, das für seine Großeltern »selbstverständlich« gewesen war, wie er zu sagen pflegte.

Immer wieder hatte mich Jurko, der als Kind seine Sommerferien im Huzulenland verbracht hatte, ermutigt, in die Karpaten zu reisen: Man könne dort viele Entdeckungen machen und auf unerwartete Schätze stoßen. Das war lange, bevor ich Gabriela begegnet war, aber jedes Mal, wenn ich mich aufmachen wollte, kam etwas dazwischen – der rechte Augenblick war noch nicht gekommen. Aber jetzt war er da, und die Zeit augenscheinlich reif für unerwartete Entdeckun-

gen wie die in einem Büchlein, das Anna für uns bereitgelegt hatte
und das von der Geschichte Żabies bis zum Ausbruch des Zweiten
Weltkriegs handelte.

»To jest mój dziadek!«, rief Gabriela aus und deutete auf ein Foto,
das die Unterschrift »Rilnicza Szkola, rik 1937« – Landwirtschaftliche Schule 1937 – trug. Es war offensichtlich im Sommer nach der
Eröffnung aufgenommen worden und zeigte Michał Pazdanowski
inmitten seiner Lehrer und Schüler, von denen manche in Trachten,
manche in Anzügen gekleidet waren. Im Text selbst wurde die Schule
nicht erwähnt, und auch der Name ihres Direktors war nicht aufgeführt.

Ob sie etwas über die Schule wisse, fragten wir Anna.

Sie schüttelte den Kopf. Aber wir könnten uns morgen das Gebäude
anschauen. Es stehe immer noch. Inzwischen sei es ein Krankenhaus.

Das war die zweite überraschende Information. Warum auch immer,
aber wir waren davon ausgegangen, dass die Schule längst abgerissen worden war. Würde womöglich dann auch das Wohnhaus der
Familie Pazdanowski noch existieren?

Das sei möglich, sagte Anna. In der Umgebung des Krankenhauses
stünden einige Häuser, die in derselben Zeit und im selben Stil wie
die Schule erbaut worden seien.

Anna mahnte zum Aufbruch, denn sie hatte ein umfassendes Programm für uns vorbereitet. Lasst uns zuerst zu Roman Kumlyk
gehen, schlug sie vor. Kumlyk sei ein berühmter Musiker und habe
in seinem Haus ein privates Huzulen-Museum eingerichtet, wir hätten vielleicht von ihm gehört. Wir hatten, denn Manfred Maurenbrecher hatte uns von ihm erzählt: Dass er 30 Instrumente beherr-
sche und sogar zweistimmig auf einem alten Ziegendarm blasen
könne. Außerdem hatte ich Roman Kumlyk in einem Dokumentarfilm über die Huzulen gesehen, in dem er die Hauptfigur war.

Roman besitze auch Fotos von Michał Pazdanowski, sagte Anna
noch.

Wirklich? Von wem? Woher?

Das wisse sie nicht. Aber er habe ihr von den Fotos erzählt.

Roman Kumlyk hatte uns die kleine Anhöhe zu seinem Haus heraufsteigen sehen, dessen Vorgärtchen ein kindsgroßer Geige spielender Gartenzwerg zierte, und erwartete uns bereits an einer der vier Säulen, die das Dach über dem Eingang stützten. Er sah aus wie in dem Film: Das graue Resthaar kurz geschnitten, der graue Schnurrbart gestutzt, die Oberlippe immer etwas hochgezogen, ebenmäßige Zähne, eine eckige Silberbrille. Gekleidet war er in einer dunklen Nadelstreifenhose, die von einem goldfarbenen Gürtel gehalten wurde, und in einem weißen Trachtenhemd, das an den Bündchen, am Kragen und auf der Vorderseite mit rot-schwarzen Ornamenten bestickt war, darüber eine braune Lederweste.

Ohne Umschweife führte er uns die Treppe hinauf in sein Museum, dessen Gegenstände er über drei Jahrzehnte hinweg zusammengetragen hatte: Hochzeitskleider und Stickereien, bunt bemalte Teller und Tassen, irdene Gefäße, Streitäxte, handgewebte Wandbehänge – die Kilimi – und Teppiche, Fotografien, ein Ochsenjoch, ein Spinnrad und ein Paar schwarze Lederstiefel, ein Tonband und ein Plattenspieler, beide aus sowjetischer Fabrikation. Und natürlich eine Fülle an Instrumenten, unter denen die Geigen oder geigenähnlichen Instrumente die Mehrzahl stellten – wenn ich mich nicht verzählt hatte, waren es 22, und eine von ihnen trug den Namen »Anna«.

Kumlyk erwies sich als Meister seines Fachs, der das Hackbrett ebenso beherrschte wie die aus einem Ast gehöhlte Geige, wie Lyra, Maultrommel – eigentlich ein Fraueninstrument – und Zither, Dudelsack, Flöten aller Art – unter ihnen Sopilka, Dentsvika und Telynka –, und natürlich die Königin aller Instrumente, die Trembita, die meterlange Hirtentrompete der Huzulen, dem Alphorn vergleichbar, mit der einst über Täler und Hügel hinweg wichtige Ereignisse wie Beerdigungen und Hochzeiten verkündet worden waren. Und zum Abschluss, wie es uns Manfred berichtet hatte, der zweistimmige Ziegendarm.

Und die Fotografien? Sie hatte Roman Kumlyk auf dem Fensterbrett ausgebreitet, ausgedruckt auf gewöhnlichem Papier. Gabriela und ich beugten uns über sie, schauten erst die Bilder an und dann uns. Ratlos, denn die Fotos kamen uns nur allzu bekannt vor. Es waren dieselben Bilder, die Zbyszek zusammengetragen hatte.

Wie waren die Ausdrucke in den Besitz von Roman Kumlyk gekommen?

Gabriela fragte nach, einmal, zweimal, dreimal, aber die Antwort war jedes Mal belanglos und nichtssagend. Stattdessen sagte Kumlyk, dass Michał Pazdanowski mit Sicherheit nicht von den Deutschen deportiert worden sei. Die seien nämlich schon 1942, spätestens 1943 wieder aus Żabie abgezogen.

Als ich einwandte, die Deutschen hätten Galizien bis Sommer 1944 besetzt, entgegnete Kumlyk, ich müsse mich irren, die Deutschen seien 1943 schon weg gewesen. Mit Sicherheit. Aber die Deutschen hätten die Huzulen nicht schlecht behandelt. Sie seien in die Häuser gegangen und hätten nach Kindern gefragt. Und in die Häuser mit Kindern hätten sie Milch gebracht.

Wieder Ratlosigkeit. Hier würden wir nicht weiterkommen. Wir bedankten uns für die fachkundige Führung durchs Museum und die musikalischen Darbietungen und machten uns bereit zum Aufbruch. Wann er uns denn erzähle, was er wisse, fragte Gabriela beim Abschied. Und vor allem, von wem er die Fotos bekommen habe. Vielleicht später, antwortete Roman Kumlyk, aber vielleicht auch niemals. Vielleicht sterbe man ja vor einem möglichen Wiedersehen.

Den Heimweg über die Dorfstraße oberhalb des Czeremosz verbrachten wir schweigend. Es war noch immer taghell. Busse, die eine ebenso dunkle wie stinkende Abgaswolke hinter sich herzogen, rumpelten an uns vorbei, Pferdefuhrwerke, von denen uns die Männer zuwinkten, Ladas, aus deren offenen Fenstern die Techno-Bässe dröhnten. Wir überholten eine Frau, die sich der gemächlichen Geschwindigkeit ihrer Kuh, die sie in den heimatlichen Stall trieb, angepasst hatte, und bedauerten einen entgegenkommenden Bauern, der unter der Last des Heubündels, das er auf dem Rücken trug, schier zu zerbrechen drohte.

Wie in Polen vor 30 Jahren, sagte Gabriela.

Und plötzlich wussten wir, von wem Roman Kumlyk die Fotografien hatte.

Einige Wochen vor unserer Fahrt hatte uns in Krakau ein Bekannter erzählt, dass er einen Bekannten habe, der in Verkhovyna lebe. Gewiss sei dieser Bekannte bereit, uns zu helfen. Wir nahmen Kontakt zu diesem Bekannten des Bekannten auf und riefen ihn an: Ja, wir könnten ihm Fotos mailen, er sei gerne behilflich. Aha, Gabrielas Großeltern seien Polen gewesen … Keine Ukrainer? Aber gewiss deren Mütter … Auch nicht? In Verkhovyna hätten wirklich Polen gelebt?

Wir hatten von dem Bekannten des Bekannten nichts mehr gehört. Aber, so schien es, er hatte die Fotos an Roman Kumlyk weitergeleitet. Doch warum hatte uns Roman Kumlyk das verschwiegen? Weshalb hatte er solch ein Geheimnis um die Bilder gemacht?

Ratlosigkeit.

Wir kamen nicht mehr dazu, uns weitere Gedanken über das Verhalten von Roman Kumlyk zu machen, denn Anna hatte uns zu einem alten Ehepaar geführt, das auf einer Bank vor seinem Haus saß. An der Bank lehnte einer dieser Strohbesen, über die ich mich immer gewundert hatte, wenn ich zu früher Morgenstunde durch die Gassen von Lemberg, Czernowitz oder Odessa spaziert war: Die Besen hatten keinen Stil aus Holz, sondern aus gebundenem Stroh, waren einschließlich der Borsten nicht einmal einen Meter lang, und die Straßenkehrerinnen – es waren fast immer ältere Frauen – mussten die Gehsteige und Gossen tiefgebeugt und in verkrümmter Haltung reinigen. Es gab diese Besen also auch hier in den Karpaten. Die beiden Alten schauten sich unsere Bilder an und schüttelten einvernehmlich ihre Köpfe. Nein, nie gesehen. Und auch der Name Michał Pazdanowski sei ihnen nicht bekannt. Landwirtschaftliche Schule? Nein, nie davon gehört. Sie könnten uns leider nicht weiterhelfen. Aber vielleicht würden wir uns gerne das Haus anschauen. Wir seien herzlich willkommen.

Sie baten uns herein und führten uns in die gute Stube, in der das, was Roman Kumlyk in vielen Jahren zusammengetragen hatte, zum Alltag gehörte: Auf dem mit Intarsien verzierten Tisch und der ebenfalls mit Intarsien geschmückten Kommode lagen bunt gemusterte Deckchen, im Glasschrank stand bunt bemaltes Geschirr, und über das Sofa war eine farbenprächtig gemusterte Decke gespannt, auf der sieben ebenso farbenprächtig bestickte Kissen lagen, die um zwei Puppen herum drapiert waren, einem Hochzeitspaar, das in den traditionellen Trachten gekleidet war. Rot, Blau, Gelb, Grün, Braun, Orange, Violett, Rosa, alle Farben von blass bis kräftig, viel Weiß, kaum Schwarz – der ganze Raum war ein einziger Farbenrausch aus Ornamenten. Hüllen von Schallplatten aus der Hippie-Zeit würden hier verblassen.

An jeder der Innenwände hing ein großformatiger Kilim, so wie wir ihn von dem Foto kannten, das Gabrielas Großeltern mit ihren drei Kindern zeigte, das jüngste Kind – Gabrielas Mutter Hanka – erst ein paar Wochen alt. Irgendwann im Frühsommer 1942 hatten sie sich vor einem solchen Kilim porträtieren lassen und das Bild dann an die Eltern nach Krakau geschickt.

Die Musterung für diesen Kilim habe ihr Vater entworfen, hatte uns Inka erzählt. Gefertigt hätten ihn dann Huzulen. Aber sie habe nie verstehen können, warum ihre Mutter darauf bestanden habe, ausgerechnet den Kilim mitzunehmen, der doch so viel Platz weggenommen habe. Und so viele andere Dinge hätten sie in Żabie zurücklassen müssen!

Sie könne die Entscheidung ihrer Großmutter nachvollziehen, sagte Gabriela, während sie den Wollteppich betastete und die mäandernden Muster bestaunte. In dieser Huzulenstube befand sich nichts, was nicht schon vor 1939 dort hätte liegen, hängen oder stehen können. Kein Radio, kein Fernseher, nicht einmal eine Uhr, selbst der kleine kristallene Kronleuchter an der Zimmerdecke war von zeitloser Form. Sieben Jahrzehnte hatten keine Spuren hinterlassen, auch nicht die Jahre der Sowjetmacht, die Jahre der »massenhaften Entwertung der authentischen huzulischen Kultur«, in denen sie durch Kunstgewerbe – »huzulischen Kitsch« – ersetzt worden sei, wie der ukrainische Schriftsteller Juri Andruchowytsch in seinem Roman *Zwölf Ringe* beklagt.

In welcher Zeit lebten die beiden Alten, sie 1929 geboren, er 1932, die beide wesentlich jünger aussahen? Als wir sie draußen auf der Bank ein weiteres Mal nach der Vergangenheit fragten, lächelten sie uns unentwegt freundlich an. Ihre Oberarme berührten sich, während sie nebeneinander saßen, beide hatten sie ihre Hände auf dem Schoß gefaltet.

Nein, er könne sich wirklich an nichts erinnern, sagte er, und sein Lächeln zeigte eine geschlossene Reihe Goldzähne, er stamme aus dem Nachbarort.

Nein, auch sie nicht, sagte sie, und ihr Lächeln zeigte ebenfalls eine geschlossene Reihe Goldzähne.

Wie es unter den Deutschen gewesen sei?, wiederholte sie unsere Frage und gab sogleich achselzuckend die Antwort: Nun, nicht anders als unter den Bolschewisten.

Ja, bestätigte er, unter den Bolschewisten sei es nicht anders gewesen als unter den Deutschen. Achselzucken.

Wir hielten die paradiesisch anmutende Einträchtigkeit dieses gemeinsam alt gewordenen Ehepaares noch mit der Kamera fest, dann zogen wir weiter, Gabriela und Anna seufzend, ob sie auch einen solch harmonischen Lebensabend verbringen würden, ich schaute mir beim Gehen die Fotos an. Ja, es gab etwas, das die beiden in ihrer zeitlosen Gelassenheit Verbundenen voneinander unterschied: Bei ihm zierten die Goldzähne den Oberkiefer, bei ihr den Unterkiefer.

In Verkhovyna hießen offensichtlich alle Frauen ab einem gewissen Alter Anna oder Marija, und so war es nun eine Pani Anna, die uns gegenübersaß –, eine Nachbarin, der unsere Anna von uns erzählt hatte. Pani Anna war mit ihrem Enkel gekommen, der augenscheinlich nicht lange zuvor das eine oder andere Stück Schokolade gegessen hatte, und mit ihrem Hund, der die unterschiedlichsten Rassen in sich vereinigte. Pani Anna – blumengemusterter Rock, blumengemustertes Kopftuch, blassrosa Strickjacke mit grün-weißem Blumenmuster – ließ sich gleich an dem Gartentisch nieder, setzte ihre Lesebrille auf und betrachtete mit gerunzelter Stirn die Fotos, die wir ihr vorlegten.

Natürlich erinnere sie sich, sagte sie und schaute uns über den Brillenrand hinweg mit einem Blick an, der all ihr Unverständnis über unsere Frage ausdrückte. Wie könnte sie sich nicht erinnern?

Michał Pazdanowski? Natürlich! Das sei doch der Schuldirektor gewesen, Pan Michał, ein Freund ihres Vaters. Pan Michał habe immer gelächelt, sei immer freundlich gewesen, vor allem zu den Kindern. Einmal sei sie mit ihrem Vater durchs Dorf gegangen und da sei ihnen Pan Michał begegnet. Er habe sie bei der Hand genommen, daran erinnere sie sich sehr gut. Ja, sie habe Pan Michał sehr gemocht. Er habe Kultur nach Żabie gebracht.

Nein, an seine Frau und seine Kinder erinnere sie sich nicht. Aber daran, dass auf Pan Michałs Schule nur Jungs gehen durften. Sie selbst habe die Schule ja schon nach der vierten Klasse verlassen, das sei damals so üblich gewesen. Aber trotzdem habe sie als Kind sehr gut Polnisch gesprochen, viel besser als heute. Polnisch habe sie gelernt, weil sie polnische Freundinnen hatte, schon mit fünf Jahren habe sie Polnisch gesprochen. Die Kinder hätten miteinander gespielt, das sei ganz normal gewesen, und sie sei mit ihren Freundinnen in den katholischen Gottesdienst gegangen. Und ihre Freundinnen mit ihr in die Cerkiew, die orthodoxe Kirche. Ja, alles in allem habe man in Żabie vor dem Krieg harmonisch zusammengelebt.

Nichts anderes hatte uns Inka berichtet: Sie und ihr Bruder Andrzej hätten selbstverständlich neben Polnisch auch Ukrainisch gelernt. Und wie die ukrainischen Kinder seien auch sie den ganzen Sommer über barfuß gelaufen. Den Eltern sei es egal gewesen, in welcher Sprache sie gesprochen hätten. Andrzej und sie hätten auch in Krakau ihre Angewohnheiten beibehalten, und der Großvater Pazdanowski habe große Augen gemacht, als der zehnjährige Andrzej auf die Frage, wie er heiße, antwortete: Pazdanovskoho.

Pani Anna begann von allen polnischen Familien zu erzählen, an die sie sich erinnerte, von der Familie Lipowski, die 1940 von den Bolschewisten nach Kasachstan deportiert worden sei, von Pelagia Welterowa, die mit ihren Kindern Rysiu, Zbysiu, Janka und Danka bei ihnen gewohnt hatte, als der Mann und Vater, vor dem Krieg ein

Grenzbeamter, plötzlich verschwunden war – was war bloß aus ihm geworden? –, von Dr. Sarwacki, dem Arzt, der vielen Huzulen geholfen habe, von den Familien Windyk und Manugiewicz – oder waren die Manugiewicz nicht Armenier? –, von Pani Dobrotliwa, die an dem Tag, als die Deutschen die Juden ermordeten, zusammen mit den Juden erschossen wurde, mit einer weiteren Polin. Am Massengrab. Warum, das wisse sie nicht, aber ja, ja, die Deutschen hätten die Juden erschossen, alle, oder fast alle, ein paar hätten, glaube sie, überlebt. Ein Junge von der Familie Gertner, die das Hotel in der Ortsmitte besaßen, der Sohn von dem Bauunternehmer. Und 1943 hätten die Deutschen auch 22 Polen erschossen. Sie seien beschuldigt worden, die orthodoxe Kirche niedergebrannt zu haben. Aber die meisten Polen hätten noch rechtzeitig fliehen können. Habe nicht auch Pan Michał gleich zu Beginn des Krieges Żabie verlassen? Mit der polnischen Regierung, die sich über die Karpatenpässe nach Rumänien abgesetzt hatte?

Pani Anna schaute uns über ihre Brille hinweg an, Gabriela wich ihrem Blick aus.

Nein, die Familie Pazdanowski hatte Żabie nicht zu Beginn des Krieges verlassen. Die Geschichte von der gescheiterten Flucht hatte mir Gabriela immer wieder erzählt, seit wir das Leben ihres Großvaters nachzeichneten, und auch von Hanka, ihrer Mutter, hatte ich sie mehrfach gehört – immer versehen mit einem großen Warum.

Sie waren bereits an der rumänischen Grenze, mit einem Tross anderer Polen, als sie wieder umkehrten. Sie waren auf dem Weg zu Michałs Freunden in der Schweiz, er hätte dort bei einem Professor seine Forschungen zu alpinen Pflanzen und Tieren fortsetzen können, doch dann begann Inka, die Einjährige, die erst wenige Wochen vor Kriegsbeginn aus Krakau nach Żabie gekommen war, zu weinen. Und sie hörte nicht mehr auf. Und die Mutter bereute, dass sie sich auf einen Weg ins Ungewisse begeben und all ihr Hab und Gut zurückgelassen hatten: Ob es nicht besser sei zurückzufahren?

Ihre Mutter habe es sich ihr ganzes Leben nie verziehen, dass sie umgekehrt waren, hatte Hanka gesagt. Ihr Großvater könnte noch leben, hatte Gabriela immer wieder gesagt. Und sie sagte es auch jetzt an diesem Tisch in einem beschaulichen Garten in Verkhovyna, über das längst die Dunkelheit hereingebrochen war.

Pani Anna seufzte. »Kto żyje, ten żyje«, sagte sie. »A kto nie żyje, już nie powróci.« Wer lebt, der lebe, aber wer tot sei, der kehre nicht wieder zurück.

»Ich habe immer gerne hier gewohnt«
Verkhovyna, 7. Juni 2010

Ich war bereits aufgestanden, bevor der erste Sonnenstrahl das Dorf berührte, kurz nachdem Gabriela endlich wieder eingeschlafen war nach für sie grauenvollen Stunden, in denen sie die Ungewissheit und Ohnmacht jener Nacht zu spüren vermeint hatte, in der ihr Großvater abgeholt worden war. Ein neuer Tag begann, der nichts erahnen ließ von dem »Elend und der Verlorenheit jener letzten Minute, wenn die Erde unsicher wird und der Mensch vor sich selbst fliehen möchte«. Hier und da krähten Hähne, die Vögel zwitscherten, ein paar Hunde kläfften, aber wenn nicht gerade ein frühes Marschrutka vorbeibrauste, war es still wie auf einer der Almwiesen, die hoch droben, über den Nebelschwaden, bereits von der Sonne angestrahlt wurden. Die Stille war eine symbiotische Verbindung mit der Luft eingegangen, die so frisch und würzig war, dass ich mich auf einen Spaziergang machte, um auch noch das letzte Lungenbläschen mit dieser Luft zu füllen.

Ich überquerte auf einer schwankenden Hängebrücke den Czeremosz und begab mich auf einen unbefestigten Weg, der zwischen Wiesen hindurchführte, auf denen das vom Morgentau benetzte kniehohe Gras silbern glänzte. In den Gärten mit Äpfel-, Pflaumen- und Birnbäumen standen Ziehbrunnen, die von einem Meer aus Margeriten umgeben waren, im Kuppelfenster einer Kapelle brach sich das Licht der Sonne. Mehr und mehr erwachte das Leben, und auf der Hauptstraße setzte das ein, was man als Berufsverkehr bezeichnen könnte: Überall am Straßenrand standen Leute, mal einzeln, mal in kleinen Gruppen, die auf die Busse und Marschrutkas, meist ältere Mercedes-Modelle, warteten. Hier ein grauhaariger Mann im dunkelgrauen Anzug und Aktentasche unterm Arm, dort eine Frau im beigen Kostüm, die ihre blondierten Haare zu einer

Turmfrisur hochgesteckt hatte, unter dem Hinweisschild zur Autowerkstatt eine Gruppe rauchender junger Männer in Gummistiefeln und Unterhemden, die mich argwöhnisch beobachteten und mir später von der Ladefläche eines ausgedienten Armee-Lastwagens herab etwas zuriefen, zwei langhaarige Mädchen in hautengen Jeans, die Kaugummi kauend hinter ihrer Kuh herschlenderten, ein Schlangenlinien fahrender Junge auf einem Mountainbike, der seine nachlässig geschulterte Sense beinahe verloren hätte, als ihn ein hupender, mit schwarz getönten Scheiben versehener BMW X5 in den Straßengraben drängte. Und über sie alle erhoben sich, die bewaldeten Hügel und Hochalmen überragend, die mächtigen, schneebedeckten, rotgolden schimmernden Schwarzen Berge. Verkhovyna war ein Paradies.

Verkhovyna erinnerte tatsächlich an Oberbayern und Tirol – mit dem Unterschied, dass durch Verkhovyna keine Heerscharen von Urlaubern zogen und keine Autos die Straßen verstopften. Hier gab es keine von Kitsch überquellenden Andenkenläden, keine betonierten Bettenburgen, keine Locations mit Stimmungsmachern und schunkelnden Touristen. Es war nicht einmal eine gekühlte Cola zu bekommen. Stattdessen waren in Verkhovyna die Schnapsregale so üppig bestückt wie in Tirol die Käsetheken, und ich wurde das Gefühl nicht los, dass Verkhovyna ein melancholischer Ort war, dass in diesem verträumten Dorf die »weltverlorene Einsamkeit«, mit der Joseph Roth sein Galizien beschrieben hatte, besonders ausgeprägt war. Aber vielleicht steckten Melancholie und weltverlorene Einsamkeit auch in mir? Weil in meinem Kopf die Geschichten herumwanderten, die uns Inka erzählt hatte?

Irgendwo hier zwischen diesen wunderbar grünen Hügeln musste sich das ereignet haben, was Inka noch knapp sieben Jahrzehnte später und 3000 Kilometer entfernt so aufwühlte, dass sie es uns nur stockend und zitternd erzählen konnte: Sie war ungefähr viereinhalb gewesen, es war schon nach dem Verschwinden des Vaters und kurz bevor sie mit ihrer Mutter und ihren Geschwistern Żabie verlassen würde, also im Sommer 1943. Sie war mit einer Freundin zum Spielen unterwegs, und plötzlich sahen sie von einem Hügel aus etwas, das Inka als »obóz prowizoryczny« – provisorisches Lager – bezeichnete: Eine umzäunte Wiese, und hinter den Zäunen waren Menschen eingesperrt. Inka und ihre Freundin sahen, wie ein Soldat zuschlug. Unaufhörlich. Mit einer Peitsche. Sie hörten Befehle und Schreie und rannten voller Angst nach Hause. Inka schilderte der Mutter, was sie gesehen hatte, und die Mutter rief: »Nigdy tam nie chodź, nigdy tam nie chodź!«

Als Inka geendet hatte, sprang sie von ihrem Stuhl auf und nahm Haltung an, so als ob ihre Mutter ihr erst in diesem Augenblick und hier an der französischen Atlantikküste befohlen hätte, nie wieder dorthin zu gehen. Nie wieder!

Das Gefühl der Melancholie wurde ich auch nicht los, als Gabriela, Anna, Jarek und ich über die kleine Allee gingen, die zum Krankenhaus führte. Auf den Bänken im Schatten der Bäume saßen Frauen in Frotteemänteln oder Jogginganzügen, bis auf eine trugen sie bunte Kopftücher. Vor dem Eingang hockten ein paar Männer, die verstohlen rauchten. Wir verglichen das Gebäude mit unseren Fotografien, die wir von Zbyszek und Inka bekommen hatten. War es die ehemalige Schule oder nicht?

Zögerlich gingen wir hinein, betraten den ersten Raum, der gleich in einen zweiten führte, an den sich wiederum ein Gang anschloss, von dem aus man nach links und rechts abbiegen konnte, und kehrten wieder um. Die beiden Frauen, die gegenüber einer wandgroßen Landidylle im Stil des sowjetischen Realismus saßen, schauten uns verwundert an. Aber es gab nun keinen Zweifel mehr: Dieses Krankenhaus war die Schule, die Michał Pazdanowski gegründet und geleitet hatte. Nur der Eingangsbereich war umgestaltet worden. Und jemand hatte die Natursteine des Sockels und der Säulen mit einer zentimeterdicken Schicht brauner Ölfarbe überpinseln lassen.

Ja, bestätigte uns auf den Stufen vor dem Eingang ein älterer Herr in weißem Kittel, in dem Gebäude habe sich einmal eine Schule befunden. Das wisse er, weil vor ein paar Jahren ein Mann hier gewesen sei, der ein Gruppenfoto mitgebracht habe – so ähnlich wie das unsrige –, und dieser Mann habe gesagt, er sei hier zur Schule gegangen.

Woher kam dieser Mann?

Aus Deutschland.

Aus Deutschland? Haben Sie vielleicht seine Adresse?

Nein, leider nicht. Aber dieser Mann habe die ganze Zeit vor dem Gebäude gestanden und geheult. Das Gebäude habe wirklich Gabrielas Großvater errichtet?

Als wir bejahten, holte der Arzt mit großer Geste aus und legte einen gewichtigen Ton in seine Stimme. Ohne Zweifel sei es ein »dobry budynek«, ein gutes Gebäude. Sehr gute Qualität! Nicht so wie die Häuser, die heute gebaut würden.

Er deutete auf die Bauruine, die sich rechts hinter dem Krankenhaus befand, an der Stelle, an der das Foto aufgenommen worden war, das Michał Pazdanowski im Gespräch mit den beiden Herren zeigte. Die Ruine war uns schon bei unserer Einfahrt nach Verkhovyna aufgefallen: Das größte Gebäude des Ortes, das nicht nur, weil es auf einer Anhöhe stand, alle anderen Häuser überragte. Ein sechsstöckiger Ziegelbau, ungefähr 100 Meter lang, dessen quadratische Fensterhöhlen wie offene Mäuler aussahen, die alles um sich herum verschlingen wollten. Ein wahres Monster.

Das hätte das neue Krankenhaus werden sollen, sagte der Arzt. Für die gesamte Region. Die Sowjets hätten mit dem Bau begonnen, dann sei die Ukraine unabhängig geworden und das Geld ausgegangen. Ob der Bau fertiggestellt werde?

Der Arzt hob die Hände und schaute zum Himmel. Er drehte sich herum und wies auf ein gegenüberliegendes Holzhaus, an dem gerade zwei Kühe entlangtrotteten. Das habe früher auch zur Schule gehört. Heute sei dort die Verwaltung der Klinik untergebracht.

Vielleicht das Haus ihrer Großeltern, mutmaßte Gabriela.

Der Arzt schüttelte den Kopf. Das glaube er nicht. Vielleicht ein Haus für Lehrer. Aber der Schuldirektor habe gewiss nicht darin gelebt.

Hatte in diesem Haus die Familie Mijak gewohnt, die uns von den Fotos und Erzählungen fast so vertraut war wie die Familie Pazdanowski? Roman Mijak, Michałs Stellvertreter und wohl auch engster Freund, mit seiner Frau, einer geborenen Nestorowska? Die Mijaks, die einen Kartoffelacker besaßen, deren Kartoffeln der kleinen Inka so groß anmuteten, dass sie sagte: »Die Kartoffeln waren größer als ich«? Eine Woche vor ihrem Wegzug aus Żabie, hatte uns Inka erzählt und dabei Französisch gesprochen, sei Roman Mijak in seinem Haus erschossen worden. Von außen durchs Fenster. Wie es Brauch war bei den Banden der UPA. Mit derselben Kugel sei auch das Kind ermordet worden, das er in seinen Armen hielt. Seine Frau, Pani Mijakowa, sei zu ihnen gerannt, voller Blut und im Schock, und habe die Mutter um Hilfe gebeten. Aber die Mutter habe ihr nicht helfen können, sie habe sich nicht nach draußen getraut – aus Sorge um ihre eigenen Kinder. Sie hätten alle eine unbeschreibliche Angst gehabt. Eine entsetzliche Angst, die sie nie vergessen könne. Bis auf den heutigen Tag nicht.

Die Ermordung von Roman Mijak und seinem Kind war eine der wenigen Geschichten, die auch Hanka erzählt hatte. Immer wieder, denn nicht nur Gabriela kannte sie, sondern auch ihre 14 Jahre jüngere Schwester Kika. Hatte Hanka davon erzählt, weil sie denselben Namen trug wie Mijaks Tochter und auch etwa gleich alt war? Weil die beiden Annas auf besondere Weise miteinander verbunden waren? Nach der Geburt von Hanka hatte ihre Mutter so viel Milch, dass sie auch die Tochter ihrer Freundin stillen konnte: Die beiden Annas waren Milchschwestern. Es sei um neun Uhr abends geschehen, wusste Hanka von ihrer Mutter. Das Haar von Pani Mijakowa sei von einem Moment zum anderen weiß geworden. Pani Mijakowa war schwanger, als ihr Mann und ihre Tochter erschossen wurden – sie gebar wieder ein Mädchen: Oleńka. Nach dem Krieg trafen sich die beiden Witwen mit ihren Kindern in Rabka wieder. Wie Pani Mijakowa mit Oleńka aus Żabie fliehen konnte und was später aus ihnen wurde, wusste Hanka nicht.

Der Direktor habe eher dort drüben gewohnt, unterbrach der Arzt meine Gedanken. Er wies auf ein weiteres Holzhaus, das auf einem großen, mit vielen Obstbäumen bewachsenen Grundstück stand und von einer Hecke umgeben war. Dieses Gebäude sei ebenfalls von den Polen erbaut worden. Dort lebe heute die Witwe des früheren Klinikdirektors. Sie kenne die Frau, sagte Anna, Pani Marija, eine pensionierte Lehrerin, sehr sympathisch.

Ich rief mir die Zeichnung in Erinnerung, die Inka für uns angefertigt hatte: Hier die Schule, auf deren Stufen sie die Kaninchen hin und her getragen und vor der Katze gerettet hatte, oberhalb der Bauernhof, der sich nun hinter dem roten Steinmonster befinden musste. Nahe des Stalles die Hütte für den Schäferhund, der ihren Bruder einmal gefährlich gebissen hatte – in die Brust, gleich neben das Herz –, ehe ihn der Vater verjagen konnte. Gegenüber der Czeremosz und die Berge. Es könnte stimmen.

Pani Marija, die kein Kopftuch, sondern einen breitkrempigen Strohhut trug, war bei der Gartenarbeit, als wir das Grundstück betraten. Aber sie vermittelte uns nicht das Gefühl, als ungebetene Gäste zu kommen. Selbstverständlich seien wir willkommen, sagte sie, nachdem wir uns vorgestellt hatten, es sei eine Ehre für sie, uns begrüßen zu dürfen. Wir dürften uns alles anschauen, was wir wollten. Bitte sehr!

Das Haus, in dem Pani Marija lebte, stand auf dem gleichen Natursteinsockel wie die Schule, und der Giebel hatte das gleiche Rautenmuster. Es war augenscheinlich in derselben Zeit erbaut worden wie die Schule.

»This was the house of my grandparents«, sagte Gabriela. »I can feel it.«

Die Frage war nur, in welcher Hälfte Gabrielas Großeltern gewohnt hatten. Der Eingang sei rechts gewesen, hatte uns Inka gesagt. Aber welcher war ihr Blickwinkel? Der aus dem Garten oder der vom Weg oberhalb des Hauses, hinter dem sich nun die Ruine befand? Haus und Grundstück waren in der Mitte geteilt – der Garten mit einer mächtigen, mit quadratischen Zinnen versehenen Steinmauer, und die Grenze zwischen den beiden Haushälften wurde durch das Abflussrohr der Dachrinne markiert. Beide Haushälften hatten den gleichen Aufbau, nur spiegelverkehrt. Und die Haushälfte jenseits der Mauer hatte ein neues, weinrotes Ziegeldach, ein neues Gaubenfenster und zwei Satellitenschüsseln.

Der neue Nachbar …, stöhnte Pani Marija.

Ob wir uns das Haus ansehen wollten, fragte Pani Marija, und erzählte uns, während wir über die Treppe der Veranda hineingingen, dass sie 1963 mit ihrem Mann nach Verkhovyna gekommen sei, gleich nach ihrem Studium. Erst hätten sie unten im Tal gewohnt, aber als ihr Mann zwei Jahre später zum Direktor befördert worden sei, hätten sie dieses Haus bezogen. Vorher habe sich in dem Gebäude alles Mögliche befunden, eine Bibliothek, ein Labor, eine Apotheke. Ob wir ein Glas Apfelsaft trinken wollten? Selbst gepresst, Äpfel aus dem eigenen Garten.

Der Steinofen hier in der Küche sei noch von damals, sagte Pani Marija, und die Kachelöfen in den anderen Räumen gewiss ebenfalls, auch die im Obergeschoss. Alle anderen Möbel, das sähen wir ja, stammten aus späterer Zeit. Ihre Töchter, die sie nach dem frühen Tod ihres Mannes alleine großgezogen habe, seien längst ausgezogen. Eine sei in Verkhovyna geblieben, eine wohne in Ivano Frankivsk und die dritte in Berlin, seit 14 Jahren schon. Und eine der Enkelinnen studiere in China. Aber in den Ferien träfen sie sich immer hier. Nun ja, die Einrichtung sei bescheiden, aber für sie reiche es, sie habe ja ihren Garten.

Jarek und ich ließen die drei Frauen, die unaufhörlich miteinander redeten, in der Küche zurück, um uns nützlich zu machen. Wir griffen zur Sense und setzten Pani Marijas Arbeit fort, abwechselnd und etwas ungelenk. Es dauerte eine Weile, bis ich mich in die gleichmäßige Drehbewegung hineingefunden hatte, die ich vor mehr als drei Jahrzehnten erlernt hatte, aber dann kam ich Meter um Meter voran. Und konnte meine Gedanken wandern lassen, die Treppe in diesem Haus hinauf und zurück in eine Nacht, die sieben Jahrzehnte zurücklag: Babcia Kielbas, die eigentlich Maria Derkacz hieß, Ungarin war und wesentlich besser Deutsch als Polnisch sprach, war aus Krakau nach Żabie gereist. Sie wollte Izabela Pazdanowska, die Schwester ihres Schwiegersohnes Karol, und die Kinder nach Krakau zurückholen. Es war in der Zeit, als die UPA Krieg gegen die Polen führte und auch in Żabie nach Polen suchte. Sie durchkämmten die Ställe, auch den, der zu Michał Pazdanowskis Schule gehörte, stocherten mit ihren Mistgabeln im Heu herum und klopften dann an die Tür des Hauses, in dem sich Izabela Pazdanowska mit ihren drei Kindern und Maria Derkacz aufhielten.

Daran kannst du dich erinnern?, hatten wir Inka gefragt.

Woa … ohlala … ohlala …, hatte sie geantwortet. Und erst nach einer langen Pause weitererzählt.

Unten im Haus habe ein Lehrer gewohnt, ein Ukrainer, dessen Gesicht sie vor Augen, aber dessen Namen sie vergessen habe. Aber sie erinnere sich, dass sich dieser Lehrer vor Angst in die Hosen gemacht habe – wenn sie ihn gefunden hätten, hätten sie auch ihn getötet. Der Lehrer habe sich im ersten Stock versteckt, sie – die Mutter, die drei Kinder und Maria – unterm Dach. Hinter dem Kamin. Die Kinder sollten ruhig sein und leise beten, habe die Mutter gesagt. Sie, Inka, habe sich ebenfalls vor Angst in die Hose gemacht. Die UPA-Männer hätten versucht, die Tür einzutreten. Aber es sei ihnen nicht gelungen. Dann hätten sie gehört – das Fenster stand offen –, wie die UPA-Männer zueinander sagten: Die Ungarin hat sie mitgenommen. Und dann seien die UPA-Männer abgezogen.

Wir kannten diese Geschichte auch von Gabrielas Cousin Michał, dessen Vater als Zehnjähriger alles miterlebt hatte. Ihm zufolge war der Lehrer ein Mitglied der UPA, aber weil er die Pazdanowskis mochte, habe er sie vor der Razzia gewarnt, sodass sie sich rechtzeitig verstecken konnten. Obwohl der Lehrer das Erkennungszeichen der UPA – die brennende Kerze – ins Fenster gestellt habe, sei die »wataha«, die Bande, doch hereingekommen: Sie wüssten, dass Polen in dem Haus versteckt seien, hätten sie gesagt und mit der Suche begonnen. Seine Großmutter, berichtete Michał, habe sich mit den drei Kindern unterm Dach versteckt – hinter dem Kamin – und ihre Brust der kleinen Hanka in den Mund gepresst, damit diese keinen Laut von sich gebe. Die UPA-Bande sei nach erfolgloser Suche abgezogen. Und der Lehrer habe gesagt, er könne die Pazdanowskis nun nicht länger schützen.

War das ein- und dasselbe Ereignis? Oder hatten uns Inka und Michał zwei unterschiedliche Begebenheiten geschildert, die sich ähnlich abgespielt hatten? Inka hatte uns berichtet, dass sie sich mehrfach vor der UPA verstecken mussten. Hanka ebenfalls. Was war in diesem Haus geschehen? Waren die UPA-Männer durch den Garten gekommen, in dem uns nun Pani Marija die Beete zeigte, die sie angelegt hatte und auf denen Kartoffeln und Kopfsalat, Kohl und Karotten, Bohnen und Gurken wuchsen? Waren sie den Weg hinaufmarschiert, der sich unterhalb des Geräteschuppens und der beiden Gewächshäuser befunden hatte? Hier, hinter den Stachel- und Preiselbeersträuchern, bot sich uns ein weiter Blick auf das Tal mit dem Czeremosz und den Hügeln jenseits des Flusses.

Von diesem Blick habe ihre Mutter ihr noch vor der Abreise erzählt, flüsterte Gabriela. Ihre Großmutter habe ihr ganzes Leben davon geschwärmt.

Wann Gabrielas Mutter geboren sei, fragte Pani Marija.

1942, antwortete Gabriela.

Dann seien sie ja gleichen Alters, sagte Pani Marija. Und sie trug Gabriela auf, ihrer Mutter auszurichten, dass für sie jederzeit ein Bett in ihrem Haus bereitet sei. So lange sie, Marija, lebe. Und zu Gabriela sagte sie, sie sei dankbar für das, was Gabrielas Großvater aufgebaut habe, dass er einen solch angenehmen und gesunden Ort geschaffen habe. Sie habe immer gerne hier gewohnt.

Ob Żabie eine gute Zeit für sie war, hatten wir Inka gefragt.

Inka hatte ohne Zögern geantwortet: »Es war die beste Zeit meines Lebens.«

»Wo seid ihr alle gewesen?«
Verkhovyna, 7. Juni 2010

Es waren kaum mehr als 24 Stunden vergangen, seit wir in Verkhovyna eingetroffen waren, und in diesen 24 Stunden hatte sich Anna als wahrer Schatz erwiesen – als Lehrerin und Leiterin eines Tanzensembles für Kinder kannte sie halb Verkhovyna und halb Verkhovyna kannte sie. Wir hatten den heutigen Tag – wie den gestrigen Abend – mit nichts anderem verbracht, als unsere Fotos zu zeigen und mit Leuten zu reden, und wir hatten uns auch hinter das Steinmonster gewagt und das Stallgebäude der Schule aufgesucht, in dem sich nun Labore und Untersuchungsräume befanden.

Gewiss sei ihr der Name Michał Pazdanowski bekannt, hatte eine der Ärztinnen gesagt, die unaufhörlich auf- und abgegangen war, sodass ich die kyrillischen Buchstaben auf dem Namensschild an ihrem Kittel nicht hatte entziffern können. Jeder im Krankenhaus kenne den Namen Michał Pazdanowski, zumindest diejenigen, die schon so lange hier arbeiteten wie sie.

Ach, sei das schön hier gewesen, als sie nach Verkhovyna gekommen war und in der Klinik angefangen habe, in den 1980er-Jahren: Der Garten mit den vielen Obstbäumen! Die habe sicher auch der Großvater gepflanzt. Die wunderbare Aussicht auf die Wälder und Berge! Den ganzen Tag Sonne! Und heute? Wir sähen es ja selbst: nichts als rote Ziegel und schwarze Löcher. Und keine Sonne mehr. Ja, ja, es sei schon bezeichnend, dass sich ein Teil des Krankenhauses in einem ehemaligen Stall befinde – dort wo damals die Polen ihre Pferde untergebracht hätten, würden heute die Ukrainer ihre Leute … Aber sie wolle nicht klagen, sie habe Arbeit, und das sei die Hauptsache. Unser Besuch in Verkhovyna war nicht verborgen geblieben, denn während Gabriela auf den Stufen vor dem Krankenhaus von einer Gruppe junger Ärztinnen und Ärzte umringt wurde, die mehr über ihren Großvater erfahren wollten, näherten sich Jarek und mir zwei Männer, beide etwa Mitte fünfzig. Mit verschwörerischer Miene redeten sie auf Jarek ein.

Ah, ich sei Deutscher, sagte einer der Männer und wandte sich mir zu, er habe gedacht, ich sei Pole oder … Er machte eine Handbewegung, die schwer zu deuten war. Sein Großvater habe Deutsch gesprochen und auch sein Vater, aber er kenne nur noch ein paar Wörter. Er lachte und klopfte mir gönnerhaft auf die Schulter, sein Begleiter lachte ebenfalls und reckte den Daumen. Als die beiden bemerkten, dass meine Russisch-Kenntnisse begrenzt waren, redeten sie wieder auf Jarek ein. Er solle mir übersetzen. Aber ich verstand auch in seiner Übersetzung aus dem Russischen ins Polnische nur, dass es um Dokumente ging, um Gebäude und Geld. Wenn wir mit Urkunden und Dokumenten nachweisen könnten, dass ihr Großvater die Schule und die Häuser erbaut habe, klärte mich Gabriela auf, könnten wir vor Gericht gehen und alles zurückfordern. Wir würden alles bekommen, es ließe sich regeln, kein Problem.

Ja, kein Problem, bestätigte einer der Männer auf Deutsch.

Wir besäßen keine Dokumente, wandten wir ein. Und außerdem sei das Gebäude sicher nicht von Michał Pazdanowski als Privatperson erbaut worden, sondern von einer Institution oder Organisation.

Kein Problem, auch das ließe sich regeln. Sie seien uns gerne behilflich. Sie würden einen guten Anwalt kennen.

Es sei wunderschön hier, sagte Gabriela, als wir abends um den Tisch in Annas und Stepans Garten saßen und unsere Notizen und Gedanken ordneten. Doch hier leben wie ihre Großeltern? Das könne sie sich nicht vorstellen. Aber wir hätten früher fahren sollen.

Ja, seufzte ich, als ich in meinen Block schaute. Keinen Satz hatten wir so oft gehört wie: »Ihr kommt zu spät.« Verbunden mit den Fragen: »Warum seid ihr nicht eher gekommen? Weshalb kommt ihr erst jetzt?« Vergangenes Jahr sei dieser verstorben, vor zwei Jahren jene und erst vor Kurzem der Sohn des ehemaligen Dorfschulzen. Sie alle hätten uns viel erzählen können, sie alle hätten noch etwas gewusst. Wenn sie nicht eine solche Angst vor der Reise gehabt hätte …, sagte

Gabriela. Die Angst, die ihr vorkomme wie ein See aus zähflüssigem Öl, in dem sie schwimme und schwimme und immer verzweifelter versuche, das Öl von ihrer Haut abzustreifen und das Ufer zu erreichen. Die Angst, die in ihrer Familie von einer Generation an die nächste weitergegeben worden sei und schließlich auch sie erfasst habe: Fahre niemals in die Ukraine – sie werden dich töten! Es sei dieselbe Angst, die viele Juden hätten, wenn sie mit den Geschichten ihrer Eltern und Großeltern im Kopf nach Polen kämen. Und die Polen hätten auch ihre Geschichten im Kopf und Angst vor den Juden, dass sie ihnen zu nahe kämen und etwas von ihnen wollten. Und Angst vor den Deutschen, dass sie etwas zurückforderten. Und die Ukrainer hätten Angst vor den Polen. Jeder habe Angst vor jedem. Ja, das habe sie gespürt, dass bei manchen Ukrainern, denen wir begegnet seien, diese Angst da war. Und diese Angst habe zu einem Misstrauen geführt, das unter der Gastfreundschaft und Freundlichkeit gebrodelt habe. Und Angst und Misstrauen würden immer größer, wie ein Schneeball, der einen Berg herunterrolle, bis aus Angst und Misstrauen Hass entstehe. Und aus Hass entstehe Krieg. Wie schnell das geschehen könne, wisse man ja vom Balkan-Krieg. Krieg – mitten in Europa. »What we all have inside of us – it's spooky.«
Es sei gut, dass wir nach Verkhovyna gefahren seien, sagte Jarek. Wichtig. Für alle.
Es sei ein Geschenk Gottes, dass wir gekommen seien, hatte uns eine halbe Stunde zuvor der Archivar der Huzulen-Gesellschaft verabschiedet, der uns so zurückhaltend empfangen hatte, dass wir sein Büro gleich wieder verlassen wollten. Aber dann hatten wir einander als Verwandte im Geiste erkannt, und in wenigen Minuten war jede freie Fläche in dem Raum mit Fotografien und Papieren bedeckt gewesen.
»To jest skarb! To jest skarb!«, hatte er ausgerufen, das sei ein Schatz, ein wahrer Schatz, den wir mitgebracht hätten. Wir wüssten gar nicht, welch wertvolle Dokumente wir besäßen! Unsere Fotos hätten nicht nur private Bedeutung, sondern seien wichtig für die gesamte Region. Er sei seit 15 Jahren in Verkhovyna und habe bei null anfangen müs-

sen. Alle Unterlagen über die Huzulen seien in der Sowjetzeit vernichtet worden. Der NKWD und der KGB hätten systematisch die Kultur der Huzulen zerstören wollen. Es sei uns sicher bekannt, dass allein in der Stalin-Zeit über 200 000 Westukrainer nach Sibirien deportiert worden seien. Oder in die Kohlenminen des Donbass. Er stehe auf verlorenem Posten hier, weil es kein Geld gebe für Forschungen. Nichts. Und wenn vielleicht irgendwann einmal Geld komme, seien alle Leute mit all ihren Erinnerungen tot.

Er mache so viele Interviews wie möglich, fuhr er fort, und er habe vor Jahren auch mit drei Schülern von Michał Pazdanowski gesprochen, die inzwischen längst verstorben seien. Wenn wir mehr Zeit hätten, müssten wir uns diese Aufnahmen anhören. Die Schule habe einen sehr hohen Standard gehabt, wie es ihn heute nicht mehr gebe. Ja, man könne ohne Übertreibung sagen, dass Michał Pazdanowski das Leben von Tausenden Huzulen gerettet habe. Weil er die Schule so stabil erbaut habe, dass sie heute als Krankenhaus genutzt werden könne, und weil er neue landwirtschaftliche Methoden eingeführt habe, die den Huzulen unbekannt gewesen seien. Und davon würden sie bis heute profitieren. Wann wir wiederkämen? Und wir sollten die Mutter mitbringen, sie sei ja eigentlich eine Huzulin. Er selbst könne leider nicht nach Polen reisen, weil es zu teuer und zu kompliziert sei. Unmöglich. Also: Wann kommt ihr wieder?

Dass wir wieder nach Verkhovyna reisen würden, das keine 500 Kilometer, aber 20 Stunden von Krakau entfernt liegt, daran gab es keinen Zweifel. Wir hatten auf unsere vielen Fragen viele Antworten bekommen, mehr als erwartet, aber mit jeder Antwort waren neue Fragen entstanden. Und eines der Rätsel, das wichtigste von allen, war noch nicht gelöst: Inka und auch Hanka hatten uns immer wieder davon erzählt, dass nach der Verhaftung des Vaters, im kalten Winter 1942/43, als überall der Hunger herrschte, ihnen jemand heimlich Lebensmittel vor die Haustüre gestellt und ihnen damit das Leben gerettet habe.

»Moja mamusia była bardzo sociable«, hatte Inka auf Polnisch und Französisch zugleich gesagt, ihre Mutter habe ein sehr gutes Verhältnis zu den Bewohnern von Żabie gepflegt. Die Leute hätten sie gemocht, und deshalb habe sie jemand mit Essen versorgt. Wer war diese Person? Wir hatten alle, denen wir begegnet waren, gefragt. Aber niemand hatte uns einen Namen nennen können.

Wir sollten endlich aufhören zu denken und zu grübeln, rief Jarek und hielt ein Instrument in die Höhe, das er aus dem Kofferraum seines Wagens geholt hatte. Es war eine gekrümmte Trembita. Na, wer sich mal versuchen wolle?

Es war das zweite Mal an diesem Tag, dass ich Jarek verblüffte. Das erste Mal, als ich leidlich mit der Sense umgehen konnte, und nun, als ich schon beim zweiten oder dritten Versuch auf der Trembita nahezu fehlerfrei die Anfangstakte von Beethovens Vertonung der Schiller'schen »Ode an die Freude« spielte – 20 Jahre Mitgliedschaft in einem evangelischen Posaunenchor waren nicht vergebens gewesen. Jarek umarmte mich. Du kannst hier leben, rief er. Sense und Trembita! Komm in die Ukraine!

Es waren nicht die Töne der Trembita, die Anna aus dem Haus gelockt hatten, sondern eine Nachricht, die sie uns mitzuteilen hatte: Pani Marija habe angerufen. Sie habe den ganzen Nachmittag nachgedacht und ihr sei noch jemand eingefallen, den wir besuchen müssten. Auf, los!

Wenige Minuten später standen wir vor einem dieser Häuser, wie sie die Reisenden in der Zeit Kaiser Franz Josephs beschrieben hatten: Windschief, gedrungen, das Holz blassblau und weiß gestrichen, unterhalb des geöffneten Fensters ein Stock mit roten Rosen, nur dass das Dach nicht mit Stroh, sondern mit Blech gedeckt war. Wir warteten auf Pani Wasylyna, die sich noch ihr geblümtes Kopftuch zurechtrückte und langsam den Pfad ausgetretenen Grases hinabging. Sie trug ein blaues Kleid mit weißen Blumen, darüber eine rote Schürze mit weißen Herzen. Auf die Häuser im Tal und den Czeremosz fielen noch fahle Sonnenstrahlen, aber der Garten vor Pani Wasylynas Haus lag im Schatten. Jemand holte einen Schemel herbei, auf dem sich Pani Wasylyna niederließ. Gabriela beugte sich zu ihr und zeigte ihr unsere Fotografien, Pani Wasylyna schaute sich die Bil-

der an und schwieg. Dann hob sie ihren Kopf und sagte: Pan Michał
… Pani Izabela … Andrzej … Inka … Gdzie wyście byli? Wo seid ihr
alle gewesen? Was ist mit euch passiert?

Es war keiner unter denen, die um sie herumstanden, der nicht schlu-
cken musste.

Pan Michał sei gestorben, sagte Gabriela, ermordet worden. In
Auschwitz.

Nein, nein, das sei doch nicht möglich! Warum? Nun war es Pani
Wasylyna, deren Augen sich mit Tränen füllten. Ach … ach … ach …
Sie betrachtete wieder die Bilder. Sie habe immer gehofft, dass die
Familie Pazdanowski zurückkehren würde. Sie seien so freundliche
Menschen gewesen, gute Menschen. Der Pan Direktor … Deshalb
habe sie ihn sofort erkannt auf dem Foto.

Dort drüben hätten die Pazdanowskis gewohnt, sagte Pani Wasylyna
und zeigte auf das Krankenhaus. Das Grundstück, auf dem die Schule
erbaut worden sei, habe drei Huzulenfamilien gehört. Die hätten als
Entschädigung ein Stück Wald bekommen und sich mit dem Holz
neue Häuser gebaut. In die Schule hätten nur Jungs gedurft. Kohl und
Kartoffeln hätten sie dort angebaut, sehr köstlich. Und die Pferde,
Schafe und Kühe – beste Rassen. Ihr Vater habe dort geholfen. Und
viel gelernt, Mais gesät, der viel höher gewachsen sei als früher und
an jedem Stängel fünf Kolben hatte. Sie selbst sei zur polnischen Zeit
in die Schule gegangen und habe gut gelernt. Und gerne Polnisch
gesprochen. Aber nur vier Klassen. Mehr hätten die Polen nicht
erlaubt. Für die Huzulen hätte gegolten: »Batog do ręki i krowy paść,
świnie. Cztery klasy i koniec« – Peitsche in die Hand und Kühe hüten,
Schweine. Vier Klassen und Schluss.

Gabriela hockte sich zu Pani Wasylyna, die beiden hielten sich an den
Händen. Ein paar Zikaden zirpten, die Amsel auf der Spitze des Gie-
bels pfiff ihr Abendlied, hinter den Büschen und Sträuchern bellten
Hunde. Niemand sagte etwas. Über das mit unzähligen Runzeln versehene Gesicht Pani Wasylynas zog sich ein Lächeln.

Es freue sie so sehr, die Enkelin zu sehen, sagte sie und streichelte
Gabriela über den Rücken. Die Großmutter sei ebenfalls eine gute

Frau gewesen. Die Herrschaften seien gekommen und hätten unter ihrem Birnbaum gesessen. Sie hätten einen großen Birnbaum gehabt, sehr süße Früchte. Die Kinder seien zu den Damen gerannt. Die meisten von den Herrschaften hätten das nicht gewollt: Die Huzulen seien schmutzig, besonders die Kinder … Nicht so sauber wie die polnischen … Es sei eben nicht so eine Ordnung gewesen wie bei den Polen. Aber von Gabrielas Großeltern seien sie nicht verachtet worden … Ob sich die Mutter vielleicht an Korybutjak erinnere, den Richter?

Nein, die Mutter sei ja noch ein Säugling gewesen.

Ach ja, ja … Aber die Großmutter könne sich gewiss erinnern. Was aus ihr geworden sei?

Ihre Großmutter habe nach dem Tod ihres Mannes nicht mehr geheiratet, sagte Gabriela. Sie sei mit 94 Jahren gestorben.

Pani Wasylyna seufzte wieder. Wie schön sie zusammenlebten! Er war solch ein guter Mann! Alle Leute hätten bedauert, dass ihn die »paskudy« – die Scheusale – abgeholt hätten. Und die Kinder blieben zurück. Und die Mutter wusste nicht ein noch aus. Wie ging sie weg? Wohin? Babcia, es wäre so schön, wenn wir miteinander reden könnten!

Ja, es war Pani Wasylyna gewesen, die vor sieben Jahrzehnten, als junges Mädchen, Milch, Brot und Butter vor die Haustür der Pazdanowskis gestellt hatte. Es war Pani Wasylyna gewesen, die Izabela Pazdanowska mit ihren drei Kindern über den letzten Winter in Żabie geholfen hatte. Wenn Pani Wasylyna nicht gewesen wäre … Sie habe bei einem Besuch gesehen, dass bei Pani Izabela nur Rote Bete auf dem Küchentisch gelegen habe. Die haben nichts zu essen, habe sie zu Hause gesagt. Und da habe man doch helfen müssen.

Zum Abschied küsste Pani Wasylyna Gabrielas Hand. Als Zeichen der Ehrerbietung. Wir sollten bald wiederkommen. Sie habe so lange gewartet. Aber nun sei es, als ob jemand aus ihrer Familie nach Hause zurückgekehrt sei. Und Gabriela möge bitte der Mutter herzliche Grüße ausrichten. Von der Baba.

»Lublin ist wirklich ganz schön«
Lublin, 11. Oktober 2010

Żabie und Verkhovyna sollten mich nach unserer Abreise aus dem Huzulenland nicht mehr loslassen. Sie begegneten mir auch in der Stadt, die ich – ohne dass es mir recht bewusst war – immer gemieden hatte, in einer Wohnung, die sich nicht weit entfernt von der Straße befand, in der einst meine Großeltern gelebt hatten. Bei unserem Besuch in Verkhovyna hatte Anna mir ein Büchlein gegeben, das ich noch in derselben Nacht ausgelesen hatte: *Auf der Suche nach dem Taubenbuch des Baal Schem Tov und andere Geschichten aus dem Karpatenhochland von Huzulen, Chassidim und Rachmanen.* Es waren Geschichten aus einem Werk, das eigentlich als unübersetzbar gilt: aus dem mehr als 2000 Seiten umfassenden, vierbändigen Epos *Na wysokiej połoninie* (Auf der Karpatenhochalm) von Stanisław Vincenz, dem »Homer der Huzulei«.

Einer hatte sich doch an die Übersetzung aus dem Polnischen ins Deutsche gewagt: Herbert Ulrich, der das erste Glied in der Kette war, das uns zu Anna und Stepan geführt hatte: Er war es, der Manfred Maurenbrecher empfohlen hatte, bei ihnen Quartier zu nehmen. Ich wollte Herbert treffen, weil er mir mit seiner Übersetzung Stanisław Vincenz nahegebracht hatte, der von der Mythologie der Huzulen so angezogen worden war, dass er sich 1926 ein Haus in Bystrzec gebaut hatte, einem Nachbardörfchen von Żabie, und dort auch – »natürlich kannten sich die polnischen Intellektuellen« – mit Michał Pazdanowski verkehrte. Im Unterschied zur Familie Pazdanowski war ihm 1940 die Flucht vor der Sowjetarmee in die Schweiz gelungen – über Ungarn, wo er sich später in der Hilfe für geflohene Juden verdient machte. Eine Rückkehr in die Huzulei blieb ihm verwehrt. Er starb im Januar 1971 in Lausanne, ohne die Hochalmen der Karpaten noch einmal gesehen zu haben.

Herbert Ulrich, in dessen Wohnung wir uns nun über die »fast schamanistische Naturverbundenheit« der Huzulen, der »letzten Indianer Europas«, unterhielten und dazu Videos mit dem Ensemble von Roman Kumlyk und Stepan anschauten, stammte ursprünglich aus der Magdeburger Börde und lebte seit 1977 in einer Stadt, um die ich stets einen Bogen gemacht hatte: Lublin.

Mein halbes Leben hatte ich auf den Wegen meines Großvaters verbracht, und immer hatte ich es erst im Nachhinein erfahren: Zwischen Wien und Weimar, Königsberg und Odessa, Temeschwar und Rzepiennik Strzyżewski hatte ich kaum einen Ort ausgelassen, den er Jahrzehnte zuvor nicht ebenfalls besucht hatte. Thüringer Wald und Transsilvanien, Masuren und Bessarabien, Galizien und die Bukowina – nachher las ich in seinen Briefen oder in den Akten, dass er ebenfalls dort gewesen war. Der Kreis schloss sich, als ich für einige Jahre in Görlitz lebte und dort herausfand, dass er im Februar 1945 nur wenige Kilometer von Görlitz entfernt seinem Leben mutmaßlich selbst ein Ende gesetzt hatte.

Blieben zwei Städte: Warschau und Lublin. Warschau hatte ich besucht, 1989 auf meiner ersten Polenreise, weil es wie Breslau, Krakau, Zakopane und Posen auf dem Programm stand. Im Gegensatz zu Breslau oder Krakau hatte ich mich jedoch in Warschau so unwohl gefühlt, dass ich daraufhin fast zwei Jahrzehnte lang diese Stadt weiträumig umfahren hatte. Erst nachdem ich Gabriela kennengelernt hatte, war ich wieder hingefahren. Weil sie dort wohnte. Aber ich war keine Minute länger geblieben als nötig. So hielt ich es bei jedem Aufenthalt in Warschau: Ich erledigte meine Dinge und sehnte den Abendzug nach Krakau oder Berlin herbei. Wenn ich gefragt wurde, warum ich Warschau nicht mochte, hielt ich eine Fülle von Gründen bereit: der Lärm, der Gestank, die Hektik, die Dauerstaus, die überfüllten Straßenbahnen, die hässliche Architektur, Business statt Kultur.

Aber waren das die wahren Gründe? Warum hatte ich Warschau weitgehend und Lublin immer gemieden? Vielleicht weil an diesen Orten mein Großvater die wirklich schwerwiegenden Verbrechen begangen hatte? Mit Warschau hatte ich inzwischen meinen Frieden gemacht, am 9. Oktober 2009, fast auf den Tag genau zwei Jahrzehnte nach meinem ersten Besuch in der polnischen Hauptstadt – auf der Beerdigung von Marek Edelman, dem Kommandeur des Aufstands im Warschauer Ghetto, den mein Großvater im April und Mai 1943 mitsamt dessen Mitkämpfern hatte vernichten sollen. Ich war Marek Edelman nie persönlich begegnet – über Jahre hinweg war immer, wenn wir uns treffen wollten, etwas, wie man sagt, dazwischengekommen. So blieb mir am Ende nur, einen Nachruf über ihn zu schreiben und mich nach der Trauerfeier vor ihm zu verneigen und ein paar Worte in das Kondolenzbuch einzutragen. Warschau gefiel mir danach auch weiterhin nicht, aber es war kein Ort mehr, den ich unter allen Umständen umgehen wollte.

Blieb Lublin, über das meine Tante einmal schrieb: »Das Land und die Städte können nichts dafür, aber ich habe lebenslange Schwierigkeiten mit der Nennung meines Geburtsortes, den ich ja ewig mitschleppen muss.« Lublin – das mir vertrauter war als alle anderen Orte, in denen meine Großeltern gelebt hatten, die Stadt, in der die steile SS-Karriere meines Großvaters ihren Anfang genommen hatte. Lublin – die Stadt, in der der Großvater meiner polnischen Frau gelitten und womöglich zu Tode gekommen war. Lublin – wahrlich ein Ort, den ich nicht unbedingt aufsuchen wollte.

Dass er nach Lublin versetzt würde, hatte mein Großvater am 16. März 1940 in Berlin erfahren und es umgehend der »lieben Gisela« mitgeteilt. In Berlin war er mit einer für ihn »tödlich langweiligen« Tätigkeit beschäftigt: Er musste die Akten der ersten großen Umsiedlungsaktion auswerten, an der er beteiligt gewesen war: Im Winter 1939/40 hatten seine SS-Kameraden und er 65 000 Wolhynien-Deutsche »heim ins Reich« geholt – gemäß einer Vereinbarung des Nichtangriffspaktes, den am 23. August 1939 der Österreicher Adolf Hitler und der Georgier Josef Stalin miteinander geschlossen und in dessen geheimem Zusatzprotokoll sie ihre Interessengebiete in Ostmitteleuropa abgesteckt hatten. Nach diesem Pakt war alles schnell gegangen: Am 1. September war Polen von Westen aus überfallen worden, am 17. September von Osten aus, und am 28. September, dem Tag der Kapitulation Warschaus, hatten der »Unmensch« (Stalin über Hitler) und die »Bestie« (Hitler über Stalin) einen Grenz- und Freundschaftsvertrag geschlossen und sich Polen untereinander aufgeteilt. Damit war die vierte Teilung Polens seit 1772 besiegelt worden, der Staat war wieder von der Landkarte verschwunden, und Michał Pazdanowski und seine Familie im Südosten Galiziens waren plötzlich zu Sowjetbürgern geworden. Und mit ihnen auch die frommen und gottesfürchtigen Bauern, die 150 Jahre zuvor in die Sümpfe Wolhyniens eingewandert waren und im Oktober 1939 die Nachricht bekommen hatten, dass sie heim ins Reich zu kommen hätten – ob sie wollten oder nicht.

»Dass die ganze Geschichte bei 45 Grad Minus keine Erholung war«, prahlte mein Großvater gegenüber Gisela, »insbesondere wenn man bei Schneesturm 6 Tage und 6 Nächte mit einem Treck von über 350 Fuhren, d. h. von einer Gesamtlänge von 4–6 km, unterwegs ist, ohne auch nur einmal unter Dach zu kommen, sei am Rande erwähnt.« Zu diesem Umsiedlungskommando, das ihn in die podolischen Sümpfe um Kostopol führte, hatte er sich im November 1939 gemeldet, weil ihn auch in Wien »das untätige Hinterlanddasein schon angeekelt« hatte. Er wollte »lieber aktiv an der völkischen Neuordnung des Ostraumes mitarbeiten, als zur Untätigkeit verdammt irgendwo in Bereitstellung arbeiten zu müssen!«

Die Auswertung der Umsiedlungsakten werde jedoch bald ein Ende haben, teilte er Gisela erfreut mit. Aller Wahrscheinlichkeit nach werde er Anfang April seinen Aufenthalt in Lublin nehmen, wo »sehr ordentliche Aufträge« warteten: »Aussiedlung von 30 000 Deutschen und 100 000 gutrassigen Polen aus dem Gebiet zwischen Bug und Weichsel, Ansiedlung von 500 000 Juden, Schaffung des Juden-Territoriums etc.«

Von der »lieben Gisela« hatte mein Großvater im Frühjahr 1935 zu schwärmen begonnen – 14 Monate nach seiner Flucht aus Österreich, das er verlassen musste, weil er nach dem Verbot der Nazi-

Organisationen illegale Schülerzeitschriften produziert und sich an Sprengstoffanschlägen beteiligt hatte. »Ich habe eine nette Tanzstundendame«, schrieb er am 30. Mai 1935 seinen Eltern, »ein echtes deutsches Mädel, das sich nur für eines begeistert: Fliegerei, und das unbedingt Pilotin werden will. Überdies ist sie eine höhere BDM-Führerin und hilft mir auch immer bei meiner Arbeit, insbesondere im Volkstanzkreis.« Zwei Wochen später, nach der Rückkehr von einer gemeinsamen »Ostlandreise«, war der 18-Jährige noch verliebter: Seine Freundin sei »ein ganz wundervolles, echt deutsches Mädel, das mit nüchternem deutschen Sinn einen harmonischen und vielleicht dämpfenden Gegenpol« gegen sein »südländisches Temperament darstellt«. So sei die Fahrt durch Ostpreußen und die Masuren, nach Königsberg, Danzig und Marienburg, »doppelt schön« gewesen.

Mutti, wenn Du doch Gisela kennenlernen könntest! Ich möchte wissen, wie sie Dir gefallen würde und wie ihr euch verstehen würdet. Du, die Alpenländerin, und sie, die typisch nordische Führerin. Mutti, Du solltest sie sehen, wenn sie mit ihren 80 Mädels loszieht. Die Mädels gehen einzeln für sie durchs Feuer. Dabei hat sie aber eine Zucht und Ordnung in ihrer Bande, dass sich unsere Jungs oft ein Beispiel nehmen könnten! Ihr wird es auch gelingen, den oft allzu leicht erregten und so flatterhaften und zerfahrenen Vogel aus Österreichs Bergen in eine geordnete und klare Flugrichtung zu bringen.

Es war ihr nicht gelungen, denn obwohl der zerfahrene Vogel aus den österreichischen Bergen in den kommenden Monaten häufig zu seiner Gisela nach Brotterode am Inselsberg flog, obsiegte seine Flatterhaftigkeit: »Mir fehlt nur eine nette kleine Freundin«, teilte er ein Jahr später seiner Mutter mit, »dann wäre alles in Ordnung!« Am 1. Mai sei er mit dem Motorrad in Brotterode gewesen, habe dort Kaffee getrunken und sei dann wieder nach Hause gefahren: »Die große Freundschaft scheint doch unter der räumlichen Trennung zu leiden und auf beiden Seiten abzuflauen!«

Lothar von Seltmanns Schulkameradin und Jugendfreundin Gisela war ich im August 2000 in Bonn begegnet, als ich zu einer Lesung aus meinem ersten Roman *Karlebachs Vermächtnis* in die dortige Synagoge eingeladen worden war. Sie hatte meinen Namen in der Zeitung gelesen, mich angesprochen – und war die Erste, die mir etwas über meinen Großvater erzählte und Fotos von ihm zeigte: Die beiden hatten im thüringischen Gotha ein nationalsozialistisches Elite-Gymnasium besucht. Später verlor ich die Verbindung zu ihr, aber ich kam in Kontakt zu ihrem Sohn Dietrich, der mich mehr und mehr mit Neuigkeiten über meinen Großvater versorgte. Dietrichs Interesse an diesem »charmanten Österreicher«, wie seine Mutter meinen Großvater charakterisierte, war schon in seiner Schulzeit geweckt worden: Durch einen Bildband mit dem Titel *Die Wolhyniendeutschen kehren heim ins Reich*, den er unter den Bücherbeständen seiner Mutter gefunden hatte. Das Buch – 1940 in der volksdeutschen Druckerei in Lublin hergestellt – war mit einer handschriftlichen Widmung versehen: »Meiner lieben Gisela von ihrem Lothar«.

Seine Mutter habe sich um den jungen Lothar gekümmert, erzählte Giselas Sohn, weil er ihr so einsam, verlassen und hilfsbedürftig vorgekommen sei. Sie habe ihn öfter an den Wochenenden mit nach Brotterode genommen, aber gegen Giselas späteren Ehemann Einhard, seinen Vater, hätte Lothar nie eine Chance gehabt – allein schon, weil er den Zigarrentest nicht bestanden hatte: Giselas Vater habe Lothar eines Abends die dickste Havanna aus seiner Zigarrenkiste angeboten, Lothar habe zugegriffen – und fünf, sechs Züge später sei er würgend auf der Toilette verschwunden.

Mein Großvater war nicht lange allein geblieben: Bald schwärmte er vom nächsten Mädel und schließlich von einer weiteren Thüringer BDM-Führerin, einer Freundin von Gisela – seiner späteren Frau, meiner Großmutter, die rasch »bewiesen« hatte, dass sie »wirklich alle« seiner »anderen Verpflichtungen zu erledigen verstand«. Einschließlich des Besuches seiner Vorlesungen an der Universität Wien. Er habe »es nur ihr zu verdanken«, lobte er sie, dass er bereits an seiner Dissertation arbeiten könne.

Seine Doktorarbeit stellte er allerdings nie fertig, denn es warteten wichtigere Aufgaben auf ihn: Da der Brigadeführer keinen Zigarrentest von ihm verlangte, konnte der Umsiedlungs-Experte Lothar von Seltmann – wenn auch mit zweimonatiger Verspätung – endlich Ende Mai 1940 seinen Dienst in Lublin antreten. Er habe »ein schönes, selbständiges Aufgabengebiet«, teilte er Gisela in seinem nächsten Brief mit und schwärmte nun von seinem Chef: »Ich wohne direkt beim SS- und Polizeiführer, Brigadeführer Globocnik, dem früheren Gauleiter von Wien. Es gibt mir eine große Befriedigung, diesem Mann, der unleugbar hohes Format besitzt, auch wenn er in Wien dem genius loci im schlechten Sinne und der politischen Intrige zum Opfer gefallen ist, hier bei seinen in die weite Zukunft greifenden Planungen helfen zu können.«

Auch in Lublin war er wieder mit einer »großen Umsiedlungsaktion« beschäftigt, denn auch die Deutschen zwischen Bug und Weichsel sollten ins Reich zurückgeführt werden: »32 000 Menschen noch vor Ende Oktober«. Damit ihm die Arbeit nicht »über den Kopf« wuchs, versuchte er, deutsche Mädels in den Osten zu locken: »Hier würde es lohnende und fantastische Möglichkeiten für einen zeitweiligen Einsatz von aktivistischen BDM-Führerinnen geben«, warb er gegenüber Gisela. »Hier, inmitten von Juden, Polen und Ukrainern, käme neben der Freude an tatsächlich wichtiger Deutschtums- und Betreuungsarbeit auch ein klein wenig der Sinn für Abenteuer und Romantik auf seine Rechnung.« Bei seinem letzten Aufenthalt Mitte August in Berlin habe er bereits mit »Mädchen aus der Umgebung der Reichsreferentin über die Möglichkeiten eines BDM-Einsatzes gesprochen«. Es hänge »nur noch an der Finanzierung«.

Lothars Werben um die Mädels war erfolgreich. Auch seine Mutter habe sich vom »Ostfieber« anstecken lassen, berichtete Dietrich. Im August 1942 habe sie an ihren Mann geschrieben: »Das Ostproblem beschäftigt bei uns alle sehr. Und wenn es so weitergeht, haben wir bald alle unsere guten Führerinnen nach dem Osten abgegeben. Die haben alle den reinen Ostfimmel. Jede gute Landführerin will unbedingt mal da siedeln. Und für mich besteht gar kein Zweifel, dass wir da eines Tages einmal sein werden.«

Gisela hatte es dann doch nicht in den Osten geschafft: Sie wurde erst schwanger, dann Mutter, dann Witwe – ihr Mann starb kurz nach der Geburt ihres Sohnes, noch weiter östlich als Lublin, getötet durch eine sowjetische Kugel irgendwo in den Weiten Weißrusslands. Mit dem Tod ihres Mannes sei auch ihr »Lebenstraum« gestorben, an dessen Seite »mit einer großen Kinderschar zum Aufbau des deutschen Volkstums in dem von Lothar als romantisch gepriesenen Wilden Osten beizutragen«, erzählte mir ihr Sohn. Als sie 1945 von Lothars und Minnis Tod erfahren habe, habe sie überlegt, »eine Kriegerwitwenfamilie zu gründen« und die sechs Kinder der Familie von Seltmann zu adoptieren. Doch auch dieser Lebensplan sei »mit dem verlorenen Krieg gescheitert«: Gisela habe mit ihm, ihrem Sohn, aus der Sowjetischen Besatzungszone in den Westen fliehen müssen.

Es war also nicht Gisela, die meinen Vater großzog, sondern ein anderes BDM-Mädel, das mein Großvater in den Osten gelockt hatte. Warum er ausgerechnet in ein kleines Dorf im Siegerland gekommen war, warum zu Oma Ruth und Opa Josef, hatte mein Vater nie erfahren. Es sei nicht darüber geredet worden. Irgendwann hatte ich dann im *Kolonistenbrief* vom Mai 1941 unter der Rubrik »Die Mädchen aus Deutschland« die Notiz gelesen: »Bialobrzegi: im April Elfriede Elberskirch aus Bad Ems in Hessen-Nassau und Ruth Rapp aus Büsen in Westfalen.« Wenn dort nicht »Büsen« gestanden hätte, sondern Müsen, wäre es zweifelsfrei gewesen, denn neben einer Ruth Rapp kannte ich auch eine Elfriede Elberskirch – sie war Tante Elfi, die ich als Kind oft mit Oma Ruth und meinen Eltern besucht hatte. Aber um sicherzugehen, nahm ich mir die Bände mit den *Kolonistenbriefen* noch einmal vor – und wurde fündig: In der Rubrik »Aus Sippe und Familie« der Ausgabe 7/1941 las ich unter »Eheschließungen«:

Das Einsatzmädel Ruth Rapp, das bereits seit 1. April 1941 in Bialobrzegi wirkt und sich in hohem Maß die Liebe und das Zutrauen der deut-

schen Dorfbewohner erworben hat, heiratete am 21. September 1941 in Müsen/Westfalen den Soldaten Willy Werner. Ihrem Einsatzort wurde sie nicht untreu, denn sie kehrte in vorbildlicher Einsatzbereitschaft nach einem kurzen Urlaub wieder zu der ihr liebgewordenen Dorfarbeit zurück. Die Leute von Bialobrzegi haben Ruth Rapp bei ihrer Rückkehr mit großer Freude und mit vielen herzlichen Glückwünschen empfangen. Auch wir gratulieren ihr und ihrem Mann aufs herzlichste!

Einen Monat nach der Hochzeit hatten meine Großeltern das frisch vermählte Einsatzmädel zu sich in die Lubliner Wohnung eingeladen und anschließend waren sie ins Kino gegangen: Es war der Film *Frau Luna* gezeigt worden, mit einem Schauspieler in der Hauptrolle, den ich bei Oma Ruth häufig im Fernsehen gesehen hatte: Theo Lingen, bis in die 1970er-Jahre hinein einer der populärsten Volksschauspieler Deutschlands.

Wie lange Oma Ruth als Einsatzmädel in der ihr »liebgewordenen Dorfarbeit« tätig war, bleibt ohne Antwort. Sie ist 1991 gestorben, ohne jemals von ihrer Zeit zwischen Lublin und Zamość erzählt zu haben. Allerdings hat sie ein Fotoalbum hinterlassen, in dem alle wiederzufinden sind: Tante Elfi und sie selbst, Lothar und Minni, der Reichsführer und der Brigadeführer, die Leute von Białobrzegi und Horyszów. In dem Album fehlt Gisela, die nie in den Osten gekommen war, aber bis zuletzt in jener Zeit lebte, in der deutsche Frauen das »Deutschtum gegen fremdvölkische Juden und Slawen« verteidigen sollten und wollten: Nach unserem Gespräch in ihrer Bonner Wohnung im Herbst 2000 hatte sie mich bald wieder vergessen, aber ihrem Sohn berichtet, Lothar aus Wien habe sie besucht.

Knapp zehn Jahre später, im Frühjahr 2010, bekam ich einen Anruf von einer Frau S., die mich fragte, ob ich der Enkel von Lothar von Seltmann sei, der das Buch geschrieben habe. Sie rufe mich an, weil sie eine alte Dame pflege, die immerzu von meinem Großvater spreche. Es sei wohl eine außergewöhnliche Liebe zwischen Gisela und Lothar gewesen. Frau S., die Pflegerin, hatte einen unüberhörbaren Akzent. Ja, sagte sie, sie sei gebürtige Polin.

Die Nachricht von Giselas Tod erreichte mich wenige Tage vor der Fahrt in die Stadt, die eine Schlüsselrolle in der Umsetzung der rassischen Neuordnung der besetzten Ostgebiete eingenommen hatte, in denen die Polen keine Rechte und die Juden keinen Platz mehr haben sollten. Geschmiedet und umgesetzt worden waren diese mörderischen Ideen nur zwei Straßenzüge von der Wohnung entfernt, in der wir an diesem kalten und regnerischen Oktoberabend in der Erinnerung an die urtümliche Schönheit des Huzulenlandes versanken – in der ulica Lubomelska, die von den Besatzern in Ostlandstraße umbenannt worden war:

Der Umsiedlungsstab – mit den Fahrern noch 10 Mann aus Gera, Königsberg usf., alle sehr nett – arbeitet und wohnt mit in den 6 Häusern, die zur Dienststelle des Brigadef. Globocnik gehören. Es sind kleine Häuser schön im Grünen, die Juden bauen grad eine Mauer drum. Nach dem Essen kann man im Garten Tischtennis spielen, abends tragen sie Faustballmatches auf der Wiese aus.

Ihre erste Reise Ende Juni 1940 in den »Wilden Osten« hatte meine Großmutter so beeindruckt, dass sie ihren Eltern das Leben in Lublin bis in die Einzelheiten hinein schilderte. Daran änderte sich auch nichts, als sie am 31. August 1940 mit ihren beiden Kindern und dem Hausmädchen Lizzy von Wien nach Lublin übersiedelt war und allmählich der Alltag einkehrte. Alles war neu für sie, alles interessant und berichtenswert, nichts durfte vergessen werden:

Die Kleinen können viel an der Luft sein auf dem Balkon und im großen Hausgarten, sie haben guten Appetit und sind quietschvergnügt, der Luft- und Kostwechsel äußert sich nur in ein bisschen Durchfall. Außer einer ¾ Jahr alten Elke sind sie die einzigen Kinder hier auf dem Gelände des SS- und Polizeiführers und schon dementsprechend bekannt und beliebt, besonders der X, der ja selber überall hinlaufen kann und sich anbiedern. Weil unsere Kücheneinrichtung etwas mangelhaft ist, nehmen wir die Hauptmahlzeiten im Gemeinschaftsraum

ein. X geht immer mit, auch wenn er schon gegessen hat, grüßt an der
Tür lässig-hoheitsvoll »Heil Hitler« und geht dann reihum jedem die
Hand geben. Von der Kegelbahn schleppt er mit Vorliebe die schwar-
zen Kegel durch den ganzen Garten. 2 feine Kinderbettchen sind den
Kleinen im Judenlager gemacht worden.

Ja, das Judenlager – auf ihren Sonntagsspaziergängen vom »wunderschönen« Stadtpark, in dem die »armen Soldaten vor lauter Grüßen nie zu beschaulichen Spaziergängen« kamen, zum deutschen
Friedhof »mit schönen deutschen Namen und einer ganzen Reihe
neuer Soldatengräber der hier stationierten Wehrmacht«, gingen
Minni und Lothar von Seltmann an dem Zwangsarbeitslager in der
ulica Lipowa, der nunmehrigen Lindenstraße, vorbei. Im Judenlager, das bereits im Dezember 1939 auf Betreiben Globocniks eingerichtet worden war, wurden »Werkstätten sämtlicher Handwerks-
zweige unter SS-Aufsicht betrieben, die für jeglichen Bedarf der
Dienststellen und der Deutschen arbeiten«.

Von meiner Großmutter war über die Stadt mehr zu erfahren als in
dem *Führer durch Lublin*, den der Brigadeführer Globocnik »unseren Kameraden der Wehrmacht« gewidmet hatte, »zur Erinnerung
an Kriegsweihnachten 1941 in Lublin«. Die Juden waren in dem
reich bebilderten Stadtführer nur in einem Absatz zur Geschichte
Lublins erwähnt: Die Emanzipierung der Juden im 19. Jahrhundert
sei »verhängnisvoll für die städtische Entwicklung« gewesen, weil sie
»ihren Einzug in die Altstadt hielten und die dortige christliche
Bevölkerung bald verdrängt haben.« Sonst kein Wort über die mehr
als 500-jährige jüdische Tradition Lublins, kein Wort über den chas-
sidischen Rebben Jaakow Jizchak Horowitz, den »Seher von Lublin«,
der den Einmarsch Napoleons in Russland 1812 vorhergesehen
haben soll, kein Wort über die 1930 eröffnete Jeshiwa, die damals die
größte Talmudschule der Erde war und Studenten aus ganz Europa
nach Lublin gelockt hatte. Bereits 1943, ein Jahr nach dem Erscheinen von Globocniks *Führer durch Lublin* erwähnte der *Baedeker* die
Juden nur noch in der Vergangenheitsform: Durch das Krakauer Tor,

das Wahrzeichen der Stadt, gelange man in die Altstadt, »die großenteils von Juden bewohnt war«. Der »östliche Vorposten des Deutschen Reiches« sei »jetzt judenfrei«.

Umso mehr schrieb meine Großmutter über die Juden – zumindest anfangs, denn es war ihre erste Begegnung mit einer Gruppe von Menschen, die sie nur vom Hörensagen kannte: orthodoxe Juden, deren Vorfahren Jahrhunderte zuvor aus West- und Mitteleuropa vertrieben worden waren und in Polen Zuflucht gefunden hatten.

Nach Lothars Dienstschluss waren wir im Ghetto, es sind 80 000 zugereiste Juden dort. Dass man das dazusagen muss, leuchtet einem ein, wenn man die engen, finsteren Löcher sieht, in die man ja nie bis zum letzten Winkel vordringen kann. Zwischen 6 und 7 h abends ist dort ein unheimliches Gewimmel, weil sie da aus der Stadt ins Ghetto verschwunden sein müssen, aber noch nicht in die Häuser brauchen. Alle Männer müssen die uniformierten Deutschen durch Mützeziehen grüßen. Vom Ghetto aus hat man einen schönen Blick auf die große, alte Burg, in der jetzt ein Gefängnis ist.

Diesen »schönen Blick auf die große, alte Burg« hatten wir an jenem Nachmittag auch genossen, nachdem wir auf den Spuren meiner Großmutter – »vormittags bummel ich mit der Frau eines von Lothars Kameraden durch die Stadt und über den Markt« – das Krakauer Tor durchschritten und die renovierten Häuser der Altstadt bewundert hatten, in der nur noch Gedenktafeln an die einstigen Bewohner erinnerten. Sogar etwa um die gleiche Tageszeit schauten wir auf die mächtige Burg. Aber es gab kein Gewimmel mehr, und auch die Häuser fehlten. Herbert Ulrich konnte uns nur noch zeigen, wo bis zur Zerstörung des Viertels in dem schmalen Tal zwischen dem Brama Grodzka und dem Burghügel die meisten der Lubliner Juden gelebt hatten – die alteingesessenen und die »zugereisten«, die aus der Umgebung von Lublin stammten, aus dem Altreich und den neu geschaffenen Reichsgauen verschleppt worden waren oder aus der Stadt selbst kamen, denn Globocnik hatte angeordnet, dass Juden nur noch im Judenviertel wohnen durften. Nicht weit von dem wunderschönen Park, schrieb Minni von Seltmann, befinde sich das »alte Ghetto, das die Bewohner wegen rettungsloser Verwanzung und Verlausung vor ein paar Monaten selbst abreißen mussten, eh sie ins neue Ghetto (das aber auch schon über 200 Jahre besteht) zu den Abertausenden dazukamen. Der große alte Judenfriedhof liegt nun ganz verlassen und still.« Diesen letzten Satz hätte ich, 70 Jahre später, ebenfalls schreiben können.

»Alle Gebäude, Straßen und Plätze, die die Deutschen brauchen«, beobachtete meine Großmutter, würden »mit Judenarbeit – im Schnecken-Zeitlupentempo geht die! – auf Glanz gebracht.« Die Juden würden für ihre Arbeit nicht bezahlt – »die Polen schon, und zwar gut« –, denn die Juden bekämen »für die Arbeitsausweise bei der israelitischen Kultusgemeinde Geld und Essen«. Auch meine Großeltern ließen Juden für sich arbeiten, bei ihrem Umzug in das Haus in der Parkstraße 8 im Februar 1941: »10 Juden waren immer zwischen dem alten und dem neuen Haus unterwegs.«

Wenn es auch in Lublin ein deutsches Kino gab, das »immer die neueste Wochenschau« brachte, eine große Gaststätte »Deutsches Haus« und im Saal des Postamtes in »recht großer Gemeinschaft« der »Eintopfsonntag« begangen wurde, so war Lublin doch nicht Weimar oder Wien: Das Wasser sei »nicht trinkbar«, klagte Minni, auch das Benutzen der Badeanstalt empfehle sich nicht. Es gebe zwar je ein bezugscheinpflichtiges deutsches Geschäft für Lebensmittel, Kleider, Schuhe »mit Preisen wie bei uns«, aber ansonsten seien die Preise »ebenso fantastisch wie in Warschau, nur dass es hier noch weniger gibt: Keine Auswahl in Stoffen, keine Korbwaren, kein Zwirn usw.« Bei »Polen und Juden« sei »alles frei« zu haben, aber nur »zu Fantasiepreisen«. »Käsezuteilung war erst einmal und Fischkonserven oder so was gibt es auch nicht, und an Nährmitteln weiterhin nur Mehl und Grieß und ab und zu auch Graupen. Zwieback kostet 2 RM das Pfund!« Als meine Großeltern für eine Woche in Wien waren, gingen sie fast jeden Abend ins Kino, zu Vorträgen und natürlich auch ins Burgtheater (»Antigone, wunderbare Aufführung!«), »um etwas geistige Nahrung« nach Lublin mitzunehmen, »wo die Kultur noch kaum hinreicht«.

Doch all diese Entbehrungen waren – trotz eingefrorener Wasserleitungen – an den »wunderschönen Weihnachtstagen« vergessen, denn es war »auch wirklich nichts vom 2. Kriegsweihnachten und vom unzivilisierten Osten in unserem Weihnachtszimmer zu merken!« Auch bei den Mahlzeiten nicht: Es gab Gänsebraten mit grünen Klößen, Karpfen mit Buttersoße, Schweinebraten mit Semmelknödeln und nachmittags Stollen und Bohnenkaffee. Und am Heiligen Abend die Einladung zum Brigadeführer, der dann wiederum am zweiten Weihnachtstag bei meinen Großeltern zu Gast war. So konnte es »mit Eifer und Arbeitsfreude« ins neue Jahr gehen, »das uns hier im Osten ein gutes Stück vorwärts und dem ganzen Volk den Sieg bringen wird.«

Das neue Jahr, 1941, brachte die Familie von Seltmann, die inzwischen auf fünf Köpfe angewachsen war, in der Tat »ein gutes Stück vorwärts«, und auch der Sieg für das ganze Volk wurde vermeintlich errungen. Aber zunächst ging es um Leben und Tod: »Was ich in den letzten Tagen durchgemacht habe, könnt ihr euch nicht vorstellen«, schrieb Lothar im März verzweifelt nach Wien. Minni war schwer erkrankt, eine eitrige Angina mit Komplikationen: zehn Tage über 40 Grad Fieber, septische Infektion, Venenthrombose – »der Fall stand nahezu hoffnungslos«. Doch dann die »Rettung im letzten Augenblick«: Die Operation verlief erfolgreich, und mein Großvater konnte erleichtert vermelden, dass das Schlimmste überstanden sei. Und der »Brigadeführer höchstpersönlich« habe »eine Schwester abgeordnet und sich selbst noch mitten in der Nacht von Minnis Zustand überzeugt«. Überhaupt habe »das ganze Deutsch-Lublin in rührender Weise Anteil genommen«. Wenn er die »Kinderlein« ansehe, schloss mein Großvater, könne er gar nicht fassen, dass ihm ein »böses Geschick« ihre Mutter »nach kaum dreijähriger glücklicher Ehe« habe wegnehmen wollen.

Wenn das »böse Geschick« ihm Minni tatsächlich genommen hätte, dann hätten sie nicht gemeinsam für 14 Tage im neuen BMW meines Großvaters – »ein fantastisches Wäglein« – zur Erholung nach Bad Krynica in die Beskiden fahren können, dem Geburtsort von Gabriela. Dann hätte Minni nicht berichten können, dass Lothar am 20. April »zu Führers Geburtstag« das Kriegsverdienstkreuz 2. Klasse verliehen worden war, welches der Brigadeführer, weil Lothar wieder unterwegs war, ihr überreicht hatte, dass am Tag darauf ein weiterer Geburtstag gefeiert worden war: der 37. des Brigadeführers – »bei fantastischster Stimmung und mit Riesenmengen von Sekt«.

Überhaupt der Brigadeführer, dieser »fantastisch ordentliche Chef«, der von Beginn an – wie Lothar »vertraulich« mitgeteilt wurde – »große Stücke« auf ihn hielt und ihn schon im August 1940 »gerne ganz in seinen Stab übernehmen« wollte. Obzwar man sich erst an »seine Unausgeglichenheit und Launenhaftigkeit« gewöhnen musste, war die Arbeit mit dem Brigadeführer »sehr erfreulich«, weil er »wirklich eine Persönlichkeit von vitaler Kraft und gesunder Vernünftigkeit« war. Wien habe an ihm »jedenfalls allerhand verloren«. Man konnte leicht einen »Verzicht« auf sich nehmen, »wenn man andererseits an der Gestaltung des deutschen Ostens weitgehend entscheidend mitarbeiten durfte«. Denn, da war sich Lothar sicher: »Die Pläne des Brigadeführers sind so großartig, dass sie in die Jahrhunderte hinein wirken werden.«

Und demnächst würde ja auch der Reichsführer SS kommen, der sich »sehr interessierte« für die Arbeit meines Großvaters und seiner Frau, die ihm in dieser Arbeit eine »wunderbare Kameradin« geworden war. Ja, Lublin »war wirklich ganz schön«, es ließ sich dort »aushalten«.

»Mit dem Besuch Himmlers fing alles an«
Lublin, 11. Oktober 2010

Am Tag, als der Reichsführer SS nach Lublin kam, war er guter Dinge. Das wusste ich aus erster Hand, denn Minni von Seltmann hatte an diesem Sonntag, dem 20. Juli 1941, beim Abendbrot in Zamość neben ihm gesessen – wo er »ganz prima« war. Zuvor hatte er am Nachmittag einen Termin wahrgenommen, der nicht in seinem Dienstkalender stand: In dem Dörfchen Horyszów besuchte er »ein in allerkürzester Zeit organisiertes Volksfest von rund 400 Menschen« und war »schwer begeistert«, wie meine Großmutter in den *Kolonistenbriefen* berichtete. Der Reichsführer hatte mit seinem Freund, den er »Globus« nannte, dem Brigadeführer Globocnik aus Lublin, »am Kopf der großen Tafel« Platz genommen. »Bei den Spielen der Kleinen, der Vorstellung der Einsatzmänner, dem Herumreichen der guten Kuchen und des Backwerks, den Liedern und Volkstänzen der Burschen und Mädel hellte sich seine Miene, die schon von seinem Kommen an herzliche Freude ausgedrückt hatte, immer noch weiter auf.«

Der Reichsführer SS hatte allen Grund, guter Stimmung zu sein, denn vier Wochen zuvor hatte Propagandaminister Joseph Goebbels der Welt verkündet, dass die Wehrmacht in die Sowjetunion einmarschiert sei – »zur Sicherung Europas und damit zur Rettung aller«. An jenem sonnigen Julitag sah es wieder nach einem schnellen und erfolgreichen Blitzkrieg aus: Die drei Millionen deutsche Soldaten zogen Kilometer um Kilometer voran, und mit ihnen die Einsatzgruppen, die Sonderkommandos, deren Aufgabe in der »Beseitigung« von Juden – Frauen, Männern und Kindern – und kommunistischen Funktionären bestand. Nichts deutete darauf hin, dass vier Jahre später Ost- und Mitteleuropa in Schutt und Asche liegen würden, dass das Unternehmen Barbarossa 14 Millionen sowjetischen und drei Millionen deutschen Soldaten das Leben kosten sollte – wie meinem Großvater Karl Kersting, dem Vater meiner Mutter. Und dass mindestens 15 Millionen Kinder und Greise, Frauen und Männer der deutschen Vernichtungspolitik zum Opfer fallen würden – vor allem Juden, Russen, Ukrainer, Weißrussen und Polen wie Michał Pazdanowski.

Himmler persönlich habe ihm bei seiner Amtseinsetzung am 6. Juni die Anweisung gegeben, Juden und Kommunisten zu töten, sagte der Leiter der Einsatzgruppe D, SS-Brigadeführer Otto Ohlendorf, 1946 in einer eidesstattlichen Erklärung. Der Jurist, der für die Ermordung von 90 000 Juden verantwortlich war, wurde 1948 im Nürnberger Einsatzgruppen-Prozess zum Tode verurteilt und – obwohl sich Mitglieder der deutschen Bundesregierung beim Alliierten Kontrollrat für seine Begnadigung eingesetzt hatten – 1951 hingerichtet.

Mehr Glück hatte ein anderer Einsatzgruppenführer, der mit Ohlendorf angeklagt war, denn er hatte offensichtlich mächtigere Fürsprecher: die evangelische Kirche. Auf Pastor Ernst Biberstein war ich gestoßen, weil wir gemeinsam auf einer Liste standen: im *Wikipedia*-Eintrag über meinen Heimatort Hilchenbach. Unter der Rubrik »Söhne und Töchter der Stadt« war zu lesen: Ernst Biberstein (1899–1986), SS-Obersturmbannführer. Geboren war der Theologe, der es schon 1933 bis zum Propst gebracht hatte, als Ernst Szymanowski, aber er hatte 1941 seinen Namen geändert, weil er ihm zu »polnisch« erschien. Die Zahl der von seinem Kommando hingerichteten Menschen gab er im Prozess mit »cirka 2000 bis 3000« an – sie wurden entweder erschossen oder in speziellen Lastwagen vergast. Biberstein bevorzugte die Vernichtung in den Gaswagen, »weil die Gesichter der Toten nicht verzerrt waren«. Der Tod »dieser Leute« sei »ohne Krampferscheinungen eingetreten«. Dem Gericht gegenüber erklärte er sich in allen Anklagepunkten »vor Gott« und seinem »Gewissen« für »nicht schuldig«. Er habe gegen das Gebot der Liebe nicht verstoßen. Der Bolschewismus predige den Atheismus und man dürfe, zitierte er ein Bibelwort, »keine Perlen vor die Säue werfen«.

Als sich die Wehrmacht aus den Weiten Russlands zurückziehen musste und die Einsatzgruppen ihr Vernichtungswerk vollbracht hatten, wurde Pastor Biberstein im Februar 1944 an einen weitaus angenehmeren Ort versetzt: nach Triest an der Adria. Dort begegnete er einem weiteren SS-Kameraden, der ebenfalls sein Vernichtungswerk vollbracht hatte und zum Dank vom Reichsführer SS befördert worden war: Odilo Globocnik, seit September 1943 Höherer SS- und Polizeiführer für die »Operationszone Adriatisches Küstenland« mit Sitz in Triest. Im Unterschied zu Globocnik, der nach seiner Verhaftung am 31. Mai 1945 in seiner Kärntner Heimat seinem Leben selbst ein Ende gesetzt hatte, erreichte Biberstein ein biblisches Alter: Er wurde 87 Jahre alt.

Bereits im Oktober 1939 hatte Bibersteins und Globocniks höchster irdischer Chef, der Reichsführer SS, von seinem Chef, dem »Führer« und Reichskanzler Adolf Hitler, einen weiteren Auftrag bekommen: Als »Reichskommissar für die Festigung deutschen Volkstums« sollte er in den annektierten polnischen Gebieten die einheimische Bevölkerung entfernen und durch Deutsche ersetzen. Himmler, der gerade 39 Jahre alt gewordene Sohn eines Oberstudiendirektors, hatte sich ohne Umschweife ans Werk gemacht und einen seiner eifrigsten Mitstreiter nach Lublin geschickt, seinen »Globus«, der von den großen Siedlungsplänen »geradezu besessen« war, wie ein ehemaliger Wehrmachtsoffizier 1960 aussagte. Es sei allgemein bekannt gewesen, dass Globocnik dabei »brutal« vorging. Der ehemalige Staatssekretär in der Regierung des Generalgouvernements, Dr. Ernst Boepple, sagte 1946 aus, Globocnik sei der »Vater dieses verrückten Gedankens« der Germanisierung des Distrikts Lublin gewesen und habe die Pläne Himmler »eingeredet«.

Doch bei der Umsetzung dieser »großartigen Pläne« stießen Himmler und Globocnik auf ein Problem, das der Historiker Timothy Snyder süffisant in einem Satz zusammenfasst: »Auf seinem Kreuzzug für rassische Reinheit war Deutschland bis Ende 1939 zum weitaus größten multinationalen Staat Europas geworden.« In Deutschland lebten nun mehr Slawen als in jedem anderen europäischen Land außer der Sowjetunion. Und auch die Zahl der Juden hatte sich – zählt man das Generalgouvernement dazu – mehr als verzehnfacht: Von rund 200 000, die 1938 noch im Deutschen Reich lebten, auf über zwei Millionen.

Die Pläne, das Generalgouvernement zum »Juden-Territorium« zu machen, von denen mein Großvater der »lieben Gisela« berichtet hatte, waren bald gescheitert – Hans Frank wollte nicht noch mehr Juden in seiner Kolonie haben. Außerdem kollidierte die Vertreibung der Juden mit den anderen ideologischen Plänen: der Umsiedlung von Deutschen aus der Sowjetunion und dem Generalgouvernement in den ehemals polnischen Gau Wartheland um Posen und Łódź, das die Deutschen alsbald in Litzmannstadt umtauften. Um Platz für die deutschen Ansiedler zu schaffen, mussten zunächst polnische Bauern statt Juden deportiert werden. Das ging viel zu langsam, sodass Zehntausende Deutschstämmige, denen im Reich der Himmel auf Erden versprochen worden war, in Auffanglagern festsaßen. Obwohl Himmler und seine Helfer, unter tatkräftiger Beteiligung meines Großvaters, bis zum Beginn des Russlandfeldzugs bereits über eine Million Polen, Juden und Deutschstämmige hin- und hergeschickt und an- und abgesiedelt hatten, war Himmler doch »mit seinem gigantischen Umsiedlungsprogramm«, wie sein Biograf Peter Longerich urteilt, im besetzten Polen »stecken geblieben«.

Mit dem Überfall auf die Sowjetunion hoffte Himmler, die »Periode der Stagnation« hinter sich zu lassen und auf seinem Weg zum »großgermanischen Imperium« endlich vorwärtszukommen. Die Pläne wurden nun rasch immer gigantischer und monströser: Das neue Reich sollte bis zum Ural und zum Kaukasus reichen. Die einheimische Bevölkerung – je nach demografischer Schätzweise zwischen 31 und 45 Millionen Menschen – sollte deportiert, versklavt oder umgebracht werden. Die Vernichtung der Juden war für Himmler und Globocnik, der nun als »Beauftragter für die Errichtung der SS- und Polizeistützpunkte im neuen Ostraum« den sogenannten Generalplan Ost umsetzen sollte, nur ein erster Schritt auf diesem Weg der rassischen Neuordnung Europas.

Bei seinem Besuch in Lublin, vor der Fahrt nach Horyszów und Zamość, hatte Himmler schicksalsträchtige Entscheidungen getroffen. Sie sollten Odilo Globocnik zum Errichter der Vernichtungslager Bełżec, Sobibór und Treblinka machen, in denen zwischen März 1942 und November 1943 über 1 500 000 Juden ermordet werden würden. Sie sollten Lothar von Seltmann in die Karpaten bringen und Michał Pazdanowski nach Lublin, an einen Ort, über den meine Großeltern kein Wort verloren hatten, obwohl er nur wenige Kilometer von ihrer Wohnung entfernt lag und sich an der Hauptstraße von Lublin nach Lemberg befand: in das Kriegsgefangenenlager und spätere Konzentrations- und Vernichtungslager Majdanek, für das ebenfalls Odilo Globocnik verantwortlich war und in dem 78 000 Frauen, Männer und Kinder aus 28 Nationen ihr Leben verloren.

Es war seltsam: Je länger ich nach Michał Pazdanowski suchte, desto mehr fand ich meinen Großvater – in Lublin, in Krakau, in Lemberg, in den Karpaten und auch im Bundesarchiv in Berlin, in dem so viele Dokumente über ihn lagern, dass ich dort drei Tage verbrachte. Ich blätterte dort in den Akten seines Umsiedlungsstabes, las seine Schreiben an den »Brigadeführer!« und konnte einem Briefwechsel mit dem NSDAP-Flüchtlingshilfswerk Mitte der 1930er-Jahre entnehmen, dass er bei seiner Flucht aus Österreich am 29. März 1934 die Grenze nahe des Dorfes Hammerau an der Saalach überquert hatte.

Ich las auch den Schriftverkehr mit der Reichsschrifttumskammer (RSK) in Berlin, der Standesvertretung der Schriftsteller, in der seit 1934 alle Autoren, die etwas veröffentlichen wollten, Mitglied sein mussten. Voraussetzungen waren der Ariernachweis und die Gewähr, im Auftrag der »geistigen Erneuerung« tätig zu sein, also nichts »Volksschädliches« zu schreiben. Mein Großvater hatte es versäumt, den Aufnahmeantrag zu stellen, aber der Tadel der RSK fiel milde aus – der Potsdamer Voggenreiter-Verlag, in dem 1941 sein *Tagebuch vom Treck der Wolhyniendeutschen* erschienen war, hatte bereits ein gutes Wort für ihn eingelegt: Sicher sei das Versäumnis, die Mitgliedschaft zu beantragen, auf seine »Beanspruchung im Kriegseinsatz zurückzuführen«. Lothar hatte am 13. Juni 1942 umgehend den Aufnahmeantrag ausgefüllt, und so erfuhr ich, dass er 1937 in Weimar für die *Thüringische Gauzeitung* als Redaktionsvolontär tätig gewesen war – sechs Jahrzehnte bevor ich ebenfalls in einer Weimaraner Redaktion ein- und ausging –, dass er seine schriftstellerische Tätigkeit im April 1939 begonnen hatte und dass er seinen Hauptberuf mit »Stabsführer der Dienststelle Krakau des Reichskommissars für die Festigung deutschen Volkstums« angab. Das Einkommen aus seiner schriftstellerischen Tätigkeit für NS-Zeitschriften wie *Frohes Schaffen* oder *Das junge Reich* war eher bescheiden: Es beschränkte sich auf »fallweise kleinere Honorare« – 1941 waren es 600 Reichsmark, 1942 lediglich 100 Reichsmark.

Natürlich teilte er der RSK auch mit, dass er »im Auftrag des SS- und Polizeiführers Lublin« nicht nur die *Kolonistenbriefe,* sondern auch ein neues Jahrbuch, den *Kolonistenkalender,* herausgebe, obwohl er zu diesem Zeitpunkt bereits in Krakau zum Stab von Globocniks Vorgesetztem gehörte, dem Höheren SS- und Polizeiführer Friedrich-Wilhelm Krüger. Krüger galt als »Himmler an Ort und Stelle« und war der Intimfeind von Himmlers Intimfeind Hans Frank – manche Befehle Himmlers an Krüger und Globocnik erfuhr der Generalgouverneur, wie er klagte, angeblich erst aus der *Krakauer Zeitung.* In der wichtigsten Zeitung des Generalgouvernements konnte Frank unter der Überschrift »180 Dörfer werden wieder deutsch« eine über 100 Zeilen umfassende Besprechung des *Kolonistenkalenders* lesen, in dem die Arbeit meines Großvaters als »wertvolle Hilfe für die Volkstumsarbeit der Einsatzgruppen« gewürdigt wurde. Mit Männern wie Globocnik und Krüger im Rücken konnte Lothar von Seltmann die Auseinandersetzung mit der Reichsschrifttumskammer rasch beilegen.

Und er hatte einen weiteren Fürsprecher, der noch gewichtiger war: Krügers und Globocniks Chef. Ich hatte nach und nach die Briefe meiner Großmutter entziffert, in denen alles Schöne das Werk deutscher Siedler war und alles Hässliche das Werk jüdischer Zersetzung und polnischer Faulheit, in denen sie über das schlechte Wetter klagte und sich über das Arbeitsamt Lublin empörte, das »keine

Möglichkeit zu einer Lohnbeschränkung für polnische Dienstmädchen« vorsah, in denen sie der Pfarrersfamilie Fritsch empfahl, zur Entlastung der Mutter eine »deutschblütige Hausgehilfin« zu beantragen. Und in denen sie natürlich über die »unbändige Freude« ihres Mannes schrieb, als er sie tief in der Nacht geweckt hatte, weil der Brigadeführer »erst zwischen Mitternacht und 1/2 3 Uhr früh« dazu gekommen war, ihm die gute Nachricht zu verkünden: Der Reichsführer SS persönlich hatte »dem Brigadeführer gegenüber ziemliche Belobigungen für Lothar und größte Erweiterungen der Arbeit ausgesprochen«.

Und so durfte Lothar zehn Tage nach diesen Belobigungen, am 1. August 1941, am Staatsakt in Lemberg teilnehmen, in dem Generalgouverneur Hans Frank offiziell die Aufnahme des frisch eroberten Ostgaliziens als fünften Distrikt in das Generalgouvernement besiegelte. »Das mächtige Großdeutsche Reich hat Euch in seinen Schutz genommen«, hieß es in einer Proklamation an die Bevölkerung. Damit waren nun Michał, Izabela, Andrzej und Inka Pazdanowski in Żabie keine Sowjetbürger mehr, sondern Untertanen des »Königs von Polen«, wie Hans Frank wegen seiner Prunksucht spöttisch genannt wurde. Lothar brachte von diesem Festakt zwei Souvenirs mit: eine russische Gasmaske und einen Kavalleriesäbel.

Fortan war er ständig unterwegs zwischen Lublin und Lemberg und konnte bei jeder Fahrt die Fortschritte auf der Baustelle am Rande des Lubliner Stadtviertels Majdan Tatarski beobachten, auf der die Zwangsarbeiter des Judenlagers in der Lipowastraße die Baracken erbauten, in denen zwei Jahre später Michał Pazdanowski seine Familie um ein Lebenszeichen und um Früchte, Zwiebeln, Maggiwürfel und Knoblauch bat. Und zwischen denen wir nun umhergingen und Wiesław Wysok, Mitarbeiter der Gedenkstätte Majdanek, den Satz sagen hörten: »Mit dem Besuch Himmlers im Juli 1941 fing alles an.«

Die Pläne des Brigadeführers seien »so großartig«, hatte mein Großvater prophezeit, dass sie »in die Jahrhunderte hinein wirken« werden. War ihm bewusst, wie recht er hatte?

»Todleben«

Lublin, 11. Oktober 2010

Am 1. Februar 1943 ging um 14.06 Uhr aus Lemberg das Fernschreiben mit der Nummer 960 ab. Es war mit den Vermerken »Geheim« und »Dringend sofort vorlegen« versehen und an die Kommandantur des Kriegsgefangenen-Lagers der Waffen SS in Lublin gerichtet. Der Vorgang betraf den »Erlass des RF-SS u. CH. D. DT. POL. v. 5.12.42«. »Einweisung von arbeitsfähigen Häftlingen in die Kr.-L.«, hieß es in der Betreff-Zeile.

Der »RF-SS u. CH. D. DT. POL« war niemand anders als Heinrich Himmler, der an jenem 5. Dezember beschlossen hatte, »sämtliche Gefängnisse zu bereinigen und die Häftlinge nach dem nächsten KZ.-L. zu überstellen«. Und so teilte die Kommandantur der Sicherheitspolizei und des Sicherheitsdienstes für den Distrikt Galizien in dem Fernschreiben mit, »dass am 2.2.43 gegen 6 Uhr ein Gefangenensonderzug mit ungefähr 900 Häftlingen in Lublin« ankomme. Ein Beamter der Dienststelle werde den Transport mit den nötigen Unterlagen begleiten. Auf dem Eingangsstempel war der 1. Februar vermerkt – das Fernschreiben war also rechtzeitig eingetroffen.

In diesem Gefangenentransport hatte sich auch Michał Pazdanowski befunden, daran bestand seit unserem Besuch im Archiv der Gedenkstätte Majdanek kein Zweifel mehr. Aber offensichtlich hatte der Sonderzug aus Lemberg keinen längeren Aufenthalt im Bahnhof von Rawa Ruska einlegen müssen, denn er war womöglich zeitiger angekommen als geplant. Das ließ sich zumindest einem Brief entnehmen, den Anna Wójcik, die Leiterin des Archivs, für uns bereitgelegt hatte: Michałs jüngere Schwester Anna hatte aus Krakau an das Polnische Rote Kreuz (PCK) in Lublin geschrieben. Unter dem roten PCK-Eingangsstempel vom 12. Mai 1943 war ihre Frage zu lesen, wie häufig man ihrem Bruder Pakete schicken dürfe. Und zur

Bekräftigung ihres Ansinnens hatte sie in deutscher Sprache einige Zeilen hinzugefügt, die zuvor an ihre Mutter gerichtet worden waren:

An Hedwig Pazdanowska
Zum Schreiben vom 23.3.43 wird mitgeteilt, dass Ihr Sohn sich seit dem 1.2.43 für die Dienststelle des Kommandeurs der Sicherheitspolizei und des S.D. in Lemberg, die zuständig für die Entlassung ist, hier im Lager befindet.
Lebensmittelpakete bis 2 Kilo dürfen gesandt werden.

Unter den Dokumenten, die Anna Wójcik herausgesucht hatte, fanden wir auch das Schreiben von Gabrielas Mutter Hanka aus dem Jahr 1992 und den Brief der Großmutter Izabela von 1979, jeweils versehen mit den Kopien der Antwortschreiben des Archivs. Auch das Rätsel des Briefes aus Lemberg vom 17. Februar 1943, den Anna Wójcik in ihrer E-Mail aufgeführt hatte, konnten wir lösen: Jadwiga Bóbrowna war niemand anders als Michałs Mutter – sie hatte unter ihrem Mädchennamen geschrieben. Zwei Sätze aus dieser Karte hatte Anna Wójcik in ihrer E-Mail nicht erwähnt: Michałs Mutter hatte um eine baldige Nachricht gebeten, denn das Schlimmste sei die Ungewissheit, unter der seine Frau und die drei kleinen Kinder leiden müssten. Briefmarken für das Antwortschreiben habe sie beigefügt. Es blieb jedoch die Frage, ob sie tatsächlich von Krakau nach Lemberg gereist war, um sich dort nach dem Schicksal ihres Sohnes zu erkundigen, oder ob sie aus Gründen der Tarnung die Adresse von Lemberger Verwandten angegeben hatte. Der Briefumschlag mit dem Poststempel war leider nicht erhalten geblieben.
Knapp ein Jahr nach ihrem ersten Schreiben hatte Michałs Schwester erneut ein Gesuch an das PCK gerichtet, es trug den Eingangsstempel vom 6. Mai 1944. Ihr Bruder befinde sich seit einem Jahr im Konzentrationslager und mit Einverständnis des Lagerkommandanten habe die Familie Pakete schicken dürfen, deren Eingang stets bestätigt worden sei. Nun seien jedoch zwei Pakete, die sie vor Ostern abgeschickt hätten, zurückgekommen – versehen mit einem Doku-

ment, dem sie entnehme, dass sich ihr Bruder nicht mehr im Lager befinde, sondern verlegt worden sei.

In den Monaten zwischen den beiden Briefen seiner Schwester war Michał Pazdanowski nicht mehr Michał Pazdanowski, sondern die Nummer 1042. Wie in allen Konzentrationslagern wurde auch in Majdanek den Häftlingen der Name genommen. Und mit ihrem Namen sollte ihnen auch ihre Würde und ihr Menschsein genommen werden.

Michał Pazdanowski hatte die Nummer von einem Verstorbenen erhalten, denn in Majdanek, so erklärte uns Anna Wójcik, wurden die Häftlinge nur bis 20 000 gezählt. Und dann wurde wieder bei 1 begonnen – um die wahre Anzahl der Inhaftierten zu verschleiern. Die Nummer wurde ihnen auch nicht, wie zum Beispiel in Auschwitz, in den Unterarm eintätowiert. War ein Häftling gestorben, existierte er nicht einmal mehr als eine Folge von Zahlen. Bei insgesamt rund 150 000 Männern, Frauen und Kindern, die in Majdanek eingesperrt waren, wurde also jede Nummer im Schnitt sieben Mal vergeben. Die Nummer wanderte an einen anderen weiter und dann wieder an einen anderen, und so hätte es noch jahrzehntelang weitergehen können, hätte die Rote Armee nicht am 23. Juli 1944 das Lager befreit. Sie fand noch etwa 1500 schwerkranke sowjetische Kriegsgefangene und polnische Bauern vor, die zumeist aus jener Gegend stammten, in der mein Großvater nach »deutschem Blut gefahndet« hatte, und die sich geweigert hatten, ihre Höfe zu verlassen oder sich den Partisanen angeschlossen hatten. Für 78 000 Gefangene, die nicht freigelassen oder in andere Lager verlegt worden waren, waren die Retter zu spät gekommen – sie waren zwischen Oktober 1941 und Juli 1944 ermordet worden. Zwei Drittel von ihnen waren Juden. Ob meine Großmutter einigen von ihnen bei ihrem Abendspaziergang durchs Lubliner Judenviertel begegnet war?

Die Deutschen hatten bei ihrer überhasteten Räumung versucht, alle Spuren zu beseitigen, konnten jedoch einen Teil der Gefangenenbaracken und auch die Gaskammer nicht mehr zerstören. Allerdings vernichteten sie fast alle Dokumente, was die späteren Forschungen und Ermittlungen massiv erschwerte. Von Michał Pazdanowski war dennoch mehr geblieben als die Nummer 1042. Sein Name stand auf Verzeichnissen, die heimlich und unter Lebensgefahr von der Zentralfürsorge Opus der polnischen Untergrundarmee Armia Krajowa, vom Polnischen Roten Kreuz oder einem der anderen Hilfswerke, die sich um die inhaftierten Gefangenen gekümmert hatten, angefertigt worden waren. Seit Anfang 1943 waren immer mehr politische Häftlinge ins Lager eingeliefert worden – eine Folge des Himmler-Befehls –, die ihre konspirative Tätigkeit im Lager fortsetzten und die Außenwelt über das Leben hinter dem Stacheldraht informierten. Die Nachrichten wurden von Häftlingen, die außerhalb des Lagers arbeiteten, hin und her geschmuggelt.

Nach der Kapitulation der 6. Armee im Februar 1943 in Stalingrad, als der vermeintliche Blitzkrieg gegen die Sowjetunion endgültig verloren war, hatten die Deutschen die strikten Regeln im Lager etwas gelockert. Aber nicht aus einem plötzlichen Anfall von Menschlichkeit heraus, sondern aus wirtschaftlichen Erwägungen, denn es ging nicht nur militärisch, sondern auch wirtschaftlich mit dem Dritten Reich bergab: Die Häftlinge durften Lebensmittel und Medikamente in beschränkten Mengen erhalten, um ihre Produktionsleistung zu steigern.

Es waren vor allem Frauen wie Krystyna Siwińska aus Rudnik bei Krasnystaw im Distrikt Lublin, die den Gefangenen halfen. Im Dezember 1943 schickte sie ein Paket an das PCK in Lublin, das für Michał Pazdanowski bestimmt war. Beigefügt hatte sie eine Karte mit der Frage, ob es erlaubt sei, Handschuhe und Unterwäsche nach Majdanek zu schicken. Außerdem bitte sie noch um eine weitere Information: Ob sich Ryszard Jaworowski, ein junger Mann um die 20, und Irena Todleben, geborene Modrzewska, 46 Jahre, im Lager befänden. Sie würde ihnen gerne Pakete schicken.

Waren sich Michał Pazdanowski und Irena Todleben begegnet? Hatten sie gewusst, dass sie beide von derselben Person mit Paketen versorgt wurden? Irena Todleben, 1897 in Lublin geboren, Laborantin von Beruf, vor ihrer Festnahme wohnhaft in Warschau, war am 18. Februar 1943 in Majdanek eingeliefert worden, am selben Tag wie Leon Kulesza. Sie hatte die Nummer 4437 bekommen. Im April 1944 war sie ins Frauen-Konzentrationslager Ravensbrück transportiert worden und von dort in eines der zahlreichen Außenlager des Konzentrationslagers Buchenwald, wo sie als Zwangsarbeiterin Panzerfäuste herstellen musste für einen der größten Rüstungsbetriebe der Nationalsozialisten, für die Hasag, die Hugo-Schneider-AG, in Leipzig. Im offiziellen Totenbuch war sie nicht aufgeführt. Hatte Irena Todleben überlebt?

Zu den mutigen Frauen, die den Häftlingen in Majdanek bei ihrem Überlebenskampf halfen, gehörte auch Marja Arlitewiczowa aus Lublin. Sie hatte einen Brief weitergeleitet, der für die »sehr geehrte Frau Ingenieur Pazdanowska« bestimmt war. Verfasst hatte ihn ein ehemaliger Mithäftling von Michał:

Ich war mit Ihrem Ehemann in einem Krankenhaus im Lager und er bat mich, Ihnen diese Nachricht zu senden. Ich bin schon frei, aber ihr Mann ist sehr ausgemergelt und braucht unbedingt mehr Pakete mit Brot, Zwiebeln und Früchten und mit Fett. Außerdem bittet er, ihm oft zu schreiben, hier gibt es keine Begrenzungen. Er selbst kann nicht schreiben. Man soll kleinere Pakete schicken, dafür aber oft. Große Pakete werden oft ausgeraubt. Ich rate, zwei bis drei 2-Kilo-Pakete pro Woche zu schicken. Möglichst viel Brot in ganzen Laiben schicken, denn so kommt das Brot am ehesten an. Als Trost kann ich sagen, dass viele Polen aus dem Lager entlassen werden. Häufige Paketsendungen sind unter den jetzigen Umständen die einzige Rettung.
Ich grüße Sie herzlich von ihm und von mir.

Die Unterschrift war leider unleserlich.

Michałs Name fand sich auch auf mehreren Verzeichnissen, die jemand auf grau-kariertem oder einer Art Packpapier angefertigt hatte und auf denen der Eingang von Paketen bestätigt wurde: Auf einer Liste mit 28 Häftlingen, die zwischen dem 9. Dezember 1943 und 30. März 1944 insgesamt 16 Pakete erhalten hatten, auf einem Verzeichnis mit 23 Namen und Paketeingängen zwischen dem 20. Dezember und 10. Februar, dann noch auf einer undatierten Liste mit 19 weiteren Personen, von denen ein Name durchgestrichen war. Einmal war hinter seinem Namen die Bemerkung »białe pieczywo« – Weißbrot – eingefügt, ein anderes Mal war sein Name durchgestrichen. Dazu elf Formkarten, die er zwischen dem 9. November 1943 und 1. März 1944 an das PCK geschickt hatte mit dem Dank für ein erhaltenes Paket. Einige Male hatte er mit dünnem Bleistift die Bitte um Weißbrot geäußert. Auf allen Karten hatte er im vorgedruckten Satz »Jestem zdrów – chory« angestrichen, dass er krank sei. Auf der letzten dieser erhaltenen Formkarten vom 1. März hatte Michał ebenfalls um Weißbrot gebeten, aber seine Schrift war so krakelig, dass er wohl seine letzte Kraft aufbringen musste, um überhaupt noch ein paar Worte auf das Papier zu bringen. Später hatte jemand vom PCK mit schwarzem Füller über den schwarzen Aufdruck »Konzentrationslager Waffen SS Lublin« geschrieben: »8. März letztes geschickt.«

Und wir sahen nun auch die mit Schreibmaschine angefertigte Liste der Häftlinge, die zumindest zeitweise in den Baracken auf Feld 5 untergebracht gewesen waren – mit Vornamen der Eltern und dem Geburtsdatum. Unter den 583 dort Inhaftierten waren nur fünf älter als Michał Pazdanowski gewesen, der zwei Monate vor seiner Verhaftung 39 Jahre alt geworden war.

Sie bitte um Informationen, wohin man ihren Bruder gebracht habe, hatte Anna Pazdanowska in der Karte vom Mai 1944 geschrieben. Aber wohin war Michał Pazdanowski gebracht worden? Nach Auschwitz? Das hatte sein Freund Leon Kulesza der Familie berichtet. Lediglich einen der acht Briefe von ihm hatten wir bisher näher angeschaut. Und dann wieder zu den anderen in die Mappe gelegt. Niemand traute sich an die mit engen, gleichmäßigen Zeilen auf kariertem Papier geschriebenen Briefe heran – sie strahlten etwas aus wie: Rührt uns bloß nicht an! Auch die wenigen Briefe Michał Pazdanowskis aus Żabie waren noch immer ungelesen. Ich hatte

gehofft, sie bis zu unserem Besuch in Majdanek entziffert und übersetzt zu haben, um vielleicht etwas über die Hintergründe seiner
Verhaftung zu erfahren. Doch zu meinem Verdruss war ich gescheitert – mein polnischer Wortschatz war zu gering. Und die, die sie
hätten lesen können, konnten es nicht. Oder wollten es nicht. Also
konzentrierte ich mich auf das, was ich besaß, und legte Anna Wójcik eine Erklärung vor, die wir im Original von Zbyszek bekommen
hatten und deren beglaubigte Abschrift sich in Inkas Unterlagen
befand:

Ich, Kazimierz Maramorosz, im Alter von 43 Jahren, von Beruf Post-
beamter, heute Diensthabender des Etappenpunkts der staatlichen
Postbetriebe in Rzeszów, bestätige hiermit, mit der Bereitschaft, das
unter Eid zu bestätigen, dass Michał Pazdanowski, Agraringenieur,
geboren am 22.9.1903 in Poręba Żegoty, am 13. Nov. 1942 in Żabie bei
Kossów von den Deutschen festgenommen wurde und nach dem Ver-
bleib in unterschiedlichen Lagern im Frühjahr 1944 verstorben ist –
im Mai oder im Juni im Lager Majdanek.
Die Todesursache war: Vielfältige schwere Körperverletzungen durch
die Deutschen im Lager sowie Erschöpfung wegen Nierenkrankheit,
Tuberkulose, Bauch- und Flecktyphus sowie andere Krankheiten.
Diese Umstände sind mir deswegen bekannt, weil wir uns kannten aus
der Zeit vor der Verhaftung. Wir wurden zusammen inhaftiert. Wir
blieben in den gleichen Lagern und am Ende war ich Zeuge des Todes
von Ing. Michał Pazdanowski.

Beglaubigt worden waren die Angaben, die Kazimierz Maramorosz
am 17. Juli 1945 in Rzeszów gemacht hatte, gleich mehrfach: vom
Notar Wirski, der die Identität von Maramorosz bescheinigte, vom
Assessor Andrzejkiewicz und vom Direktor der Schule in Nisko,
Jakub Baranowski, der angab, ein Mithäftling von Kazimierz Mara-
morosz und Michał Pazdanowski gewesen zu sein, und dessen Iden-
tität wiederum vom Polnischen Lehrerverband, Bezirksvorstand
Krakau, bestätigt worden war. Dazu eine Fülle von Stempeln und die

Bescheinigung, dass 5 Złoty Stempelgeld und 13 Złoty Notargebühr entrichtet worden waren.

Nach Ende des Krieges, als die Mutter schon mit ihnen in Rabka lebte, seien zwei Männer zu Besuch gekommen, hatte uns Inka erzählt: Kazimierz Maramorosz und Jakub Baranowski. Dass ihr Vater in Auschwitz gestorben sei, davon wisse sie nichts. Das könne auch nicht sein. Wie solle man nicht an die Richtigkeit eines Dokumentes glauben, wenn zwei Zeugen aufgeführt seien? Und es zudem notariell beglaubigt sei? Sie sei sich sicher: Der Vater habe die beiden Männer zu ihrer Mutter geschickt, damit sie die Familie über sein Schicksal informierten. Und ihr die schreckliche Ungewissheit nähmen. Nach dem Besuch in Rabka habe Maramorosz seine Aussage zu Papier gegeben. Ihre Mutter habe eine solche Bestätigung gebraucht, um eine Witwenrente oder eine Entschädigung zu erhalten. Nein, ihr Vater sei nicht in Auschwitz gestorben, sondern in Majdanek.

Es befinde sich kein Dokument im Archiv, sagte Anna Wójcik, aus dem hervorgehe, dass Michał Pazdanowski in Majdanek verstorben sei. Aber auch kein Hinweis darauf, dass er Majdanek lebend verlassen habe. Ob wir uns schon im Archiv der Gedenkstätte Auschwitz erkundigt hätten? Die Dokumente seien mit den Gefangenen von Majdanek nach Auschwitz mitgeschickt worden.

Ja, wir hatten in Auschwitz nachgefragt. Und die Information bekommen, dass die Nachforschungen nach Michał Pazdanowski ergebnislos verlaufen waren. Es seien keinerlei Hinweise auf die gewünschte Person zu finden. Die Mitarbeiterin gab die Empfehlung, uns mit dem Archiv der Gedenkstätte Majdanek in Verbindung zu setzen.

Den offiziellen Dokumenten zufolge hatte Michał Pazdanowski Majdanek also nicht verlassen und Auschwitz nicht erreicht. Was war mit ihm geschehen? Würden wir in den Briefen von Leon Kulesza die Antwort finden? Am 14. Juni hatte er aus Udrzyn am Bug an Michałs Mutter Jadwiga geschrieben, offensichtlich in der Annahme, sie sei Michałs Frau:

Sehr geehrte Dame!

In Erfüllung des Versprechens, das wir uns gegenseitig gegeben haben »Falls ich überlebe, benachrichtige ich die Familie«, zeichne ich diese paar Zeilen.

Den verstorbenen Michał, Ehegatten der sehr verehrten Dame, habe ich kennengelernt in einem Lagerkrankenhaus in Majdanek. Unsere Freundschaft, obwohl sie nur ein paar Monate dauerte, war jedoch sehr herzlich, sogar brüderlich. Wir trösteten uns gegenseitig in unserem Leid in Erwartung der Freiheit.

Am 15. April 1944 transportieren sie uns beiden Kranken mit dem wohl letzten Transport ins Ungewisse. 74 Personen in einem geschlossenen Viehwagen. Die Hälfte von uns liegt, sie ist nicht in der Lage sich aufrecht zu halten. Nach zwei Tagen und drei Nächten werfen sie uns aus dem Waggon. Der Anblick war schrecklich – nur einige konnten mit eigener Kraft aussteigen, ein Teil wurde von den Leidensgenossen aus dem nahen Lager herausgetragen (unter diesen Michał und ich), der Rest – 23 Leichen. Wir wurden auf einen Haufen aus roten Rüben geworfen. Wir warten. Autos kommen und transportieren ab. Sie laden uns auf. Ich bin ein paar Minuten früher weggefahren, Michał mit dem nächsten Auto. Sie haben uns nach Oświęcim (Brzezinki – Birkenau) gebracht.

Kuleszas Bericht könne zutreffend sein, sagte Anna Wójcik, denn im April 1944 seien zwei große Transporte aus Majdanek nach Auschwitz gegangen: Am 8. April mit rund 2000 Männern und am 13. April mit 2526 Personen – 1239 Männern und 1287 Frauen. Für den 15. April sei jedoch kein Transport verzeichnet. Welche Informationen hatten wir aus dem Archiv in Auschwitz bekommen? Den Angaben zufolge war Leon Kulesza, geboren am 6. April 1898 in Dębienica-Ostrów, nur wenige Tage nach seinem 46. Geburtstag mit einem Transport aus Majdanek im Konzentrationslager Auschwitz eingetroffen: allerdings bereits am 14. April 1944. Er hatte die Nummer 183 710 bekommen. Unter den Daten vom 14. November 1944 und dem 4. Dezember 1944 war er als Häftling im KL Auschwitz II-

Birkenau B IIf, Block 9 aufgeführt. Am 27. Januar 1945 wurde er befreit, danach lag er noch drei Monate bis zum 25. April in einem Krankenhaus des PCKs, das auf dem Gelände des nunmehr ehemaligen Konzentrationslagers eingerichtet worden war. Diese Informationen stimmten mit denen in seinem Brief überein – mit Ausnahme der Zeitangaben:

Ich überlebte noch neun Monate in Auschwitz. Am 27. Januar dieses Jahres durfte ich endlich die Freiheit erleben. Vier Monate lag ich noch krank. Endlich, am 30. April, konnte ich nach Hause zurückkehren, aber meine Gesundheit ist noch nicht zurückgekommen.

Womöglich hatte Leon Kulesza ein schlechtes Zahlengedächtnis, aber er stand in einer engeren Verbindung zu Michał Pazdanowski als Kazimierz Maramorosz. Kulesza, der vom 2. April 1943 bis zum 28. März 1944 Pakete bekommen hatte, war mit Michał im selben Block auf dem selben Feld (Feld 5, Block 6) untergebracht und zudem in einem weiteren Verzeichnis gemeinsam mit ihm aufgeführt: Auf einer Liste mit Polen aus Block 14, hinter denen die Bemerkung »chory« – krank – stand. Außerdem hatte er das Gelübde abgelegt, falls er überlebe, die Familie zu benachrichtigen.
Ein Vierteljahrhundert nach Erfüllung seines Gelübdes hatte sich der Majdanek-Häftling mit der Nummer 3840 noch einmal ausführlich geäußert: Am 21. August 1973, vier Jahre vor seinem Tod, hatte Leon Kulesza seine Unterschrift unter ein vierseitiges Formular mit 22 Fragen und Raum für sonstige Anmerkungen gesetzt. Er sei am 15. Oktober 1942 in der Volksschule Udrzyn von der Gestapo verhaftet worden, weil ihm die Zugehörigkeit zu einer Untergrund-Organisation vorgeworfen wurde, berichtete er im »Ankieta byłego więźnia Majdanka«, dem Archiv der Gedenkstätte. Die Gestapo habe seine Wohnung, die Schule und auch die umliegenden Gehöfte nach Flugblättern, Pistolen und Karabinern durchsucht. Während des Verhörs sei er mit einer Peitsche geschlagen und anschließend in die Kreisstadt Ostrów Mazowiecka gebracht

worden, in die mit Hakenkreuzfahnen geschmückte Brauerei. Nach vier Wochen Arrest im Czerwoniak in Ostrów hätten sie ihn am 10. November nach Warschau ins Pawiak-Gefängnis überführt. Mit ihm seien fünf weitere Personen verhaftet worden, vier seien im Lager inhaftiert, eine Person freigelassen worden. Zwei der Inhaftierten hätten gerettet werden können. In Majdanek sei er möglicherweise am 18. Januar 1943 eingetroffen. Vier Tage zuvor hätten sie ihn mit einem Lastwagen aus dem Pawiak-Gefängnis zum Bahnhof gebracht und dort in einen Eisenbahnwaggon getrieben. Unter den zusätzlichen Angaben fügte er noch hinzu: Viehwaggon für 70 Personen, innen gefroren, eine Tagesration Brot, drei Tage unterwegs, aber nur nachts gefahren. In Majdanek sei er auf den Feldern 3, 4 und 5 inhaftiert gewesen, die Baracken habe er häufig wechseln müssen.

Auch seine Arbeitsdienste im Lager zählte Kulesza auf: das Gelände planieren, Gräben für die Entwässerung ausheben, Gleise legen, Straßenbau, Gewächshaus, Ziegel zum Bau des Krematoriums von der Straße ins Lager schleppen, Ziegel von zerstörten Lubliner Häusern reinigen. Namen seiner »vorarbeiterów« oder »kapos« konnte er jedoch ebenso wenig nennen wie die von SS-Männern, vom Lagerpersonal oder von Funktionshäftlingen. Verlassen habe er Majdanek vermutlich am 11. April 1944. Als Kranker sei er mit einem Lastwagen zum Zug gebracht worden und mit dem Zug am 14. April in das Lager Auschwitz. Im Waggon hätten sich 68 Personen befunden, gestorben seien 19. Heute lebe er als Lehrer im Ruhestand in Zuzela, Kreis Ostrów Mazowiecka.

Unter der letzten Frage führte Leon Kulesza Namen seiner Mithäftlinge und ihr Schicksal auf: Apolonia Kordyszewska aus Biel, Kreis Ostrów Maz., Władysław Kalcziki – verstorben, Czesław Larda – abtransportiert, Pawłowski, Wąsewo, Kreis Ostrów Maz., Michał Pazdanowski aus Krakau – verstorben.

Was hatte Leon Kulesza seiner Familie erzählt, als er nach Hause zurückgekehrt war? Hatte er, wie so viele andere, über seine Zeit im Konzentrationslager geschwiegen? Wollte er die Angehörigen nicht mit dem, was er erlebt hatte, belasten? Oder spürte er, dass ihn niemand verstehen würde?

Wir gingen noch einmal die lange, wie an einer Schnur gezogene Straße vom Archiv zum Eingangstor des Lagers entlang. Auf den herbstnassen Wiesen links und rechts hoppelten Kaninchen hin und her, über ihnen flog ein Schwarm krächzender Krähen. Der scharfe Ostwind, ein Vorbote des Winters, wehte die Motorengeräusche von der Landstraße nach Lemberg herüber, das nun jenseits einer streng bewachten Außengrenze der Europäischen Union lag. Einige der Krähen scherten aus ihrem Schwarm aus und ließen sich auf einem Zaun nieder – die einen auf den Pfosten, die den Zaun zusammenhielten, die anderen auf dem Stacheldraht. Einen Steinwurf hinter der Gaskammer standen eine Reihe ockerfarbener Mehrfamilienhäuser und zwölfstöckiger Plattenbauten, die sich mit dem Grau des Himmels vereinigten. Die Welt hinter diesen Häusern, die Welt meiner Großeltern, hatte Michał Pazdanowski nie gesehen. So wie auch meine Großeltern wahrscheinlich nie seine Welt hinter diesem Stacheldraht betreten hatten.

Globocnik ja, der war öfter hier gewesen, um nachzuschauen, ob auch alles in Ordnung sei, aber meine Großeltern lebten im Februar 1943 schon in Krakau, obwohl meine Großmutter nicht wieder hatte umziehen wollen:

»Die Großstadt reizt mich absolut nicht, hier ist man eigentlich immer in der freien Natur, kennt alle und hat alles in der Nähe.« Außerdem werde »Lothar ja bestimmt nicht viel daheim sein, wenn er fünf Distrikte unter sich hat, von denen in dreien erst alles so aufgebaut werden muss, wie's in Lemberg und Lublin schon läuft.« Doch Lothar war nun einmal zum Höheren SS- und Polizeiführer nach Krakau versetzt worden und »Dienst ist Dienst!« Aber Minni wollte erst hinziehen, »wenn's das Vierte schon mitmachen kann.« Mit Lothar war's dann tatsächlich so, wie es seine Frau erwartet hatte: »Wegen seines Kommens musste ich mich leider wieder vertrösten lassen.« Immerhin konnte er über Ostern 1942 von Krakau nach Lublin fahren »und sein Töchterlein bewundern«.

»Wenn mich mein Gedächtnis nicht täuscht, beweinte er häufig sein geliebtes Töchterlein«, hatte Leon Kulesza zwei Monate nach seiner Befreiung geschrieben. »In seinen Lebzeiten hat sich Michał oft, wie jeder von uns, an seine Familie erinnert. Viele Male schickte er seinen letzten väterlichen Segen. Indem ich Ihnen das schreibe, lege ich mein tiefstes Bedauern vor die Füße der verehrten Dame und ihrer Kinder.«

Irgendwann muss auch Michałs Schwager Konstanty Bielecki, der jüngere Bruder von Izabela und Schwiegersohn der Ungarin Maria Derkacz, das Lagertor passiert haben, durch das wir jetzt gingen. Sogar mehrfach. Aber nicht als Häftling, sondern als Mitglied des polnischen Untergrunds. Konstanty Bielecki war von Krakau nach Lublin gefahren, um seinen Schwager aus dem Konzentrationslager zu befreien – getarnt als Händler, der die deutschen KZ-Aufseher und -Funktionäre mit Lebensmitteln belieferte und die Wächter bestach. Er hatte keine Angst vor den Deutschen und war sehr clever, so hatten ihn Inka und Hanka geschildert. Zweimal sei es Konstanty gelungen, Michał ausfindig zu machen und sich mit ihm zu treffen: »Wsiadaj! Ja cię wywiozę! Nie kontrolują mnie!« – Rein in den Wagen! Ich bring dich raus! Niemand kontrolliert mich!

Doch Michał habe das Angebot zur Flucht beide Male ausgeschlagen. Er könne nicht fliehen, weil dann andere für ihn bestraft würden, habe er entgegnet. Nach einer geglückten Flucht würden sich die Deutschen beim Appell jeden zehnten Häftling herausgreifen und ihn anschließend erschießen. Diese Last könne er nicht auf sich nehmen.

»Mój Boże, mój Boże, bez komentarza, nie ma komentarza«, hatte Inka ausgerufen, als sie uns die Szene schilderte, mein Gott, mein Gott, kein Kommentar, sie habe keine Worte. Dann war sie in Tränen ausgebrochen. Wie auch Hanka jedes Mal weinte, wenn sie davon erzählte: Ihr Vater habe sein Leben geopfert, damit andere am Leben bleiben könnten …

… die dann später doch ermordet wurden, hatte Gabriela entgegnet. Er habe immer nur an andere gedacht, niemals an sich selbst. Und was sei der Dank gewesen? Gebrochene Eltern, eine verzweifelte Witwe, vaterlose Kinder und Enkel, die … – eine über Generationen hinweg belastete Familie. Andere Häftlinge, die keine Rücksicht auf ihre Kameraden genommen hätten und geflohen seien, würden heute als Helden gefeiert. Der Großmut ihres Großvaters sei vergebens gewesen, sein Opfer – für nichts. Aber seine Nachkommen müssten mit seinem Tod leben …

Sie sei sich sicher, dass ihr Großvater nicht in Majdanek gestorben war, sagte Gabriela, während wir das Tor und die Gaskammer hinter uns ließen und langsam in Richtung Feld 5 gingen, auf dem der Block 6 längst abgerissen war. Sie könne es fühlen, dass er hier war. Noch lebend. Aber schon fast tot. Ein lebender Toter.

Żyłem, ale byłem martwy, hatte Abraham Leber gesagt, als er auf dem Friedhof von Bobowa zwischen den Grabsteinen umherirrte und von den Jahren nach seiner Befreiung erzählte, ich lebte, aber ich war tot.

Todleben.

»Man folgt immer dem Weg von zu Hause«
Wien, 1. Februar 2011

Auf der Suche nach Michał Pazdanowski kamen wir nur über Umwege voran, und einer dieser Umwege hatte uns an diesem Februarmorgen ins Café Sperl im 6. Wiener Bezirk geführt, in jenes Kaffeehaus, in dem ich ein Jahrzehnt zuvor erfahren hatte, dass mein Großvater als Mitglied eines SS-Bataillons an der Niederschlagung des Warschauer Ghettoaufstands beteiligt gewesen war. Der Weg nach Wien war nicht unangenehm, denn in der Stadt, in der meine Großmutter im April 1938 »eine schöne und edle neue Heimat« gefunden hatte, fühlte ich mich seit jeher zu Hause. Die Wienbesuche meiner Kindheit lagen zwar im Dunkeln, nur die Geschichte, dass ich als Zwei- oder Dreijähriger im nahen Neusiedler See fast ertrunken wäre, gehörte zum Erinnerungsgut der Familie. Die Wiener Omi, seit Februar 1942 verwitwete Frau Hofrat, hatte sich mir jedoch tief eingeprägt, denn vor jeder der wenigen Begegnungen wurden wir instruiert, wie man sich zu Tische verhält und ordentlich mit Messer und Gabel speist.

Als ich als Jugendlicher zum ersten Mal allein nach Wien gereist war, benötigte ich keinen Stadtplan, um mich zurechtzufinden. Bereits bei der Fahrt mit dem Zug durch den Wienerwald hatte ich das Gefühl, nach Hause zu kommen. Die Straßen und Gassen Wiens waren mir so vertraut, als ob ich sie schon tausendmal gegangen wäre. Und in jeder der feinen alten Damen, die sich im Kaffeehaus zu ihrer nachmittäglichen Bridge-Runde versammelten, sah ich meine verstorbene Urgroßmutter Maria Theresia von Seltmann, geborene Stangl, das »herzensgute Muttel« meines Großvaters.

Maria Theresias ältester Sohn Lothar hatte sich noch am 12. März 1938 in Weimar »auf die Bahn setzen und geradewegs nach Perchtoldsdorf fahren« wollen. Doch den bejubelten Einmarsch der reichsdeutschen Truppen in Österreich musste er am Radio verfolgen, denn die Zentrale der Hitler-Jugend in Berlin hatte ihm in einem Telegramm mitgeteilt, dass er in Weimar unabkömmlich sei und auf seine Abberufung zu warten habe. Den Tag des sogenannten Anschlusses Österreichs an das Deutsche Reich begingen er und seine Freundin Minni auf ihre eigene Weise: »Lothar und ich haben uns heute aus Freude über die Befreiung seiner Heimat und angesichts der Tatsache, dass er sicher bald in sein neues Arbeitsgebiet dort abberufen wird, in aller Stille verlobt«, teilte Minni ihren Eltern mit. Bereits einen Monat später war aus der geborenen Fritsch eine von Seltmann geworden. Lothar war »doppelt glücklich«, dass seine Hochzeit, der »größte Tag« in seinem Leben, und die »Befreiung« seiner Heimat zusammenfielen und sah darin ein »Zeichen, dass die Vorsehung unseren Bund segnet und mit uns ist«.

Die 21-jährige Minni war begeistert von Wien, auf das sie vom Perchtoldsdorfer Haus ihrer Schwiegereltern herabblicken konnte: »Vom Fenster aus sieht man die Stadt und drüben die Berge, die der Donau den Durchbruch in die ungarische Tiefebene wehren wollen, und den Anfang der Kleinen Karpaten. Am entgegengesetzten Fenster sieht man auf den Kahlenberg, Wiens berühmtesten Aussichtsberg, und viele andere Berge des Wienerwalds. Auf der dritten Seite, nach der Donau hin, sind lauter Weingärten, und auf der vierten nur Häuser.« Schwierigkeiten, eine Wohnung zu finden, hatte das junge Paar nicht: Bereits zwei Monate nach dem Anschluss Österreichs war die »Heimfrage« in Wien »glänzend gelöst: Soundsoviel reiche Juden waren auf und davon« und ihre Villen standen leer. Mit ihrem Schwager, dem Jurastudenten Seppi, der nach dem 12. März gleich in die SA eingetreten war, verstand sich Minni gut, denn er war jetzt viel zu Hause, »weil der Universitätsbetrieb durch den Abgang der jüdischen Professoren sehr gelitten« hatte.

Auch Lothars und Minnis gemeinsame Freundin Gisela war nach dem Anschluss nach Wien gereist. Lothar habe ihr all die schönen Heurigenlokale und Kaffeehäuser gezeigt, hatte sie mir erzählt. Natürlich hatte ich sie gefragt, ob sie auch im Café Sperl gesessen hätten, das seit Kaiser Franz Joseph alle Wechsel der Regierungen und Herrscher schadlos überstanden hatte, aber sie konnte sich an die Namen nicht erinnern; es seien zu viele gewesen. Das Café Sperl war in meinen Wiener Jahren mein Wohnzimmer gewesen, und so war ich erfreut darüber, gerade hier zwei Wiener zu treffen, deren Vorfahren in Żabie nur ein paar Hundert Meter von den Pazdanowskis entfernt gewohnt hatten.

Bereits mehrfach hatte ich versucht, Zugang zu den Archiven in Lemberg und Ivano Frankivsk zu bekommen. Wenn etwas über Michał Pazdanowski und seine Schule zu finden sei, hatten mir Historiker gesagt, dann dort. Und zugleich hinzugefügt, dass die Chancen sehr gering seien. In der Ukraine werde – nach einer Periode der Öffnung – wieder eine restriktive Politik gefahren. Dokumente aus der Kriegszeit zu bekommen, sei nahezu unmöglich. Auch Anna Wójcik hatte uns nur wenig Hoffnung gemacht: Selbst den Mitarbeitern der Gedenkstätte Majdanek seien Auskünfte und Unterlagen verweigert worden. Und im Stadtarchiv von Verkhovyna, so wurde uns mitgeteilt, gebe es bedauerlicherweise keinerlei Dokumente aus der Zeit vor 1945.

So musste ich also woanders suchen, um etwas über Żabie zu erfahren. Fündig geworden war ich wieder einmal in der Deutschen Nationalbibliothek in Leipzig, wo ich auf ein Buch mit dem Titel *Der Untergang von Kosow und Zabie – Zwei Augenzeugenberichte einer Katastrophe* stieß, erschienen 1998 im Wiener Verlag. Einer der beiden Verfasser hatte später ein weiteres Buch veröffentlicht: *Ich folge dem Weg von zuhause – Eine Lebensgeschichte.*

Als ich die Bücher aufschlug, blickte ich auf eine vertraute Landschaft und in bekannte Gesichter, in das von Stanisław Vincenz zum Beispiel, »Literat und Lebensfreund der Familie«. Auch der Name der Autoren war mir vertraut: Jehoschua Gertner und Danek Gertner. Sie gehörten zur jener Familie Gertner, von der uns Pani Anna und Pani Wasylyna erzählt hatten, zu jener Familie, deren Herberge vor dem Ersten Weltkrieg in *Hartleben's Illustriertem Führer durch Galizien* empfohlen worden war und 20 Jahre später im *Krótki Przewod-*

nik po Huculszczyźnie ebenfalls. Und nun saßen wir Alexander Gertner und seinem Neffen Daniel Rubin gegenüber. Alexander Gertner war 1990 mit seinem Onkel Danek in Verkkovyna gewesen, an dem Ort, um den Danek Gertner zuvor – »ob bewusst oder unbewusst« – bei seinen jahrzehntelangen Geschäftsreisen in die Sowjetunion »immer einen großen Bogen gemacht« hatte.

Einem Bogen hatte ich es zu verdanken, dass wir uns im Café Sperl treffen konnten. Ich hatte die Hoffnung bereits aufgegeben, Alexander Gertner ausfindig zu machen, doch dann war ich Ende Oktober zu einem Kongress nach Wien gefahren, den mir Anna Wójcik empfohlen hatte: »Der Komplex Majdanek und die österreichische Justiz«. Am letzten Tag des Kongresses nahm ich nicht den direkten Weg von meiner Pension zum Tagungsort, sondern ging um den Block und stand mit einem Mal vor der Wiener Firmenzentrale der weitverzweigten Gertner'schen Unternehmensgruppe. Es sei nahezu unmöglich, Herrn Gertner zu erreichen, sagte seine Sekretärin, er sei immer geschäftlich auf Reisen. Aber sie sei gerne bereit, ihm meine Bitte um einen Gesprächstermin vorzutragen.

Einige Wochen später bekam ich einen Anruf von einem österreichischen Telefonanschluss, es war Alexander Gertner. Am 1. Februar 2011 sei er wieder in Wien, sagte er, wir könnten uns gerne um 9 Uhr zu einem Frühstück treffen. Ob ich das Café Sperl kenne? Ja, antwortete ich, und so konnten wir nun seinen Bericht über die Karpatenfahrt im Oktober 1990 hören: Sein Onkel hatte ihm damals gerade die Leitung der Firma übertragen und eigentlich hätten sie sich nur einen Betrieb in der Nähe von Lemberg anschauen wollen, das damals noch zur Sowjetunion gehörte. Dann habe sich sein Onkel spontan entschlossen, seine alte Heimat wiederzusehen. Und so seien sie auch nach Verkhovyna gekommen. Jemand habe ihnen den Ort gezeigt, wo einst das Hotel der Gertners gestanden habe, sie hätten einige Leute getroffen, die sich an die Familie erinnern konnten, sie hätten den Jüdischen Friedhof aufgesucht und die Stelle, an dem die Juden aus Żabie ermordet worden waren. Wir könnten uns gerne das Album mit den Fotos von der Reise anschauen. Sein Onkel könne uns leider nichts mehr erzählen, er sei vor einigen Jahren verstorben. Auch sein Vater Marian, genannt Mirek, der zwei Jahre jüngere Bruder Daneks, lebe nicht mehr.

Danek Gertner jedoch, 1919 in Żabie geboren, hatte seine Aufzeichnungen hinterlassen, aus denen ich entnehmen konnte, dass in Żabie »ruhige, anständige und biedere Menschen« lebten und dass die Juden »im Großen und Ganzen keine Probleme mit der örtlichen Bevölkerung« hatten. Er könne sich »an keine unangenehmen Erlebnisse erinnern«, so Danek Gertner. Auch in der ukrainischen Schule, in der ukrainische und polnische Lehrer unterrichteten, hatte er sich sehr wohlgefühlt. Er hatte viele gleichaltrige Freunde, auch ukrainische und polnische, und im Sommer waren sie gemeinsam mit den Flößen gefahren und im Winter in der Umgebung ausgeritten oder Schlitten gefahren. Es war ein »schönes und buntes Kinderleben« – so wie es auch Inka, Pani Anna und Pani Wasylyna geschildert hatten.

In der Welt der Erwachsenen waren die Polen Beamte bei der Polizei und der Grenzwache oder Angestellte bei der Post und der Gemeinde, waren die Huzulen zumeist Waldarbeiter oder Bauern und züchteten Kühe und Schafe – »ein schweres Brot im Gebirge«. Das Vieh weidete im Sommer auf den Bergwiesen, von denen viele im Besitz von Juden waren. Auch die Familie Gertner hatte eine Alm verpachtet. Der Pachtzins wurde in der Regel nicht mit Geld, sondern in Naturalien bezahlt: mit Bryndza, dem gesalzenen Schafskäse, der dann in ganz Polen vertrieben wurde. Die meisten Juden waren ebenfalls in der Landwirtschaft oder im Holzhandel tätig und unterhielten enge geschäftliche Beziehungen zu den Huzulen. Unter beiden gab es Handwerker und Künstler, und zudem lebten zwei jüdische Ärzte und ein jüdischer Anwalt in Żabie. Der Vizebürgermeister war ein »auch bei Nichtjuden angesehener Mann«: Eliezer Gertner, der Großvater von Alexander Gertner und Patriarch der Familie, dessen Lebensmotto lautete: »Wenn du am Schabbat Fleisch auf dem Tisch hast, dann sorge dafür, dass der andere es auch hat.« Die Gertners pflegten ein entsprechend offenes Haus: »Wer kommen wollte, war herzlich willkommen«, und oft saßen 20, 30 und mehr Personen am Tisch.

Eliezer Gertner, der Gründer der jüdischen Kultusgemeinde in Żabie, war aber nicht nur Wohltäter, sondern auch Geschäftsmann. Er führte die von seinem Vater gegründete Herberge fort, die von Touristen, zumeist Sommerfrischlern, aufgesucht wurde: Studenten, Professoren, Schriftsteller und Wissenschaftler, die Land und Leute näher studieren wollten. Ein Taxiunternehmer holte sie mit dem Wagen von der Bahnstation in Kosów oder Vorokhta ab, die Gertners mieteten für sie bei den Huzulen Pferde oder ein Fuhrwerk, dann ging's ins Gebirge. Mehr und mehr Städter, für die diese Art von Urlaub ein Abenteuer war, kamen nach Żabie. Und so wurde auch der polnische Minister für Militärangelegenheiten, General Tadeusz Kasprzycki, Stammgast in Gertners Restaurant und Hotel. Die »guten Beziehungen und Verbindungen« zu den Warschauer Behörden verhalfen dem Bauunternehmer Eliezer Gertner zu lukrativen Aufträgen: So lieferte er das Baumaterial für den »Weißen Elefanten«, das astronomische Observatorium, das die polnische Regierung auf dem 2026 Meter hohen Pop Iwan im Czarnahora-Gebirge errichten ließ und dessen Ruine heute weithin sichtbar ist. Und auch für andere Gebäude, die in der zweiten Hälfte der 1930er-Jahre errichtet wurden wie etwa das Huzulen-Museum. Dass er auch die Landwirtschaftliche Schule und das Wohnhaus Michał Pazdanowskis erbaut hatte, sollten wir erst erfahren, als das Buch schon fast geschrieben war.

Die Polen hätten sich »sehr bemüht«, die Huzulen »für sich zu gewinnen«, hatte Danek Gertner beobachtet, dessen Vater Eliezer ebenfalls in gutem Verhältnis zu den Huzulen stand: Anfang der 1930er-Jahre hatte er damit begonnen, ihre Kunst und Kultur zu dokumentieren und Exponate aus Handwerk und Volkskunst zu sammeln. Fünf huzulische Angestellte wanderten durch die Berge, um sie zu erwerben. Die Sammlung aus Ikonen, Hinterglasmalereien, gedrechselten und handgeschnitzten Behältern, Ledergürteln und mit Intarsien versehenen Vorderladern, die noch aus der Habsburger Monarchie oder gar aus der Zeit der legendären Huzulen-räuber stammten, zog zahlreiche Besucher aus dem In- und Ausland an. Gertner wollte seine private Sammlung dem neuen Huzulen-Museum als Dauerleihgabe stiften. Doch es kam anders, denn die sowjetische Armee marschierte in Ostgalizien ein und Gertners Huzulen-Kollektion wurde konfisziert und verschwand.

»Die Sowjetsoldaten kamen mit Pferdefuhrwerken, viele auch auf Lastwagen, Marke GAS und ZIL, und bewaffnet waren sie mit Karabinern, auf denen spitze Bajonette blitzten«, erinnerte sich Danek Gertner. Die seit fast sechs Jahrhunderten bestehende Vorherrschaft der Polen in Galizien war damit beendet. Die galizischen Polen waren nun – wie auch ihre ukrainischen, jüdischen und huzulischen Nachbarn – erstmals Untertanen eines russisch dominierten Staates. Und ihr Leben wurde auf den Kopf gestellt: »Kaum waren die Sowjets da, machten sich schon die heimischen Kommunisten wichtig und übernahmen alle wesentlichen Posten.« Sie schwangen »große Reden voll barockem Pathos, deren Hauptthema die Ausbeutung des Proletariats durch den Kapitalismus und die Befreiung der westukrainischen Bevölkerung durch die Rote Armee aus dem Joch eben dieses Kapitalismus war.« Die Gertners wurden als solche Kapitalisten eingestuft und ihr Besitz wurde schon bald beschlagnahmt. Dabei hatten sie »noch Glück«, denn sie besaßen drei Kilometer von ihrem Hotel entfernt ein Bauernhäuschen, in das sie nun zogen. Was ihnen blieb, war ein Pferd, eine Kuh und ein Teil der Einrichtung, alles andere mussten sie zurücklassen.

Die Bolschewiki setzten ihr Programm rigoros durch: Sie verstaatlichten Industrie, Handel und Banken und verboten die politischen Parteien und Gewerkschaften. Sie verboten auch die polnischen, jüdischen und ukrainischen nationalen Organisationen. Sie verhafteten die meisten Vertreter der alten Elite, deportierten sie – mitsamt ihren Familien – in den Osten der Sowjetunion und ersetzten sie durch Kader aus der Ostukraine. Und die hatten keinerlei Kenntnisse über ihr neues Arbeitsgebiet. Wie auch die deutschen Besatzer im westlichen Galizien nicht.

Die Ukrainer waren von ihren neuen Herren enttäuscht. Sie hatten die Sowjetarmee als Befreier vom polnischen Joch begrüßt, doch ihre Hoffnungen auf mehr Freiheit und Unabhängigkeit erwiesen sich als trügerisch: Das Land, das die Sowjets den polnischen Großgrundbesitzern genommen und den ukrainischen Bauern gegeben hatte, wurde diesen 1940 wieder genommen – im Zuge der Zwangskollektivierung.

Wie war es Michał Pazdanowski und seiner Familie während der sowjetischen Besatzung Ostgaliziens ergangen, in den Jahren des beruflichen und gesellschaftlichen Aufstiegs meiner Großeltern? Was war mit seiner Schule geschehen? Dass er ebenfalls Karriere gemacht hatte, war auszuschließen: Im Gegensatz zu meinem Großvater stand er nicht auf der Seite der Sieger, sondern auf der der Verlierer, denn Stalin und Hitler, Nationalsozialisten und Bolschewiki, verfolgten zumindest in einem Punkt dieselben Interessen: den polnischen Staat und seine Eliten auszulöschen.

Während der 21-monatigen Besatzung Ostpolens hatten die Stalinisten etwa 315 000 polnische Bürger nach Kasachstan oder Sibirien deportiert, 110 000 eingesperrt, von denen 25 000 die unmenschlichen Haftbedingungen nicht überlebten, und 30 000 hingerichtet. Insgesamt wurden von September 1939 bis Juni 1941 rund 200 000 Polen durch den deutsch-sowjetischen Terror ermordet, etwa eine Million wurde verschleppt – zur Zwangsarbeit ins Deutsche Reich oder in die Arbeitslager hinter den Ural. Es gab polnische Familien, in denen der sowjetische und der deutsche Terror zugleich Opfer forderte: Der eine Bruder – Jakub Wnuk, Pharmazie-Experte – wurden im April 1940 in Katyń ermordet, der andere – Bolesław Wnuk, Politiker – zwei Monate später, im Juni 1940, während der AB-Aktion in Lublin. Ein solches Schicksal hätte auch die Familie Pazdanowski treffen können: Michał in Żabie, Jerzy in Krakau. »Während die Deutschen irrtümlich glaubten, sie hätten die polnische Bildungsschicht in ihrem Teil des Landes eliminiert«, fasst Timothy Snyder diese Periode zusammen, »war dies den Sowjets weitgehend gelungen.«

Doch wie hatte Michał Pazdanowski die 21 Monate vom 17. September 1939 bis 22. Juni 1941 überlebt? Wie die große Verhaftungsaktion im Frühjahr 1940? Hatte er davon gewusst, dass sein Bruder Jerzy zur selben Zeit in ihrer Heimatstadt Krakau von den Deutschen verhaftet und ins KZ Dachau deportiert worden war? Hatte er mit den Sowjets kollaboriert? Oder war er vor ihnen geflohen? Hatte er sich verstecken müssen?

Ja, hatten uns Hanka und Inka erzählt. Mehrfach sogar. Irgendwo im Czarnohora-Gebirge. Die Russen hätten ihm sein Motorrad abgenommen: Dawaj maszynu! Es war ein amerikanisches Fabrikat, Marke Indiana. Und dann sei er in die Berge geflohen. Und die Mutter hätte ihm dorthin etwas zu essen gebracht.

Was war mit der Schule geschehen? Hatte er seine Arbeit aufgeben müssen?

Ja, die Russen hätten die Schule geschlossen. Als sich der Vater in den Bergen versteckte, habe die Familie bei einer Frau Mokanowa Zuflucht gefunden. Die Russen hätten nach ihm gesucht. Aber er habe diese Zeit überlebt, und nach der »stabilisacja« sei er zurückgekehrt.

Konnte er anschließend wieder unterrichten?

Sie erinnere sich nicht, sagte Inka, Vater habe nie über seine Arbeit gesprochen.

Aber geschrieben hatte Michał über die Schule, wenn auch nur in wenigen Zeilen – in zwei Briefen im Dezember 1939, den beiden einzigen aus diesem Jahr, an seine Eltern nach Krakau in »Deutsch Polen«:

Liebe Eltern!
Ich nutze die Nachricht, dass die Post nach Krakau funktioniert und schreibe Euch. Wir sind gesund und haben während des Krieges nicht gelitten. Die Schule unterrichtet immer noch die Schüler, die den Unterricht im September abgebrochen haben. Ab dem 1.1.40 soll das neue Schuljahr beginnen.
Onkel und Tante Bielski haben uns zwei Mal geschrieben, sie sind alle

zusammen in ihrem Ort. Von dem Rest der Unseren weiß ich folgen-
des: Jurek Korolewicz, Tadzio und Mietek Dorawski waren in Lem-
berg, und während meiner Anwesenheit dort warteten sie entweder
auf einen Passierschein oder auf Pässe, die im deutschen Konsulat in
Krakau ausgestellt werden. Sie klagten darüber, dass man nur 20 oder
30 Kilo Habseligkeiten pro Person mitnehmen darf. Jurek traf wäh-
rend eines Ausfluges Bonio irgendwo im Wald, er ließ die Frau mit
dem Sohn zurück und ist mit Jurek mit dem Auto gefahren. Danach
wurde ihnen das Auto weggenommen – Jurek ging nach Lemberg und
Bonio sollte zu der Ehefrau zurück. Tante Władzia und Zosia waren
während meines Aufenthalts in Lemberg (vor einem Monat) gesund.
Jurek Bóbr blieb wahrscheinlich auf den von den Deutschen besetzten
Gebieten.

Michał konnte nicht offen schreiben, denn sowohl die Deutschen als
auch die Sowjets hatten rasch ein funktionierendes Überwachungs-
System aufgebaut, in dem natürlich auch das Postgeheimnis keines
mehr war. Es würde also jemand mitlesen, und so schrieb er über
sich und seine Familie in der dritten Person, als ob sie ebenfalls zur
Verwandtschaft gehörten:

Iza und Michal wollten mit den Kindern nach Krakau fahren, sie war-
teten, dass sie eine Arbeit durch Mietek und Władek bekommen, und
sie durch Gluth. Ich weiss nicht, ob ihre Briefe angekommen sind, und
sie sollten doch auf die Pässe und auf Informationen über eine even-
tuelle Arbeit warten. Sie baten mich, Euch davon zu schreiben.
Er nannte den Eltern die Adressen und die Ansprechpartner der
Schulbehörden, von denen er sich Hilfe und Arbeit versprach:
Mietek, Plac Szczepański 8, Kleinpolnische Landwirtschaftliche
Gesellschaft, oder zu Hause ulica Błękitna 10 (hinter dem Rakowi-
cki-Friedhof), Władek Pędzichów, Boczna 5, oder die Universität,
und Gluth, Grundschule ulica Szujskiego (Ecke Krupnicza), oder das
Kuratorium.
Ich warte auf eine schnelle Nachricht, was für Neuigkeiten Ihr von dem

Onkel und der Tante aus Poznań habt – ob Tadzio zu ihnen zurück-
gekehrt ist –, was mit den Adams ist, und vor allem wie der Vater und
Izio 39 angekommen sind. Denn das war doch am Vortag des Krieges.
Küsse an alle, Euer Sohn mit Familie.

Hatte Michał nichts von der Lage im Generalgouvernement mitbekommen, nichts von der Sonderaktion Krakau gehört, dass er
lieber unter deutscher als unter sowjetischer Herrschaft leben
wollte? Von der Familie hatten die Pazdanowskis seit Kriegsbeginn
keine Nachrichten erhalten. Michałs Vater Tadeusz und sein Bruder Jerzy, der in der Familie den Kosenamen Izio trug, waren im
August 1939 zu Besuch in Żabie gewesen und am 31. zurückge-
fahren, einen Tag vor dem Einmarsch der Deutschen. Es war ein
großes Familientreffen gewesen, denn auch aus Lemberg und anderen Orten waren die Verwandten angereist. Das Wetter war spät-
sommerlich warm gewesen, es konnte gewandert und geritten werden, und selbst auf den kleinformatigen Schwarz-Weiß-Fotos war
die Schönheit der huzulischen Berge zu erkennen. Jemand hatte
diese unbeschwerten und heiteren Momente in einem Album
dokumentiert, als ob er die letzten Tage des Friedens für die Ewig-
keit festhalten wollte.

Zbyszek hatte das Fotoalbum kurz vor unserer Wienfahrt wie das
berühmte Kaninchen aus dem Hut gezaubert – es lag plötzlich auf
dem elterlichen Wohnzimmertisch. Immer wieder hatte er uns
unvermittelt und eher beiläufig mit Dokumenten versorgt, die schon
lange in seinem Besitz waren, so wie auch mit einem Foto, das ein
glückliches Ehepaar zeigte: Michał schaut herzhaft lachend seine
Frau an, die eher schüchtern lächelnd in Richtung Kamera blickt.
Izabela ist ganz in der Art der Huzulinnen gekleidet: Sie trägt ein
gemustertes Kopftuch, eine weiße Bluse, die an den Ärmelbündchen
bestickt ist, und darüber die schwere, reich verzierte und mit Zie-
genlederstückchen und Messingkapseln versehene Weste aus Schaf-
wolle. Ob das Bild auch während dieser Urlaubswochen aufgenommen wurde, in denen Bruder Jerzy an die Mutter eine Ansichtskarte

von Żabie-Słupejka mit einem Motiv schickte, das sie noch nicht besaß?

Aber das war vor dem Krieg gewesen, als Michał noch nicht über sich und seine Familie wie über Dritte schreiben musste: »Michał mit Iza und mit Kindern sagten mir, dass sie gerne nach Krakau kommen würden, wenn sie dort eine Arbeit hätten und Pässe aus Krakau bekämen!« Oder auf den mit vielen kyrillischen Buchstaben und Stempeln versehenen Postkarten im Adressfeld eine Straße in Lemberg angeben musste. Es waren lediglich fünf Karten, die aus der Sowjetzeit erhalten geblieben waren, aber mehr hatten sie wohl auch nicht geschrieben – oder die Post hatte ihr Ziel nicht erreicht. Die einzige Karte aus dem Jahr 1940 hatte Izabela am 26. Juni verfasst. Die Vorderseite war mit einem Ährenkranz versehen, der um eine mit Hammer und Sichel geschmückte Weltkugel gewunden war. Oben strahlte der fünfzackige Sowjetstern. Die Briefmarke zeigte ein Denkmal des ukrainischen Nationaldichters Taras Schewtschenko, dessen Geburtstag sich 1939 zum 125. Mal gejährt hatte. In Krakau war die Karte sechs Wochen später, am 7. August, eingetroffen und mit einem Hakenkreuz-Stempel versehen worden.

Sie alle seien gesund, schrieb Iza in wenigen Zeilen. »So gern möchten wir mit Euch reden. Jędruś vermisst die Großmutter sehr und betet täglich dafür, dass wir Euch alle einmal sehen können. Michaś muss noch 400 Rubel verdienen, Butter kostet 20 Rubel das Kilo.« Seit dem 26. September sei sie ohne die Haushälterin Kasia. »Außer Haushalt, Wäsche und Versorgung der Kinder habe ich noch zwei Doktoren und so kann ich dazuverdienen.«

Michał gehörte also nicht zu den polnischen Lehrern, die in der großen NKWD-Aktion im Frühjahr 1940 verhaftet und deportiert oder ermordet worden waren. Ihn sicherte ein Dokument, das am 18. Februar 1936 in Lemberg ausgestellt und jedes Jahr verlängert worden war – die »Legitymacja Nr 2242« des Kuratoriums Okręgu Szkolnego Lwowskiego, der Lemberger Schulbehörde. Neben den vier Stempeln des Kuratoriums für die Jahre 1936 bis 1939 prangte nun ein fünfter Stempel, der doppelt so groß wie die anderen war und in der Mitte statt eines Adlers einen roten Stern mit Hammer und Sichel zeigte. Mit dem Datum vom 22. Dezember 1939 war die Lehrbefähigung von Pazdanowski Michaiło um ein weiteres Jahr verlängert worden. Auf der »Legitymacja Nr 1729/1«, ausgestellt am 30. März 1939 auf den Namen Izabela Pazdanowska und verbunden mit der Erlaubnis, an der Landwirtschaftlichen Schule in Żabie unterrichten zu dürfen, fehlte hingegen der Sowjetstempel. Izabela durfte nicht mehr als Lehrerin arbeiten, sondern musste nun als Putzfrau bei »zwei Doktoren dazuverdienen«.

Wer hatte die Familie Pazdanowski geschützt? War es der langjährige Bürgermeister Petro Szekeryk-Donykiv, der auf allen offiziellen Fotos der Schule und auch auf den privaten der Familie Pazdanowski in Huzulentracht zu sehen war? Szekeryk-Donykiv, am 20. April 1889 im Huzulendorf Hołowa geboren, war eine außergewöhnliche Persönlichkeit: In jungen Jahren Schauspieler, den es mit seinem Huzulentheater bis nach Krakau führte, Schriftsteller und Journalist, bereits in Zeiten der österreichischen Monarchie politischer Aktivist, 1927 mit Stimmen der Ukrainer und Juden zum ersten Mal zum Bürgermeister von Żabie gewählt, ein Jahr später – natürlich in Tracht und mit Axt im Gürtel – Einzug als Vertreter der ukrainischen Opposition ins polnische Parlament, ab 1932 erneut Bürgermeister von Żabie. Er gab nun seine radikale Opposition gegen die polnischen Behörden auf, schloss sich der Towarzystwo Przyjaciół Huculszczyzny (TPH) – Gesellschaft der Freunde der Huzulei – an und sorgte für eine rege Bautätigkeit in Żabie: Er ließ die Straßen ausbessern, neue Brücken errichten und Baugrund erschließen. 1934 schlug er dem Gemeinderat vor, dass er ein Grundstück zum Bau einer Schule freigebe, die von der TPH errichtet werden solle – so wie auch das Huzulen-Museum, dem Eliezer Gertner fünf Jahre später seine Sammlung stiften wollte. Die Schule sollte eine besondere werden: eine Landwirtschaftliche Schule speziell für die huzulischen Bauernjungen.

Doch Petro Szekeryk-Donykiv konnte Michał nicht geholfen haben, denn er hatte sich selbst nicht mehr helfen können. Sein Amt als Bürgermeister hatte er nach dem Einmarsch der Sowjets aufgeben müssen. Als Iza die Karte an die Krakauer Familie schrieb, war er schon fort: Am 15. Mai 1940 waren er und sein Sohn Andrzej vom NKWD verhaftet und ins Gefängnis nach Stanisławów gebracht worden. Ihnen wurde vorgeworfen, dass man bei der Hausdurchsuchung »nationalistische Literatur« gefunden habe, die gegen die Sowjetunion und die kommunistische Partei gerichtet gewesen sei. Außerdem sollte er Kontakt zu »nationalistischen Banden« unterhalten haben. Am 11. Oktober 1940 wurde er zu acht Jahren Haft verurteilt. Seine Frau bekam von ihm noch einen Brief aus Dnjepropetrowsk, womöglich wurde er noch nach Sibirien deportiert, dann verliert sich seine Spur.

Von der Verhaftung und dem Verschwinden seines huzulischen Freundes war in den beiden Karten von Michał Pazdanowski aus dem Frühjahr 1941 nichts zu lesen. Die eine war mit dem Pseudonym »M. Zdan, Lwów« versehen und am 6. März aus Kolomea abgeschickt worden, die andere am 25. April aus Stanisławów unter Izabelas Geburtsnamen Bielecka.

Während wir aus den Briefen meiner Großeltern über nahezu jeden Tag ihres Lebens informiert waren, erfuhren wir aus den Karten der Pazdanowskis nahezu nichts. Es sei bei ihnen alles in Ordnung, die Kinder seien gesund und munter, Jędrek denke viel an die Lieben in Krakau, Inka sei flink wie ein Wiesel und auch Iza halte sich tapfer. Und in beiden Karten die Bitte um Nachrichten, denn sie seien sehr besorgt.

Oder war es der russische Offizier, von dem uns Inka erzählt hatte, der seine schützende Hand über die Familie Pazdanowski gehalten hatte? Dieser Offizier sei öfter zu ihnen nach Hause gekommen. Sie habe ihn sehr gemocht und schon am Fenster auf ihn gewartet. Er habe sie auf den Schoß genommen und von seinen Kindern erzählt, von seiner Familie zu Hause in Leningrad. War zwischen den Pazdanowskis und ihm eine polnisch-sowjetische Freundschaft entstanden?

Womöglich war die Antwort viel naheliegender: Michał Pazdanowski war Direktor einer Schule, an der jungen Huzulenburschen beigebracht wurde, wie sie Krautköpfe und Kartoffeln anzubauen und das Vieh so zu behandeln hatten, dass es mehr Milch gab als zuvor. Er unterrichtete weder Geschichte noch Geografie, weder Latein noch Polnisch, und auch Religion stand nicht auf seinem Lehrplan. Alle Fächer, die mit der Schulreform am 1. Januar 1940 abgeschafft worden waren, betrafen ihn nicht. Mit Sicherheit wurden auch in seiner Schule Kruzifix und Polnischer Adler durch Stalin und Lenin ersetzt, aber Säen und Ernten, Striegeln und Melken waren Tätigkeiten, die unter keinen ideologischen Vorbehalten standen. Möglicherweise war er für die Sowjets schlicht zu unbedeutend, als dass sie ihn nach Sibirien deportierten. Oder sie brauchten ihn, um die Versorgung der Bevölkerung mit Lebensmitteln zu gewährleisten, denn vor allem im außergewöhnlich kalten Winter 1939/40 litten viele Bewohner des Huzulenlandes, wie Danek Gertner berichtete, an Hunger.

Leider erfuhr ich auch bei Danek Gertner nicht viel über das Żabie während der sowjetischen Besatzung. Er war als Student an der Technischen Hochschule in Lemberg im Dezember 1940 zur Roten Armee eingezogen worden, kam in eine Kaserne im ostukrainischen Donezk-Becken, erkrankte an Malaria, lag in Kirowograd, Dnjepropetrowsk und Odessa im Krankenhaus und wurde im April 1941 zu einem zweimonatigen Genesungsurlaub entlassen. »In Żabie angekommen, waren Überraschung und Freude aller groß. Meine Eltern und Geschwister hatten in der Zeit, da ich abwesend war, viel durchlitten. Wir erzählten einander lange und ausführliche Geschichten. Ich war noch kaum vier Wochen zu Hause, da brach am 22. Juni 1941 der deutsch-sowjetische Krieg aus.«

Eines Tages habe ihr Vater sie gerufen, hatte Inka erzählt, und auf die Schwarzen Berge gezeigt: Fallschirmspringer! Und dann seien die Deutschen gekommen.

Mit den Deutschen war auch mein Wiener Großvater in die Karpaten gekommen, um dort im Oktober 1941 nach »deutschem Blut« zu fahnden und versprengte Volksdeutsche zu finden. Es war zur selben Zeit, als in Kosów 2200 Juden zusammengetrieben und auf den Hügel hinter der Moskalowska-Brücke gebracht wurden. Die Gräben, in die sie von den Kugeln der Deutschen getroffen hineinfielen, waren bereits ausgehoben. Einer der ersten Ermordeten war ein 25-jähriger promovierte Mediziner, der in Żabie in der Klinik des Dr. Sarwacki gearbeitet hatte, jenem polnischen Arzt, der – wie Pani Anna sagte – so viel Gutes für die Huzulen getan hatte. Der Ermordete war Arie Gertner, der älteste Bruder von Danek und Mirek Gertner.

»Mein Neffe Alexander sollte lernen, aus welchem Land seine Familie gekommen war und welches unendliche Unglück diese überlebt hatte, um ihm das Leben zu schenken«, hatte Danek Gertner geschrieben. Vielleicht nehme er, Danek, sich »noch einmal die Mühe, nach Galizien zu reisen, nach Lemberg und hinauf in die Karpaten, bis nach Kosow und Zabie. Irgendwie werde er wohl wieder Sehnsucht danach haben.« Es liege an einem selbst, hatte er sein Buch beendet. »Denn«, so lautete sein letzter Satz, »man folgt immer dem Weg von zu Hause.«

Ob er sich vorstellen könne, diesem Weg zu folgen und noch einmal nach Galizien zu fahren, fragten wir im Café Sperl Alexander Gertner. Nach Lemberg, Verkhovyna, Kosiv und all die anderen Orte. Ja, antwortete er. Mit seiner Familie. Es sei gut zu wissen, wo man herkomme und wo die Vorfahren gelebt hätten. Ob wir uns vorstellen könnten, gemeinsam zu reisen?

Er würde mitfahren, sagte sein Neffe Daniel Rubin. Die Geschichte seiner Vorfahren spiele eine wichtige Rolle in seinem Leben, denn die Erlebnisse seiner Großeltern in der Shoah hätten ihn gewissermaßen »erst in das Judentum getrieben«. Er werde nie vergessen, wie der Großvater zu ihm sagte: »Was glaubst du, ich bin nach dem Krieg nach Wien gekommen und hatte bei jedem, der mir auf der Straße entgegenkam, die Vorstellung, er könnte der Mörder meiner Familie sein. Doch ich wollte ihnen zeigen, dass sie mich nicht zerstören konnten.« Sich nicht unterkriegen zu lassen – das sei das Erbe, das ihm sein Großvater mitgegeben habe, das Vertrauen, »dass auf finstere Zeiten, wenn man bereit ist zu kämpfen, auch helle Zeiten folgen müssen.«

Und dieses Gefühl einer diffusen Angst, das Gabriela und Marysia immer wieder beschlich – kenne er das auch?

Ja, auch das hätten ihm seine Großeltern mitgegeben: Alles zu hinterfragen, nichts so hinzunehmen, wie es auf den ersten Blick erscheinen möge. Dahinter stecke wohl das tiefe Gefühl, »dass sich Heil rasch in Unheil verwandeln« könne, dass »großes Glück immer vergänglich« sei.

Und wie sei es, wenn er an einen für ihn neuen Ort komme?

Dann merke er, wie er die örtlichen Gegebenheiten auf »Gelegenheiten, sich vor Terrorakten oder anderen Angriffen zu schützen«, in seinem geistigen Auge kontrolliere. »Ich denke«, sagte Daniel, »auch das ist ein Teil des Holocausts, der in mir weiterlebt.«

»Die Matrize des Todes«
Poręba Żegoty, 30. April 2011

Ziemlich genau auf halber Strecke zwischen Krakau und Auschwitz, unweit des Ortsschilds von Poręba Żegoty, bogen wir von der Landstraße Nummer 708 rechts ab in einen Weg, der an einem dichten Wald entlangführte. Wir stoppten vor einer Schule, die den Namen eines berühmten polnischen Malers trug – Stanisław Wyspiański –, und fragten einen Passanten nach dem Palast des Grafen Szembek. Keine Ahnung, antwortete er, er sei zugezogen. Wir ließen das Auto stehen und folgten einem Trampelpfad, der in den Wald führte. Als sich der Pfad teilte, nahmen wir nicht den Weg zur Bushaltestelle an der Landstraße 708, sondern gingen tiefer in den Wald hinein, kletterten über umgestürzte Baumstämme, zwängten uns zwischen Sträuchern und Büschen hindurch und gelangten zu einem Ziegelgebäude, über dessen Eingang eine Statue emporragte: die Jungfrau Maria mit dem Jesuskind auf den Schultern. Auf dem Dach des Gebäudes wuchsen Sträucher, aus den Fensterhöhlen unter den Rundbögen und dem offenen Eingangsportal stieg ein Geruch empor, der den des überall wuchernden Bärlauchs übertraf. Der Boden des Gebäudes war mit Glasscherben, Zigarettenkippen und leeren Wodkaflaschen übersät, die Grabplatten links und rechts waren zerbrochen, die Gräber mit Müll gefüllt. Das Gebäude, das augenscheinlich von der Dorfjugend zum Feiern genutzt wurde, war ein Mausoleum. Befand sich hier die letzte Ruhestätte der Grafen Szembek?
Die Bäume um das Mausoleum waren so außergewöhnlich wie die Grabstätte: Es wuchsen Tulpenbäume, Linden, Buchen, Gingkobäume, Hainbuchen, Eichen, deren Stämme sich nicht umfassen ließen, Platanen, sogar die in mitteleuropäischen Breiten äußerst seltene Japanische Sophora, eine Art Magnolie. Jemand hatte hier einst

eine exotische Parklandschaft angelegt. Sie endete an einer Steinmauer, auf die ein durchgestrichener Davidstern gesprüht war.

Wir verließen den Park, stolperten über Grundmauern, umstiegen Löcher, blickten von einem Schutthügel in ein Gewölbe, dessen Boden mit weißen und blauen Kacheln gefliest war, erreichten einen freien Platz und standen schließlich vor einer Mauer, die von einem dreieckigen Risalit überragt wurde. Die zehn Stufen, die zur Säulenhalle emporführten, waren intakt, aber dahinter tat sich der Abgrund auf.

Ja, das war offensichtlich das Gut der Grafen Szembek. Oder das, was davon geblieben war. Die Forsythien vor dem langgezogenen, eingeschossigen Gesindehaus links des Palastes, die bereits verblüht waren, wucherten die Eingänge mit den schmalen Holztüren zu. Auf dem Sims vor einer zerschlagenen Fensterscheibe lauerte ein Katze, zum Sprung bereit, auf eine Wand hatte jemand mit blauer Farbe »Park jest nasz« – der Park gehört uns – gepinselt. Rechts neben dem Palast befanden sich die Grundmauern, über die wir gestiegen waren: die Überreste der Ställe, Scheunen, Getreidespeicher und des Verwaltungsgebäudes, in dem der Gutsverwalter Alojzy Bóbr, Michał Pazdanowskis Großvater, die Geschäfte für den Grafen Zygmunt Szembek versehen hatte.

Als Michał Pazdanowski am 22. September 1903 auf dem Gut des Grafen Szembek geboren wurde, war Polen auf keiner Landkarte verzeichnet. In *Meyers Großes Konversations-Lexikon* von 1905 wurde Polen, das auf eine fast tausendjährige Geschichte zurückblicken konnte, lediglich als »ehemaliges europäisches Reich« erwähnt. Die Polen wurden als »slawischer Volksstamm« aufgeführt, der wie die Tschechen, Slowaken, Sorben und Wenden zur »westlichen Gruppe« der Slawen gehörte und »seine Wohnsitze vornehmlich in Russland, Österreich und Preußen« habe. Die Teilungen Polens Ende des 18. Jahrhunderts hatten auch die Lebenswege der Familie Szembek getrennt, die – vertraut man den einschlägigen Registern – einem alten Adelsgeschlecht entstammte. Ihre Vorfahren waren im 15. oder 16. Jahrhundert aus Tirol nach Polen eingewandert, 1566 war Bartholomäus Schönbeck, Schöffe zu Krakau, in den Reichsadelsstand aufgenommen worden. Die Familie änderte ihren Namen in Szembek und gewann rasch Einfluss auf das politische Geschehen in Polen.

Nach der Teilung Polens lebte ein Zweig der Familie im deutschen Teil, wo die Szembeks nun in den preußischen Adelsstand erhoben wurden; der jüngere Peter Graf von Szembek war Ende des 19. Jahrhunderts Mitglied der Polnischen Fraktion im Deutschen Reichstag. Der im österreichischen Polen verbliebene Zweig hatte im 18. Jahrhundert in Poręba Żegoty das Gut derer von Szwarcenberg-Czerny übernommen und ausgebaut. Als Gründer dieser Linie ist Józef Szembek verzeichnet, der während der Napoleonischen Kriege als Hauptmann sowohl in einem polnischen als auch in einem französischen Regiment gekämpft hatte.

Die Grafen Szembek in Poręba Żegoty waren polnische Patrioten, und so war es für sie keine Frage, dass sie dem jungen Alojzy Bóbr Asyl gewährten, der nach dem gescheiterten Januar-Aufstand 1863/64 aus dem russischen Teil Polens fliehen musste. Obwohl er schwer verwundet war und ein Bein verloren hatte, übertrugen sie ihm das Amt des Gutsverwalters. Alojzy Bóbr hatte drei Töchter, die er von einem jungen, aufstrebenden Krakauer Maler porträtieren ließ – von Stanisław Wyspiański –, und eine dieser Töchter war Jadwiga, Michałs Mutter. Das Gemälde ist vermutlich während der Zerstörung Warschaus im Spätsommer 1944 verbrannt, aber eine Schwarz-Weiß-Fotografie ist erhalten geblieben.

Es war Tradition in der Familie, die Kinder auf dem Gut des Grafen zur Welt zu bringen, sodass auch Jadwiga mit ihrem Mann Tadeusz Pazdanowski von Krakau nach Poręba Żegoty fuhr, als die Zeit gekommen war. Tadeusz Pazdanowski, Lehrer für Latein, Griechisch und Polnisch, war Sohn eines Künstlers, der ebenfalls den Namen Alojzy trug und ebenfalls nach dem Januar-Aufstand aus dem russischen Teil Polens geflohen war – nachdem er seine Deportation nach Sibirien überlebt hatte. Alojzy Pazdanowski entstammte einem alten Adelsgeschlecht und hieß vermutlich eigentlich Franciszek

Merczyński – mit seiner Flucht ins österreichische Polen hatte er seinen ursprünglichen Namen geändert und sich eine neue Identität geschaffen.

Jede zweite Generation der Pazdanowskis bringe Künstler hervor, hatte Hanka einmal gesagt: Alojzy, Jerzy und nun Gabriela und ihre Schwester Kika. Eine übernächste Generation werde es vermutlich nicht geben, hatte Gabriela entgegnet.

Wir kamen zum Eingang des Palastes, der in der zweiten Hälfte des 17. Jahrhunderts im Stil des Rokoko-Klassizismus errichtet worden war. Ungefähr zur Zeit von Michałs Geburt war das Gebäude-Ensemble restauriert worden, ungefähr ein Jahr nach seinem Tod wurde es niedergebrannt – mitsamt der Bibliothek und der Kunstsammlung. Ob von den abziehenden Deutschen oder den vorstürmenden Russen, konnte uns niemand sagen.

Als Michał geboren wurde, sagte ich, lebten auf dem Anwesen des Grafen Zygmunt Szembek 118 Menschen in zehn Häusern, 111 waren römisch-katholischen, sieben jüdischen Glaubens. Insgesamt hatte Poręba Żegoty in 182 Häusern 1454 Einwohner – 1437 Katholiken, 17 Juden. Ich erzählte Gabriela von den beiden Söhnen des Zygmunt und der Klementyna Szembek: von Jan Szembek, 1881 geboren, Absolvent des Wiener Theresianums, Diplomat als Johann von Szembek in der Habsburger Monarchie, diplomatischer Dienst in der Republik Polen, seit 1932 Staatssekretär des polnischen Außenministers Józef Beck, im September 1939 Flucht mit der polnischen Regierung über Lemberg, Kolomea, Kosów und die Karpaten nach Rumänien, gestorben im Juli 1945 im portugiesischen Exil. Und ich erzählte auch von seinem zwei Jahre jüngeren Bruder Włodzimierz, der an der Krakauer Jagiellonen-Universität Landwirtschaft studiert und anschließend auf dem elterlichen Gut gearbeitet hatte. War er das Vorbild für Michał Pazdanowski gewesen, ebenfalls Agrarwissenschaften zu studieren? Włodzimierz Szembek war nicht auf dem elterlichen Gut geblieben: 1928 trat er im Alter von 45 Jahren in den Orden der Salesianer ein, wurde 1934 in Krakau zum Priester geweiht, am 9. Juli 1942 von der Gestapo verhaftet, gefoltert und am 16. September in das Konzentrationslager Auschwitz deportiert. Dort starb er bereits zwei Tage später als Nummer 60 019, keine 30 Kilometer von seinem Geburtsort entfernt.

Ihr Großvater hätte sich seinen Lebensweg eigentlich ersparen können, sagte Gabriela. Krakau, die Schweiz, die Beskiden, Żabie, Majdanek … Wozu das alles, wenn das Ende so nahe beim Anfang liege? Wir gingen weiter zu einer der Palastmauern, die uns Schutz bot vor dem immer stärker werdenden Wind. Von Westen her näherte sich eine schwarze Wolkenfront, die Donner grollten. Das erste Gewitter in diesem Jahr. Wir drehten unsere Gesichter in Richtung Osten und schauten in den blauen Himmel, der sich bald zuziehen würde. Über Krakau schien noch die Sonne, über der Stadt, in der Michałs Vater Tadeusz Direktor eines Mädchengymnasiums gewesen war und eine Klasse unterrichtet hatte, in der eine Izabela Bielecka seine Schülerin war. Izabela war ebenfalls auf einem Gut geboren, nicht weit entfernt von Poręba Żegoty, auf dem Anwesen derer von Radziwiłł, die zu den ältesten litauisch-polnischen Adelsgeschlechtern gehörten und in allen drei polnischen Teilen ihre Besitztümer hatten – so wie in Balice bei Krakau, wo Izabelas Vater als Gutsverwalter amtierte. Professor Pazdanowski dachte sich, dass Izabela eine gute Partie für seinen Sohn Michał wäre, organisierte einen Ausflug zur Benediktinerabtei Tyniec und brachte sie zusammen. Doch es sollte noch 16 Jahre dauern, ehe sie heirateten. Den ersten Antrag hatte Michał ihr gemacht, bevor er im Herbst 1929 an die Alpwirtschaftliche Schule Brienz in die Schweiz wechselte, aber Izabela hatte abgelehnt: Sie sollten besser bis zu seiner Rückkehr warten, vielleicht lerne er ja in der Schweiz ein anderes Mädchen kennen und wolle sie dann nicht mehr. Am 4. Februar 1933 schrieb er dann endlich den »letzten Brief als Junggeselle« an seine Mutter und bat sie, ihm bei den Vorbereitungen einer »bescheidenen Feier mit möglichst wenigen Gästen« behilflich zu sein. Wegen seiner Arbeit könne er leider nicht alles selbst machen. Sie möge bitte seinem Bruder Jerzy Bescheid geben, dass er »am Dienstag« in Krakau sein solle, denn er wünsche sich ihn als Trauzeugen.

Es waren harte Zeiten, in denen Michał Pazdanowski und Izabela Bielecka den Bund fürs Leben schlossen. In ihrem Leben spiegelte sich das wider, was Joseph Roth in der *Frankfurter Zeitung* von seiner Galizien-Reise berichtet hatte:

Es ist schwer zu leben. Galizien hat mehr als acht Millionen Einwohner zu ernähren. Die Erde ist reich, die Bewohner sind arm. Sie sind Bauern, Händler, kleine Handwerker, Beamte, Soldaten, Offiziere, Kaufleute, Bankmenschen, Gutsbesitzer. Zu viele Händler, zu viel Beamte, zu viel Soldaten, zu viel Offiziere gibt es. Alle leben eigentlich von der einzig produktiven Klasse: den Bauern. So war's, als der Kaiser Franz Joseph regierte, und so ist es heute. Es sind andere Uniformen, andere Adler, andere Abzeichen. Aber über das flache Land wandelt unaufhörlich ein ewig gleicher Wind, den man kaum fühlt. Hügel, Verheißungen der Karpaten, blauen in der Ferne. Raben kreisen über den Wäldern. Sie waren hier immer zu Hause. Seit dem Krieg sind sie üppig geworden.

Galizien litt noch lange unter den Folgen des Ersten Weltkriegs, den Michał Pazdanowski in seinem Lebenslauf erwähnte, um seinen späten Schulabschluss zu erklären – er war 21, als er am Krakauer Jan-Sobieski-Gymnasium sein Abitur ablegte: »Krieg und Krankheit haben bei mir zu zwei Jahren Unterbrechung im Unterricht geführt.« Izabela, die noch sieben Geschwister hatte, machte ebenfalls 1924 ihr Abitur. In einem Entwurf für einen Lebenslauf schrieb sie:

Der Wille zum Lernen hat es mir erlaubt, trotz sehr schwieriger materieller Verhältnisse, am 2.6.1924 ein Gymnasium in Krakau mit der Reifeprüfung abzuschließen. Wegen der Notwendigkeit, möglichst schnell für mich selbst aufzukommen, besuchte ich innerhalb des nächsten Jahres die Staatlichen Lehrerkurse, die ich mit einer Prüfung am 5.6.25 abgeschlossen habe. Sie berechtigte mich zur Ausübung des Berufs einer Lehrerin. Das war mir nicht leicht gefallen. Eine sehr bescheidene Hilfe von zu Hause musste ich mit meiner eigenen Arbeit ergänzen und so habe ich während jeder Ferien und jeder freien Stunde in einer Fabrik genäht, um Geld für notwendige Schul- und Klei- dungsausgaben zu haben. Eine feste Anstellung als Lehrerin habe ich am 1.9.25 in Chełm Wielki begonnen. Ich war glücklich, dass ich in meinem Beruf arbeiten und für mich selbst aufkommen konnte und meinen jüngeren Geschwistern helfen.

Das Dorf Chełm Wielki, in dem Izabela als Lehrerin arbeitete, während Michał studierte, lag zwischen Auschwitz und Kattowitz in jenem Teil Schlesiens, der nach dem Ersten Weltkrieg Polen zuge- sprochen worden war, also nicht mehr in Galizien. Doch hier wie dort war die wirtschaftliche Lage katastrophal:

Die Lebenshaltung des Dorfes hat sich verschlechtert. Selbst viele wohl- habende Wirtschaften können sich den Gebrauch von Zucker nicht mehr leisten. Man spart selbst an Salz. Die Zerlegung der Streichhöl- zer in mehrere Teile, das Feuerschlagen mithilfe des Feuersteins, die Überführung glühender Kohle von einem Dorfbewohner zu anderen ist eine alltägliche und natürliche Erscheinung. Unerhört wütet die Schwindsucht. Die Bevölkerung geht trotz der kalten Jahreszeit ohne Stiefel; sie ist ohne notwendige Wäsche und verbraucht den Rest der Lumpen, der ihr aus besseren Zeiten übrig blieb. Ein großer Teil der erwachsenen Jugend findet keine Beschäftigung mehr. Mit ihren Ansprüchen auf ein menschenwürdiges Leben werden sie für die Sippe eine Qual, für sich selbst eine Last und oft ein gefährlicher Keim der Zersetzung.

Michał unternahm alles, um seinen Eltern nicht zur Last zu fallen. Bereits während seines Studiums hatte er mehrere Praktika absol- viert: auf einem Landgut in der Nähe von Kielce, auf der Górowa- Alm in der Gebirgskette von Pilsko und in einer Versuchsstation der Kleinpolnischen Agrargesellschaft in Klecza Górna, um dort im Auf- trag der Universität den Säuregehalt des Karpatenbodens zu bestim- men. Und nach dem Diplom hatte er von Juli bis September 1929 ein

Praktikum auf den Gütern von Baron J. Goetz-Okocim absolviert. Das Landgut derer von Goetz-Okocim, deren Vorfahren zu Beginn des 19. Jahrhunderts aus dem Schwäbischen ins österreichische Galizien eingewandert waren, kannten Gabriela und ich nur zu gut. Wir waren an einem Nachmittag im September 2008 durch den englischen Park spaziert und zum Eingangsportal des ehemaligen Palastes gelangt, der gerade renoviert wurde. Die Restauratoren ließen uns herein, und wir bekamen eine Ahnung, wie das Gebäude ausgesehen hatte, bevor es beschlagnahmt und in eine Schule umgewandelt worden war – und wie es wieder aussehen würde. Das Wiener Architektenduo Fellner & Helmer, das um die Wende des 19. zum 20. Jahrhundert zwischen Berlin und Zagreb, Zürich und Odessa ungezählte Theater, Opernhäuser, Villen und Schlösser schuf, hatte auch in dem Provinzstädtchen Brzesko tadellose Arbeit abgeliefert.

Wir hätten stundenlang in den Sälen, Zimmern und Wandelhallen umherstreifen können, aber wir waren in einem kleinen Hotel außerhalb der Gutsmauern mit einer Dame zum Kaffeetrinken verabredet, die einst über Brzesko von Lemberg nach Krakau geflohen war: mit Irène Herz.

Wie Michał Pazdanowski zu seinem Praktikum auf den Gütern der Goetz-Okocims gekommen war, erfuhren wir in einer Krakauer Wohnung, in der sich seit den 1930er-Jahren nichts verändert zu haben schien. Als wir die Türschwelle überschritten, wähnten wir uns in einer Bibliothek, die jeder Universität zur Ehre gereicht hätte. In den meterhohen vertäfelten Regalen standen Tausende Bücher und Werke wie *A free farmer in a free state* oder das *Dictionaire d'Agriculture Practique*, aber auch die *Istoria delle Piante* oder *Die chinesische Landwirtschaft*. Daneben eine sechsbändige Enzyklopädie in russischer Sprache, alte Folianten, die auf Latein abgefasst waren, Wörterbücher, Lexika, auch Goethe, Schiller und Heine. Die einzigen Gegenstände aus der Gegenwart waren mit einem Tuch verhängt: Fernsehgerät und Videorekorder.

Ihr Vater habe als Emeritus eine Geschichte der Agrikultur schreiben wollen, sagte Zofia Włodek fast wie zur Entschuldigung. Die

Gestapo habe damals, als sie die vielen Bücher sah, das Haus wieder verlassen und die Bewohner unbehelligt gelassen. Hier wohnen kultivierte Leute, habe der Gestapo-Mann gesagt. Für ihren Vater Jan Włodek, Michał Pazdanowskis Lehrer, kam diese Sympathiebekundung jedoch zu spät: Der designierte Rektor der Jagiellonen-Universität war am 19. Februar 1940, elf Tage nach seiner Freilassung aus dem Konzentrationslager Sachsenhausen, an den Folgen der Haft gestorben. Am 28. Januar hatte der Häftling Nummer 5200 aus Block 46 noch an die »Allerliebsten« geschrieben: »Ich bin gesund und munter. Vorgestern war Jaś's Geburtstag. Ich habe viel an ihn gedacht.« Sein Sohn solle nachdenken, was er sich als Geschenk von seinem Vater wünsche.

Während Pani Zofia von den Jahren erzählte, in denen sich in der Stadtwohnung der Familie Włodek einer der Unterrichtsräume der Untergrund-Universität verborgen hatte – »die Professoren gingen mit den Schülern und Studenten im Garten spazieren und nahmen ihnen dort die Prüfungen ab« –, kehrte ihr Bruder Jaś ins Zimmer zurück. Professor Jan Marian Włodek brachte ein Buch mit, in dem Michał Pazdanowski als Schüler seines Vaters verzeichnet war. Ja, sagte er, sein Vater habe seinen Studenten Stellen für Praktika vermittelt. Und er habe sie natürlich auch auf das Gut seiner Schwiegereltern geschickt. Er öffnete einen der Fotobände des Familienarchivs und zeigte auf ein Bild, das am 25. Oktober 1912 in der Eingangshalle eines Palais aufgenommen worden war: Die Damen mit hochgesteckter Frisur in langen weißen oder dunklen Gewändern, die Herren mit weißen Hemden und weißen Fliegen in Frack oder betresster Uniform, die weißen Handschuhe lässig in der Hand haltend – das Hochzeitsbild der Eltern Jan Włodek und Zofia Goetz-Okocimska mit der Verwandtschaft, die sich im Palastgebäude von Brzesko um das Brautpaar geschart hatte.

Sein Vater habe großes Interesse daran gehabt, dass die Studenten Erfahrungen im Ausland sammelten, fuhr Professor Jan Marian Włodek fort, während er Fotografien mit seinem Vater in den Schweizer Bergen oder – auf einem Kamel reitend – in der Oase

Gadames in der libyschen Wüste zeigte: Nach England habe er sie geschickt, nach Neuseeland, Afrika, Madagaskar und auch in die Schweiz, denn sein Vater habe das Schweizer System der Weidewirtschaft in Polen eingeführt. Er habe ihnen Stipendien des Landwirtschaftsministeriums vermittelt. Die Fakultät für Agrarwissenschaften sei die Elite-Fakultät der Jagiellonen-Universität gewesen. Die meisten Professoren hätten große Güter besessen und seien finanziell unabhängig gewesen, sodass sie Forschung und Bildung fördern konnten. Michał Pazdanowski sei zweifelsohne ein sehr begabter Student gewesen, sonst hätte sein Vater ihm nicht einen Studienaufenthalt in der Schweiz ermöglicht.

Die 16 Monate in der Schweiz, fernab der galizischen Armut, waren eine unbeschwerte Zeit für Michał Pazdanowski gewesen. »Ich habe mich ziemlich gut eingelebt und mir geht es nicht schlecht«, berichtete er auf den Postkarten nach Hause. Es sei wunderschön in der Schweiz, einem Land »mit anderen Menschen und Sitten«. Er erlerne das Handwerk der Käseherstellung, absolviere vier landwirtschaftliche Praktika bei Bergbauern im Zürcher Oberland, besichtige verschiedene wissenschaftliche Institute und Agrarschulen, um sich fortzubilden. Zeit zum Schreiben habe er daher kaum, und außerdem sei er inzwischen »schon besser mit der Mistgabel als mit der Schreibfeder«. Seinen Bruder Jerzy ermahnte er, über dem Malen die Gymnastik nicht zu vergessen und auch genügend zu essen, seine Schwester Anna, den Chopin fleißig zu üben.

Das Jahr in der Schweiz verging rasch, und schon konnte man »den Herbst spüren. Die Blätter werden gelb, das Vieh wird von der Alm getrieben, die Engländer fahren wieder fort und die Vögel fliegen allmählich weg.« Mit dem Herbst kamen aber auch die Sorgen: Wie sollte es weitergehen? Michał bemühte sich um ein Stipendium und weitere Praktika, aber im Winter war das nicht so einfach wie im Sommer. Seine Hoffnungen, bis zum Frühling in der Schweiz bleiben zu können, zerschlugen sich, und auch zu Hause in Krakau war noch keine Arbeit in Aussicht. Ob er, falls er keine Arbeit fände, bei den Eltern unterkommen könne, bat er zaghaft. Er würde auch in der Diele übernachten, denn er sei es gewohnt, bei offenem Fenster zu schlafen. Tagsüber werde er sicher viel außer Haus zu tun haben, es gehe ihm also nur um die Nächte. Das Geld, das er in der Schweiz verdient habe, und seine Ersparnisse reichten leider nicht aus, sich eine Wohnung oder ein Zimmer zu nehmen. Außerdem müsse er sich unbedingt neue Kleidung kaufen, er habe nichts Rechtes mehr zum Anziehen. Aber vielleicht könne ja der Professor noch helfen …

Ja, in den galizischen Städten war die wirtschaftliche Situation nicht anders als auf dem Lande, als der diplomierte Agraringenieur Michał Pazdanowski aus der Schweiz zurückkehrte: »Keine Fabrik, keine Reklame, kein Ruß«, hatte Joseph Roth notiert. Die Verarmung immer breiterer Schichten der Gesellschaft führte zu heftigen Protesten und Unruhen. Vor allem auch in Galizien demonstrierten die Bauern, die eine Neuverteilung der Ländereien der Großgrundbesitzer forderten. 1937, als sich die Lage nach einer Missernte noch verschärft hatte, versperrten sie die Zufahrtswege in die Städte und boykottierten die Lieferung von Nahrungsmitteln. Mit ihnen solidarisierten sich streikende Arbeiter in Krakau und Lemberg. Die autoritäre Regierung schlug die Unruhen blutig nieder, es kam zu Toten.

Hatte der Professor – es war Jan Włodek – seinem ehemaligen Studenten helfen können? Bis zum Sommer 1931 hielt sich Michał mit Gelegenheitsjobs über Wasser: Er bearbeitete im Auftrag der Kleinpolnischen Agrargesellschaft eine Karte mit Wiesen und Weiden in der Krakauer Region und sah sich dann »wegen der Krise« gezwungen, eine private Stelle als Leiter einer Besamungsanstalt anzutreten. Erst im Juli 1931 fand er eine längerfristige Stelle: als Leiter eines Betriebs in Raba Wyżna bei Rabka, der die Weidewirtschaft »auf schweizerische Art« führte. Anderthalb Jahre später, im Januar 1933, übernahm er die Verwaltungsleitung des Gutes Chrobacz, das ebenfalls in einer Gebirgsregion lag, ehe er im März 1933 – inzwischen verheiratet – von der Landwirtschaftskammer Krakau als Instruktor für den Kreis Limanowa berufen wurde. Seine Frau Izabela hatte im

Dezember 1932 ihre Stelle an der Schule in Chełm Wielki aufgegeben und am 1. März 1933 die Arbeit an der Grundschule in Pychowice bei Krakau aufgenommen, zur damaligen Zeit eine halbe Tagesreise von Łososina Górna entfernt, wo Michał wohnte.

Die Wirtschaftskrise, die es verhinderte, dass das Ehepaar Pazdanowski in einer gemeinsamen Wohnung leben konnte, blieb nicht ohne Folgen für das gesellschaftliche und politische Leben in Polen. Sie führte – wie fast überall in Europa – dazu, dass Nationalisten und andere Extremisten an Einfluss gewannen und dass auch der Antisemitismus immer größere Ausmaße annahm. Obwohl die überwiegende Mehrzahl der rund drei Millionen Juden – die meisten waren im Kleinhandel und Handwerk tätig – ebenfalls kaum genug zum Leben hatte, wurden sie für die wirtschaftlichen Probleme verantwortlich gemacht. Regierung und katholische Kirche unterstützten 1936 einen Wirtschaftsboykott gegen die jüdische Bevölkerung. Christen, die sich nicht daran beteiligten, wurden namentlich in der rechtsgerichteten Presse denunziert. Die zunehmend aggressive Hetze griff auf alle Bereiche des Lebens über, auch auf die Universitäten, an denen die jüdischen Studenten nur noch in den hinteren Bankreihen sitzen durften.

Die nationalistische Zeitung *Dziennik Narodowy* forderte schließlich im November 1938 die »gänzliche Entfernung der Juden aus Polen«. Dies sei eine »notwendige Voraussetzung für die Erneuerung Europas«. Solche Forderungen stießen bei der polnischen Regierung nicht auf taube Ohren: Bereits im Oktober 1937 war eine Delegation nach Madagaskar gereist, um zu prüfen, ob die damalige französischen Kolonie als Siedlungsgebiet für polnische Juden infrage kommen könnte. Zu denen, die ein Jahr später mit dem französischen Außenminister verhandelten, gehörte auch der Staatssekretär Jan Szembek aus Poręba Żegoty.

Bei meinem Großvater Lothar von Seltmann hatten die Nationalisten und Antisemiten ein offenes Ohr gefunden, sodass er sich bereits 1931, als 14-Jähriger, der österreichischen Hitlerjugend angeschlossen hatte – zum Leidwesen seines Vaters, dem kaisertreuen und deutsch-nationalen Hofrat, für den die Nazis nichts als ein pöbel-hafter Haufen waren.

Ich sei mir sicher, sagte ich zu Gabriela, während wir trotz des auf-ziehenden Gewitters noch immer zwischen den Ruinen des Szem-bek'schen Gutes unseren Gedanken nachhingen, dass sich unsere beiden Urgroßväter hervorragend verstanden hätten. Urgroßvater Tadeusz sei ebenfalls zum Hofrat ernannt worden, hatte mir Zbys-zek erzählt. Und Verständigungsprobleme hätten sie auch nicht gehabt: Wenn die Enkel nicht verstehen sollten, worüber sie sich unterhielten, hatten Tadeusz und Jadwiga Pazdanowski Deutsch mit-einander gesprochen.

Beide Urgroßväter hatten Wert auf Bildung und gesellschaftliche Umgangsformen gelegt, ihre Kinder auf höhere Schulen geschickt, vielleicht hatten sie auch beide die *Zeitschrift für österreichische Volkskunde* gelesen, in der sich die gebildeten Kreise über die Eigenheiten der Völker unter dem Doppeladler zwischen Tirol und der Huzulei informierten. Urgroßvater von Seltmann hätte in den österreichischen Bibliotheken wie etwa in der Universitäts- und Landesbibliothek Tirol zwei Bücher finden können, die Urgroßvater Pazdanowski verfasst hatte: *Pieśni polskie protestan-ckie w XVI. wieku*, Jasło 1899, und *Poezya rokoszu Zebrzydows-kiego*, Nowy Sącz 1902.

Tadeusz Pazdanowskis erstes Buch blieb in der Welt der Gelehrten ohne Würdigung: Im 25. Band des Archivs für slavische Philologie, Berlin 1903, wurde es zwischen Beiträgen zur »Geschichte der Nasal-vokale im Polnischen« und der »Bedeutung des glagolitischen Schrifttums« nur kurz abgehandelt: »Tad. Pazdanowski das polni-sche protestantische Lied im XVI. Jahrhundert untersuchend, also die Studien des Dr. Bobrowski über das katholische Lied fortsetzend, aber mit unzureichenden Mitteln«. Aber die Auswahl seiner The-men zeigte doch, dass er alles andere als ein katholisch-nationalisti-scher Pole war: Sein zweites Buch über die Poesie des Zebrzydowski-Aufstands handelte von einer Rebellion des Adels gegen den König, in dem die Aufständischen 1606 unter anderem den Schutz und die

Ausweitung der Rechte der Protestanten gefordert hatten. Als Nationalkatholik hätte er auch nicht Direktor eines Gymnasiums werden können, das überwiegend von jüdischen Schülerinnen besucht wurde: In der Klasse von Izabela Bielecka, seiner späteren Schwiegertochter, zum Beispiel waren nur zwei Schülerinnen katholischen Glaubens. Ihre Großeltern hätten viele jüdische Freunde gehabt, hatte uns Inka erzählt, sie seien unter den Juden sehr angesehen gewesen.

Michał war seinem Vater auf dem Weg der Achtung und des Respekts gefolgt, wie wir einer DVD mit 231 Fotos entnehmen konnten, die wir wenige Tage vor unserer Fahrt nach Poręba Żegoty erhalten hatten – unter der Bedingung, weder die Identität des Überbringers preiszugeben noch den Ort und die Art und Weise der Beschaffung. Wir waren uns vorgekommen wie in einem Agenten-Krimi aus der Zeit des Kalten Krieges. Es war absurd, geradezu lächerlich, aber zugleich ernüchternd, dass wir mitten im Mitteleuropa des 21. Jahrhunderts zu konspirativen Mitteln greifen und 300 Dollar bezahlen mussten, um Informationen über einen Mann zu bekommen, der zu keiner Zeit seines Lebens für irgendeine Staatsmacht irgendeine Gefahr bedeutet hatte. Oder lag seine Gefährlichkeit darin begründet, dass er sich nicht vereinnahmen ließ, sich nicht gemein machte mit den Ideologien der Machthaber?

Die außerhalb der Öffnungszeiten eines jeden Archivs eines jeden beliebigen Ortes auf der Erde aufgenommen Fotos zeigten Dokumente, die auf den ersten Blick an Harmlosigkeit und Langweiligkeit nicht zu überbieten waren. Die ältesten stammten aus dem April 1935, das jüngste trug ein historisches Datum: Es war am 31. August 1939 abgefasst worden, einen Tag vor Kriegsbeginn. Schreiben an Behörden und von Behörden, Schulämtern, Ministerien, Kuratorien, Vertragsentwürfe, Streitigkeiten um 75 Złoty, 44,22 Złoty und 34,35 Złoty, Urlaubsgesuche, Ansprüche des Finanzamts, Einsprüche, Widersprüche, Ausgleichszahlungen, Verpflegungszuwendungen, Gehaltszulagen, Abrechnungen, Zahlenkolonnen – die gesamte Welt der Bürokratie, die meine Polnischlehrerin Beata bei der gemeinsamen Übersetzung entnervt ausrufen ließ: »Das ist doch kafkaesk! Das ist Kafka in der Huzulei!«

Aus einem dieser Dokumente ließ sich jedoch schließen, dass Michał Pazdanowski gegen Vorwürfe zu kämpfen hatte, er sei zu wenig polnisch-nationalistisch gesinnt. Gleich dreimal war im Jahr 1937 ein Visitator der Schulbehörde aus Lemberg nach Żabie gereist, um die neu eröffnete Schule und ihren Direktor zu überprüfen. Am 30. November 1937 unterzeichnete der Visitator seinen achtseitigen Bericht, der am Schluss einige vertrauliche Bemerkungen enthielt. Michał Pazdanowski sei »arbeitsam, ehrgeizig« und weise einen »guten Umgang mit schulischen und gesellschaftlichen Angelegenheiten« auf, hieß es dort. »Etwas weniger Augenmaß und glückliche Intuition« zeige er in den Beziehungen »zu den Leuten«. Er berechtige jedoch zu guter Hoffnung.

Was sollte das heißen? Wer war mit »den Leuten« gemeint? War er zu freundlich zu den Nichtpolen in Żabie? Setzte er das Programm der Polonisierung zu wenig in die Tat um?

Die Ukrainer Galiziens lebten seit Ende des Ersten Weltkriegs in einem polnischen Staat, der sich nicht mehr wie vor der Teilung als multiethnische Adelsrepublik verstand, sondern als Nationalstaat – obwohl etwa ein Drittel der Bevölkerung zu ethnischen Minderheiten gehörte. Die größte Gruppe unter ihnen waren mit fünf bis sechs Millionen die Ukrainer, die von den Polen jedoch nicht als einheitliches Volk betrachtet, sondern in die großen Gruppen der Ruthenen und Ukrainer und in die Bergstämme der Lemken, Bojken und Huzulen eingeteilt wurden. Die polnische Politik war gespalten: Die einen – die Piłsudski-Anhänger – suchten einen Ausgleich mit den Minderheiten, die anderen – das Dmowski-Lager – wollten einen homogenen polnisch-katholischen Staat und die Minderheiten polonisieren. Die Verfassung von 1921, die zwar die Vorherrschaft der Polen und der katholischen Kirche festlegte, garantierte zugleich den Nationalitäten volle Gleichberechtigung und freie Entfaltung ihrer Sprache, Kultur und Religion. Doch das blieb häufig Theorie, denn die von den Nationalisten vorangetriebene

Polonisierung umfasste alle Bereiche des Lebens und besonders auch das Schul- und Bildungswesen: Von den über 2500 ukrainischen Schulen, die zur Zeit der Habsburger-Monarchie in Ostgalizien gegründet worden waren, bestanden 1937 nur noch rund 350. Die 1922 per Gesetz angekündigte ukrainische Universität Lemberg wurde bis 1939 nicht gegründet.

Auch an der Schule von Michał Pazdanowski wurde gemäß Anordnung der Behörden in polnischer Sprache unterrichtet. Das erste Schuljahr hatte im Februar 1937 mit 21 Schülern begonnen, von denen fünf aus Żabie stammten. Im Oktober 1937 hatten vier Jungen vorzeitig die Schule verlassen: zwei aus familiären Gründen, einer wegen gesundheitlicher Probleme und einer, weil er dem Unterricht nicht folgen konnte. Dass 17 Schüler das Schuljahr zu Ende bringen würden, war für den Visitator ein zufriedenstellendes Ergebnis, zumal die Schüler der polnischen Sprache kaum mächtig waren.

Die Ziele der Schule waren klar formuliert: Wirtschaftlichen und kulturellen Einfluss auf die Gebirgsbevölkerung zu nehmen und für den Staat zu werben, die Huzulen also zu loyalen Staatsbürgern zu machen. Um seine Auftraggeber nicht zu brüskieren, wählte der Visitator in seinem Bericht sehr diplomatische Formulierungen. Die sich »wohlwollend kümmernden Behörden« – die Wojewodschaft, die Landkreisverwaltung und die Gesellschaft der Freunde der Huculszczyzna – erwarteten zu viel von einer Schule, die in »dieser wilden Gegend« errichtet und noch nicht komplett ausgestattet worden sei. Die Schule sei einzigartig in ganz Polen, es gebe keine geeigneten Lehrbücher und Unterrichtsmaterialien, sie müsse ihr schulisches und pädagogisches Profil erst erarbeiten und benötige Unterstützung von außen, bevor sie in eine Umgebung ausstrahlen könne, die eine solche Schule eigentlich gar nicht gewollt habe. In Żabie gebe es zudem weitere polnische Einrichtungen, die mit der »inteligencja« besetzt seien: Das Gericht, zwei Volksschulen, die Grenzschutzbehörde, das staatliche Forstamt. Auch diese Einrichtungen sollten staatlich und bürgerlich arbeiten, wovon jedoch in Żabie nichts zu hören sei. Vorwürfe würden jedoch nicht an diese

Institutionen gerichtet, sondern an die landwirtschaftliche Schule, die völlig auf sich allein gestellt sei.

Ihr Großvater sei offensichtlich mit dem Aufbau und der Leitung der Schule so ausgelastet gewesen, vermutete Gabriela, dass ihm keine Zeit für Indoktrination und Propaganda blieb. Er habe, als er im Frühjahr 1935 gefragt wurde, ob er sich für diese Stelle bewerben wolle, wahrscheinlich nicht gewusst, worauf er sich einließ. Er sei als der Idealist, der er war, wohl ein wenig naiv gewesen.

Ja, hatte Andrzej Wielocha, Chefredakteur der Zeitschrift *Płaj* und Karpaten- und Huzulenexperte, bestätigt, als wir ihm das Dokument vorgelegt hatten, man müsse viel zwischen den Zeilen lesen, denn es handele sich um eine sehr delikate Angelegenheit. Es deute alles darauf hin, dass die Visitation die Folge einer Anzeige oder gar einer Denunziation gewesen sei. Gabrielas Großvater sei offensichtlich ins kalte Wasser geworfen worden und habe erst schwimmen lernen müssen – im Unterschied zu einem Alteingesessenen wie etwa Eliezer Gertner, der mit den komplizierten Verhältnissen vor Ort vertraut war. Michał Pazdanowski habe als jemand, der von außerhalb gekommen war, offensichtlich politische Fehler begangen und sich missliebig gemacht – bei den polnischen Nationalisten, die in der Region die Mehrheit stellten und die wichtigen Ämter besetzt hielten. Er sei ihnen zu huzulenfreundlich gewesen und habe auch guten Kontakt zu denjenigen unter den Huzulen gesucht, die dem polnischen Staat kritisch gegenüberstanden. Schon die Gründung der Schule durch die Gesellschaft der Huzulenfreunde sei den Nationalisten ein Dorn im Auge gewesen, ja sie hätten sie gar torpediert.

Die Söhne von Tadeusz Pazdanowski und Joseph Armand von Seltmann, unsere Großväter, wären mit Sicherheit keine Freunde gewesen, meinte Gabriela, als die ersten Regentropfen fielen und wir uns beeilten, zum Eingang des Gutes zu gelangen. Doch das schmiedeeiserne Tor war mit einer Kette verschlossen. Wir mussten also wieder über die Ruinen und Schutthaufen klettern und den Pfad durch den Park nehmen, um das Auto zu erreichen. Unter einer mächtigen Buche hielten wir inne und betrachteten von Ferne noch einmal die

Marienstatue auf dem Dach des Mausoleums. Es sah aus, als ob sie schwankte. Doch die Maria stand regungslos und verloren mit ihrem Jesuskind, wie sie schon seit 100 Jahren dort stand. Der Sturmwind gab den Blick auf sie mal frei, mal verbarg er sie hinter einem Vorhang von frühlingsgrünen Blättern.

Wir sollten mehr sein, als wir sind, sagte Gabriela. Diesen Satz hatte Inka gesagt, als sie uns von der Familienplanung ihres Vaters erzählt hatte. Michał habe vier Kinder haben wollen. Und wie die Fruchtfolge auf den Feldern habe er, der Agraringenieur, auch die Zeiten für die Geburten der Kinder bestimmt: Alle vier Jahre sollte Izabela ein Kind gebären, damit ihr ausreichend Zeit bliebe zur Erholung zwischen den Geburten. Er sei immer sehr besorgt um seine Frau gewesen.

1934 Andrzej, 1938 Inka, 1942 Hanka, sagte Gabriela, und 1946 … Der Krieg nehme die Männer und Väter weg, und alle Last bleibe auf den Schultern der Frauen und Mütter. So sei es seit Jahrhunderten im Transitland Polen, durch das die eine Armee Richtung Osten marschiere und die andere Richtung Westen. Ob Napoleon, Hitler oder Stalin, egal wer marschiere, die Männer stürben in den Kriegen und Aufständen, und die Frauen blieben mit den Kindern zurück. Immer wieder beginne es von Neuem, ein ewiger Kreislauf. Und hier, auf dem Gut der Grafen Szembek, sei die Matrize des Todes für ihre Familie gelegt worden.

Die Matrize, die Mutterform, die matrice, die Gebärmutter – Michał Pazdanowskis Mutter Jadwiga hatte ihren Sohn um sechs Jahre überlebt, seine Frau Izabela ihren Mann um fünf Jahrzehnte. Dem vierten Kind konnte Izabela nicht mehr das Leben schenken.

Wie viele Enkel meine Großeltern hätten?, fragte Gabriela.

Ich musste nachrechnen, denn wir hatten kaum Kontakt untereinander. Ungefähr 20, sagte ich.

Und Urenkel?

Keine Ahnung, mindestens doppelt so viele.

Und ihre Großeltern? Fünf Enkel und ein Urenkel. Der Name Pazdanowski werde aussterben.

»Geliebte Huzulen«
Verkhovyna, 25. Mai 2011

Die übermannshohe und mit roten Schindeln überdachte Holztafel in der Kurve hinter dem Ortseingangsschild, auf der mit verschnörkelten Buchstaben »Verkhovyna, ehemals Żabie, huzulische Hauptstadt« geschrieben stand, war neu. Aber ansonsten schien sich in Verkhovyna seit unserem Besuch vor einem Jahr nichts verändert zu haben. Und doch war alles anders.

Wir hätten mit unseren Recherchen den Ort ganz schön in Aufruhr versetzt, sagte eine Lokaljournalistin, die uns im Ethnographischen Museum zu einem Interview erwartete. Vor unserem Kommen habe niemand in Verkhovyna etwas über die Schule gewusst, und jetzt seien alle an ihr interessiert.

Ja, bestätigte der Direktor des Museums und hob an zu einer staatsmännischen Rede über die Bedeutung des Erinnerns und der Versöhnung. Es habe sich nun gewissermaßen ein Kreis geschlossen, sagte Pan Wasyl. Zum Guten. Gabriela und ich, unsere beiden Familien, seien ein Symbol für ein friedliches Zusammenleben. Man sei nicht für das Vergangene verantwortlich, aber für die nächste Generation. Und deshalb: Wir müssen uns erinnern.

Mit diesen Worten, die vier Wochen zuvor in etwa auch die unermüdliche Anna in ihrem Artikel für die Lokalzeitung verwendet hatte, leitete Pan Wasyl den Höhepunkt des Vormittags ein, den Fototermin. Pan Wasyl, der ganz in Huzulentracht gekleidet war, legte die traditionelle Streitaxt aus der Hand und trug mit seinen beiden Mitarbeiterinnen eine rote Emailletafel herbei, die von M. Glaserman, Lwów, Sykstuska 19, angefertigt worden war. Dieser M. Glaserman hatte hervorragende Arbeit geleistet, denn das Schild hatte die Jahrzehnte, die es unter Schutt und Erde gelegen hatte, nahezu unversehrt überstanden. Es war gefunden worden, als der Obstgarten, den Michał Pazdanowski angelegt hatte, abgeholzt wurde, um dort den Neubau für das unvollendet gebliebene Krankenhaus zu errichten. Gabriela hielt die Tafel nun für die Fotografen in ihren ausgebreiteten Armen, ich las die mit Großbuchstaben geschriebenen Worte: »Państwowa Szkoła Przysposobienia Rolniczego w Żabiu« – es war das Schild, das wir nur von den alten Fotografien kannten, die Tafel, die das Eingangsportal von Michał Pazdanowskis Schule geziert hatte.

Die Einladung ins Ethnographische Museum war nicht die einzige Reaktion auf Annas Zeitungsartikel, in dem sie über Michał Pazdanowski, die Schule und unsere Forschungen geschrieben hatte. Es hatte sich auch ein Mann gemeldet, auf dessen großelterlichem Grund die Schule errichtet worden war, und bestätigt, dass es Bürgermeister Petro Shekeryk-Donykiv war, der den Grund zum Bau der Schule erworben hatte. Bei Anna angerufen hatte auch ein ehemaliger Schüler Michał Pazdanowskis, der erst wenige Monate zuvor aus Russland nach Verkhovyna zurückgekehrt war. In Russland lebten noch zwei weitere Mitschüler, hatte er Anna gesagt, aber in Verkhovyna sei er der einzige. Er freue sich auf unseren Besuch, denn er habe die Zeit an der Schule in guter Erinnerung und könne uns viel erzählen. Doch wir waren wieder einmal zu spät gekommen – wenige Tage vor unserer Ankunft war er verstorben.

Annas Artikel führte uns auch in das Tal des Weißen Czeremosz, in das Dorf Jablonica, das nur 35 Kilometer, aber eine halbe Tagesreise von Verkhovyna entfernt lag. Auf einer kleinen Anhöhe über dem Fluss und dem Sägewerk und vor einem dreistöckigen Ziegelbau mit quadratischen Fensterhöhlen, der einmal eine Schule werden sollte, befand sich das Kulturhaus. Hier waren wir mit einem Herrn verabredet, der sich ebenfalls an Anna gewandt hatte: mit Iwan Wassiliewitsch Dronjak, 75 Jahre, zwei Kinder, fünf Enkel, seit 1979 Leiter eines Heimatmuseums, zweimal ausgeraubt. In der Landwirtschaftlichen Schule von Żabie sei auf höchstem Niveau unterrichtet worden, hatte er Anna gesagt und hinzugefügt, dass sich unter seinen Beständen gewiss Unterlagen der Schule befänden, Lehrpläne und Hefte zum Beispiel.

206

Wir folgten Pan Iwan Wassiliewitsch, der unaufhörlich verschmitzt lächelte, ins Innere des 1961 eröffneten Kulturhauses. Seine Beine, die seit einer Bombenexplosion, über die er nicht weiter sprach, verkrüppelt waren, hatten russische Spezialisten so weit wieder hinbekommen, dass er uns voranhumpeln konnte – hinein in ein Sammelsurium von Kuriositäten, für das man Tage gebraucht hätte, um sich ihm gebührend zu widmen. In Iwan Wassiliewitsch Dronjaks Huzulenmuseum, das er in Eigeninitiative aufgebaut hatte, waren alle vereint, die sich im vergangenen Jahrhundert gegenseitig hatten niedermetzeln wollen: Stalin auf einem Holzschnitt, Bandera auf einem Foto, UPA-Mützen neben polnischen Orden, der Koffer eines österreichischen Soldaten, Kaiser Wilhelm II., Ferdinand von Bulgarien, nur Hitler fehlte.

Zwischen einem Läusekamm und kunstvoll bemalten Ostereiern, Symbolen des Lebens, versuchte ich, während Jarek auf einer Geige fidelte, Anna eine Ziehharmonika zum Erklingen brachte und Gabriela mit Pan Iwan Wassiliewitsch über die UPA und den NKWD diskutierte, etwas über die Schule zu finden. Ich bekam einen Einblick in die Geschäfte des Kaufmanns Menasse Glasberg aus Kuty, las einen von einem Samuel Leib Meyer unterzeichneten Kontrakt, studierte auch einen in drei Sprachen – Polnisch, Deutsch, Ukrainisch – ausgestellten Vieh-Pass, aber alle diese Dokumente in den vielen Mappen und Ordnern stammten aus derselben Zeit wie das Foto, das den greisen graubärtigen Kaiser Franz Joseph I. im Kreise seiner großen Familie milde auf uns herabblicken ließ. Und über die Schule? Nichts.

Würden wir in Dzembronia fündig werden? Dzembronia war 15 Kilometer von Verkhovyna entfernt, aber noch abgelegener als Jablonica. Hier sei die wahre Huzulei, sagte Anna, während wir über Behelfsbrücken, die nach dem letzten Hochwasser noch nicht wieder instandgesetzt worden waren, immer tiefer in die Schwarzen Berge hineinfuhren: Hier hätten sich die Huzulen verborgen, die sich hätten verstecken müssen, um all die fremden Herrschaften in der Huzulei zu überleben. Und gewiss auch Gabrielas Großvater, als ihn die Russen hatten verhaften wollen.

Wir ließen den Abzweig nach Bystrzec, wo Stanisław Vincenz gewohnt hatte, hinter uns, das Tal wurde enger, der Schwarze Czeremosz reißender, der Weg schmaler, bis er vor einer Ansammlung kleiner Holzhäuser endete. Jarek stellte den Wagen neben einem ausgedienten Militärlaster ab. Unser Ziel war nur zu Fuß zu erreichen. Wir stiegen einen Pfad hinauf und gelangten zu einer Sennerei, die von einer ehemaligen Schülerin Annas und langjährigen Freundin Jareks bewirtschaftet wurde.

Marija, ungefähr vierzig, rotes Kopftuch, war in Dzembronia geboren, aufgewachsen und geblieben, im Haus, das ihr Urgroßvater erbaut hatte. Sie begrüßte uns mit Schafskäse und einem Tee, den sie aus Kräutern zubereitet hatte, die um das Haus wuchsen: Pfefferminz, Johanniskraut, Brennnesseln. Dann hievte sie eine Holzkiste auf den Tisch.

Sie helfe uns gerne, sagte Marija, denn die Huzulen hätten Pan Pazdanowski viel zu verdanken. Er habe neue Techniken des Anbaus eingeführt, die den Huzulen unbekannt gewesen waren. Und auch wenn er nur wenige Jahre in Żabie gewesen sei, die Folgen seines Wirkens seien bis heute spürbar. Sogar hier in Dzembronia. Ihre Großmutter habe sie gelehrt, wie man den Kohl nach der Art und Weise von Pan Pazdanowski anbaue. Und die Kohlköpfe seien viel größer als früher.

Suchen müssten wir aber selbst, sagte sie und deutete auf die Kiste, die bis an den Rand mit Schwarz-Weiß-Fotos gefüllt war: Kleines Format, großes Format, gerade Ränder, gezackte Ränder, Hochzeiten, Prozessionen, Schulklassen, Pferdefuhrwerke, blühende Sommerwiesen, der Czeremosz, der Räuber-Dowbusz-Felsen, Vincenz, das Huzulenmuseum, die Landwirtschaftliche Schule. Es waren Hunderte, und auf einem dieser Fotos, die Anna, Gabriela und ich stundenlang sichteten, war die Schule zu sehen. Und dieses Foto war einzigartig – nicht nur, weil es das nahezu einzige war, auf dem niemand der Abgebildeten in Tracht gekleidet war. Es war auch das einzige, das Michał und Izabela Pazdanowski gemeinsam vor dem Portal der Schule zeigte.

Leider war auf dem Foto kein Datum notiert, so wie auch nicht auf dem Bild, das uns abends Pani Marija überreichte, als wir bei ihr, in dem Haus, in dem Gabrielas Großeltern gewohnt hatten, zum Essen eingeladen waren. Sie habe die Fotografie vom früheren 1. Sekretär der hiesigen KP bekommen, sagte sie. Auf dem Tisch standen dampfende Schüsseln mit Piroggen und Kulescha, Teller mit Bryndza, Gläser mit Wein aus Transkarpatien, das Gemüse aus ihrem Garten, den sie – wie sie sagte – in der Tradition Michał Pazdanowskis pflegte. Sie sei Mitglied der Slow-Food-Bewegung, und Gabrielas Großvater sei einer der Vorreiter gewesen.

Mir verging erst einmal der Appetit, als ich das Bild betrachtete: Es zeigte das Portal der Schule, vor dem sich ungefähr 70 Männer für den Fotografen aufgebaut hatten. Die meisten von ihnen waren in Tracht gekleidet, viele hatten sich unter der Nase ein Zweifinger-Bärtchen wachsen lassen. Die rote Emailletafel fehlte, ebenso der Polnische Adler, an dessen Stelle ein weißes Rechteck in der Sonne glänzte. In der Mitte der ersten Reihe saßen zwei Männer, die keinen Zweifel daran ließen, wer hier die Herren waren. Sie trugen keine Tracht, sondern schwere Mäntel, der rechte einen beigen Ledermantel, der bis zu den schwarzen Stiefeln reichte, der linke einen schwarzen. Der linke hatte sich zurückgelehnt und die Hände auf den Oberschenkeln der übereinandergeschlagenen Beine gefaltet, der rechte saß kerzengerade und trug eine Aktentasche auf dem Schoß. Das Alter der beiden war schlecht zu schätzen, aber sie schienen mindestens fünfzig oder älter zu sein. Auf ihren Köpfen trugen sie Mützen, auf denen der Deutsche Adler seine Flügel ausbreitete. Wer waren diese Männer?

Auf diese Frage sollte ich keine Antwort bekommen. Auch Historiker, deutsche wie polnische, Experten für die Zeit des Nationalsozialismus in Galizien, konnten nur Vermutungen äußern: »Den Uniformen nach dürfte es sich um Funktionäre der Zivilverwaltung, möglicherweise des Distrikts Galizien und des Kreises Kolomea, handeln. In Betracht kämen somit der Leiter der Distriktabteilung Ernährung und Landwirtschaft, Dr. Gareis, der Kreishauptmann

Volkmann bzw. sein Nachfolger oder der Kreislandwirt aus Kolomea«, hatte mir Professor Dieter Pohl geantwortet. »Der linke Funktionär entstammt der Zivilverwaltung, vielleicht der Kreishauptmann oder ein anderer Beamter. Rechts daneben wohl ein Angehöriger von Sicherheitspolizei/SD vom nächstgelegenen Grenzpolizeiposten oder der KdS-Außenstellen Kolomea oder Stanislau«, schrieb sein Kollege Professor Thomas Steinkühler.

Die Recherche nach diesen beiden Männern sollte mich zu Michał Pazdanowski und Lothar von Seltmann zugleich und bis in die Gegenwart führen. Es waren die beiden polnischen Historiker Andrzej Wielocha und Leszek Rymarowicz, die mich auf nicht erwartete Wege brachten: Sie wiesen mich auf einen Beitrag hin, der in der Herbstausgabe 2004 ihrer Zeitschrift *Płaj* erschienen war. Er trug die Überschrift: »Ukochani Huculi« – Geliebte Huzulen – und war eine Übersetzung aus einem Buch mit dem Titel *Polnische Jahre*. Als Autor wurde ein Gerhard von Jordan genannt, der aus einer deutschen aristokratischen Familie stamme und im August 1941 mit seinem Freund Claus Volkmann in den Distrikt Galizien gekommen sei. In seiner Eigenschaft als Kreislandwirt und stellvertretender Kreishauptmann des Kreises Kolomea sei von Jordan auch nach Żabie gekommen.

Sie könne es nicht glauben, rief Gabriela aus, nachdem wir uns die Ausgabe besorgt hatten, dieser von Jordan schreibe über ihre Großeltern!

Ob in dem Text wirklich von einem Volkmann die Rede sei, fragte ich Gabriela.

Nein, sagte sie, hier sei ein Pollmann erwähnt.

Ich musste mich noch drei Wochen gedulden, ehe ich das Büchlein *Polnische Jahre* auftreiben konnte, das der Verfasser 1990 im Selbstverlag herausgebracht hatte. Und dann gab es keinen Zweifel mehr: »Alle Namen von Personen, die nicht historisch bekannt sind, wurden verändert«, hatte Dr. jur. Gerhard von Jordan, eigenen Angaben zufolge 1914 in Striegau/Schlesien geboren, Studium der Rechte (Universität Grenoble, München, Chicago und Göttingen), Verwaltungsangestellter im besetzten Polen, Versicherungsdirektor, Versicherungsvorstand, inzwischen im Ruhestand, Bundesverdienstkreuz am Bande, gleich zu Beginn klargestellt. Das war fünf Jahre, bevor der Tübinger Journalist Philipp Maußhardt die falsche Identität eines Kollegen enttarnte, der nach dem Zweiten Weltkrieg einer der bekanntesten linksliberalen Journalisten der Bundesrepublik gewesen war: Auslands-Korrespondent für die *Frankfurter Allgemeine Zeitung* und *Die Welt*, Redakteur bei *Der Stern*, Autor für *Die Zeit*, Autor von über einem Dutzend Büchern und 40 Fernsehfilmen vor allem über Entwicklungsländer, Mitglied der – kein Scherz – Internationalen Gesellschaft für bedrohte Völker: Peter Grubbe. Alias Claus Volkmann. Alias Pollmann.

»Ich gehörte zu einer Gruppe von Leuten, die sich sagten: Wir sitzen nun mal hier, wir können hier ein bisschen was tun, um ein paar Menschen zu helfen, und solange wir können, versuchen wir es«, sagte Grubbe/Volkmann/Pollmann in einem Interview nach seiner Enttarnung, als er mit dem Vorwurf konfrontiert wurde, »mitverantwortlich für den Tod von 30 000 Juden zu sein«.

Zu der Gruppe von »Leuten, die ein paar Menschen helfen wollten«, gehörte ebenfalls Gerhard von Jordan. Diese Gruppe von Helfern war auch nach dem Krieg gerne behilflich: Sie halfen sich selbst und untereinander, indem sie in diversen Prozessen als Entlastungszeugen auftraten und sich gegenseitig Persilscheine ausstellten. Und so wurde am 30. Mai 1969 das Ermittlungsverfahren der Staatsanwaltschaft Darmstadt gegen Claus Volkmann eingestellt.

»Seine Tätigkeit im besetzten Gebiet hat Volkmann in erster Linie als Dienst an der einheimischen Bevölkerung aufgefasst«, hatte der Entlastungszeuge Dr. Gerhard von Jordan zu Protokoll gegeben, der sich in dem Kapitel »Geliebte Huzulen« sogar an den von Inka erwähnten Hund erinnerte:

In Zabie gab es eine von den Polen eingerichtete Landwirtschaftsschule. Ein großer schöner Holzbau mit einem guten Verwaltungsgebäude davor. Jetzt stand alles leer, nur das Lehrerehepaar und ein großer Hund

waren da. Erst wollte Pollmann auch hier ein Wochenendhaus einrich-
ten, besann sich aber bald eines Besseren. Die jungen Bauern hatten
mehr Wissen dringend nötig. Wir eröffneten die Schule wieder; das
schmeckte den Ukrainern nicht. Wir konnten sie aber davon überzeu-
gen, dass es hier unangebracht sei, Volkstumskämpfe zu führen. Bei sol-
chen Verhandlungen war Stanislowicz unbezahlbar. Engagierter Ukrai-
ner war er zwar, doch nicht fanatisch nationalistisch, er sah immer mehr
auf den Menschen als auf die Nationalität. Bald hatten wir 30 bis 40
Schüler, die auch in der Schule wohnten und mehr schlecht als recht ver-
pflegt wurden. Die meisten brachten wohl etwas Proviant mit.

Neben diesem Abschnitt war ein Foto abgedruckt, das dem ähnelte,
das wir von Pani Marija bekommen hatten: Wieder eine reine Män-
nerrunde vor dem Portal der Schule, wieder viele Trachten und Zwei-
finger-Bärte, wieder bedeutende Herren in der ersten Reihe. Aber
keine in langen Mänteln, die den Deutschen Adler auf der Mütze trugen. Und auch das Lehrer-Ehepaar Pazdanowski war nicht zu sehen.
Aber eines war nun sicher: Die beiden Mantelträger auf Pani Marijas Foto waren nicht Volkmann und von Jordan, denn sie waren
wesentlich jünger, noch keine dreißig, als sie in Kolomea über ein
Gebiet herrschten, das bis zur rumänischen Grenze reichte.
Im Kreis Kolomea hatten es sich die beiden Männerfreunde und Kar-
rieristen von Jordan und Volkmann gut gehen lassen: Ein Wochenendhaus in Kosów, ukrainische Mägde, Hausjuden, die für sie
schneiderten, Wildbraten mit dem Pfarrer von Żabie, der »ein toller
Kerl« war.
Ein Jahr lang, vom August 1941 bis Juli 1942 herrschten die beiden
Juristen über eine halbe Million Ukrainer, Huzulen, Juden und
Polen, ehe sich ihre Wege wieder trennten. Sie wurden versetzt – in
ihrer eigenen Darstellung, weil sie zu freundlich und nachsichtig zu
den Einheimischen waren und überdies politisch unzuverlässig.
Doch sie unterschieden sich nicht von ihren Kollegen, über die der
Historiker Markus Roth zusammenfassend urteilte: »Die Kreis-
hauptleute fühlten sich als Elite, als Herrenmenschen, Herren über

Leben und Tod. Weit weg von der Heimat, noch dazu umgeben von einer feindlichen und als minderwertig angesehenen Bevölkerung (slawische und jüdische ›Untermenschen‹), sahen sie sich als souveräne Fürsten. Sie bereicherten sich, wo und wie sie konnten, und pflegten einen elegant luxuriösen Lebensstil.«

Die Versuchung war ja auch zu groß, wenn etwa der Juwelier Grünzweig aus Kolomea vorsprach und »schönen Schmuck für die Frau Gemahlin« anbot, selbstverständlich »als Geschenk«. »Ja, es war oft zum Verzweifeln in Kolomea«, fasste von Jordan seine Zeit in Galizien zusammen, »und oft auch recht lustig.«

Während von Jordan als frisch examinierter Assessor nach Kolomea kam, hatte Volkmann schon eine Karriere im Generalgouvernement hinter sich: im Distrikt Lublin, als Kreishauptmann von Krasnystaw, wo er bereits im Mai 1941 für die »Aussiedlung« von 1400 Juden verantwortlich gewesen war. Im Juni bekam er Besuch von seinem Freund von Jordan, der vor seinem Examen seine »Nerven schonen« wollte – in einer Gegend, die »voll aufmarschierender Wehrmacht« steckte, denn »der 22. Juni stand bevor«. Während ihre Altersgenossen in den Heldentod zogen, lebten die beiden »sehr angenehm«: »Es gab mehr zu essen und zu trinken als im ›Reich‹. Es gab polnische Bedienstete, Autos, Pferde. Wir ritten auf zwei köstlichen Araberstuten.«

Nach der Eroberung Ostgaliziens wurden sie nach Lemberg berufen, wo sie im Hotel *George* residierten, das von Jordan mit Worten beschrieb, wie ich sie 60 Jahre später nach einigen Nächten im *George* ebenfalls hätte wählen können: »Ein schönes großes Hotel, in österreichischen Zeiten erbaut, mit gut eingerichteten Zimmern, genügend Speisesälen und einer Bedienung, die selbst gegenüber ihrer jetzigen Kundschaft freundliches Geschick und unnahbare Distanz zeigte.« Die ehemalige Demarkationslinie hatten sie vor Rawa Ruska überschritten, wo die »Spuren des Krieges« noch zu sehen, aber die »Leichen schon beseitigt« waren.

Während seinem Jahr in Kolomea begegnete von Jordan auch einem »harmlosen Jungen, der sich auf ziemlich unschädliche Weise vorm

Wehrdienst drückte. Seine Aufgabe war die ›Fahndung nach deutschem Blut‹«. War dieser »harmlose Junge« womöglich mein Großvater? Ich weiß nicht, warum er mir beim Lesen dieser Sätze sofort in den Sinn kam, der »kleine von Seltmann«, wie er von denjenigen genannt wurde, die ihn und seine Tätigkeit für nicht so wichtig hielten wie er selbst. Womöglich, weil von Jordan das ausdrückte, was ich immer über die Aktion meines Großvaters gedacht hatte: »Eines der lächerlichsten Unterfangen in diesem Kriege«.

Immer wieder hatte mein Großvater in den Briefen an seine Mutter über »die vielen Intrigen« geklagt, auch noch, als er sich mehr und mehr aus dem Dunstkreis von Odilo Globocnik entfernte und ein Gebiet zu betreuen hatte, dass »von Ostpreußen bis nach Czernowitz« reichte. Umgeben von »Neidern, die einem durch Hinterhältigkeiten das Leben verbittern«, war er nun ständig unterwegs, im Auto, im Flugzeug und der Bahn. Lothar von Seltmann kam bis nach Odessa und ans Schwarze Meer, blieb ganze Nächte auf der eisigen Steppe liegen – »mein Fahrer liegt heute noch mit schweren Erfrierungen im Krankenhaus« –, begleitete »im engsten Kreise« den Gouverneur des Distrikts Krakau, Dr. Richard Wendler, einen Schwager des Reichsführers SS, auf einer achttägigen Reise und fühlte sich »immer gehetzt«– das »innigst geliebte Muttel« dürfe sein »Nicht-Schreiben« also nicht als »Nachlässigkeit« auffassen, sondern es sei allein seiner »jetzt wirklich übergroßen gewichtigen Beanspruchung zuzuschreiben«. »Trotz aller Kleinkämpfe und Schwierigkeiten« freue er sich weiterhin darüber, »für unser deutsches Volkstum arbeiten zu können und mitzuhelfen, dass Menschen deutschen Blutes, die ihr Volkstum leider seit Generationen vergessen haben, nun wieder zu ihrem Volk zurückfinden«.

Den Intrigen und Neidern zum Trotz ließen die Belobigungen für seine Tätigkeit nicht auf sich warten. Meine Großeltern hatten im Oktober 1942 endlich die Wohnung in der Wilhelm-Raabe-Straße bezogen – 1. Stock einer Villa, 4 ½ Zimmer, zwei Balkone, Garten – und meine Großmutter konnte erfreut vermelden: »Zum ersten Mal fühl ich mich seit 1935, wo ich von zu Hause wegkam, so recht frei und kann von einer etwas großzügigeren Wohnung reden.« Die alte Wohnung war zuvor mit allem Inventar »vergast« worden. Auch Minni musste bei sich »zu all der vielen Arbeit« noch eine »Vergasung« vornehmen, da sie sich »in der Straßenbahn oder sonst wo Läuse aufgelesen« hatte. Aber das war zu ertragen, denn Lothars Chef hatte anlässlich seines Geburtstags zum Kameradschaftsabend eingeladen und – in Abwesenheit Lothars – in seiner Rede »mächtig herausgestrichen«, dass Lothar »ein Genie auf seinem Arbeitsgebiet und von unerhörtem Glauben an seine Aufgabe beseelt« sei.

Das angebliche Genie und seine Frau hatten einen weiteren Grund zur Freude: Auf die Geburtsanzeige ihres vierten Kindes in der SS-Zeitung *Schwarzes Korps* bekamen sie »einen persönlichen Glückwunsch, einen schönen Porzellanleuchter mit fantastisch dicker Bienenwachskerze und drei Flaschen Apfelsaft.« Absender der Geschenksendung war der Reichsführer SS.

Doch es gab auch den Alltag: In der Woche, in der Michał Pazdanowski verhaftet wurde, hatte die SS in Krakau Ausgangssperre und verstärkte Wache, und Lothar hatte »viermal Nachtdienst von 20 bis 7 Uhr« – ausgerechnet als seine Mutter zum ersten Mal aus Wien nach Krakau gekommen war. Zeit für Gäste blieb dennoch, am 12. November zum Beispiel waren vier Führer vom Sicherheitsdienst zu Besuch.

Die Ehrungen und Belobigungen nahmen kein Ende: Auf der NSDAP-Weihnachtsfeier bekam Minni das Mutterkreuz verliehen, auf das sie »natürlich mächtig stolz« war, und Lothar wurde auf der Weihnachtsfeier seiner Dienststelle »als Begründer und fanatischster Pionier der Volkstumsarbeit im ganzen Generalgouvernement« gewürdigt. Am 11. Januar 1943 bekam er, pünktlich zu seinem 26. Geburtstag, die ersehnte Beförderung mitgeteilt – an dem Tag, als seine Frau zum ersten Mal den Wawel besichtigte, in dem der »GG«, wie Hans Frank in der Familie genannt wurde, residierte:

Wir sahen Burghöfe und Dom. Der gotische Bau ist recht verstellt durch Barock-Grabmäler usf. In der Krypta sind die Königsgräber – (ich

*wusste gar nicht, dass August der Starke auch hier liegt. Pilsudskis Grab
ist extra und recht würdig) – holzverschalt und mit Bleistiftschrift versehen. Drumherum stehen Stühle, Feldbetten, Feuerpatschen usf. Es
ist der Luftschutzkeller der Burgbewohner.*

Mein Großvater konnte so die Volkstums-Experten, die aus dem
Reich zu einer Studienfahrt in die Beskiden und die Tatra angereist
waren, als SS-Obersturmführer begrüßen. Zakopane, Neumarkt
(Nowy Targ), Neu-Sandez (Nowy Sącz), das Tal des Dunajec standen auf dem Programm – die Gruppe unter Führung Lothar von
Seltmanns war auf denselben Straßen unterwegs, die wir fuhren,
wenn wir Gabrielas Eltern oder Freunde besuchten. Nur dass wir uns
nicht »mit dem Pferdeschlitten in Pelze gehüllt durch die Winter-
nacht hinauf ins Zakopaner Berghaus Krakau kutschieren« ließen,
das »prima und natürlich auch entsprechend teuer« war, wie Minni
begeistert berichtete.

Eine letzte »Wissenschaftliche Tagung« sollte mein Großvater noch
leiten, bevor seine Tätigkeit in Krakau »recht plötzlich« und »ohne
Nachfolger« beendet wurde. Die Ergebnisse der Konferenz, an der
die Crème de la Crème der deutschen Volkstumsforscher und Ras-
sekundler teilnahm, waren den Nationalsozialisten offensichtlich so
unwichtig, dass sie die Dokumente nicht vernichteten. So lässt sich
also noch heute nachlesen, dass aus Wien Dr. Arthur Haberlandt
angereist war, Direktor des Österreichischen Museums für Volkskunde, und aus Stuttgart der Leiter der Hauptabteilung Wande-
rungsforschung und Sippenkunde des Deutschen Auslandsinstituts,
Dr. Manfred Grisebach, der einen Vortrag zum Thema hielt: »Wan-
derungsforschung und Sippenkunde im Dienst der Festigung deutschen Volkstums«.

Im Protokoll der Aussprache ist ein Satz verzeichnet, der all die
Lächerlichkeit des zweieinhalbjährigen Unterfangens meines Großvaters in wenigen Worten zusammenfasst: »Es kann ein Mensch
blutsmäßig leistungsfähig, trotzdem aber ein kompletter Lump sein.«
Es hatte ja nun auch ein Ende genommen mit seiner Fahndung nach

deutschem Blut. Die Schlacht um Stalingrad war verloren und damit auch der Krieg im Osten, jeder, der eine Waffe halten konnte, wurde gebraucht: »Nun ist Lothars Einberufung da! Er kommt zu den SS-Panzergrenadieren, Meldeort ist zunächst Berlin. Übermorgen soll's schon losgehen«, teilte Minni am 2. März 1943 ihren Eltern mit, einen Monat, nachdem Michał Pazdanowski ins Konzentrationslager Majdanek deportiert worden war. Fortan war mein Großvater noch seltener zu Hause in Krakau als zuvor, allenfalls zu wenigen Urlaubstagen kam er angereist, zunächst aus Warschau, wo der Dienst als Panzer-Grenadier »sehr anstrengend und hart war und nur wenig Zeit zum Verschnaufen« ließ. Auch vor Ostern war er »dauernd mit der Kompanie unterwegs«, sodass er »nicht rechtzeitig schreiben konnte«.

Nicht einmal »eine tiefere Anteilnahme an der Entfaltung der Natur« gestattete ihm »die Einsatzaktion hier in Warschau selbst«, vom Frühling, der »mit seltsamer Strenge hereingebrochen« war, hatte er »nichts bemerkt«. »Gott sei Dank« hatte ihn die »seit Wochen« andauernde »Einsatzaktion« wenigstens »dem Rekrutenschliff entzogen«. Am 13. Mai schrieb er im Muttertagsgruß nach Wien, »dass die Warschauer Zeit, so denke ich, nun wohl bald zu Ende gehen« werde.

Drei Tage später war es tatsächlich so weit, und der SS-Brigadeführer und Generalmajor der Polizei, Jürgen Stroop, konnte in einem Fernschreiben an den Höheren SS- und Polizeiführer Ost, Friedrich-Wilhelm Krüger, vermelden: »Das ehemalige jüdische Wohnviertel Warschau besteht nicht mehr. Mit der Sprengung der Warschauer Synagoge wurde die Großaktion um 20.15 Uhr beendet. Gesamtzahl der erfassten und nachweislich vernichteten Juden beträgt insgesamt 56 065.« Das Warschauer Ghetto hat mein Großvater in all seinen Briefen nur ein Mal erwähnt – als er im Oktober 1944 im zerbombten München auf seine Einberufung an die Ostfront wartete: Die Stadt sehe »furchtbar aus. Stellenweise steht sie den Bildern im zerstörten Warschauer Ghetto nicht nach.«

Meine Großmutter hielt, während ihr Mann an einer SS-Junkerschule im Protektorat Böhmen-Mähren die Offizierslaufbahn einschlug, in

Krakau die Stellung. Nach Krakau gekommen war im Mai 1943 auch Gerhard von Jordan, und er war es nun, der mit dem »üblen Globocnik« und dem inzwischen nach Lublin gewechselten Gouverneur Wendler – »einem Schwager Himmlers, mit dem man vorsichtig umgehen musste« – zu verhandeln hatte und angeblich im August 1943 eine geplante Umsiedlungsaktion von 100000 Polen im Distrikt Lublin verhinderte. Gerhard von Jordan wickelte nun das ab, was mein Großvater aufgebaut hatte, denn »die Volksdeutschen im Kreis Zamosc trauten sich kaum mehr aus ihren Dörfern heraus, zitterten vor den immer wütenderen Partisanenüberfällen. Und alle Polen fürchteten nun, es werde ihnen ebenso ergehen wie den Juden.«

Im Januar 1945, als die Rote Armee Krakau eroberte, war für von Jordan das »polnische Abenteuer« zu Ende. Für meine Großeltern war es bereits ein halbes Jahr zuvor beendet – mit den Worten eines Telegramms, das Lothar am 22. Juli an seine Minni schickte, die in ihrer thüringischen Heimat zur Kur weilte, im Erholungsheim der Waffen-SS, Schlossparkhotel Reinhartsbrunn bei Friedrichroda: »Minni nicht abreisen, in Krakau alles erledigt – Lothar.« Vor ihrer Kur hatte Minni noch an einer »Dienstbesprechung bezüglich der durch die Evakuierung der Zamoszcer und Galiziendeutschen veränderten Aufgaben« teilgenommen, die letzte Ausgabe der *Kolonistenbriefe* herausgebracht, die »Abwicklungsarbeiten im Büro« erledigt, das ehemalige Einsatzmädel Elfi Elberskirch zur Betreuung der drei Kinder, die in Krakau verblieben waren, eingestellt und die Geburt des sechsten Kindes angekündigt.

Das sechste Kind würde von Himmler kein »Glanzstück an Glückwunsch« mehr zur Geburt bekommen wie noch mein Vater, denn die Zeiten waren vorbei, in denen Minni schreiben konnte: »Bei uns war vom 5. Kriegsweihnachten nichts zu merken: Baum mit 14 Lichtern, 4 Stollen, wenn auch ohne Rosinen, apfelgefüllter Gänsebraten – dass es bei all dem irgendwo Menschen geben soll, die meinen, wir pfeifen auf dem letzten Loch, ist mir unerklärlich.«

Auch der 2. Preis, den mein Großvater beim »Unterführerschießen mit Zielen durch die Gasmaske« gewonnen hatte, sollte den Unter-

gang des Ehepaares Lothar und Wilhelmine von Seltmann nicht aufhalten. Minni starb, 29 Jahre alt, am 14. November 1945 – fast auf
den Tag genau neun Monate nach dem Tod ihres Mannes und drei
Jahre, nachdem SD- oder Gestapo-Männer, deren Krakauer Kollegen gerne in der komfortablen Wohnung der von Seltmanns zu Gast
gewesen waren, Michał Pazdanowski in Żabie abgeholt und ins
Gestapo-Gefängnis nach Kolomea gebracht hatten. Offiziell starb sie
an Typhus, aber eigentlich an gebrochenem Herzen, wie mir ihre
Schwester erzählt hatte: Minni habe den Tod ihres »geliebten Führers« nie verwunden. Aber mit sechs Kindern hatte sie vorgesorgt,
dass der Name von Seltmann nicht aussterben würde.

»Wie die Heringe im Fass«
Kolomea, 26. Mai 2011

Es war ein paradiesischer Tag, als wir von Verkhovyna durch den Garten Eden nach Kolomea fuhren. Wir hatten die Straße über den 835 Meter hohen Bukovec genommen, weil sie, wie Jarek überzeugt war, durch die schönste Gegend der Ukraine führte. Auf den Almen weideten Kühe und Schafe und vor den Holzhäusern am Wegesrand hingen selbst gewebte Teppiche und Decken, deren Ornamente mit dem satten Maigrün, dem Weißrosa der Apfel- und Zwetschgenblüten, dem Violett des Flieders und dem Gelb des Löwenzahns ein Kaleidoskop an Frühlingsfarben bildeten. Im Garten Eden war die Natur um Wochen später erwacht als unten in der Ebene, in der Hölle, die den Namen Kolomea trug.

Kolomea hatte sich an diesem Mittag herausgeputzt, denn ein festlicher Tag wurde begangen: Es war der letzte Schultag, und die jüngeren Schüler wurden in die Sommerferien, die älteren ins Leben entlassen. Sie alle präsentierten stolz ihre Schuluniformen, es wurden Reden gehalten, eine Kapelle spielte auf. Der Himmel war blau wie am Mittelmeer, und die jungen Damen zeigten auf dem Marktplatz so viel Haut wie andernorts auf der Strandpromenade. Die Fassaden der zwei- und dreigeschossigen Häuser leuchteten in der Sonne, an den Balkonen hingen Kästen mit Geranien und Begonien, Frauen in Kitteln und mit Kopftüchern legten Blumenrabatten an, das Rathaus reckte seinen Turm empor. Vor den kleinen Buden auf dem Markt wurde gehandelt wie auf einem orientalischen Basar, Gemüse, Gartenzwerge, Gewürze in offenen Säcken, ältere Frauen boten Flaschen mit Kefir und Milch feil oder Knoblauchzöpfe, die Verkäuferinnen in der Markthalle hielten stolz die Beine eines Hammels oder das Filetstücke eines Rindes in die Kamera.

Ob wir aus Deutschland seien, sprach uns ein etwa 35-jähriger Mann an, er spreche Deutsch, Polnisch, Ukrainisch und Hebräisch, »Shma Jisrael Adonaj Elohejnu«, er habe Siegfried Lenz gelesen, Goethe und Leopold Sacher-Masochs Erzählung *Don Juan von Kolomea* und, ja natürlich, Joseph Roth, im Original. Er könne uns gerne die Synagoge zeigen, die Häuser mit einer Mesusa und auch die Hakenkreuz-Schmierereien, heute singe man ja nicht mehr »Deutschland, Deutschland über alles«, sondern »Ukraina, Ukraina über alles, von dem Baltyk bis nach Afrika«.

Nein, wo das Gestapo-Gefängnis stand, wisse er leider nicht … Ah, der Großvater der werten Gattin habe dort gesessen … Mmh, er könne schnell loslaufen und sich erkundigen, spätestens bis morgen wisse er Bescheid … Schade, dass wir nur für ein paar Stunden in Kolomea seien, er würde uns gerne durch die Stadt führen und das Gefängnis zeigen. Aber wir würden doch wiederkommen? Wenn er nicht gerade unterwegs sei, könnten wir ihn immer hier antreffen, vor dem Großen Ei, dem Museum der Ostereierbemalung. Habe er eigentlich schon erwähnt, dass er Philologie studiere? Er sei immer glücklich, wenn er Deutsch sprechen könne, er liebe die deutsche Literatur, die österreichische, hier aus Galizien und auch die aus dem Reich.

Wir schüttelten unseren unaufhörlich redenden Begleiter vor der Synagoge ab und begaben uns wieder zum Markt, um das Haus zu suchen, von dem aus Ruta Wermuth-Burak im September 1939 die Wagenkolonne – »verstaubte, aber gute Autos« – mit der polnischen Regierung und dem Grafen Jan Szembek auf ihrer Flucht nach Rumänien beobachtet hatte: Für zwei Tage habe sich das verschlafene Städtchen Kolomea in eine Weltstadt verwandelt, und dann sei es wieder still gewesen wie zuvor, hatte uns Pani Ruta erzählt. Doch die Ruhe war trügerisch, den schon bald rückte die Rote Armee in Kolomea ein und beschlagnahmte das Haus der Familie Wermuth. Kurz zuvor war die Familie noch zur Sommerfrische in das Huzulenland gereist, nach Kosmacz, Jaremcze und Żabie, über das jedes Kind in der Schule gelernt habe, dass es das größte Dorf in Polen war. Die Huzulen hätten in Kolomea ihre Waren und Produkte auf dem

Wochenmarkt angeboten, gleich gegenüber dem Haus der Wermuths.

Pani Ruta hatten wir im vergangenen November in der Synagoge zum Weißen Storch in Breslau kennengelernt, beim Gedenken an die Reichspogromnacht 1938, und ihr bei unserem Besuch versprochen, das Haus in der ehemaligen Piłsudski-Straße zu fotografieren, in dem sie eine »glückliche Kindheit« verlebt hatte. Ihr unbeschwertes Leben hatte ein »jähes Ende« gefunden, als sie zwölf Jahre alt war und »die Hölle« losbrach, als die Zeit kam, in der die Kleinstadt Kolomea einer der Orte wurde, in denen im Herbst 1941, so der Historiker Christopher Browning, der »Wettstreit um das größte Massaker in Galizien« ausgefochten wurde, in denen »die Juden nichts durften außer sterben«, wie sich Pani Ruta erinnerte. »Und das wurde ihnen leicht gemacht.«

Der Kreishauptmann Claus Volkmann hatte angeblich von dem, was in seiner Stadt geschah, nichts mitbekommen. Nein, er habe von den Massenerschießungen nichts gewusst, sagte er nach seiner Enttarnung, »es knallte damals doch jede Nacht«. Es waren Tausende Juden, die der Leiter der Außenstelle der Sicherheitspolizei, SS-Untersturmführer Peter Leideritz, und sein Stellvertreter Erwin Gay erschossen – mit nicht einmal 170 Männern, darunter über 100 ukrainische Milizionäre und 20 Volksdeutsche aus dem Sonderdienst, der Volkmanns Befehl verstand. In Kolomea fingen sie an, dann zogen sie weiter in die Berge, wo sie am 16. und 17. Oktober in Kosów, unterstützt von einem Polizeibataillon aus Stanisławów, Arie Gertner und über 2000 andere Juden ermordeten, immer tiefer hinein, unaufhörlich mordend, in Jaremcze, Vorokhta, Tatarów, Jabłonica, womöglich meinem Großvater bei seiner Fahndung nach deutschem Blut begegnend, ehe sie Mitte Dezember schließlich den Garten Eden durchquerten und Żabie erreichten.

Während die neuen Herrscher damit begannen, die galizischen Juden zu ermorden, setzten sie zugleich das Postwesen wieder in Gang. Ost- und Westgalizien waren wieder vereint, so wie vor dem September 1939, und die Postkarten und Briefe waren nicht mehr acht Wochen unterwegs, sondern nur noch wenige Tage, und unterschieden sich von denen aus Vorkriegszeiten lediglich durch die Briefmarken, die nun die Aufschrift »Generalgouvernement« trugen und mit Reichsadler und Hakenkreuz verziert waren. In seinem ersten Brief seit über einem halben Jahr konnte Michał Pazdanowski daher am 20. Oktober 1941 schreiben:

Liebste Mama, die Nachricht von Euch allen hat uns unheimlich erfreut. So sehr möchten wir Euch mal wieder sehen, das ist aber vorerst nicht möglich. Wir müssen uns zunächst mit Korrespondenz begnügen. Wir wohnen wieder in der Schule, in der Wohnung, in der vorher Potocki lebte.

Diese Neuigkeit warf Fragen auf: Wo hatten sie in den Monaten zuvor gewohnt? Was war mit dem jungen Stanisław Potocki geschehen, dem Lehrer, der an der Schule zuständig war für den Unterricht in der Käsefabrikation, der Milchwirtschaft und der Viehzucht? Doch Michał schrieb nichts weiter über ihn, sondern wandte sich seiner Frau und den Kindern zu:

Izia hat alle Hände voll zu tun, sie allein versorgt die Hühner, ein Schwein und Inka sowie den sehr langsamen Jędruś, was nicht einfach ist. Ihre Handflächen sind hart wie eine Schuhsohle, zerschunden und ihre Finger fast ohne Nägel. Aber sie hält sich tapfer und wirtschaftet verbissen. Jędruś geht jetzt auf eine ukrainische Schule, er ist sehr langsam, manchmal ungehorsam, sonst aber lieb, insofern kommt er nach der Mutter. Inka – eine Polin mit einer Nase wie ein Entenschnabel – hat es faustdick hinter den Ohren, lutscht noch am Daumen, allerdings nur nachts, ist sehr lebendig und hilfsbereit wie »Tante Anna«, nur heult sie oft, kurz darauf singt sie aber, wenn auch falsch, Lieder nach den Melodien aus Żabie. Ich arbeite in der Schule, in der es zwar keinen Unterricht gibt, zu der aber eine Wirtschaft gehört mit 25 Stück Vieh, mit Pferden und Schafen.

Der nächste erhaltene Brief stammte vom 16. Februar 1942. Michał bedankte sich für die guten Wünsche, die sie vor ein paar Tagen erreicht hatten. Die Eltern wussten also Bescheid, dass sie wieder Großeltern geworden waren. Über Hanka, das Kleinste, das übermorgen drei Wochen alt würde, gab es Erfreuliches zu berichten: »Es ist gesund und hat einen großen Appetit, da es aber Nahrung genug hat, die auch für Myjakowa« – die Frau seines Kollegen und Freundes, die ebenfalls Mutter geworden war – »reicht, wird es immer kräftiger. Es hat große Äuglein, dunkelblau, aber nach wem es geraten ist, kann man nicht sagen.« Es folgten wenige Worte über die »sehr lebendige« Inka, den »langsamen« Jędruś, der in der Schule »nicht schlecht« sei, aber anderthalb Stunden für die Hausaufgaben benötige, und über seine Frau Izia, die gesund sei und wie immer »hart arbeiten« müsse. Seine Schwester Anusia habe geschrieben, dass die Eltern die Anrichte verkaufen wollten – sie hier in Żabie müssten sich zunächst von nichts trennen, weil es nicht notwendig sei. Aber: Obwohl sie genug zum Leben hätten, wären sie doch gerne mit den lieben Eltern zusammen. Nur wie kämen sie dorthin? »Es sei denn, dass wir hier unsere gesamte Habe verlassen würden. Eine schwierige Entscheidung!«

Auf den Tag genau zwei Monate vor diesem Brief hatten in Żabie rund 800 Bewohner nicht nur ihre Habe, sondern auch ihr Leben verloren – die »Aktion« zur Vernichtung der jüdischen Nachbarn der Familie Pazdanowski hatte begonnen. Die Gertners hatten bereits von den »Aktionen« in der Umgebung gehört und waren auch von huzulischen Freunden gewarnt worden, es wäre besser für sie, wenn sie die nächsten Tage nicht in Żabie seien. Sie richteten in ihrem Haus ein Versteck ein, das unentdeckt blieb. Nach drei Tagen und Nächten wagten sie sich heraus und fanden bei ihrem ehemaligem Dienstmädchen Paraska und deren Mann Jura Koszuk einen neuen Unterschlupf, ehe sie sich zu ihrem Onkel Jehoschua nach Kosów in vorläufige Sicherheit bringen konnten.

Was hatten die Pazdanowskis von der Ermordung der Juden während des Chanukka-Festes des jüdischen Jahres 5072 mitbekommen?

Hatten sie gehört, dass der Bürgermeister Korybutjak – war er der »Stanislowicz«, von dem von Jordan geschrieben hatte? – den Juden befohlen hatte, ihre Wohnungen zu verlassen und in ein rasch eingerichtetes Ghetto zu ziehen? Dass Huzulen, mit Äxten bewaffnet, nach versteckten Juden suchten? Wir würden es nicht erfahren. Im Familienkreis kursierte die Geschichte, dass eine Jüdin, die mit Izabela befreundet war, der Hochschwangeren ihren Kinderwagen überreicht habe mit den Worten, sie würde ihn nicht mehr benötigen, im Gegensatz zu Izabela, die kurz vor der Niederkunft stehe. War es der Kinderwagen, in dem Andrzej im folgenden Sommer seine kleine Schwester »so gerne kutschierte«?

Keinem der Bewohner Żabies war verborgen geblieben, was vor ihren Augen geschah, und viele Huzulen hatten den Rat ihres Priesters Witwitzky aus Żabie-Słupejka befolgt, der Danek Gertner zufolge den Leuten zurief: »Sucht vor allem die Juden, damit wir sie erledigen. Ihre Sachen gehören dann sowieso euch.« Nur eine Minderheit hatte auf den Priester Dzioba von Żabie-Ilcia gehört, der selbst einige Juden versteckte und von der Kanzel seine Gemeinde ermahnte: »Ich sage Euch, dass jeder Tropfen jüdischen Blutes, der von Euch vergossen wird, für Generationen an Euren Händen kleben wird, an Euren Kindern und Kindeskindern, und dieses Blut werdet Ihr nie abwaschen können.«

Die Juden seien durchs ganze Dorf getrieben und dann erschossen worden, hatte uns Pani Anna einige Abende vor unserer Fahrt nach Kolomea erzählt. Dort, wo jetzt das Denkmal stehe. Es habe stark geregnet an dem Tag. Sie habe sehr geweint damals, denn auch ihre Freundin Malka sei umgebracht worden. Einige wenige Juden seien am Leben gelassen worden. Die hätten dann schwer arbeiten müssen, im Straßenbau zum Beispiel. Auch die Gertners hätten überlebt. Waren sie nicht nach Kosiv gegangen?

Jeder habe von den Erschießungen gewusst, hatte uns auch Pani Irena gesagt, als wir sie nach dem Schicksal der Juden befragten. Gabriela und ich waren mit Anna, Stepan und Jarek am Waldrand oberhalb Verkhovynas beim Denkmal für die ermordeten Juden gewesen, für das Danek Gertner 1990 eine neue Erinnerungstafel hatte anfertigen lassen: Bis dahin hatten die dort erschossenen Juden mit keinem Wort Erwähnung gefunden – wie überall in der Sowjetunion war auch in Verkhovyna nur der »sowjetischen Opfer des Faschismus« gedacht worden.

Als wir den Kuhpfad zurück zum Dorf gingen, dunkelte es bereits, aber Jarek drängte uns, unbedingt noch Pani Irena aufzusuchen. Marija aus Dzembronia habe ihn angerufen und ihm gesagt, wenn uns jemand etwas über die Vergangenheit von Verkhovyna erzählen könne, dann sei es Pani Irena.

Wir überquerten also die Dorfstraße und bogen in einen Fußweg ein, an dem sich links und rechts Holzhäuser mit kleinen Gärten und Wiesen befanden, auf denen Ziegen grasten oder Gänse schnatterten. Ob wir Polen seien, rief uns ein Mann zu, der am Zaun vor seinem Haus lehnte. Polnische Qualität, sagte er, lachte und deutete auf das Gebäude. Wo wir denn jetzt noch hinwollten? Zum Czeremosz? Wir ließen uns auf kein Gespräch ein und gingen weiter, denn es war schon unhöflich spät für einen nicht angekündigten Besuch. Ihre Mutter liege bereits im Bett, bekamen wir dann auch zu hören, nachdem wir an der angegeben Adresse unser Anliegen vorgetragen hatten. Aber sie könne mal schauen, sagte die Frau im Jogginganzug, ob ihre Mutter nochmal aufstehe. Sie wohne im alten Haus nebenan.

Es dauerte keine zehn Minuten, bis Pani Irena herbeigeeilt kam, sich noch rasch das Kopftuch zurechtrückend. Sie war vielleicht einsfünfzig klein, zierlich, ihre Stirn und Wangen waren von zahllosen Runzeln und Altersflecken übersät, doch sie hatte das Gesicht einer Madonna. Weil es draußen kühl geworden war, führte uns ihre Tochter in die Sauna, nicht ohne darauf hinzuweisen, dass wir den holzvertäfelten Raum auch zum Saunieren mieten könnten.

Was war also mit den Juden in Żabie geschehen, Pani Irena?

Ooh … ooh … ooh … Es war kalt. In Krasnyk, ein Dorf nicht weit weg, haben sie ein Ghetto errichtet. Und alle Juden wurden zusammengetrieben in dieses Ghetto. Am Anfang von Krasnyk, dort, wo die jüdischen Häuser waren. An diesen Tagen ließen sie mich nicht in die Schule … Mit den Juden haben wir in Frieden gelebt, sehr freundschaftlich. Es war nicht so, dass dieser ein Jude war, und jener ein Pole. Niemand hat nach der Nationalität gefragt. Ein Mensch war er doch. Bei uns gab es beinahe 1000 Juden.

Hier in Verkhovyna?, rief Anna erstaunt aus.

Ja, in Verkhovyna. Bei uns lebten sehr viele Juden … Für ein paar Tage war ein Ghetto. Aber wissen Sie was, das war schrecklich. Wirklich schrecklich … Sie haben die Männer genommen, sie in ein Haus gestopft. Einen nach dem anderen, einen nach dem anderen. Und sie sind dort erstickt. Sie sind an Sauerstoffmangel gestorben. Sie haben laut gestöhnt, dann sind sie tot umgefallen. Am nächsten Tag – so haben die Leute erzählt – wurden sie auf Fuhrwerke geworfen und zu der Grube abtransportiert. Und manche fingen an, sich an der frischen Luft zu bewegen. Das war wirklich schrecklich … Und später kamen sie, Gestapo oder jemand, ich weiß nicht mehr, um die anderen zu erschießen. Und morgens hatten sie schon zwei Gruben gegraben. Da hatten die Juden schon geahnt, dass es ihnen schlecht ergehen wird … Es tut mir schrecklich leid, auch jetzt tut es mir so sehr leid … Neben mir in der Schule saß ein Mädchen, Luisa Szizel, und ich konnte mir nicht vorstellen, dass sie dort erschossen wurde. Und die besten vier jüdischen Mädchen, die feinsten in Żabie, haben sich einander an den Händen gefasst und sind als Erste in die Grube gesprungen. Dort war eine Art Brett, sie mussten von dort springen. Und sie mussten jene, die erschossen wurden, ordentlich schichten – wie die Heringe im Fass. Man erzählte, dass die kleinen Kinder gar nicht erschossen wurden, sondern dass man sie lebend hineinwarf. Und die Leute standen an der Seite … Manche von ihnen konnten nicht länger zusehen, sie liefen weg … Und die Polizei hielt sie auf …

Die Polizei hielt sie auf, damit sie zuschauten?

Damit sie dann die Grube schnell zuschütteten. Man erzählte, dass sich die Erde über den Gruben emporhob. Hin und her wogte.

Vielleicht lebte dort noch jemand?

Nein, sicherlich gab es dort keine Lebenden. Eine Masse Menschenleichen faulte …

Wissen Sie, wo diese Gruben waren?, fragte Anna.

Das weiß ich. An der Gabelung nach Ilcia, dann muss man noch ein bisschen gehen – Pani Irena zeigte mit der Hand nach links – und dort sollten sie sein.

Dort am Wald?

Nicht ganz am Wald. Vom Weg aus kann man das sehen.

Ist das dort, wo heute eine Tankstelle steht und es so nach oben geht?

Ja, ja. Dort an der Ecke.

Dort sind wir eben gewesen.

Ihr seid dort gewesen?

Ja.

Und ist dort noch etwas?

Es gibt dort so ein umzäuntes Denkmal. Kinder kümmern sich darum.

Aha, jemand kümmert sich darum.

Ja, die Schule.

Ja, sie kümmern sich darum, weil auch zwei Christen in diesen Gruben sind. Maria Dobrotliwa und ihr Mann, der beim Gericht arbeitete und in der Kirche die Ionika spielte. Aber was der Grund war …

Erinnern Sie sich an das Gasthaus Gertner?, fragte Gabriela.

Sehr gut. Gertner hatte ein Restaurant, so wurde es hier genannt. Und sein Bruder hatte eine Molkerei. Und der eine konnte fliehen, und der andere nicht. Dort in diesen Gruben haben ihn die Deutschen erschossen. Man sagte, sie mussten ihm einige Kugeln geben. Weil er so stark war, der Gertner.

Ist tatsächlich ein Gertner in diesen Gruben dort am Wald?, fragte Anna.

Ja, ja. Ein Gertner liegt dort. Ich erinnere mich an den Sohn von ihm. Er war ein älterer Bursche als ich.

Und diese Juden hatten auf ihren Ärmeln solche …?, begann Anna.

Ja, weiße Armbinden mit blauen Sternen. Wissen Sie, zwei Dreiecke … Ich erinnere mich gut an die Gertners, auch an die Schillings, sie hatten einen Laden und nahmen mich oft zu sich nach Hause, denn sie hatten ein Mädchen in meinem Alter, damit sie Ukrainisch lernte.

Es gab jüdische Zeitungen, aber es gab keine jüdische Schule, die jüdischen Kinder lernten privat. Sie hatten private Lehrer. Aber sie gingen auch mit uns zusammen in die Volksschule. Als wir uns gemeinsam zum Gebet aufstellten, standen die Juden so …

Pani Irena erhob sich von ihrer Bank, drehte den Kopf zur Wand und setzte sich wieder. Sie blickte unter sich, als ob sie alles noch einmal vor sich sehe. Der Gertner, der im Massengrab lag, war Onkel Herrmann, der dort mit seiner Frau und seinem Kind ermordet worden war. Das hatte Alexander Gertner im Fotoalbum von der Galizien-Reise mit seinem Onkel notiert. Was Pani Irena uns erzählte, stimmte also mit den Erinnerungen Danek Gertners überein.

Danek, seine beiden Brüder Schimek und Mirek und die Eltern Zelda und Eliezer hatten nach dem Massaker erfahren, dass man einige Juden in der Ortschaft zum Arbeiten zurückgelassen habe. In der Hoffnung, nicht aufzufallen, wagten sie sich wieder hinaus. »Da haben wir dann gehört, wie einige verwundert gesagt haben: ›Schaut, die leben noch, die Gertners leben!‹ Und irgendwie war das kein gutes Gefühl, wie die das so betont haben – denn da war ein Unterton dabei: ›Wieso leben die denn überhaupt?‹«

Es war bereits nach Mitternacht, als wir uns von Pani Irena verabschiedeten. Die Sterne funkelten, der Czeremosz rauschte leise, sonst war es still. Eine Lampe beleuchtete den Weg, an dessen Ende sich das angeblich polnische Haus befand, vor dem uns der Mann auf dem Hinweg angesprochen hatte.

Ist dieses Haus ein polnisches?, fragte Anna.

Nein, das ist ein jüdisches Haus. Dort wohnten Abramko, seine Frau Tosia, Buryk, der Schwiegersohn, und die Schwester Ruchla … Es sind hier viele jüdische Häuser geblieben … Ich habe von einer Frau geträumt … Nein, habe ich nicht geträumt. Sie kam zu mir – tot. Mein Haus war dort – Pani Irena streckte ihren Arm aus und wies in die Dunkelheit –, meine Großmutter hatte es für meine Mutter als Aussteuer gekauft. Als ich alleine geblieben war, brachten sie mich zu meiner Großmutter. Aber ich bin immer wieder zurück in dieses Haus, habe dort im Kamin Feuer gemacht, das Wasser gewechselt, gefegt. Es war nicht nötig, aber ich habe Zweige gesammelt und sie mit einem Streichholz angezündet. Und plötzlich: klopf-klopf! Etwas klopfte an das Fenster. Ich schaue hinaus, wer klopft … Dort ist ein Haus, das erste in der Straße, da lebte eine Jüdin und sie … Und ich habe sie gesehen in diesem Fenster! So, wie sie immer herumlief, in ein Tuch eingehüllt. Sie lächelte mich an. Ich habe es geglaubt! So deutlich habe ich sie gesehen. Ich hatte noch nicht geschlafen, es wurde gerade dunkel. Ich lief hinaus: »Sosia! Sosia!« So hieß sie. Ich schreie: »Sosia! Sosia!« Währenddessen kommt meine Tante, nach mir zu schauen, wo ich geblieben sei. Ich sage: »Leise, leise, Sosia ist hier. Sosia hat sich hier versteckt.« Und rufe: »Sosia! Sosia! Keine Angst, komm heraus!« Aber die Tante hält mich fest und sagt: »Mädchen, was für eine Sosia? Sosia wurde umgebracht.« Ich sage: »Nein! Sosia ist weggelaufen. Sie ist es. Sie ist zurückgekommen, hat gelacht, hat an das Fenster geklopft.« Ich war davon überzeugt. Wissen Sie, sie hatte mir sehr geholfen, als meine Mutter gestorben war, hatte immer etwas mitgebracht, hatte gebacken Kuchen mit Mohn oder Ähnliches. Ich habe oft ihre Enkelin besucht und mit ihr gespielt. Solche Geschichten …

Die kalten Wintermonate des Jahres 1942 gingen zu Ende, Żabie war zu einem Ort geworden, den die Deutschen »judenrein« erklärt hatten, es wurde wie in jedem Jahr Frühling, meine Großeltern zogen von Lublin nach Krakau, die Gertners kämpften in Kosów ums Überleben, Ruta Wermuth-Burak und ihre Familie in Kolomea, und die Christen in Żabie, die katholischen Polen wie die orthodoxen Ukrainer, feierten das Fest der Auferstehung ihres Herrn. Michał Pazdanowski schickte zum Osterfest »die besten Wünsche, die ihm einfielen«, nach Krakau: »Möge das Fest einen angenehmen Verlauf nehmen und mögen Eure Träume in Erfüllung gehen! Wir würden so gern die Festtage mit Euch verbringen, aber vorerst können wir nur in Gedanken bei Euch sein – möge Gott erlauben, dass wir uns endlich mal sehen! Aber ob es überhaupt möglich sein wird und wann?«

Von dem Alltagsleben in Żabie erzählte er weiterhin nicht viel, es hatte sich offensichtlich nichts verändert: »Wir gehen in Arbeit auf, und Izia rackert sich geradezu ab, aber der liebe Gott schenkt uns allen Gesundheit und die Möglichkeit, mit den Kleinen über die Runden zu kommen.« Der Brief endete mit der Bitte um Nachrichten und um Fotos und mit Grüßen an die Verwandten. Vielleicht gelinge es ihm »an den Feiertagen, unser Leben genauer zu schildern«, fügte er noch an.

Leider hatte Michał nicht die Zeit gefunden, denn im Dankesbrief für die elterlichen Ostergrüße war lediglich zu lesen: »Wir führen nach wie vor ein ruhiges Leben und hoffen, Euch einmal wiederzusehen.« Die Kinder seien gesund und tobten sich den ganzen Tag draußen aus. Zugleich dankte er den Eltern »für die Bereitschaft, Jędruś aufzunehmen. Ob und wann dies machbar wäre, ist schwer zu sagen, zumal wir bisher keine Möglichkeit hatten, nach Lemberg zu kommen und somit Jędruś nach Krakau zu bringen.« Seinen Cousin Adam bat er noch, ihm »ein paar Kilo Eckendorf-Futterrüben« zu schicken – »natürlich nur, wenn der Preis nicht zu hoch ist und die Möglichkeit besteht, diese auf den Weg zu bringen.«

So ging es den ganzen Sommer über: Michał hatte »alle Hände voll zu tun«, seine Frau »rackerte sich ab«. Die Kinder hatten mal Husten oder Schnupfen, aber es gab keinen Grund zur Besorgnis. Es war herrliches Wetter und – »wie es in den Bergen üblich ist« – weder schwül noch unerträglich heiß. Die Kinder liefen den ganzen Sommer über barfuß, und die kleine Hanka schlief am Tag viel draußen im Kinderwagen. Lag es an den Gebeten der Mutter, dass sie »heil und gesund« waren? »Wir danken dir, Mutti, für deine Gebete, denn vielleicht sind sie es, die uns bisher beschützen. Bete weiterhin für uns, Mutter, vielleicht gewährt uns Gott endlich ein Wiedersehen, obgleich ich derzeit von einer Fahrt nicht einmal träumen kann.« Gott sollte Michał kein Wiedersehen mit den Eltern und den Verwandten in Krakau gewähren, denn es kam der Herbst, es wurde kühl, der Himmel war verhangen, es regnete, Andrzej kam in die zweite Klasse und Izabela war völlig überarbeitet. Zum ersten Mal waren den Briefen leise Töne von Traurigkeit und Resignation zu entnehmen: »Das, was Ihr mir vor dem Krieg gekauft habt, verwendet zu Eurer Versorgung im Winter, dies aufzubewahren hätte keinen Sinn.« Im Oktober wünschte Michał seiner Mutter zum Namenstag »vor allem, dass Du diese schwierige Zeit überstehst und dass wir uns einmal wiedersehen mit der ganzen Familie.« Er denke nun häufig daran, »welche Mühe Dich unsere Erziehung gekostet hat. Ich wünschte, ich könnte dies meinen Kindern weitergeben. Leider habe ich sehr wenig Zeit und kann nicht, wie der Vater, unterrichten, dies ist hier nicht meine Rolle.« Seinem Vater schrieb er zwei Wochen später, sich entschuldigend, dass er nur eine einfache Postkarte zu seinem Namenstag schicken könne: »Die Kinder sind mager, aber gesund. Obwohl wir nicht gerade im Überfluss leben, brauchen die Kinder nicht zu hungern. Es gibt viel Arbeit – aber ohne Arbeit wäre es weit schlimmer.«

Seinen letzten Brief aus Żabie schrieb Michał Pazdanowski am 12. November, kurz nachdem er »heil und gesund« aus Kolomea zurückgekehrt war. Aber außer, dass er »Schühchen« für Inka gekauft hatte, die sogar »Schleifchen« hatten, konnte er nichts Erfreuliches berichten. Was war geschehen? Hatte er dunkle Vorahnungen, dass er zwei Nächte später verhaftet werden und in die Stadt gebracht werden würde, in der nichts mehr so war wie zuvor? Was hatte er in Kolomea, der Kreisstadt am Ufer des Pruth, die er früher so gerne aufgesucht hatte, gesehen? Hatte man ihm erzählt, was mit den 16 000 Juden geschehen war, die der Kreishauptmann Claus Volkmann im März 1942 in das Ghetto hatte sperren lassen, in dem »die Häuser eher Hütten waren, ohne Wasser und Kanalisation«, wie sich Ruta Wermuth erinnerte, wo »Tausende der so Zusammengepferchten« an Hunger und Krankheiten starben, in das »die Deutschen an die Stelle der Verstorbenen neue Juden aus den Dörfern trieben«, so wie die Gertners aus Żabie? Der Vater Eliezer war im Sommer in Kosów an Gram und Verzweiflung gestorben, der Bruder Schimek in Lemberg ermordet worden, aber die Mutter und die beiden Söhne Danek und Mirek lebten noch – und kamen im Oktober in das Ghetto, in dem die 14-jährige Ruta Wermuth kurz zuvor von Gestapo-Chef Peter Leideritz nach links ausgesondert worden war. »Rechts bedeutete Leben, links Tod. Mutter, Vater und ich gingen nach links.«

Seine Frau Izinka sei »die ganzen Tage bei der Arbeit«, hatte Michał den Brief begonnen, der nur als Fragment erhalten geblieben ist und darüber hinaus den Namen seines Sohnes Andrzej – Jędruś – als Absender trägt.

Izinka ist furchtbar überarbeitet und trotzdem würde sie alles glänzend schaffen, aber leider setzen ihr die Kinder zu. Es tut mir leid es zuzugeben, aber die Kinder sind ungehalten – was soll man tun, es ist Krieg und es gibt niemanden, der sie beschäftigen könnte. Und diese unsere Kinder gehören zu solchen, die alleine nicht spielen können, auch wenn sie viel Spielzeug hätten. Jędruś und auch Inka hören nicht auf einen, und Jędruś belügt uns. Vielleicht könntest Du, Mutti, uns einen Rat geben, wie man mit ihnen verfahren soll? Ich will sie nicht schlagen, denn das ist nicht richtig, es ist nicht hilfreich für Jędruś' Gefühle und seinen Verstand. Manchmal weiß ich nicht mehr, was ich tun soll.

Am Rand hatte Michał noch hinzugefügt: *Jędruś sieht mir sehr ähnlich – nur hat er krumme Beine. Inka ähnelt immer mehr der Anusia. Aber Jędruś streitet immer wieder mit Inka, und wir finden keine Minute Ruhe wegen ihnen. Ich verstehe, dass es Kinder sind, aber was soll man tun? Um sie zu beschäftigen, muss man mit ihnen spielen, aber dafür gibt es hier keine Zeit.*

Nochmals Küsse, Michał

PS: Schickt uns bitte die Vergrößerungen der Fotos von der Kleinen (wenn sie gut werden).

Gabriela und ich hatten den Brief wieder und wieder gelesen. Das sei ein Fremder, sagte Gabriela, nicht der Großvater, wie Inka und Hanka ihn uns geschildert hatten, und wie er in den Erinnerungen von Pani Anna, Pani Wasylyna und Pani Irena weiterlebte, den Kindern von Żabie. Kinder hätten einen sechsten Sinn und könnten intuitiv einschätzen, wie jemand sei.

Hatte Michał seiner Familie eine geheime Mitteilung geschickt, eine Botschaft, die sich hinter diesen für ihn ungewöhnlichen Sätzen verbarg? Oder stand er so unter Druck, dass er die Nerven verloren und seiner Wut und seinem Ärger freien Lauf gelassen hatte?

Nein, sagte Gabriela, dieser Brief sei ein Hilferuf, ein Schrei nach Rettung: Wir können nicht mehr, wir sind am Ende, wir sind in Gefahr! Holt uns hier raus!

Hatte Michał geahnt, dass, nachdem die Juden ermordet worden waren, er als Pole der Nächste in der Reihe sein würde? Den Brief hatte er einen Tag nach dem polnischen Nationalfeiertag geschrieben, der in der Zwischenkriegszeit zur Erinnerung an die Unabhängigkeit des Staates – nach 123 Jahren der Teilung durch Preußen, Österreich-Ungarn und Russland – begangen worden war. Hatten die Nationalsozialisten anlässlich des 11. Novembers eine Aktion gegen die Polen begonnen? Hatten sie Angst vor Aktionen der Polen gegen die Besatzungsmacht? Musste mein Großvater deswegen in diesen Nächten in Krakau Wache stehen? Und waren Gestapo und Sicherheitsdienst wieder von Kolomea aus in die Berge gezogen?

Michał sei einen Tag vor seiner Verhaftung gewarnt worden, hatte uns Hanka erzählt, sein Leben sei in Gefahr, er solle fliehen. Aber er war geblieben, er wollte seine Frau und Kinder nicht im Stich lassen: Wenn die Deutschen ihn nicht aufgreifen könnten, würden sie an seiner Statt seine Familie ins Gefängnis bringen. Sie kamen tatsächlich, in der Nacht des 13. November 1942, fanden Michał und nahmen ihn mit – über den Bukovec-Pass und durch den Garten Eden ins Gestapo-Gefängnis nach Kolomea, wo er auf einen 63-jährigen Kollegen traf, der bereits am 10. November, kurz vor Mitternacht, verhaftet worden war.

Dieser Schuldirektor, der noch mit einem Patent aus österreichischen Zeiten ausgestattet war, sei hier Dr. X. genannt, denn wir haben zugesichert, seine Identität nicht preiszugeben.

Dr. X. wurde um 23.15 Uhr von der Gestapo in seiner Wohnung abgeholt und mit anderen Verhafteten – polnischen Architekten, Ärzten, Priestern – zum Gerichtsgebäude gebracht. Um 1.20 Uhr wurde er verhört, man nahm ihm das Geld, die Brieftasche und das Taschenmesser ab und sperrte ihn in eine Zelle, in der sich schon einige Häftlinge befanden, und die sich in der Nacht noch weiter füllen sollte. Eine allgemeine Verhaftungsaktion, vermutete Dr. X. erleichtert, und noch vertraute er den Worten eines der Gestapo-Männer, der seiner Frau versichert hatte, ihr Mann werde in zwei Tagen wieder zurückkehren.

Doch sein Vertrauen wurde getäuscht. Zwar blieb er weiterhin optimistisch, denn man hörte die Leute sagen, dass in Lwów, Czortków, Stanisławów und Tłumaczów die Häftlinge schon freigelassen würden – bald werde also auch Kolomea an die Reihe kommen –, doch die Tage vergingen und jeder verlief in seiner Eintönigkeit wie der andere: Frühes Aufstehen, weil die Nächte lang waren und sich zwei Häftlinge eine Pritsche teilen mussten, 7 Uhr Antreten zum Appell mit Kontrolle, ob auch niemand geflohen war, Kübel ausleeren, Frühstück mit Wasser, Brot und dünnem Kaffee, eine halbe Stunde Hofgang – Frauen und Männer getrennt –, Kartenspielen und Gespräche mit den Zellengenossen, 12 Uhr Mittagessen – Suppe mit Grütze, Kohl oder Rote Bete, manchmal mit Geschmack, manchmal ohne –, danach das eigentliche Mittagessen mit den Köstlichkeiten aus den offiziellen Hilfspaketen oder den Päckchen von zu Hause, die mithilfe bestochener Wärter hereingeschmuggelt wurden, 16 Uhr Abendessen, Kartenspielen, 18 Uhr Kübel ausleeren mit anschließendem Appell, gemeinsames Gebet, Kartenspielen, Umhergehen in der Zelle, zeitiges Schlafen.

So vergingen die Tage bis Weihnachten, die Gedanken wanderten immer inniger zur Familie, und am Vorabend des Heiligen Abends gelang es auch Dr. Xs Mithäftling Michał Pazdanowski, einen Kassiber aus dem Gefängnis zu schmuggeln, den wir weitgehend entziffern konnten:

Liebe Izineczka,
So wie auch bisher, habe ich Dir eigentlich nichts von mir zu berichten. Ich bin ganz gesund und ich halte mich sehr gut. Wir sind mitein-

ander ein guter Verein, sodass bei der Arbeit die Zeit ruhig dahinfließt. Tägliche Spaziergänge halten uns gesund, ich mache jeden Tag Gymnastik. Von der Unterwäsche fehlt mir nur 1-2 Paar Socken, und mir fehlt dieser Sack, von dem ich gesprochen habe. Es kümmert sich um uns das Fürsorge-Komitee, von dem ich schon zwei Pakete bekommen habe, und heute habe ich ein Weihnachtspaket mit Süßigkeiten erhalten. Was mir wirklich fehlt sind Nachrichten von Dir. Gut, dass ich zumindest weiß, dass Ihr gesund seid und dass ihr am alten Ort wohnt. Was ist aber mit dem Heizmaterial, und wie schaffst Du es? Ärgerst Du Dich nicht unnötig über unsere Schätze? Sind die Kinder brav, ist Inka nicht launisch und belästigt sie die Mama nicht? Hört Jędruś auf Dich und benimmt er sich gut und lernt in der Schule? Lies ihm das vor, er soll sich Mühe geben, ein guter Sohn zu sein, mich zu vertreten, er soll der Mama helfen, die es so schwer hat, sie alleine zu versorgen. Er soll sich um Inusia und die Kleine kümmern, sodass der Papa ihn loben kann. Der Papa weiß, dass der kleine Sohn gut ist und er bittet ihn um weitere Anstrengungen. Inusieczka küsst der Papa genauso innig wie den Jędruś, und er umarmt sie sehr, sehr fest. Sie soll so lieb wie immer sein. Spezielle Umarmungen für die Kleine.

Nach dem allgemeinen Teil, den auch die Kinder hören durften, wandte sich Michał direkt an seine Frau, die er zärtlich Zi nannte:

Liebe Zi! Am Vortag des Heiligen Abends sende ich Dir die herzlichsten Weihnachtswünsche, mögest Du nicht wegen meiner Abwesenheit betrübt sein. Das wünsche ich Dir auch für das Neue Jahr – sei brav und lieb wie immer, obwohl ich zugeben muss, dass ich Dir meine Liebe nicht so zu zeigen vermochte, wie Du es verdient hast. Überhaupt habe ich viel zu verbessern Dir und Jędruś gegenüber und ich werde mich nach meiner Rückkehr ändern. Um zu den Wünschen zurückzukommen: Sei, Zi, guter Hoffnung, versuche so mutig zu sein, wie Du es kannst, und stark für unsere Kinder! Liebe sie, aber wenn es sein muss, sei konsequent, und Jędruś halte liebend, aber fest. Und ich wünsche Dir, Zi, dass wir uns schnell wieder sehen, was, wie man hört, Anfang Januar erfolgen soll.

Außerdem wünsche ich Dir, dass Deine Arbeit Dir leicht fällt und dass die Kinder für Dich eine Freude sind. Übergebe meine herzlichen Wünsche allen Bekannten. Verbrenne meinen Brief und <u>vermeide jegliche Gespräche über mich und sage nicht, dass ich Dir schreibe!</u> Hast Du meine Papiere (Abschriften) zusammen mit dem Lebenslauf und dem Antrag nach Lemberg zum Schulkuratorium geschickt? Ich umarme Dich noch einmal ganz fest und küsse Euch alle vier.
Euer Michał

Izabela hatte die geheime Nachricht nicht verbrannt, aber wann hatten Izabela und die Kinder den Weihnachtsgruß erhalten? In dem zweiten Stück Papier aus dem Gefängnis, das ebenso eng beschrieben war wie das erste, sah es nicht so aus, dass sie ihn bekommen hatten. Michał hatte diesen Kassiber am 1. Januar 1943 verfasst und seiner Frau einen Gruß zum Neujahrstag geschickt.

Mein Wunsch ist, dass Du diese Zeit irgendwie glücklich überstehst, bis ich wieder mit Euch bin, was, wie ich glaube, doch wohl bald kommt (immer sagen alle, dass es bald kommt, schon in einigen Tagen). Liebling, vor allem möchte ich etwas erfahren, irgendetwas darüber, wie es Euch geht, denn außer einer einzigen Nachricht vom Anfang Dezember, dass alles beim Alten ist, weiß ich absolut nichts! Und doch kannst Du, Zi, Schwierigkeiten haben, und mein Unwissen darüber macht mich immer unruhiger. Wenn Du also nicht willst, dass daraus ein Kummer wird, gib mir kurz Bescheid, damit ich ruhiger werde. Alle haben doch irgendwelche Nachrichten von der Familie, und ich habe Dir schon gesagt, wie Du das machen sollst. Außerdem kann ich nicht verstehen, dass Du mir gar kein Stückchen einer Oblate mit den Wünschen zu Weihnachten und Nachrichten von Euch geschickt hast. Sei mir nicht böse wegen dieses Schreibens, aber mir geht es nur darum, zu wissen, wie es Euch geht, denn dieser Mangel an Nachrichten wird unerträglich! Liebling, Briefe und eventuelle Sendungen, die Du per Post schicken kannst, richte an: ulica Kraszewskiego 46, Hochwürden Kanoniker Romuald Chłopecki.

Der Priester Romuald Chłopecki war in derselben Nacht verhaftet worden wie der Schuldirektor Dr. X. und im Gefängnis dessen Zellengenosse. Chłopecki, der Dr. X. zufolge ein wahrlich goldenes Herz hatte, war der Mittelsmann nach Außen, denn er pflegte enge Verbindungen zu einem Aufseher, der die Pakete in Empfang nahm und ins Gefängnis schmuggelte. Die Häftlinge aus Kolomea waren denen aus den Dörfern gegenüber im Vorteil, denn ihre Helfer konnten die Pakete persönlich abgeben. Zwar gab es auch Wärter, die sich selbst aus den Paketen bedienten und Lebensmittel stahlen, aber das meiste kam doch an – oder wurde vom Koch zur Verfeinerung der Mittagssuppe genutzt. Diejenigen, die etwas bekommen hatten, teilten es mit den anderen, aber Michał gehörte nicht zu denen, die etwas abgeben konnten:

Mir geht es auch nicht um Sendungen an mich, sondern darum, dass, wenn ich hier gemeinsam mit anderen lebe und gelegentlich ihre Höflichkeit in Anspruch nehme, ein solcher Mangel an Sich-Erkenntlich-Zeigen manchmal wirklich peinlich ist.

Die Hoffnung, dass er bald nach Żabie zurückkehren würde, hatte Michał noch nicht aufgegeben: *Liebe Zi, sehr oft bin ich in Gedanken bei Euch und teile Deine Probleme. Ich bin zusammen mit den Kindern und mit Dir. Insbesondere morgens und abends denke ich an Euch und ich überlege, was und wie ich es ändern könnte, damit es noch besser wird, als es war, obwohl es doch wirklich sehr gut war!*

Er wandte sich auch wieder an seinen achtjährigen Sohn: *Lieber Jędruś! Dein Papa bittet Dich sehr, dass du Büchlein liest, und du hast doch viele. Und lese bitte laut, damit du mir etwas vorlesen kannst, wenn ich zurück bin. In der Schule musst du dich gut benehmen, damit ich mit dir nach meiner Rückkehr zufrieden bin.*

Worüber soll ich noch schreiben? Es gibt wirklich nichts Interessantes. Man lebt ruhig von einem Tag auf den anderen und wartet. Und so vergehen die Tage. Ich bin ganz gesund und ich halte mich gut. Das schreibe ich Dir nicht zu Deiner Beruhigung, sondern es ist wirklich wahr. Hier waren zwar Kranke, aber ich selbst bin von Anfang an ganz gesund und mir fehlt nichts. Und moralisch, Gott sei dank, fühle ich mich wirklich irgendwie gut. Mich quält aber dieses Fehlen von Nachrichten von Euch.

Eine Woche später, am 8. Januar, schrieb Dr. X. an seine Frau, es gebe gute Neuigkeiten: Er habe nicht ohne gute Gründe die Hoffnung, dass er heute das letzte Paket von ihr empfangen habe und dass er gewiss einen Teil des Inhalts mit nach Hause bringen könne. Alle Dinge seien angekommen, denn es herrsche wieder Ordnung und Disziplin im Personal, nichts komme weg.

Doch Frau X. in Kolomea wartete vergebens auf die Heimkehr ihres Mannes, so wie auch Izabela in Żabie vergebens wartete. Etwas musste sich tatsächlich geändert haben, aber nicht zum Guten für die Häftlinge: Es sind keine Kassiber von Dr. X., der an manchen Tagen gleich zweimal an seine Frau hatte schreiben können, erhalten, die ein späteres Datum tragen. Und auch von Michał Pazdanowski war nichts mehr zu hören.

Wann genau die polnischen Häftlinge aus dem Gestapo-Gefängnis von Kolomea denselben Weg zum Bahnhof gingen wie ein Vierteljahr zuvor Ruta Wermuth und Danek Gertner, war nicht herauszufinden. Wahrscheinlich war es der 27. Januar, als der Zug mit den Viehwaggons von Kolomea über Stanisławów nach Lemberg ging und von dort fünf Tage später weiter über Rawa Ruska nach Lublin.

Im Herbst 1942, als Ruta Wermuth und Danek Gertner abtransportiert worden waren, hatte der verantwortliche Zugführer, ein Reserve-Leutnant der Schutzpolizei namens Westermann, seinen Vorgesetzten vermeldet, dass sein »Transport mit 4769 Juden ohne nennenswerte Vorkommnisse in Belzec abgeliefert« werden konnte – obwohl »bei der aufkommenden starken Dunkelheit der Nacht mehrere Juden entkommen waren, die sich nach Entfernung des Stacheldrahtes durch die Luftlöcher hindurchgezwängt haben, wovon jedoch ein Teil sofort von dem Begleitkommando erschossen werden konnte, während der größte Teil der geflüchteten Juden in der Nacht oder am anderen Tage vom Bahnschutz oder anderen Polizeikräften beseitigt worden ist.«

Zu denen, die sich durch die Luftlöcher hindurchgezwängt hatten, aber nicht »beseitigt« worden waren, gehörten Ruta Wermuth und Danek Gertner. Beide haben überlebt – Ruta Wermuth dank der Hilfe ukrainischer und huzulischer Frauen und später als Zwangs-arbeiterin in Deutschland, Danek Gertner in Ungarn, auch dank der Hilfe des väterlichen Freundes Stanisław Vincenz.

Dass sich in dem Zug, in dem der Priester Romuald Chłopecki und die Schuldirektoren Dr. X. und Michał Pazdanowski abtransportiert wurden, jemand durch die Luftlöcher zwängen und fliehen konnte, ist nicht vermeldet. Michał Pazdanowski war derjenige von den dreien, der am längsten am Leben blieb. Auf einer Liste im Archiv Majdanek, auf der 23 polnische Häftlinge aufgeführt sind, die in Kolomea zwischen dem 11. und 13. November 1942 im Rahmen der »Akcja eksterminacji ludości Polskiej« verhaftet worden waren, steht hinter den Namen X. und Chłopecki: »zginał na Majdanku w 1943r.« – gestorben in Majdanek im Jahr 1943. Von Gymnasialdirektor X. stammt das letzte Lebenszeichen bereits vom 9. März, der Priester Chłopecki erhielt sein letztes Hilfspaket am 25. Juni. Geschickt wur-den diese Pakete aus der ulica Kraszewskiego 46 in Kolomea – von der Adresse, die Michał seiner Frau angegeben hatte.

Izabela Pazdanowska sollte ihren Mann nicht wiedersehen. Der Weg von Żabie nach Kolomea war zu weit und beschwerlich, zumal im Winter. Und nach Lublin zu fahren, um ihren Mann zu unterstüt-zen, wie es die Frau von Dr. X getan hatte, war ihr ebenfalls nicht möglich: Im Hungerwinter 1942/43 hatte Izabela Not, sich und die Kinder über die Runden zu bringen. Erst im Mai konnte sie Michałs Schwester Anna Erfreuliches berichten:

M. hat eine Karte an einen Herrn aus dem Nachbardorf geschrieben, dass er ihm über die Kinder und die Ehefrau schreiben soll. Er ist gesund und wir sollen nicht seinetwegen besorgt sein. Ich habe mich sehr gefreut, dass ich auch nur seine Schrift sehen konnte. Habt Ihr schon irgendwelche Nachrichten von M. bekommen?

Anna hatte aus Krakau Medikamente für die kleine Hanka geschickt, für die sich Izabela Pazdanowska bedankte. Es ist bedauerlich, dass nur dieser eine Brief von ihr erhalten geblieben ist, denn sie schrieb ausführlicher als ihr Mann:

Die Kinder sind gesund, nur Anna kränkelt etwas. Sie geht gerne aufs Feld und weint, wenn ich sie nicht nach draußen lassen kann. Inka ist jetzt sehr beweglich – sie läuft herum, hilft mir aber auch viel, zum Beispiel füttert sie die Hühner und Kaninchen, sieht nach, ob die Hühner schon Eier gelegt haben, ob man sie rauslassen kann – sie passt auf, dass sie nicht auf die Gartenbeete des Herrn Direktor laufen. Beim Mittagessen gibt sie auf die Mehlschwitze Acht – sie macht Nudeln, holt Holz von der Veranda. Jędruś ist schon mein Gehilfe. Ich habe keine Angst, ihn mit den Kindern zu Hause zu lassen: Mutti, du kannst ruhig gehen, ich werde auf die Kinder aufpassen.
Du musst wissen, dass ich 3 Gehöfte habe. Auf einem wurden mir 6 Eimer Kartoffeln gepflanzt, auf dem zweiten habe ich schon selbst 4 Eimer Kartoffeln gepflanzt, auf dem dritten habe ich Karotten, Rüben, Bohnen und Erbsen gesät. Natürlich, wenn ich auf dem Acker war, waren die Kinder zu Hause. Wenn die Zeit der Feldarbeiten kommt, werde ich Myjakowa bitten, mit den Kindern zu Hause zu bleiben, oder ich werde sie einfach mitnehmen.
Heute habe ich mit Inka Butter gemacht. Aus einem Liter Sahne wurden 40 Dekagramm Butter. Vor zwei Tagen habe ich 10 Kubik Holz gekauft. Jetzt muss ich nach einem Fuhrmann suchen, es ist schwierig, aber vielleicht werde ich einen finden.
Die Kuh lässt sich schon melken – sie gibt 4 Liter morgens und 4 abends. Das Kalb habe ich als Kontingent abgegeben. Jetzt werde ich auch Milch in die Molkerei abgeben müssen. Heute bin ich beim Wäschewaschen, die Kinder spielen vor dem Haus, Inka sammelt Käfer für die Hühner.
Ich küsse Dich sehr herzlich
Iza mit den Kindern

Die Not des Winters schien also überstanden, als es auch in den Bergen Frühling und Sommer wurde und im Garten Eden die Bäume blühten, als auf den Almen des Bukovec die Schafe und Kühe grasten und die Bäche den Hang hinuntersprudelten, um unten im Tal in den Schwarzen Czeremosz zu münden, an dessen Ufern das Huzulenstädtchen Żabie lag, in das im Frühling 1936 Michał Pazdanowski gezogen war, um eine Landwirtschaftliche Schule zu gründen. Die erste Zeit hatte er alleine dort verbracht, ehe er aus Krakau seine Familie nachholen konnte, die nun ohne ihn leben musste. Und nicht wusste, wie es weitergehen sollte.

»Huculski Blues«
Verkhovyna, 27. Mai 2011

Es kam uns schon wie eine Tradition vor, den letzten Abend in Verkhovyna im Garten von Anna und Stepan zu verbringen, ums Feuer zu sitzen, Kulescha mit Ei und Speck und Krautsalat zu essen und mit einem Wodka auf die getane Arbeit und bessere Tage anzustoßen – auf Zeiten, in denen Anna nicht mehr 600 Kilometer von Verkhovyna nach Kiew fahren müsste, um dort fünf Tage auf das deutsche Visum zu warten und beim Gespräch mit dem Botschaftsmitarbeiter die Hände auf den Tisch legen und ihm gerade in die Augen schauen, nur um dann zu erfahren, dass sie unverrichteter Dinge wieder zurückfahren müsse, weil irgendein Stempel fehlte. Und in denen Stepan und sein Ensemble nicht mehr an der polnischen Grenze die Instrumente auspacken müssten und den Grenzern etwas vorspielen, um zu beweisen, dass sie ihnen nichts vorspielten, sondern tatsächlich Musiker waren. »Huculski Blues«, sagte ich.

»Huculski Blues«, sagte Stepan und griff wieder zur Ziehharmonika. Anna und Jarek sangen dazu, so wie sie auch im Wagen gesungen hatten, als wir in der vergangenen Woche quer durch die Huzulei gefahren waren, in abgelegene Orte wie Jablonica und Dzembronia, durch den Garten Eden in die ehemalige Kreishauptstadt Kolomea, nach Kuty und Kryvoryvnia, wo wir das uralte Huzulenhaus bestaunt hatten, in dem sich ukrainische Schriftsteller wie Ivan Franko und Hnat Chotkewytsch versteckt gehalten hatten, wenn sie wieder einmal etwas geschrieben hatten, was den Machthabern gefährlich vorgekommen war.

Und in Jasenia Górna hatten wir den Molfar gesehen, schon von Weitem. Er stand auf einer Hängebrücke, groß und hager, trug einen abgetragenen Anzug und einen Hut, einen Beutel in der Hand und schaute uns durch seine riesigen Brillengläser an, als ob er auf uns gewartet hätte. Und er lächelte. So eindringlich, dass Jarek unwillkürlich langsamer fuhr, und wir zwischen ehrfürchtigem Schweigen und überraschten Ausrufen »Der Molfar! Der Molfar!« hin- und herwechselten. Seine Kraft sei bis in unseren Wagen zu spüren, meinte jemand, die Kraft des letzten Weisen, Zauberers und Schamanen der Huzulei. Der Molfar war eine Legende, die Leute kamen aus der ganzen Ukraine, um seinen Rat zu erbitten und sich von ihm heilen zu lassen.

Mit ihm müssten wir reden!, rief Gabriela. Ihn müssten wir fragen! Ja, er könnte uns erzählen, was wir über die Huzulei und ihre Menschen wissen sollten, damit wir sie besser verstünden. Er könnte uns erklären, wie man in einer Gegend leben kann, in der es »etliche Jahre zuvor zur schrecklichsten Katastrophe« gekommen war. Und wie es geschehen konnte, dass so viele Huzulen und Ukrainer, »spokojne ludzie, pracowali« – ruhige, brave und arbeitsame Menschen –, zur Axt oder zum Gewehr gegriffen hatten, um ihre armenischen, jüdischen oder polnischen Nachbarn zu töten.

Wir hatten nicht angehalten an der Hängebrücke in Jasenia Góra, sondern waren weitergefahren. Wenige Wochen später sahen wir unter der Überschrift »Ostatni molfar Huculszczyżny« – letzter Molfar der Huzulszczyzna – ein Foto mit ihm, so wie wir ihn in Erinnerung hatten. Und darunter lasen wir die Nachricht, dass am Abend des 14. Juli in seinem Haus in Jasenia Góra der letzte Molfar der Huzulszczyzna, der 88-jährige Mychajlo Neczaj, erstochen worden sei. Der Täter habe am nächsten Tag in den umliegenden Wäldern gefasst werden können. Der 33-jährige Mann aus Lemberg sei bereits 1999 wegen Mordes verurteilt worden und ein Patient des Molfar gewesen. Nachbarn hätten berichtet, dass der Molfar seinen Tod vorausgeahnt habe. Zur Beerdigung, die nach huzulischer Tradition, aber ohne Alkohol, gehalten wurde, seien Tausende Menschen gekommen.

»… und dieses Blut werdet Ihr nie abwaschen können«, hatte der Priester Dzioba seiner Gemeinde gesagt, als die Juden in Żabie ermordet wurden.

»Yes«, sagte Larry aus Kanada, dem wir mit seiner Frau und einem ukrainischen Begleiter am verschlossenen Tor des Jüdischen Friedhofs in Kosiv begegneten, »there's a big lack of confidence in Ukraine. The people are afraid and don't talk.« Seine Großeltern seien 1903 nach Kanada ausgewandert, und er reise zum dritten Mal durch Galizien, um für ein Buch über seine Familie zu recherchieren. Und überall höre er den Satz: »You are very lucky that your grandparents went away.«

Nach Kosiv waren wir gefahren, weil Pan Wasyl in seinem Ethnographischen Museum in Verkhovyna nicht nur die Vergangenheit präsentierte, sondern auch die Gegenwart: Einen Raum hatte er mit Exponaten moderner Huzulenkunst bestückt, die von Studenten der Hochschule für Kunst und Design in Kosiv gestaltet worden waren. Als er Gabrielas Begeisterung über die Schmuckstücke, Gemälde und bestickten Blusen vernahm, rief er umgehend den Direktor der Hochschule an – und zwei Stunden später saßen wir in dessen Büro. An der Hochschule studierten 650 junge Frauen und Männer und ein Doktorand, der, als wir nach dem Weg zum Mahnmal für die ermordeten Juden fragten, umgehend vom Pan Dyrektor herbeigerufen wurde, damit er uns den Weg zeige.

Das steinerne Mahnmal stand auf einer Anhöhe, in einem Wäldchen, nichts wies darauf hin. Es fehlte auch die Tafel zum Gedenken an die ermordeten Juden, die Danek Gertner angebracht hatte. Er wisse, wer das Metall gestohlen habe, lallte ein Mann, der neben uns an dem Denkmal stehen blieb. Aber er werde es uns nicht verraten. Ungefähr an dieser Stelle hatte der Assessor und stellvertretende Kreishauptmann Dr. Gerhard von Jordan im Oktober 1941 »auf Krähen« Jagd gemacht und in einem nahegelegenen Steinbruch Schüsse gehört. Er hatte sich herangepirscht und über den Rand des Steinbruchs nach unten geblickt: »Da liefen weit entfernt Menschen klein wie Mäuse durch den Steinbruch. Schüsse knallten, deren Schützen ich nicht sah. Menschen warfen sich hin oder fielen. Jetzt waren die Deutschen am Werk. Ich zog mich schaudernd zurück – und tat nichts.«

Von Jordan hatte in seinem Buch, inzwischen war er Mitte siebzig, den »Juden und ihren Mördern« ein eigenes Kapitel gewidmet, von Schuldgefühlen geplagt und sich selbst rechtfertigend. Aber er leugnete nicht mehr, dass »fast« vor seinen Augen »Millionen unschuldiger, friedlicher Menschen getötet wurden« und er »keinen Widerstand gegen den Judenmord« geleistet habe, sondern seine Beobachtungen »in einen Panzerschrank« eingeschlossen und mit einer »Kruste« bedeckt hatte, die es »möglich« machte, »weiter zu arbeiten, zu essen, zu lachen und zu lieben, ohne stets von den Bildern des Entsetzens verfolgt zu sein.«

Sein Freund Claus Volkmann hingegen gab immer nur das zu, was ihm mit Dokumenten bewiesen werden konnte, »erzählte dann aber zu allen Vorwürfen immer eine Version, die sein Handeln als die unter den Umständen beste Lösung erscheinen ließ und mit deren Hilfe es ihm gelungen sei, vielen Juden das Leben zu retten«, wie Philipp Maußhardt berichtete. »Das Treffen mit Grubbe/Volkmann in Lütjensee hatte etwas Gespenstisches. Ich spürte hinter der lächelnden Fassade des alten Mannes die große Angst, dass ich sein Lebenswerk als liberaler Autor und Journalist zerstören könnte.«

In Kosiv wurde der Judenmord noch immer geleugnet. Als ich im Ethnographischen Museum, das im ehemaligen Rabbinat eingerichtet ist, die Frau Direktorin fragte, warum nichts über die jahrhundertealte jüdische Tradition zu finden sei, antwortete sie, die Juden seien weggegangen.

Wie bitte?

Ja, die Juden seien weggegangen und hätten all ihren Besitz mitgenommen. Deshalb könne man im Museum nichts Jüdisches ausstellen.

In Kuty war es nicht anders. Der Jüdische Friedhof mit einem Ohel und Hunderten von Grabsteinen war größer als ein Fußballfeld, aber auf dem Marktplatz konnte uns niemand sagen, wo er sich befand. Erst als ein zehnjähriger Junge, der bei seiner Großmutter lebte, weil der Vater in Polen und die Mutter in Italien arbeiteten, den Erwachsenen um ihn herum das Schimpfwort für

Juden nannte, wusste jemand Bescheid und konnte uns den Weg weisen.

Und in Verkhovyna? Es hatte drei Tage gedauert, bis wir herausgefunden hatten, wo das Mahnmal stand. Und niemand von denen, die Anna fragte, wusste, wo der Jüdische Friedhof lag. Die meisten wussten nicht einmal, dass es in Verkhovyna einen Jüdischen Friedhof gab. Es war Pan Juro, der Hausmeister des Krankenhauses, der uns schließlich hinführte. Er kannte den Weg, weil er gleich unterhalb des Friedhofes wohnte, auf dem 17 Grabsteine aus dem kniehohen Gras herausragten. Ungefähr ebenso viele Grabsteine waren von Gras oder Moos überwuchert oder bis auf die Spitze in der Erde versunken. Zu entziffern waren die Namen Leiser und Gertner. Die Sowjets hätten die meisten der Grabsteine zum Bauen verwendet, sagte Pan Juro.

Unser Besuch auf dem Friedhof, der oberhalb des Czeremosz lag, mitten im Dorf, hatte die alten Frauen aus den angrenzenden Holzhäusern herausgelockt. Sie habe nichts mitbekommen damals, sagte eine von ihnen, sie sei Zwangsarbeiterin in Deutschland gewesen und erst 1945 zurückgekehrt. Sie sei in Dzembronia geboren und erst mit 19 Jahren nach Żabie gekommen, sagte eine andere, deren Häuschen nur über einen Pfad, der über den Friedhof führte, erreichbar war. Aber sie kümmere sich um den Friedhof und mache hier Ordnung. Sie wiederholte es wie ein Mantra: Ich habe nichts genommen, ich habe nichts genommen, ich habe hier nur Ordnung gemacht, ich habe nichts genommen, nur Ordnung gemacht.

»Huculi unikają tego tematu jak ognia«, sagte später Andrzej Wielocha, den wir um eine Einschätzung der für uns so verwirrenden Geschichte und Gegenwart gebeten hatten, die Huzulen würden das Thema scheuen wie der Teufel das Weihwasser. Die deutschen Besatzer seien für die Huzulen nichts anderes gewesen als die Sowjets oder die Habsburger: »dopust boże« – eine Geißel Gottes. Die jeweiligen Herrscher seien gekommen und gegangen, und irgendwie habe man sich mit ihnen arrangiert. So hatte es uns auch Pani Irena erklärt: Bei uns sagten die Leute: Die einen gingen, die anderen kamen, nur die einen sind besser angezogen als die anderen …

Er teile unseren Eindruck, dass die junge Generation nichts wisse über die Geschichte ihrer Region, sagte Wielocha, der seit vielen Jahren nach Verkhovyna und in die umliegenden Berge fährt, um dort zu forschen und zu wandern. Aber wie solle man es ihnen verdenken? 40 bis 70 Prozent der Huzulen seien unter den Sowjets nach Sibirien deportiert worden, ganze Familien, ja ganze Weiler. Und: Man dürfe nicht vergessen, dass in der Sowjetzeit die Geschichtsschreibung erst mit dem Jahr 1945 begonnen habe.

Ich könne auch keine Informationen über die Huzulei während der sowjetischen Zeit finden, sagte ich.

»Okres Sowiecki nie wie o Hucułach nic.« Über diese Zeit wisse man so gut wie nichts. Das Thema sei ein Tabu, niemand forsche darüber.

Und über die Zeit der deutschen Besatzung?

Das Thema sei ebenfalls ein Tabu. Aber es sei an der Zeit, das zu ändern.

Damals habe eben jeder jeden umgebracht, sagte Pani Wasylyna, der Nachbar habe den Nachbarn erschlagen. Man habe die Situation des Krieges genutzt, um alte Rechnungen zu begleichen. Schreckliche Zeiten seien es gewesen. Aber das sagte sie erst, als wir die Kamera ausgeschaltet hatten, in die sie einen Gruß an Gabrielas Mutter gerichtet und Gedichte aus ihrer Schulzeit aufgesagt hatte, von denen eines hieß: »Lubimy Lenin« – wir lieben Lenin. Und nachdem sie das mit Kräuterschnaps gefüllte Glas gehoben und einen Trinkspruch zu Ehren und zum Gedenken all der Toten gesprochen hatte. Mit Pani Wasylynas Tochter hatten wir da bereits »za drushbu« – auf die Freundschaft – angestoßen. Sie, die uns im vergangenen Jahr erst nach langem Zureden das Tor zum Grundstück geöffnet hatte, trug nun Schüssel um Schüssel mit Köstlichkeiten der huzulischen Küche herbei, um uns zu bewirten. Und ihr Sohn Andriej und seine Frau Natalya holten ihre huzulischen Hochzeitstrachten aus dem Schrank, um erst sich, dann uns darin einzukleiden. Die ärmellosen Fellwesten passten sogar. Seine Großmutter habe ihm viel von Pan Pazdanowski erzählt, sagte Andriej, als er uns durch seine Gewächshäuser führte, ökologischer Anbau – in der Tradition von Gabrielas Großvater.

Die ganze Familie kam mit zum Gartentor, um uns nachzuwinken. Wir sollten bald wiederkommen, aber nicht ohne die Mutter. Und nicht zu lange warten, sagte Pani Wasylyna, denn aus den alten Zeiten gebe es hier nur noch sie und die beiden Bäume dort drüben, die Pan Michał gepflanzt habe. Sie verabschiedete uns mit der Geste, mit der sich auch Pan Michał von seiner Frau verabschiedet habe: Sie führte Zeige- und Mittelfinger an die Lippen und warf uns einen Kuss zu. Immer wieder, bis wir – auf dem Weg zu Pani Irena – um die Kurve bogen und nicht mehr zu sehen waren.

Vielleicht würden sich die Zeiten ändern, wenn mehr Leute auf eine alte Frau wie Pani Irena hören würden. Pani Irena hatte ein phänomenales Gedächtnis. In unseren stundenlangen Gesprächen begegneten wir allen Personen aus dem Żabie Michał und Izabela Pazdanowskis wieder, auf die wir zuvor gestoßen waren. Zum Beispiel auf den langjährigen Bürgermeister Petro Szekeryk-Donykiw.

Er war Abgeordneter gewesen, sagte Pani Irena. Ich erinnere mich, wie sie ihn verschleppt haben. Ich habe sein Buch gelesen, *Iwanczyk* heißt es. Darin kann man die wahre Huzulensprache spüren. Jetzt gibt es diese Sprache nicht mehr … Er war nicht groß. Er trug immer eine Huzulentracht. Ein ernster Mann … Im Jahr '40 wurde er verschleppt. Die Sowjets haben ihn getötet. Der NKWD. So war es, wenn jemand klug war und etwas Kluges machte, das war sein Ende – sowjetisches Gefängnis … Hitler und Stalin waren wie Zwillinge … Von den klugen Leuten ist, wer konnte, außer Landes gegangen, und wer nicht geflohen ist, den haben sie umgebracht.

Und sein Nachfolger, dieser Korybutjak?

Seine Frau war meine Taufpatin. Und der Mann meiner Tante, Bogusławiec, war der Sekretär von Korybutjak, deshalb weiß ich es. Man sagte Korybutjak und seinem Sekretär, dem Mann meiner Tante: »Packt Eure Sachen, Ihr solltet mit den Deutschen gehen.« Sie hatten zwei Kinder und sind geflohen. Sie machten sich über die Berge davon. Nach Ungarn. Von dort schafften sie es nach Österreich, dort gab es, wie Sie sicher wissen, Flüchtlingslager. Bis 1949 lebten sie in Österreich. Dann gingen sie getrennter Wege.

Wann ist Korybutjak geflohen?

Mitte oder Ende September 1944.

Warum ist er geflohen?

Weil sie ihn hier umgebracht hätten. In der Sowjetunion.

Er hat mit den Deutschen zusammengearbeitet, nicht wahr?

Er musste mit ihnen zusammenarbeiten. Es kamen Gestapo-Männer, die gaben ihm … Aber er war nicht ein Herz und eine Seele mit ihnen. Er musste so handeln. Daher ist er fortgegangen.

Sagt Ihnen der Name Manugiewicz etwas?

Er war mein Patenonkel.

Stach Manugiewicz?

Ja, Stach Manugiewicz.

Wir kennen die Familie Manugiewicz, sagte Gabriela.

Tatsächlich? Sie hatten ein Mädchen, Krzysia, und einen Burschen, Romeczek.

Das sind sie! Wir kennen die Enkelinnen von Krzysia. Sie wohnen in Krakau und haben uns viel von ihren Großeltern erzählt. Sie wollen bald nach Verkhoyvna fahren, noch in diesem Sommer.

Sie werden ihnen von mir herzliche Grüße ausrichten und sie zu mir einladen, dass sie mich besuchen … Wenn ich an ihrem Haus vorbeigehe, und ich gehe häufig vorbei, denn es ist auf dem Weg zum Markt, denke ich immer an sie. Und ich denke, was für eine dumme Zeit es war, dass die Menschen auf der ganzen Welt verstreut wurden. Dass sie alles zurücklassen mussten und weggehen, dass sie nichts mitnehmen durften. Nur das, was sie in der Hand trugen. Schwere Zeiten waren es … Manugiewicz war Armenier.

Armenier?, fragte Anna. Wie kamen nach hier Armenier?

Oh, in Kuty lebten viele Armenier. Sie hatten dort sogar ein eigenes Viertel.

Es lebten hier so viele verschiedene Menschen zusammen …, sinnierte Anna.

Dieser Manugiewicz wollte meine Mutter heiraten. Aber damals hatte Mutter schon Vater kennengelernt … Und Manugiewicz hat eine andere Frau geheiratet, meine Tante.

Ihr Name war Wyndik …, begann Gabriela.

Windyk, ja. Ich bin eine Windyk. Und die Windyks kommen aus Bayern.

Aus Bayern?, fragte Anna.

Ja, es waren Händler, die kamen aus Bayern, um hier Felle zu kaufen. Pelze wilder Tiere. Und später blieben sie und jagten auch die Tiere. Windyk war nicht ihr eigentlicher Name. Die Leute nannten sie so. Win-Dyky – Wilde –, weil sie im Wald lebten und jagten.

Die Familie Manugiewicz hat in der Bibliothek gewohnt, nicht wahr?, fragte Gabriela.

Dort, wo die Bibliothek ist, wohnte die Mutter von Manugiewicz.

Hatte dort nicht die Sowjetmacht den KGB eingerichtet?, fragte Anna.

Ja, dort war der KGB.

Es wird gesagt, dass in diesen Kellerräumen …

Ja, ich war auch dort im Keller. Ich hatte – ha! – das Glück, in diesem Keller zu sein. Aber ich war dort nur von morgens bis abends. Und dann ließen sie mich frei.

Pani Irena holte ein Foto hervor, das am Ufer des Czeremosz aufgenommen worden war. Der Wagen und der Fahrer kamen mir bekannt vor. Waren sie nicht auch auf einem Foto zu sehen, das wir besaßen? Mit Gabrielas Großvater, vor dem Portal der Schule?

Das ist das erste Auto in Verkhovyna, sagte Pani Irena. Und das sind mein Vater, meine Mutter und ich. Ich war ungefähr vier Jahre alt, ich bin 1931 geboren. Meine Mutter Petronela, eine Windyk, geboren 1907. Mein Vater Miroslav Banach, geboren 1905.

Ein wunderbares Bild, sagte Gabriela. Man sieht, dass sie sich geliebt haben.

Ja, es war etwas Besonderes, dass sie trotz der Widersprüche ihrer Familien geheiratet haben. Dem Vater hatte, als er hier zur Erholung war, ein Mädchen gut gefallen. Aber er kam aus der Lemberger Intelligenz, und seine Familie wollte eine Frau aus ihren Kreisen. Und die

Eltern der Mutter waren einfache Handwerker, sie haben Pelzmäntel genäht, Huzulenkleider gestickt. Und auch sie wollten es nicht. Da sie jedoch durch eine solche Liebe verbunden waren, ist der Vater hier in Verkhovyna, in Żabie, geblieben. Und bei Juden, bei der Familie Weiss, haben sie eine Wohnung gemietet. Und sie lebten wunderbar. Aber der Krieg … Sie lebten elf Jahre zusammen, und der Krieg hat alles zerstört.

Haben Sie Geschwister?

Ich habe keinen Bruder. Und auch keine Schwester. Vielleicht hätte es sie noch geben können … Im Jahr 41 ist meine Mutter gestorben. Sie war 34 Jahre alt. Eine Woche später ging ich mit meinem Vater auf den Friedhof. Als wir nach Hause zurückkamen, sahen wir eine weinende Großmutter, denn für Vater war die Einberufung zur Armee gekommen. Weil Krieg war. Dieser Tag war der 22. Juni. Ich war gerade zehn Jahre alt. Und dort kam jemand angefahren. Es war der NKWD. Aber ich habe es nicht gewusst … Ein Mann sagte später zu mir: »Weißt du, wo dein Vater ist?« Er hatte mich erkannt, weil ich Vater sehr ähnlich sehe. Ich sagte: »Sie haben ihn eingezogen zum Krieg. Ich weiß es nicht.« Und er: »Zu welchem Krieg?« Vater habe ich nie mehr gesehen. Sieben Personen aus Verkhovyna haben sie mitgenommen, nach drei Tagen wurden sie an den Rand des Pistynski-Waldes gebracht. Das ist hinter Kosiv. Sie haben sie mitgenommen zum Waldrand, die Münder verstopft mit in Benzin getränkten Lappen, die Hände zusammengebunden, sie haben sie angezündet und so sieben Personen aus Verkhovyna bei lebendigem Leibe verbrannt … Es war sehr schrecklich … Ich kann darüber nicht sprechen … Wissen Sie, das alles bleibt in Erinnerung, das alles …

Es wird Ihnen zu viel, Pani Irena, sagte Gabriela.

Nein, nein, bleiben Sie! Fragen Sie nach dem, was Sie interessiert. Ich erzähle gern, denn sonst habe ich keinen, dem ich etwas erzählen könnte. Und Sie hören so aufmerksam zu, dass es mir Freude macht, zu erzählen … Ich verstehe, dass es heutzutage schwierig ist, die Geschichte niederzuschreiben. Bei uns ist die Geschichte so unterschiedlich, dass jeder … Ein Pole schreibt sie so auf, ein Ukrainer so.

Ein Jude noch anders … Und dann ist die eine Großmutter gestorben. Und die andere ist geflohen, in die Staaten. Mit 15 bin ich allein geblieben. Mit 16 habe ich geheiratet.

Hatten Sie Schwierigkeiten wegen Ihres polnischen Namens?

Wir lebten zwischen Hammer und Amboss … Die Familie meines Mannes kam aus Böhmen. Aber einst fragte man nicht nach der Nationalität, sondern welchen Glauben jemand hatte. Die Tschechen sind römisch-katholisch, also war er als Katholik registriert, und wegen des Namens Malinowski als Pole. Ohne sein Wissen. Und zu mir sagten sie »Dzień dobry«, sie sagten, ich sei Polin … Unlängst habe ich in der Zeitung gelesen, man solle sich miteinander versöhnen und alles vergessen, aber ich kann nicht alles vergessen. Wie soll ich vergessen, was mit meiner Tante geschehen ist? Sie hatte vier Kinder. Zwei Jungen nahmen die Deutschen mit nach Deutschland. Eine Tochter war so alt wie ich, sie wohnt in Polen. Das jüngste Kind war erst vier Jahre alt. Meine Tante hatte einen Polen geheiratet, einen Briefträger. Sie gingen zu seinem Bruder, denn dort hatten sie ein Schwein geschlachtet, und man musste beim Fleischmachen helfen. Als sie nach Hause kamen, fanden sie das Kind im Bett. Ermordet. Vier Jahre alt. Wie soll man das vergessen?

Wer hatte das getan?

Wer wohl? Wer wohl? Die UPA, die Partisanentruppe. Die UPA entstand irgendwann im Jahre 1942, als hier noch die Deutschen waren. Dann wurden es immer mehr, denn die UPA wollte für ihre Nation Rache üben. Sie dachten, sie könnten die Sowjetmacht aufhalten … Ein Morden und ein Schlachten … Das zog sich bis 1955 hin … Und vorher brachten sie die Polen um. Es gab mehrere solcher Familien, bei denen die Frauen polnische Männer hatten. Denn damals gab es keine Unterschiede. Heute heiratet man Russen, damals heiratete man Polen. In meiner Familie gab es etwa 15 Personen, die in gemischten Ehen mit Polen lebten – sie wurden alle umgebracht. Es war schrecklich … Jetzt heißt es: »Versöhnt Euch.« Wie? Wenn frisches Blut aus dem Herzen tropft, ist eine Versöhnung schwierig.

Es sei für sie wichtig, dass Pani Irena so viel erzähle, sagte Gabriela, weil ihre Großeltern auch glückliche Zeiten in Żabie erlebt hätten. Als die Leute noch in Frieden zusammenlebten.

Ich sage Ihnen, fuhr Pani Irena fort, unsere Huzulen sind keine schlechten Menschen. Aber es gab auch welche … Klug waren sie schon, aber woher sollten sie denn Wissen bekommen? Man hat nur vier Klassen absolviert … Ihr Großvater – er wollte etwas von Herzen geben, den Menschen helfen, die Dinge zu durchschauen, wollte ihnen etwas beibringen. Das war nicht leicht für ihn. Oft habe ich darüber nachgedacht, wie klug er war und ausdauernd, dass er gar nicht faulenzte … Dass er vielleicht auch nicht geschlafen hat, und wenn er sich zu Bett legte, dachte er darüber nach, was er den Jungs am nächsten Tag beibringen wollte und wie, und wie man den Bauernhof verwaltete. Ich habe ihn sehr geschätzt. Und deshalb erinnere mich immer wieder an ihn. Und es ist angenehm für mich, mit Ihnen zu sprechen. Ich hätte es nie gedacht, dass ich eines Tages einfach so zu Hause sitzen und mich mit der Enkelin von Pan Pazdanowski unterhalten werde. Für mich ist das eine große … Wissen Sie, meine Großmutter wurde in Krakau geboren. Die Urgroßmutter wohnte in Krakau. Mit Vornamen hieß sie Klementyna, mit Nachnamen nach dem Ehemann, Banach. Als sie schon dem Tode nah war, hat sie uns alles, was sie hatte, geschickt. Sie lebte sparsam, hatte aber Gold zur Seite gelegt. Solch eine kluge Frau war sie, aber was sie sonst gemacht hat, weiß ich nicht … Großmutter hat erzählt, dass ihre Mutter zu Hause deutsch gesprochen hatte, aber wo sie wohnten, warum sie deutsch sprachen – das weiß ich nicht. Ich bedauere es, dass ich es nicht weiß … Die Zeiten vergehen. Ich bin schon am Ende meines Lebens. Aber ich denke zurück … Das alles kann man nicht vergessen. Das alles bleibt fürs Leben. Das kann man nicht vergessen …

Sie können sich an so viel erinnern, sagte Anna. Sie haben ein unglaubliches Gedächtnis.

Die Leute sagen mir häufig, dass ich viel weiß. Ich war erst acht, neun Jahre alt, als der Krieg begann, aber damals musste man schon als Kind erwachsen werden. Zu den Kriegszeiten. Und ich bin so erzogen worden. Vater brachte mich extra nach Frankivsk, damit ich mehr sehen kann. Als ich klein war, nahm mich Vater mit nach Kuty zur Aufführung von »Quo vadis«. Und ich kannte alle Staaten und Regierungen, na ja, vielleicht nicht alle. Vater hatte eine humoristische Zeitschrift abonniert: *Komar* – Mücke. Und ich erinnere mich dort an Mussolini, Chamberlain … Mussolini mit Regenschirm und Bart. Hitler mit Hakenkreuz am Arm.

Als was haben Sie gearbeitet?

Ich war Näherin.

Fragen Sie die Leute oft, woran Sie sich erinnern?

Nein, nein. Es interessiert niemanden.

Und die Enkel?

Die Enkel ja: »Oma, erzähle über die Geschichte!« Und die Urenkel, die Urenkel … Und sie hören sehr gut zu. Wie der Krieg war, was wie ausgesehen hat – die Enkel wollen es wissen. Und die Urenkel.

Es war etwa eine halbe Stunde zu Fuß von Pani Irena bis zu dem Ort, an dem sie Michał Pazdanowski zum letzten Mal gesehen hatte, dort, wo inzwischen Pani Marija und der Enkel von Pani Wasylyna ihr Gemüse in der Tradition von Michał Pazdanowski anbauten.

Meine Eltern sind zu ihm gegangen, hatte Pani Irena erzählt. Sie waren gute Bekannte, Freunde – mein Vater und Ihr Großvater. Er trug eine Brille. Und er war groß. Meine Eltern kauften Krautsetzlinge. Mein Vater hat mich an der Hand geführt, und Pan Pazdanowski hat uns seinen Stall gezeigt, wo das Vieh gehalten wurde. Kühe, Bullen. Sie hatten auch eigene Pferde. Eigene Grundstücke. Dort haben sie Agronomie und Zootechnik unterrichtet. Die Grundstücke wurden von Jungs bearbeitet. Ich sah nur Jungs, aber keine Mädchen und Frauen. Es war alles sehr ordentlich, sehr gepflegt. Die Leute, die dort waren, haben sich sehr gut an das erinnert, was er ihnen beigebracht hat. Denn dort wurde nicht irgendetwas unterrichtet, sondern das, was unentbehrlich war für die Berge, für den Bauern … Ich kann mich sehr gut an das letzte Mal erinnern, als er die Treppe hinunterkam … Er sagte zu mir: »Wie geht's dir, Irciunia?« So sagte er zu mir und war sehr traurig und blass. Als ich nach

Hause kam, sagte ich meiner Großmutter: »Pan Pazdanowski ist wohl krank.«

Als Pani Irena dem blassen und traurigen Michał Pazdanowski zum letzten Mal begegnete, waren den Pazdanowskis nur noch wenige Freunde geblieben – die anderen waren geflohen, deportiert oder ermordet worden. Aber glücklicherweise war Dr. Walerian Słoniowski noch da, ein hochaufgeschossener, dunkelhaariger Pole von etwa 30 Jahren. Wir kannten ihn von einem Foto, auf dem er mit zwei jungen Müttern zu sehen war, mit Pani Mijakowa und Izabela Pazdanowska, die beide ihre Neugeborenen in den Armen trugen. Dr. Słoniowski war der Tierarzt in Żabie und ging bei den Pazdanowskis ein und aus. Auch am 26. Januar 1942 war er zur Stelle, als bei Izabela die Wehen eintraten. Es gab Komplikationen, denn Inka wurde hinter den Kilim geschickt, in den Nebenraum, um dort auf Knien zu beten, dass die Geburt gutgehe. Dr. Słoniowski, der Tierarzt, holte die kleine Hanka zur Welt und erkannte gleich, dass es um Leben und Tod ging: Die Haut auf Hankas Körper drohte sich abzulösen, eine lebensbedrohliche Krankheit, früher Morbus Ritter, heute Staphylococcal scalded skin syndrome genannt. Dr. Słoniowski tat das Richtige: Er nahm der Mutter Blut ab, übertrug es auf das Neugeborene – und rettete Hanka das Leben. Wahrscheinlich habe Hanka deshalb einen Tierarzt geheiratet, wurde in der Familie gerne gefrotzelt.

Dr. Słoniowski und Izabela waren nach dem Krieg in Kontakt geblieben, Hanka hatte seine Postkarten mit den Urlaubsgrüßen aus den 1960er-Jahren aufgehoben. Und sie in etwa zu der Zeit unserer Verkhovyna-Fahrt wiedergefunden. Sie begann, nach den Nachkommen ihres Geburtshelfers zu suchen, und vier Monate später, Ende September, sollte sie uns freudig anrufen: Der Sohn von Dr. Słoniowski habe sich gemeldet und ihr einen Zeitungsartikel über seinen Vater geschickt. Diesem Artikel, 1988 im *Tygodnik Pilski* erschienen, konnten wir entnehmen, dass Dr. Słoniowski 1912 in Kuty geboren war, 1932 in Sniatyń sein Abitur ablegte, in Lemberg Veterinärwissenschaften studierte und 1939 als Soldat der polnischen Armee die Stadt verteidigte, dafür einen Orden bekam, seit 1945 in

Trzciana lebte und eine angesehene Persönlichkeit war. Die Jahre 1939 bis 1945 waren in dem Artikel ausgespart. Auch seinen Kindern hatte er nie etwas von seiner Zeit in Kuty, Lemberg und Żabie erzählt.

Eineinhalb Jahre nach ihrer Geburt, Anfang August 1943, wurde Hanka wieder vor dem Tod bewahrt. Sie hätten viele Schutzengel gehabt, als sie in einem Pferdewagen von Żabie nach Vorokhta fuhren, von dort auf einem Traktor nach Kolomea und von dort mit dem Zug nach Lemberg, wo sie auf den Zug nach Krakau warteten, hatte uns Inka gesagt. Besonders als der Bahnhof von Lemberg bombardiert wurde, das Glasdach einstürzte und sich die Mutter schützend über ihre drei Kinder warf.

Żabie hatten sie nur mit dem Allernötigsten verlassen, ihr Hab und Gut hatte Izabela am 2. August in Aufbewahrung gegeben:

Küche: Kredens, Schuhschrank, Tisch, 4 Hocker, 1 Behälter für Kartoffeln, 2 kleine Bänke, 2 kleine Hocker,
Zimmer: Coach, kleiner Schrank für Unterwäsche, Kleiderschrank mit 3 Türen, 1 Schrank für Bücher, 1 dunkler Schrank für Kleidung, 1 weißes Eisenbett, 3 Grasmatratzen aus Seegras, 1 Kinderbett mit Matratze, 1 Konsole mit Spiegel, 1 Tisch zum Ausziehen für 12 Personen, 1 runder Tisch, 1 Tisch für Kinder, 6 Hocker mit einem quadratischen Tisch, 3 Hocker mit rundem Tisch, 4 große Ölbilder, 1 Porträt des Sohnes (5 Aquarellbilder), 2 kleine Ölbilder, 1 Huzulenteller,
Dachboden: 1 Bank, 2 Liegen (kaputtes Leinen), 2 Paar Schlitten (kaputt), 1 Sack (Leinenschlauch) neu für den Mist, 2 Ledertaschen, 2 Pakete mit Nägeln, 1 gewickelter Draht, 3 Hacken, 1 Heugabel, 1 Sack mit Stoffresten, kaputte Kinderwanne, 7 Bretter aus Tannenholz, 5 Bretter aus Lärchenholz, 2 Weinflaschen mit Fermentationskorken, 3 Bierfässer, 3 Fässer für Kraut, 1 Behälter für Wäsche, 2 Paar Schlittschuhe, 1 Aufhänger, 1 Arzneitäschchen, 1 Teigbrett.

Alle diese Sachen waren auf einem Blatt Papier verzeichnet, das die Überschrift trug: »Liste der Gegenstände, die sich in der Wohnung von Frau Pazdanowska befinden«. Unterzeichnet hatten es Izabela Pazdanowska und ein Herr namens Komyszczuk. Als Zeugin hatte Maria Derkacz unterschrieben.

Maria Derkacz, die Bacia Kielbas, war wenige Tage vor der Abreise Izabelas nach Żabie gekommen. Sie hatte aus Krakau eine Reihe von Dokumenten mitgebracht – in der Hoffnung, dass sie Izabela und ihren Kindern zur Ausreise verhelfen würden. Die Hoffnung wurde erfüllt: Die Dokumente fanden Gnade unter den Augen des Bürgermeisters Korybutjak, der möglicherweise acht Monate zuvor Michał Pazdanowski auf die Liste derer gesetzt hatte, die von der Gestapo zu verhaften seien. Und so hielt am Montag, dem 2. August 1943, Izabela Pazdanowska eine »Bescheinigung« in den Händen, die am Freitag, dem 31. Juli, unter dem Aktenzeichen »Besch/43« von der Kreishauptmannschaft Kolomea, Verwaltung der Landgemeinde Żabie, unterzeichnet worden war – versehen mit der Bemerkung: »Kanzleigebühr in Höhe von drei Zloty wurde am selben Tag unter der Nummer 1178 erlegt«.

Unterschrieben hatte der Vogt Korybutjak, dessen Autorität mit einem Stempel unterstrichen wurde:»Generalgouvernement, Landgemeinde Zabie«, darunter in kyrillischen Buchstaben: »Vorokhta, Zabie«. Am linken Rand des Dokuments prangte ein zweiter Stempel, in dessen Mitte ein Adler mit ausgebreiteten Flügeln auf einem Hakenkreuz thronte. Oberhalb des Adlers stand in fetter Frakturschrift »Bezirkszollkommissar G.«, unter ihm: »Nr. 1 Zabie-West«. Über dem Adler und den kreisrunden Stempel war deutlich lesbar das folgenschwere Wort geschrieben: »Einverstanden«. Darunter die mit einer schwungvollen Linie unterstrichene Unterschrift und das Datum: »Mucha, 2. VIII. 43«.

Bescheinigung
Es wird hiermit bescheinigt, dass die Inhaberin dieses Scheines Fr. Isabella Pazdanowska aus Zabie nach Kosocice bei Krakau mit ihren Kindern Andreas – geb. 12.5.1934, Jadwiga – geb. 31.3.1938 und Anna – geb. 31.1.1942, zwecks ärztlicher Behandlung sich begibt und mit sich

die nötigen Nahrungsmittel für die Reise und Unterkunft mitführt. Die Obgenannte besitzt keine Kennkarte, da solche hier noch nicht bis jetzt herausgegeben wurden.

Als Izabela Pazdanowska mit Andrzej, Inka, Hanka und Maria Derkacz in Krakau eintraf, war es »mächtig heiß«. Seit 14 Tagen schon hatten die Kinder außer sonntags »überhaupt nichts« an den Füßen. »Über Licht- und Luftmangel« konnte man sich »nicht beklagen«, und es gab auch täglich Gemüse. »Ansonsten stand Krakau eine gute Woche im Zeichen des Parteitags, der wohl deshalb hier so groß aufgezogen war, weil die Deutschen, vor allem die auf einsamen Außenposten, mal wieder den richtigen Schwung bekommen sollen und weil den Polen mal wieder die Stärke des Deutschtums hier demonstriert werden soll.« Und Minni von Seltmann hatte auf ihre »alten Tage noch den 3m-Kopfsprung dazugelernt«.

Izabela Pazdanowska hingegen war in diesen Wochen so gealtert, dass sie von ihrem eigenen Bruder nicht wiedererkannt wurde. Während die Musikkapellen und Kolonnen durch die fahnengeschmückte Stadt marschierten, zog sie mit ihren Kindern in die elterliche Wohnung in der ulica Dietla. Die Wohnung lag in Sichtweite vom Wawel und hatte zwei Zimmer, in der bereits die Großmutter Bielecka, Izabelas Bruder Konstanty und der Bruder Karol mit Frau und Kind lebten. Ihr Schlafplatz sei unter dem Tisch gewesen, hatte sich Inka erinnert, es seien zu viele Leute in der Wohnung gewesen. Mitgebracht hatten die Pazdanowskis aus Żabie nichts außer derselben Krankheit, die auch meinen kleinen Vater und seine Geschwister plagte – die Krätze, die meine Großeltern die »polnische Krankheit« nannten. In den Wirren hatte Inka das Köfferchen verloren, das die Mutter ihr in die Hand gedrückt hatte, das Köfferchen, in dem sich die meisten Dokumente und alle Wertsachen befanden.

Ihren Besitz sah Izabela nicht mehr wieder. Jahrzehnte später versuchte sie es von Paris noch einmal, den Brief ließ sie im sowjetischen Konsulat übersetzen:

Sehr geehrter Herr Komyszczuk,
während des Krieges, am 2. August 42, waren Sie so gut und haben
unseren ganzen Besitz in Aufbewahrung genommen, der geblieben ist
nach unserer Abreise aus unserer Wohnung der Landwirtschaftlichen
Schule Zabie-Ilcia, die mein Mann Michał erbaut hat und in der er
Direktor war, und Sie waren sein Schüler! Mein Mann ist gestorben in
einem deutschen Todeslager, er war zur Geisel genommen in Majda-
nek, nicht weit von der Stadt Lublin, unser Sohn Andrzej starb im Alter
von 28 Jahren bei einem Arbeitsunfall, und ich blieb alleine. Ich lebe
nur in den Erinnerungen an meinen Mann, das hält mich noch am
Leben.
Manche Gegenstände aus dieser Zeit sind mir besonders lieb und teuer.
Dort sind Bilder und Porträts geblieben, die der Bruder meines Man-
nes, Jerzy Pazdanowski gezeichnet hat. Natürlich haben sie keinen
musealen Wert, aber für mich sind sie so etwas wie Familienreliquien.
Vor allem die Bilder, die besonders schön sind: 1 großes Porträt mei-
nes Sohnes, 5 Aquarelle, 2 kleine Ölbilder und auch der Huzulenteller.
In dieser Sammlung befindet sich auch mein Porträt, in Öl gemalt,
groß, gemalt von Sztefan Koński. Dort ist auch ein Porträt meiner
jüngsten geliebten Schwester Celestina in Huzulentracht, die nicht
mehr am Leben ist. Jetzt lebe ich in Frankreich bei meiner ältesten
Tochter, und die aufgezählten Gegenstände sind für mich wertvolle
Erinnerungen. Ich bitte Sie sehr, dass Sie meiner Bitte folgen. Ich werde
mich bemühen, Ihnen alle Ausgaben zu erstatten, die verbunden sind
mit dem Verschicken dieser Sachen.
Herzliche Grüße und in ungeduldiger Erwartung einer Antwort
Izabela Pazdanowska

Eine Antwort hatte sie nie erhalten.
Izabela Pazdanowska hatte nicht wieder geheiratet, auch nicht Jerzy,
den Bruder ihres Mannes, der um ihre Hand angehalten hatte. Jerzy
war es, der Hanka gesagt hatte, was mit ihrem Vater geschehen war.
Eines Tages, Hanka studierte schon in Krakau, nahm er sie zur Seite
und fragte sie, ob sie wissen wolle, wie ihr Vater gestorben sei. Sie

sagte ja, und er erzählte ihr von dem Transport nach Auschwitz, von den Briefen des Leon Kulesza. Es war ein Schock für sie, denn bis dahin hatte sie noch immer gehofft, dass ihr Vater zurückkehren würde – so wie die anderen Kinder in Rabka, die ohne Vater aufwachsen mussten. Und manchmal war ja wirklich ein Wunder geschehen und ein Vater war zurückgekehrt. Aber nun war es endgültig – und die seltsame Ahnung, die sie überfallen hatte, als sie vier Jahre zuvor mit der Schulklasse vor dem Güterwaggon in Birkenau stand, war bittere Wirklichkeit geworden.

Die Mutter habe den Vater so geliebt, dass sie nicht wieder geheiratet habe, sagte Hanka, als sie ihre Worte wiedergefunden hatte. Gabrielas Mutter war bei uns, in der Küche von Stepan und Anna, denn in Verkhovyna hatte sich vieles seit dem Vorjahr geändert: Wir konnten über Skype miteinander reden und uns auf den Bildschirmen sehen. Anna nickte. Ihre Mutter habe auch nicht wieder geheiratet.

Es sei nicht schön, ohne Vater aufzuwachsen.

Nein, wirklich nicht. Ich war drei Monate alt, als sie meinen Vater abholten. Schon meine Mutter hatten sie nach Sibirien deportieren wollen, gleich nach dem Krieg, als sie von der Zwangsarbeit in Österreich zurückkam. Aber sie hatte eine Freundin auf der Behörde, und die schrieb statt Sibirien Żabie in das Dokument. So war sie nach Żabie gekommen. Sie hat hier als Holzfällerin gearbeitet. Und meinen Vater kennengelernt, Wladimir. Er war Russe. Er kam nie wieder zurück. Wir haben immer auf ihn gewartet. Aber ich habe ja jetzt Ihre Tochter, Pani Hanka. Gabriela ist wie eine Schwester für mich.

Danke, danke, dass Sie ihr so viel helfen, Pani Anna! Meine Eltern waren sehr glücklich in Żabie. Meine Mutter hat viel gelacht. Vater hat in der Schule sehr hart gearbeitet und ist manchmal im Büro eingeschlafen, dann hat ihm die Mutter etwas zu essen gebracht. Und wenn er aus dem Stall kam, hat sie gesagt: Du riechst wie aus der Schweiz. Wenn sie sich über ihn geärgert hatte, hat er sie an die Hand genommen und ist mit ihr um den Tisch gelaufen.

Ihre Eltern waren sehr freundlich, besonders zu Kindern, hat uns Pani Wasylyna gesagt. Sie hatten immer ein offenes Haus.

Kann man von der Schule aus den Czeremosz sehen? Meine Mutter hat oft von den Flößern erzählt.

Manchmal fahren sie auch heute noch. Wann kommen Sie zu uns, Pani Hanka? Marija wartet auf Sie. Wir alle möchten Sie kennenlernen.

Ich komme bald, ja ich komme. Vielleicht zu meinem 70. Geburtstag.

Im Spital wollen sie einen Raum mit Fotos von der Schule und Ihrer Familie einrichten. Und auch im Museum.

Das ist schön, danke, danke, ich bin Ihnen so dankbar. Ich bin so glücklich. Bemalt man noch die Ostereier?

Ja, natürlich. Kommen Sie nach Verkhovyna und schauen Sie sich die Ostereier an!

Das Gespräch zwischen Hanka und Anna hatte wie eine Unterhaltung zwischen zwei alten Freundinnen angemutet, die ihr Leid und ihre Freude miteinander teilen. Ich dachte an die beiden, als ich am gusseisernen Gartentor lehnte und in den Himmel über Verkhovyna blickte. Keine Leuchtreklame trübte den Blick, keine Straßenlaterne, kein Autoscheinwerfer. Mit jeder Minute wurden es mehr Sterne, die am Nachthimmel erschienen. So viele, dass man sie nicht mehr zählen konnte. Ich hielt noch die Notenbücher in der Hand, die uns Stepan zum Abschied überreicht hatte – Melodien alter Huzulenlieder. Stepan sei der Einzige, der diese alten Melodien sammele und in Notenschrift aufschreibe, hatte uns Anna gesagt. Er wolle die Melodien vor dem Vergessen retten. So wie Gabriela und ich die Menschen vor dem Vergessen bewahren wollten.

Stepan gesellte sich zu mir, sein Akkordeon über die rechte Schulter gehängt. In der Feuerstelle knisterten leise die letzten Holzscheite, die offenen Flammen waren erloschen. Im Gebüsch neben uns raschelte es, ein Igel schaute kurz heraus und zog sich wieder zurück. In irgendeinem der nachbarlichen Ställe muhte eine Kuh.

Vielleicht lebten ja die Seelen all der Ermordeten in den Kühen weiter, hatte Stepan gesagt, als wir vom Denkmal für die erschossenen Juden durch eine Herde hindurch zurück ins Dorf gegangen waren.

»Może być«, hatte ich geantwortet, »kann sein.«

Es war genauso wenig zu beweisen oder zu widerlegen wie Stepans Satz aus dem vergangenen Jahr, als wir hier am Gartentor sinnierend in den Himmel geschaut hatten und er sagte: »Tam też mieszkają ludzie.«

Ob ich es möge, den Sternenhimmel zu betrachten, fragte er nun.

»Tak«, antwortete ich.

»Ja też«, sagte er und seufzte. Irgendwann hob er sein Akkordeon etwas in die Höhe, reckte den Daumen und beendete das Schweigen. »Huculski Blues«, sagte er.

»Masz rację«, sagte ich, er habe recht. »Huculski Blues.«

Stepan klopfte mir auf die Schulter, wünschte mir eine gute Nacht und ging zum Haus, ich öffnete das Gartentor und ging in die Nacht hinein, zum Schwarzen Czeremosz, der oben in den Schwarzen Bergen entsprungen war und unten in der Ebene in den Pruth mündete, und der Pruth floss durch Czernowitz, durch Bessarabien und mündete irgendwo in Rumänien in die Donau. Und die Donau ins Schwarze Meer. Und am östlichen Ufer des Schwarzen Meeres liegt Georgien, von dessen paradiesischer Schönheit Jarek den halben Abend geschwärmt hatte. Wir sollten gemeinsam dorthin reisen, noch in diesem Herbst, er habe viele Freunde in Georgien. In Verkhovyna sei ja nun alles erledigt, da könnten wir mal an einen anderen Ort fahren. Nach Georgien zum Beispiel.

Warum nicht, hatten wir gesagt. Aber wir würden wiederkommen nach Verkhovyna. Mit Hanka und Inka. Und mit den Gertners. In der Hoffnung, dass die Huzulen noch Ostereier malen und Pekun noch an einen Felsen geschmiedet ist, so wie es vor 100 Jahren Hnat Chotkewytsch aufgeschrieben hatte:

Und die Welt wird bestehen, solange die Menschen Ostereier malen und zum Jurijfest Feuer abbrennen. Irgendwo hinter hohen Bergweiden und rauschenden Quellen, ganz ferne, so fern, dass wir es uns nicht ausdenken können, sitzt an einem finsteren Quellort, in einer abgrundtiefen Schlucht der älteste Teufel, Pekun genannt. Er wird mit zwölf

*Ketten an einen Felsen geschmiedet und müht sich Tag und Nacht ab,
sich loszureißen. Ständig schickt er seine Diener zu uns auf die Erde.
(…) Streiten sich aber die Menschen untereinander, feinden sie sich
an, dann wird jenem Unhold leichter in seinen Ketten, und er kann
sich freuen. Wenn aber die Menschen einmal aufhören werden, Ostereier zu malen und zum Jurijfest abzubrennen, wird diese unsere Welt
vergehen, und keine Erinnerung wird an sie bleiben!*

»Der Michał hat die letzte Reise nicht überstanden«
Poręba Średnia, 18. Juni 2011

Unsere letzten Informationen über Jan Kazimierz und seine zwei Jahre jüngere Schwester Genoveva Pelagia stammten aus dem Sommer 1947: Pelagia besuchte die zweite Klasse des Gymnasiums und Jan Kazimierz, der Älteste, war bereits in die Fußstapfen seines Vaters getreten. Er unterrichtete seit Herbst 1946, gerade 19 Jahre alt, an einer Grundschule, obwohl er eigentlich keine Neigungen dazu verspürte. Zuvor hatte er sich fünf Wochen in der »odosobnienie« – Abgeschiedenheit – erholt. So wie auch der Vater im Jahr zuvor. Es waren schwierige Zeiten im stalinistischen Nachkriegspolen: Dass jemand ins Gefängnis eingesperrt wurde, durfte man genauso wenig schreiben wie ein paar Jahre zuvor.

Pelagia musste mit ihrer Schwester und den Eltern den Sommer zu Hause in Udrzyn verbringen, um nach dem Hof zu sehen, nach der Saat und dem Obstgarten. Der Winter war hart gewesen in der masowischen Ebene, aber sie hatten genug Holz zum Heizen und sie konnten überleben. Doch der Roggen war erfroren. Vielleicht hätten sie 500 Kilogramm ernten können. Stattdessen mussten sie Buchweizen und Hirse säen, aber nun hatte die Dürre vieles vernichtet. Der Regen war erst im Juli gefallen. Dennoch wuchsen Kartoffeln, Hirse, Buchweizen und Gemüse inzwischen recht ordentlich. Von den Äpfeln würden sie auch etwas haben. Kirschen und Preiselbeeren waren bereits geerntet.

Die Familie lebte in einem gemauerten Schulgebäude, das nach dem Krieg halbwegs renoviert worden war. Die Eltern bewohnten mit ihren vier Kindern ein Zimmer mit einer kleinen Küche. Dazu kamen verschiedene Kammern, auch ein kleine Scheune, ein Holzverschlag und ein Keller, das Obstgärtchen, Gemüsebeete und das Feld für Getreide und Kartoffeln, insgesamt anderthalb Hektar, im kleinen Stall ein Ferkel, an die zehn Hühner und zehn Kaninchen. 200 Meter entfernt lag ein See, 500 Meter entfernt der Bug mit einem Strand, und in einem Kilometer begann der Wald. Fischlein, Pilze und das grüne Gras, wie man so sagte – es gab alles, was man brauchte. Aber trotzdem hatte man vor dem Krieg einfacher gelebt.

Pelagia hätte sich gerne ihren Sommertraum erfüllt: nach Tschenstochau zu fahren. Und ihr Vater hätte gerne die Einladung nach Krakau angenommen, um sich persönlich zu bedanken für das Buch, das er erhalten hatte: *Rauch über Birkenau* hieß es. Auch Auschwitz wollte er noch einmal sehen, zumindest eine Baracke in Birkenau, um den Dortgebliebenen seine Ehre zu erweisen. Bereits im Frühjahr 1945 hatte er geplant, nach Krakau zu fahren, doch als er Oświęcim verlassen konnte, wurde er über Bielsko und Katowice transportiert. Und jetzt musste der Hof versorgt werden, das Reisen war schwierig und das Geld knapp.

Ende August war es den beiden schließlich doch gelungen, sich auf die gemeinsame Fahrt zu begeben. 15 Stunden dauerte es mit dem Zug von Udrzyn über Warschau nach Tschenstochau, wo sie direkt ins Kloster gingen und sich bei der Allerheiligsten Jungfrau Maria bedankten, dass ihre Bitten nicht verschmäht worden waren, sondern gnädig erhört. In Krakau, wo sie die herzliche Gastfreundschaft genossen, ließen sie sich von einem Kunstmaler zeichnen.

An den Brief des Vaters nach Krakau, in dem er über die glückliche Heimreise berichtete, hatte Pelagia noch zwei Sätze hinzugefügt, die sie nun laut, mit leicht zitternder Stimme vorlas: »Ich bedanke mich 100-mal. Vielleicht war es die einzige Möglichkeit, Krakau zu besichtigen.«

Pani Pelagia seufzte. Ja, es sei eine sehr schöne Reise gewesen, damals. Sie hätten bei der Familie Pazdanowski übernachten können. Sie erinnere sich an eine alte Frau, eine jüngere und zwei kleine Mädchen mit blonden Haaren. Jerzy habe ihnen die Stadt gezeigt und anschließend die Porträts von ihnen gezeichnet. Leider sei das Bild von ihr verloren gegangen. Sie habe damals lockige, krause

Haare gehabt. Ihren Vater habe Jerzy gut getroffen, er habe aber auch lange sitzen müssen für das Porträt.

Leon Kulesza. Wir sahen nun zum ersten Mal das Gesicht des Mannes, der mit Michał Pazdanowski in Majdanek inhaftiert gewesen war und ihn auf seiner letzten Reise begleitet hatte. Er hatte die Haare auf der hohen Stirn und an den Seiten nach hinten gekämmt, breite Wangenknochen, die Augen lagen tief hinter einer Hakennase, von der aus zwei Furchen zu den eher schmalen Lippen führten. Das Markanteste an ihm war der zwei Finger breite Oberlippenbart, der uns schon auf vielen Fotos mit Huzulen aufgefallen war. Offensichtlich war das, was als Hitler-Bärtchen in die Geschichte eingegangen ist, damals Mode – bei Freund und Feind.

Leon sei stark gewesen, sagte Gabriela, als sie das Porträt betrachtete, stärker als ihr Großvater.

Ja, sagte sein Sohn, er war ein Kämpfer.

Leon Kulesza hatte nach seiner Rückkehr aus Majdanek und Auschwitz von Michał Pazdanowski erzählt, denn sein Sohn Kazimierz konnte sich an den Namen erinnern, als Gabriela bei ihm angerufen hatte. Nachdem wir endlich die Briefe von Leon Kulesza entziffert, transkribiert und übersetzt hatten, wollten wir seine Kinder ausfindig machen, die er in den Briefen an die Familie Pazdanowski erwähnt hatte. Ob Jan Kazimierz und Pelagia noch lebten? Sie müssten beide älter als achtzig sein. Wir hatten dreifaches Glück: Die Kuleszas waren sesshaft, die Ortsvorsteherin von Udrzyn am Bug war eine ehemalige Schülerin von Kazimierz Kulesza und wusste, dass er mit seiner Frau und der Familie seines Sohnes im Nachbarort lebte, und außerdem hatten polnische Zeitungen und Zeitschriften, die auch in der masowischen Tiefebene gelesen wurden, gerade einige Artikel über unsere Recherchen gebracht. Wir seien herzlich willkommen, hatten uns Pan Kazimierz und Pani Pelagia gesagt, aber wir sollten uns nicht zu viel erhoffen. Ihr Vater habe zwar seit seinem Militärdienst unter General Piłsudski alles gesammelt, aber im Laufe der Jahre sei doch einiges verloren gegangen. Es sei kaum noch etwas da.

267

Das sollte sich als Understatement englischen Ausmaßes herausstellen, denn die Dokumente, die nach und nach im Wohnzimmer der Kuleszas ausgebreitet wurden, würden ausreichen, eine Geschichte Polens des 20. Jahrhunderts zu schreiben – Zbyszek sollte mir später dabei helfen, sie zu sortieren und einzuordnen. Eines war bereits beim ersten Überblick klar: Leon Kulesza war in der Tat ein Kämpfer. Selbstbewusst und stolz hatte er sich den Fotografen in seiner Uniform präsentiert, auf einem Bild war der Sierżant Kulesza gleich mit sechs Orden und Auszeichnungen an der Uniform-Jacke zu sehen. Die Urkunden zeigten, dass er sehr schnell die Unteroffiziers-Hierarchie emporgestiegen war. Sein Vater sei ein Piłsudski-Kämpfer gewesen, sagte Kazimierz Kulesza.

Leon Kulesza hatte sich als 20-Jähriger der Freiwilligenarmee von General Józef Piłsudski angeschlossen, der 1914 die polnische Militärorganisation POW ins Leben gerufen hatte, um seinem Ziel, einen eigenständigen polnischen Staat zu errichten, näherzukommen. Im November 1918 hatte er dieses Ziel erreicht, und ihm war in Warschau die Führung des wiedererstandenen Staates übertragen worden. Was zu Beginn des Ersten Weltkrieges vier Jahre zuvor niemand für möglich gehalten hatte, war eingetreten: Alle drei polnischen Teilungsmächte waren kollabiert. Zuerst hatte sich der russische Zar aus der Geschichte verabschiedet – nach der Oktoberrevolution 1917 –, dann die Kaiser aus Deutschland und Österreich-Ungarn. Die schwarzen Adler der Deutschen, Russen und Österreicher wurden nun durch den polnischen Adler ersetzt.

Leon Kulesza hatte jenen Augenblick miterlebt, auf den vier Generationen vergebens gewartet hatten: Aus den Trümmern von drei Großreichen war wieder ein polnischer Staat entstanden, die Zweite Republik, ein bürgerlich-demokratisches Polen. Wer diesen »Freudentaumel« nicht gesehen habe, wer nicht »außer sich war vor Freude mit der gesamten Nation«, der werde »in seinem Leben die größte Freude nicht erleben«, hatte Jędrzej Moraczewski geschwärmt, der vom 17. November 1918 bis 16. Januar 1919 erster Ministerpräsident des wiedererstandenen Polen war. »Freiheit! Unabhängigkeit! Ver-

einigung! Ein eigener Staat! Für immer! Chaos? Das macht nichts.«
Obwohl Polen zu den Gewinnern des Ersten Weltkriegs zählte, standen die untereinander heillos zerstrittenen polnischen Politiker vor
nahezu unlösbaren Aufgaben. Die geteilten Gebiete, die sich in 123
Jahren sehr unterschiedlich entwickelt hatten, mussten wieder
zusammengefügt werden, das Land war zum Schlachtfeld geworden und verwüstet. Anfang 1919 lebten etwa 28 Millionen Menschen in einer Region, die »innerhalb von vier Jahren von vier Inva-
sionen während dieses einen Krieges geschändet worden ist, wo
Schlachten und sich zurückziehende Armeen zerstört haben, und
wieder zerstört haben«, wie der Leiter der US-amerikanischen
Hilfsmission und spätere Präsident Herbert Hoover in seinem
Bericht festhielt.
Piłsudski und seine Regierungen hatten nicht nur mit der dramatischen Situation innerhalb eines Landes zu kämpfen, in dem die
Bevölkerung kaum wusste, wie sie den nächsten Tag überstehen
sollte, sondern auch mit den Nachbarstaaten: Ein neuer Staat
schafft neue Grenzen, und die waren vor allem im Osten umstrit-
ten. Es kam zu zahlreichen Nachfolgekriegen des Ersten Weltkriegs, doch die polnischen Soldaten, die zuvor noch in den drei
Armeen der Teilungsmächte und somit häufig auch gegeneinander
gekämpft hatten, marschierten nun vereint: Hauptgegner war die
Sowjetunion, die – ebenso wie Polen – Anspruch auf Wolhynien
und Ostgalizien erhob. Der polnisch-sowjetische Krieg verheerte
erneut weite Teile Galiziens, die bereits in den Jahren zuvor verwüstet worden waren.
Nach ersten Erfolgen – die polnische Armee war bis nach Kiew
vorgedrungen – schlug die Rote Armee zurück und marschierte in
Polen ein. Doch es kam zu dem, was als »Wunder an der Weichsel«
in die polnische Geschichte eingehen sollte: Mitte August wurden
die sowjetischen Truppen in der Schlacht bei Warschau entscheidend geschlagen – und Leon Kulesza, der seine Ausbildung zum Lehrer abgebrochen hatte, um Soldat zu werden, hatte seinen Teil dazu
beigetragen. Ein Jahr später, am 29. Juli 1921, verpflichtete er sich

der polnischen Armee für zwölf Jahre – in Zeiten von Armut, Inflation und Arbeitslosigkeit eine sichere Stellung, die zumindest ein bescheidenes Auskommen garantierte. Seine Verehrung Piłsudski gegenüber drückte sich in einem Porträt des Generals und Präsidenten aus, das sich zwischen seinen Armee-Unterlagen befand – zusammen mit der Urkunde zur Verleihung der Unabhängigkeitsmedaille am 26. Mai 1932, die von Piłsudski persönlich unterzeichnet worden war.

Leon Kulesza erlebte nicht nur den Anfang der Zweiten Republik mit, sondern auch zwei Jahrzehnte später ihr Ende. Er hatte seinen Militärdienst vorzeitig beendet, vermutlich wegen einer Tuberkulose-Erkrankung, und zum Dank für seine Dienste einen einjährigen Aufenthalt in einem Sanatorium und die Stelle des Direktors einer Volksschule erhalten – seine Prüfung zum Lehrer hatte er im Sommer 1932 bestanden.

Sieben Jahre später hatten sich die Zeiten geändert: Die Schreiben der Schulbehörden waren nun in deutscher Sprache abgefasst, so wie die Bescheinigung des Kreishauptmanns des Kreises Ostrow-Maz. und des Kreisschulinspektors vom 28. Juni 1940: »Es wird hiermit bescheinigt, dass der Kulesza Leon als Volksschullehrer an der Volksschule zu Udrzyn der Gemeinde Poręba eingesetzt ist.« Auf den Tag genau ein Jahr später, am 28. Juni 1941, bekam Leon Kulesza wieder eine amtliche Karte, diesmal vom Kreisschulamt des Kreishauptmanns, auf der Kreisschulrat Blaszczyk schrieb: »In der Sache einer positiven Erledigung Ihres Schreibens vom 25. Juni 1941 Nr. 24/41 wollen Sie sich am 3.7.41 um 10 Uhr vormittags bei mir melden.« Hatte Leon Kulesza um eine Verlängerung seiner Lehrerlaubnis bitten müssen? War die Einladung eine versteckte Drohung?

Wiederum nach einem Jahr, am 30. Juni 1942, bekam nicht er, sondern sein Sohn Kazimierz ein Dokument ausgehändigt: Oben stand in fett-schwarzen und mit einer doppelten Linie unterstrichenen Großbuchstaben »Generalgouvernement«, darunter ebenfalls in schwarzen Majuskeln:»Schul-Entlassungszeugnis«, und darunter in etwas weniger fetten Großbuchstaben: »Świadectwo Ukończenia

Szkoły Powszechniej«. Das gesamte Papier war zweisprachig angefertigt, inklusive der Fächer und Noten. Nur die beiden Monatsan-
gaben zum Datum der Geburt und der Einschulung waren aus-
schließlich auf Polnisch eingetragen. Eine Schlampigkeit? Oder ein
kleiner Akt des Widerstands? Wie auch immer, Kazimierz Kulesza,
geboren den »4 marca 1928«, wurde bescheinigt, die »VII-klassige
Volksschule« vom »1 wrzesnia 1936 – 30. VI. 1942« besucht zu haben
und »mit nachstehendem Zeugnis aus der … Klasse entlassen« worden zu sein.

Ende des Jahres 1942 bekam dann Frau Sabina Kulesza, Dorf Ud-
rzyn, Post Poremba bei Ostrów, Distrikt Warschau deutschsprachige
Nachrichten – aus dem Gefängnis Warschau, Dzielnastr. 24/26.
Einige von ihnen waren zweisprachige Formkarten, in denen dem
Absender die Erlaubnis erteilt wurde, »monatlich den Betrag in
Höhe von 50 Złoty und 1 mal monatlich Lebensmittelpakete im
Gewicht bis 2 Kg. zu erhalten«. Die Pakete mussten an das polnische
Polizeikommissariat Nr. 7, Krochmalnastr. 56a abgeliefert werden,
von 10 bis 13 Uhr, die Geldsumme war zwischen dem 7. und 12.
jeden Monats einmalig durch Postanweisung auf das Depositen-
konto 8362 einzuzahlen. »Schreibt mir in deutscher Sprache, was an
Hause vorgeht«, war auf der Vorderseite einer Postkarte zu lesen, und
auf der Rückseite unter dem Datum vom 16. Dezember ähnliche
Worte, wie ich sie bereits auf den Majdanek-Karten von Michał Pazdanowski gelesen hatte:

Meine Liebsten!
Packet mit Lebensmitteln habe ich erhalten. Ich danke Ihnen dafür! In
die nächste Sendung bitte mehr Fett, Zwieback in Fett, Zwiebeln, Knob-
lauch, Sacharin, Maggi-Würfeln. Schicke mir auch Kleiderpacket,
unter Wahrung der bestehenden Vorschriften, welche im VII. Polizei-
kommissariat angegeben sind, Hemd, Unterhosen, Winter-Socken, 2
Taschentücher, Handtuch, 1 Stück Seife, Zwirn (weiss und schwarz),
Zahn Bürste u. Paste, Schuhpaste. Ich bin gesund. Bei kommenden
Feiertagen sende ich Ihnen meine liebsten besten Weihnachts- und

Neujahrs-Wünsche und bitte denckt bei dem Weihnachtstisch an mir und bittet Gott, damit wir bald zusammenkommen. Bleib meine liebe Frau gesund mit den Kindern. Viele liebe Küsse von Deinem Leon.

Die Kuleszas hatten das Weihnachtsfest ohne Nachrichten von ihrem Mann und Vater begehen müssen, so wie auch die Pazdanowskis im fernen Żabie keine Grüße von ihrem Mann und Vater erhalten hatten, der zur selben Zeit im Gestapo-Gefängnis von Kolomea einsaß. Die Karte an Sabina Kulesza hatte noch acht Tage irgendwo gelegen und war erst am Heiligen Abend gestempelt worden.

Aus der Zeit in Majdanek und Auschwitz waren keine Karten von Leon Kulesza erhalten geblieben, aber die zweieinhalb Jahre in den deutschen Gefängnissen und Konzentrations- und Vernichtungslagern waren gleichwohl umfassend dokumentiert: Beide Gedenkstätten bestätigten mehrfach, dass er dort inhaftiert war. Das Polnische Rote Kreuz stellte am 23. April 1945 eine Bescheinigung für Leon Kulesza, »tatuowany Nr. 183710«, aus, in der die Militär- und Zivilbehörden gebeten wurden, dem Gefangenen bei seiner Fahrt nach Hause jegliche Hilfe zu gewähren. Drei Tage später erteilte ihm der Starost des Kreises Bielsko einen Passierschein für die freie Fahrt in allen Verkehrsmitteln von Bielsko nach Ostrów Mazowiecki, gültig für 14 Tage. Spätestens am 14. Mai hatte er seine Heimat erreicht, denn von diesem Tag stammt eine Bescheinigung des nun wieder polnischen Inspektorats Szkolny: Rückwirkend zum 1. Mai wurde dem Bürger Leon Kulesza wieder gestattet zu unterrichten. Die Untersuchungskommission des Kultusministeriums machte 1950 jedoch ihre eigene Rechnung über die Dauer der Inhaftierung auf: Die Zeit vom 16. November 1942 bis zum 30. April 1945 wurde um die Hälfte auf ein Jahr, zwei Monate und 23 Tage reduziert.

Was nicht dokumentiert war, erfuhren wir von Kazimierz und Pelagia Kulesza – es bestätigte, was ihr Vater Leon an Michałs Mutter geschrieben hatte: »Am 6. März des Jahres haben sie mich wieder eingeschlossen für fünf Tage.« Ihr Vater war tatsächlich von den polnischen Stalinisten in die »odosobnienie« geschickt worden: Sie warfen ihm vor, mit den Deutschen kollaboriert zu haben oder ein Kapo gewesen zu sein, denn nur so hätte er überleben können. Und auch den 18-jährigen Kazimierz hatten sie eingesperrt: Weil sie ihn verdächtigt hatten, einer antikommunistischen Partisanenbande anzugehören. Beim Verhör hätten sie ihn geschlagen, erinnerte er sich, aber nachdem alle Wunden verheilt waren, habe er das Gefängnis verlassen dürfen. Er habe eben Glück gehabt, so wie auch schon 1943, als die Deutschen ihn zur Zwangsarbeit ins Reich verschleppen wollten und er noch rechtzeitig habe entkommen können.

Stundenlang erzählten Pan Kazimierz und Pani Pelagia, während wir von der Schwiegertochter bewirtet wurden: Von der Tante, die das Konzentrationslager Groß-Rosen überlebt hatte, und vom Bruder des Vaters, der aus dem Konzentrationslager Mauthausen – oder war es Dachau? – nicht zurückgekehrt war, vom Tag der Verhaftung ihres Vaters, vom Leben in der Ungewissheit über sein Schicksal und von der Unterstützung durch Freunde in dieser schweren Zeit. Sie berichteten, dass der Vater wertvolle Dinge aus Auschwitz mitgebracht hatte, denn die überlebenden Häftlinge hätten sich in den Beständen der Deutschen bedienen dürfen: Ein Füller mit goldener Feder, ein Rasiermesser von höchster Qualität, das die Leute aus Udrzyn bestaunt hätten, goldene Manschettenknöpfe und einen neuen Sträflingsanzug, aus dem sich die Mutter dann ein Kleid genäht habe. Er selbst hätte ja kaum etwas tragen können, weil er viel zu geschwächt war.

Wie war es, als er nach Hause kam?, fragte Gabriela.

Na, begann Pan Kazimierz und lehnte sich zurück, der Vater war, wie ich gesagt habe, einen Monat oder drei Wochen unterwegs.

Aber wie war es, als er zu Hause eintraf? Erinnern Sie sich an diesen Moment, als er zu Hause ankam?

Ich erinnere mich daran, sagte Pan Kazimierz.

Ich mich auch, sagte Pani Pelagia.

Sie kamen nach Ostrów Mazowiecka, fuhr Pan Kazimierz fort, also irgendwo hier in diese Gegend …

Seine Schwester wandte sich zu ihm: Als er zu Hause ankam!

Ja, und er übernachtete noch irgendwo. Nein, also es war schlechter,

aus Ostrów oder aus Wyżków nach hier zu gelangen, weil Udrzyn …
Er übernachtete bei den Paradowskis und von dort ging er zu Fuß.
Waren Sie zu Hause, als er kam?, fragte Gabriela.
Ja, ich war da! Aber er fuhr irgendwie … Oder vielleicht hat ihn
jemand mitgenommen? Oder vielleicht war der Vater dort einen Tag
oder nur für die Nacht geblieben, das weiß ich nicht mehr.
Jetzt schaltete sich auch die Ehefrau von Pan Kazimierz ein: Aber zu
Hause, wie war es da? Wie hat er euch begrüßt?
Aber natürlich hat er uns begrüßt, begrüßt hat er uns doch!
Er sah sehr schlecht aus, ich erinnere mich daran, sagte Pani Pelagia.
Er hatte einen großen Koffer, einen Riesenkoffer hatte er. Der Kof-
fer war rot und da hatte er seine Sachen drin, die er mitgebracht hat.
Damals wohnten wir nicht mehr in der Schule.
Ich ging hinaus, sagte Pan Kazimierz. Ich ging mit der Mutter hin-
aus, weil jemand gesagt hat, der Kulesza wurde gesehen … Ich weiß
noch, dass der Roggen schon wuchs, und wir gingen hier hinaus auf
diesen Weg und dort auf dem Feld haben wir uns begrüßt. Ich habe
eine Tasche mitgenommen, die oder die andere … Es war so eine
Mappe … Er hatte auch etwas mit …
Einen riesengroßen Koffer, sagte Pani Pelagia.
War er sehr mager?, fragte Gabriela.
Er war sehr, sehr mager. Und unrasiert, sagte Pani Pelagia.
Stille.
Wie konnten sie sich rasieren … Unterwegs haben sie sich nicht
rasiert, sagte Pan Kazimierz.
Gabriela gab nicht auf: Wie hat er sich verhalten? Fiel es ihm schwer,
in die Wirklichkeit zurückzukommen?
Jaaa, sagte Pani Pelagia, und er sprach wenig. Ganz wenig erzählte er
über das, was er erlebt hatte. Am Anfang war er sehr niedergeschla-
gen …
Er wollte nicht, sagte Pan Kazimierz, am Anfang wusste er nicht, wer
und was … Na ja, na ja …
Vielleicht wusste er nicht, wie er anfangen sollte, wie er sich öffnen
konnte, sagte Pani Pelagia. Wem gegenüber? Worüber?

Wir haben ihm viel erzählt, hier ist der eine gefallen, dort wurde der andere ermordet, hier war eine Razzia, einen haben sie verhaftet und ein anderer hat überlebt …

Er schlief, er schlief viel …

So war's.

Stille.

Und die Fragen und Gespräche waren so … waren für den Vater … so unwichtig, sagte Pan Kazimierz. Denn wie sollte man … Da kann man nur sagen »Geh und schau selbst!« Aber er hat das überstanden, er hat's überstanden … Als sie kamen, um ihn zu begrüßen, da floss jeden Tag ein halber Liter Schwarzgebrannter … Immer wieder kam jemand … Pan Kazimierz lachte.

Sie hatten es nicht erlebt, sagte Pani Pelagia. Sie konnten es nicht verstehen … Worüber sollte man also mit ihnen …

Na, gut, dass du gekommen bist, sagten sie. War es …? Und sie sagten zu ihm: Gut siehst du aus. Es geht dir nicht schlecht … Das ist gut …

So ein Geschwätz.

Und die Machthaber haben ihm eine Stelle gegeben. Es musste ihm doch wohl irgendwie gut gehen, sonst hätten sie ihm gesagt: »Geh, lass dich pensionieren oder mach, was du willst.«

Pan Kazimierz schlug ein kleines Notizbuch auf und hielt es in die Höhe. Hier habe sein Vater ein paar Aufzeichnungen gemacht, sagte er, und es sei auch der Name Michał Pazdanowski erwähnt. Das Notizbuch hatte Leon Kulesza, wie ich später feststellte, während seines Aufenthalts im Krankenhaus in Oświęcim angelegt. Die Aufzeichnungen begannen mit einem knappen Rückblick auf den Januar 1945 und endeten am 27. April, zwei Tage nach seiner Entlassung aus dem Spital. Den 27. Januar, den Tag der Befreiung, hatte er mit zwei Worten festgehalten: »Przyjście Sowjetów« – Ankunft der Sowjets.

Kazimierz Kulesza las nun mit klarer Lehrerstimme die Namen derer vor, die sein Vater festgehalten hatte: Bronisław Klimczak, Andrzej Winrych, Izabłowski Zygmunt, Pawłowski, Wąsewo,

Frankowski Ireneusz, Leszek Vieweger, Puławy, Michał Pazda-nowski, Kraków. Vor die beiden letzten Namen hatte er ein Kreuz gezeichnet und zu Michał Pazdanowski hinzugefügt: »Jadwiga, Michałowskiego 15, napisać list« – Brief geschrieben. Es folgten Wörter in kyrillischen Buchstaben, geografische Angaben – Witebsk Oblast, Drisenskij Rajon, Lunaczarski Selsowjet, Direwnia Lankowszczijna –, unter denen Leon Kulesza einen Namen notiert hatte: Filonof Nikolaj. Dann Dawidek Stanisław (kpt.), Ajzert, Grundbesitzer, und wieder vier Namen mit Kreuz: Kuczyński aus Ostrów, kleiner Junge, 16, gestorben in Lublin, Piekut Czesław, 18 Jahre, gestorben in Auschwitz, Maron aus Zuzela, gestorben in Auschwitz, Zdenek aus Długosiodła, gestorben in Auschwitz. Zum Schluss wieder Namen ohne Kreuz: Choromański Stanisław (Vogt), Marciniak, Dr. Jan Jodłowski aus Krakau, Joanna Hekslowa (Schwester PCK), Krakau, und Helena Kapowa, ebenfalls Krakau. Es war, als hätte Leon Kulesza die Worte der russischen Dichterin Anna Achmatowa aus ihrem Poem *Requiem* umkehren wollen:

»Ich wollte sie alle mit Namen nennen,

Doch man nahm mir die Liste, wer kennt sie noch?«

Majdanek war schlimmer als Birkenau, habe der Vater gesagt, beendete Pani Pelagia das Schweigen. Sie griff wieder zu den Briefen ihres Vaters, die wir mitgebracht hatten. Er habe so schön geschrieben, seufzte sie, schwieg und las dann ein paar Sätze aus dem Brief, den er im August 1946 an Michałs Bruder Jerzy geschrieben hatte. Es war die Antwort auf einen Brief mit Fragen, die nur jemand stellen konnte, der mit den Verhältnissen in einem Konzentrationslager vertraut war:

Sehr geehrter Herr,

Ein Jahr ist bereits vergangen, seit ich Ihren Brief vom 14.8.45 erhalten habe, und erst jetzt zum Jahrestag habe ich mich gesammelt, um zu antworten. Ich bitte vielmals um Entschuldigung. Ich bin schon so ein Faulpelz. Verzeihen Sie bitte!

Michał habe ich kennengelernt, als wir in einem Block lagen im Lager in Majdanek, im Monat Juni oder Juli 1943. Er lag in der Krankenabteilung wegen einer Wundrose. Nachdem ich ihn kennengelernt hatte, habe ich einige Zeit später erfahren, dass er einige Wochen zuvor an Flecktyphus erkrankt war. Er kannte die gleichen Ärzte und auch die anderen Pflegekräfte des Typhusblocks 9 – Dr. Hanusz, Żebrowski und andere. Er sah damals, ohne zu übertreiben, schlecht aus – sehr ausgemergelt nach dem Typhus und der Wundrose. Er durfte überhaupt nicht aus dem Bett, damit er die anderen nicht ansteckte. Vielleicht nach einem Monat wurde er von der Wundrose geheilt, aber es blieb eine starke Schwäche.

Weil die Pfleger ihn drängten, musste er zum Klo gehen, das sich am Ende des Blocks befand. Er ging und stützte sich pausenlos an den Betten ab. Bitte stellen Sie sich vor, dass ich und viele andere auch so gingen. Die ganzen Tage hielten wir nur Ausschau nach etwas Essbarem, von dem wir in dieser Zeit sehr wenig hatten. Jeder suchte Bekanntschaften und flehte um Hilfe. In dieser für uns schwierigen Zeit haben wir uns einen noch größeren Hunger bereitet, weil wir unsere Brotscheiben (5) an Arbeiter gaben, die von der Freiheit kamen, mit einem kleinen Zettel, dass ein vertrauenswürdiger Pole einen Brief an unsere Familie schicke mit der flehentlichen Bitte um ein Paket mit Nahrungsmitteln.

Jemand ist es gelungen über einflussreiche Personen Kontakt aufzunehmen mit den Damen von der Frauenliga und sie haben als erste Pakete geschickt. Dann hat das Polnische Rote Kreuz Zugang gesucht zu den Häftlingen und kleine Pakete geschickt. Aber bevor ein grauer Häftling und dazu noch ein kranker etwas abbekam, mussten sich erst alle Funktionsbeamten satt essen. Die Versorgungssituation wurde besser, als die Deutschen bei Stalingrad geschlagen wurden – sie haben der R.G.O. erlaubt, den Polen Brot zu geben, Suppe, Brötchen, anfänglich einmal, später zwei- und dreimal pro Woche bis Ende 1943 und Anfang 1944.

Obwohl ich ihn ungefähr zehn Monate kannte und mich mit Michał über verschiedene Dinge unterhielt, erinnere ich mich nicht, ob er etwas über die Kinder sagte und was. Nicht ganz stimme ich damit überein, dass er das Lager hätte verlassen können als Folge Ihrer Bemühungen. Falls das nicht hier an Ort und Stelle gelingen konnte, *trudno* – was soll man machen. Im Lager waren Wojewoden, Professoren, Priester, Industrielle, es waren welche mit Beziehungen, es waren welche mit Hunderttausenden, ja mit Millionen Złoty, und sie mussten dort sein, weil Hitler sich für die Polen das Lager ausgedacht hatte – Vernichtung, und nicht Freiheit.

Über das Schicksal von Michał im Lager, bevor ich ihn kennengelernt habe, weiß ich nichts. Von Freiheit träumte jeder von uns, träumte auch Michał, aber die Hoffnung war schwach, besonders für die Kranken, die auf die Gnade der Bedienung angewiesen waren – meistens tschechische, französische oder polnische Juden, Tschechen, Griechen oder Russen. Die Beichte war um Weihnachten 1943 und um Ostern 1944, gewissermaßen symbolisch – im Geiste, und dann wurde die heimliche Kommunion gewährt –, davon wussten nur die, denen man vertrauen konnte – Eingeweihte.

Dass Michał mit 5, 15 oder 25 Peitschenhieben geschlagen wurde, habe ich nicht gesehen, einzelne Schläge für verschiedene Verstöße habe ich schon gesehen, denn wer wurde nicht geschlagen? Schach haben wir nicht gespielt, denn es war nicht erlaubt. Mit Vorliebe erzählte er über Podhale, Podkarpacie, über dortige Sitten und Bräuche, viel Zeit verbrachte er im Gebet, manchmal redeten wir über Politik – meistens nach dem Lesen des heimlich uns gebrachten Goniec Lubelski.

Andere Personen, die etwas über den Bruder wissen könnten, kann ich nicht nennen. Von der Zeit, bevor ich ihn kennengelernt habe, weiß ich niemanden, später erinnere ich mich an Personen wie: Dr. Hanusz, Żebrowski, Czerniawski, Andrzejek, Wynrich – ein feiner Kerl! –, Dr. Kopczyński, Dr. Wieliczański – wie man hörte, ein Pseudonym –, Iwan Poniehajło, St. Dawidek, Ajzert, aber wo sie sind, weiß ich nicht. Sie alle haben Majdanek als Gesunde schon früher verlassen, schon vor Ostern 1944, uns Kranke schickten sie vielleicht mit dem letzten Zug am Donnerstag nach Ostern los. Auschwitz-Birkenau haben wir erreicht am Sonntag früh. An diesem Morgen, im Auto, das Kranke und Leichen von der Haltestelle ins Lager brachte, beendete Michał sein Leben. Also weder im Juni noch im Mai und nicht in Majdanek. Von denen in unserem Waggon kannten uns nur wir zwei. Die anderen kannten wir nicht. In Auschwitz traf ich später von den Bekannten nur den Iwan Poniehajło, der mir erzählt hat, dass er zusammen mit Dr. Kijewski gekommen ist, der bald gestorben ist, und mit Kędzierski.

Also, die zufälligen Zeugen des Todes von Michal sind mir unbekannt, und die, die den Michał aufs Auto geworfen und von dem Auto, wussten sicher nicht, wen. Die Ursache des Todes war das Lager, und in dem Lager vielleicht die Krankheit, vielleicht in letzter Zeit Tuberkulose. Ich schreibe »vielleicht«, weil wer könnte sich vor dem Tod verstecken, und die Ursache reimen sich die Menschen zusammen. Gesunde starben wie die Fliegen, also wie konnten wir Kranken einen größeren Anspruch auf das Leben haben? Michał befand sich nach dem Flecktyphus, wahrscheinlich Mai/Juni 43, wegen einer großen Schwächung des Organismus im Block der Rekonvaleszenten. Und hier erkrankte er an Wundrose. Und die Bedingungen im Lager wie: Hygiene der Verpflegung – nach Nahrung suchte man nicht nur in seinen Schüsseln, sondern auch im Abfall – als Folge gab es ewigen »Durchwal«, Kälte – Block – die Wände waren aus einzelnen Brettern, das Tor immer offen, nie geheizt, wir ohne Kleidung – nur ein dünnes Hemd und eine Decke, oft auf nackten Brettern, als Folge dessen hatten wir verschiedene Arten von Entzündungen; Hygiene der Umgebung – jeden Tag Chlor einatmen, Rauch, Staub; ewiger Juckreiz; Millionen von Läusen; ständige ärztliche Untersuchungen und Selektionen, während denen man stundenlang nackt stehen musste, das Schubsen u.ä.. All das hat zur Folge gehabt, dass viele wie auch Michał und ich, sich auf der Tuberkulose-Station fanden, und von dort ging der Weg nur in den Kamin.

Wenn es um die Hilfe geht, dann gab es eine Zeit, in der für eine Woche und einen Monat alles reichte, aber es war auch ganz anders. Das schlimmste war, dass man fast nie das Leben normal organisieren konnte – war Brot, dann war kein Wasser, um es herunterzuspülen, *wenn es Wasser gab, dann kein Brot. Wenn sogar mal ein Paket gekommen war, dann war alles trocken, und wenn ein Hungriger sich dran machte, dann aß er das ganze Paket auf einmal, und der Magen hielt es nicht aus. Jemand bekam Erbsen, Grütze oder Nudeln, aber wenn er die Hälfte von dem Recht, es zuzubereiten, erbettelt hat, hat es ein Capo oder irgend ein anderer von der SS im gesamten Block verschüttet und der Besitzer der Grütze bekam 15 Peitschenschläge auf den Hintern. Wenn es um die Zahl der Pakete ging, hing es davon ab, was ihnen gefiel. Es gab eine Zeit, in der man ein Paket schicken und erhalten konnte im Monat, und eine Zeit, in der man jeden Tag ein Paket bekommen konnte. Wenn sie wollten, haben sie das Paket den Häftlingen gegeben, wenn sie nicht wollten, dann verfaulten Berge von Paketen auf dem Abfall, aber wir durften uns ihnen nicht nähern. Und wer konnte sie doch kontrollieren? In der letzten Zeit unseres Aufenthalts in Majdanek wurden wir alle paar Tage hin- und hergeschoben von Block zu Block, von Bett zu Bett. Manchmal blieben wir ohne jegliche Hilfe, die ganzen Tage und Nächte – die Menschen starben zu Dutzenden in jedem Block. Und sie haben jeden Tag gerechnet, segregiert und in den Waggons abgeschickt.*

Vielleicht gab es in dieser Zeit auch warme Suppe, aber es gab niemanden, der sie den Kranken überreichte oder sie wurde überhaupt nicht gegeben, und wenn, dann war sie kalt. Am letzten Tag haben sie uns befohlen, uns anzukleiden, und wer sich selbst nicht anziehen konnte, den haben sie in eine Decke gehüllt und auf ein Auto geschoben und vom Auto in den Waggon, mehr als 70 Personen, sie gaben jedem je 20 dkg Brot und schlossen uns für 3 Tage ein. Brot und sogar Osterbrötchen der R.G.O hatten wir genug, aber gar kein Wasser.

Der Gestank im Waggon war schrecklich. Wir lagen vermischt mit Leichen und Exkrementen. Ohne auch im Geringsten zu übertreiben – wer noch lebte, der kroch nach oben –- und die Leiche war für ihn die Liege. Es war schrecklich. Einer, um sich länger nicht abzuquälen zu müssen, erhängte sich in der Nacht. Zwei oder drei wurden, schrecklich schwarz geworden, herausgeworfen – ein Beweis dafür, dass sie erstickt waren. Wenn sie uns noch einen Tag so gehalten hätten, dann wer weiß, ob nur einer von uns am Leben geblieben wäre. Sie haben uns noch Lebende, aber sehr Geschwächte, aus dem Waggon auf einen Haufen von roten Rüben geschmissen und danach haben sie uns auf die Autos geworfen.

Der Michał hat die letzte Reise nicht überstanden. Weil das Auto, mit dem ich gebracht wurde, früher angekommen ist, habe ich gewartet, bis das nächste Auto gekommen ist. Das nächste Auto ist gekommen, aber zunächst hinter die Baracke, damit die Leichen, die am Rand des Autos lagen, zuerst heruntergeladen wurden, und erst danach, die noch lebten. Der Michaś war nicht mehr unter den Lebenden. Ich hab den Moment abgewartet und schleppte mich auf die Suche und habe ihn gefunden. Ich habe ihn zum letzten Mal gesehen, aber schon unter den Toten.

In diesem Augenblick sehe ich ihn auch mit den Augen meiner Vorstellungskraft. Ich erweise ihm die letzte Ehre.

Ich habe die Reise überstanden, aber es begannen wieder: Quarantäne, das Verlegen von einem Block zu anderen, von Lager zu Lager, Kälte, Hunger, Badeanstalt, Appelle, Segregationen, Schlagen – das erbarmungslose Herrschen von Frau Tod. Für die Lebenden war es oft schlimmer als der Tod selbst. Der Höchste hat für mich beschlossen, dass ich überleben soll. Vom 18.4.44 bis 27.1.45 unter den Bedingungen des Lagers, Tbc-krank, begann ich, wieder zu Kräften zu kommen. Bis zum 24.4.45 war ich immer noch in Oświęcim, aber schon in Freiheit im Lagerkrankenhaus unter Betreuung von Ärzten des Polnischen Roten Kreuzes aus Krakau. Herr Urbanski und Herr Jodłowski und ich erreichten einen Zustand, dass sie mir erlaubten, alleine nach Hause aufzubrechen. Zu Hause haben mich einerseits die Umstände dazu gezwungen und andererseits hat es mir die Gesundheit erlaubt, mich an die Arbeit zu machen. Dank dem allmächtigen Gott fühle ich mich unerwartet gut.

Für das lange Warten auf meine Antwort entschuldige ich mich noch einmal aufs herzlichste.

Leon Kulesza

Leon Kulesza hatte auch Michałs Mutter Jadwiga und Michałs Schwester Anna ausführlich geschrieben und ihnen näher geschildert, wie er und Michał, den er freundschaftlich Michaś nannte, sich kennengelernt hatten:

Im Lager war er deswegen, weil er ein Pole war, ein Opfer für seine Nation, für sein Vaterland, für seinen Glauben. Er war religiös, und dieser Umstand war zum größten Teil der Grund, dass wir uns näher kannten. Wir lagen in einem Block, er hatte damals Wundrose, nachdem er vorher Typhus durchgemacht hatte. Ich war gerade fertig mit Typhus und wir lagen ungefähr sechs bis sieben dreistöckige Betten voneinander entfernt. Gleich neben mir lag ein gewisser Zieliński, der ein Gebetbuch besaß. Er ging zu Zieliński wegen dieses Gebetbuches. Ich kann mich erinnern, dass ihm dies große Mühen bereitete. Er stützte sich auf den Betten ab und setzte sich damit der Gefahr aus, dass der Blockälteste Flieger dies sah. Als er es gelesen hat, wohl das ganze Buch von Anfang bis Ende, und der Tag noch andauerte, habe ich es ausgeliehen, und als Zieliński wegen seiner Krankheit das Buch nicht benutzen konnte, blieb es bei uns. Für die Freundschaft und für die Kuchen, die Michaś ihm anbot, blieb das Büchlein nach Zielińskis Tod im Besitz von Michaś. Damit die Blätter nicht verloren gingen, haben wir das Buch zusammengeklebt, und ab dieser Zeit benutzten wir es beide. Eine Zeit lang lagen wir nebeneinander, das war sehr bequem für uns. Als er in den anderen Saal im gleichen Block verlegt wurde, fiel es uns schwerer, uns zu besuchen, aber das Buch diente uns immer noch.

Das Gebetbuch diente ihnen auch, als sie Zeugen einer der größten Mordaktionen wurden, die von den Nationalsozialisten an den Juden verübt wurde: Am 2. November 1943 erschossen sie an einem Tag im Distrikt Lublin über 40 000 Juden, mindestens 17 500 von ihnen im Konzentrationslager Majdanek, das für die Juden damit zum Vernichtungslager geworden war. Mit diesen Massakern, die den zynischen Namen »Aktion Erntefest« trugen, wurde offiziell die von Odilo Globocnik mitverantwortete »Aktion Reinhardt« beendet.

So lagen also der Michał und ich auch bis zum 2. November, wir konn-
ten fast nicht gehen. Damals bekam wohl niemand Pakete. Am
2. November, um die Arier von den Juden zu trennen, von denen sie
damals 17 500 getötet und verbrannt haben (alle in Majdanek), haben
sie uns in ein anderes Feld gefahren und am dritten Tag wieder zurück.
Die Umstände dieses Transportes waren schrecklich – Gedränge, Kälte,
Atemnot, Hunger. Das alles hat unsere Krankheiten verschlimmert. Als
sie uns vom Bett wegbrachten (wir lagen zusammen auf einem Bett),
lagen gleich neben unserem Bett 37 Leichen (sie haben sie in unserer
Anwesenheit gezählt).

Nach der Ermordung von mindestens 17 500 Mithäftlingen war es
im Lager zu »Veränderungen« gekommen: »Das Personal wurde aus-
gewechselt – die jüdischen Ärzte waren nicht mehr da, statt 4 bis 5
Ärzten blieb nur einer.« Und auch Dr. Hanusz, der Hauptarzt des
Blocks 9, war »mit einem Transport abgefahren«, jener Arzt, der
Michał und Leon so viel geholfen hatte, wie er konnte: »Manchmal
schickte er uns ½ Liter Suppe (Spinat, Rote Rüben, Saubohnen usw.),
manchmal beschenkte er uns mit einem Pulver oder Tropfen, die im
Lager Hunderte oder Tausende kosteten.«
Während seiner gesamten Zeit in Majdanek hatte Michał Pazda-
nowski versucht, mit seiner Familie Kontakt aufzunehmen. Dass
seine Frau mit den Kindern von Żabie nach Krakau gekommen war,
hatte er erfahren, und er machte sich Sorgen, wovon sie lebten. Viele
Nachrichten von Daheim hatten ihn jedoch nicht erreicht, denn sein
Freund Leon Kulesza, mit dem er, wenn es das Blockpersonal nicht
sah, über alles redete, wusste nichts von Briefen seiner Schwester
Anna und seiner Gattin. Waren wenigstens Michałs Nachrichten in
Krakau angekommen, die er mithilfe von Arbeitern, die morgens das
Lager zur Zwangsarbeit verließen und abends in ihre Baracken
zurückkehrten, herausschmuggeln wollte? Leon Kulesza war skep-
tisch: »Ob so ein Brief überhaupt abgegangen war, war ein großes
Fragezeichen. Aber wir schrieben diese Briefe trotzdem, weil wir
essen wollten.« Die Skepsis Leon Kuleszas schien berechtigt: »Mich

beschäftigt sehr«, schrieb er Michałs Mutter, »dass Sie den letzten Brief Ende März 43 erhalten haben. Ist also kein späterer Brief mehr angekommen?«

Waren die Familien Pazdanowski und Bielicki tatsächlich seit Ende März 1943, also über ein Jahr lang, ohne Nachrichten von ihrem Ehemann, Vater, Sohn, Bruder, Schwiegersohn, Schwager, Onkel und Neffen geblieben? Was war mit den Karten geschehen, die Michał im Herbst 1943 und im Winter 1944 nach Krakau geschickt hatte? Sie befanden sich im Besitz von Zbyszek, also mussten sie angekommen sein. Hatte sich Jadwiga Pazdanowska im Jahr vertan und eigentlich den März 1944 gemeint? Vermutlich, denn aus diesem Monat stammte die letzte Formkarte aus Majdanek. Gleichwohl hatte die Familie dann erst wieder nach seinem Tod etwas über Michał erfahren, von Leon Kulesza, der das einzige Verbindungsglied zu ihm geworden war. »So hat es das Schicksal gewollt«, versuchte Leon Kulesza Michałs Mutter zu trösten. »Ich leide in allen Leiden von Ihnen und Ihrer Familie mit.« Manchmal wundere er sich über die »Fügung, die unbekannte Menschen miteinander verbindet, damit sich uns unbekannte Zwecke erfüllen«. Er sei nur »Ausführer des letzten Willens von Michał.«

Ihr Vater und Gabrielas Großvater und Michałs Bruder Jerzy seien im Himmel sicher glücklich über diese Begegnung, sagte Pani Pelagia und umarmte uns zum dritten Mal. Seit mindestens einer Stunde standen wir am Auto, um uns von den Kuleszas zu verabschieden. Doch wir kamen nicht los. Wir sollten bei ihnen übernachten, sagten sie, das sei wirklich kein Problem, es gebe noch so viel zu erzählen. Immer wieder eilte jemand in die Küche oder in den Keller, um uns einen weiteren Schinken oder noch eine Wurst als Wegzehrung mitzugeben. Michał Pazdanowski und Leon Kulesza hätten in Lublin-Majdanek von einem solchen Paket wochenlang überleben können.

Wir wären gerne geblieben, doch wir wollten noch einmal in die Stadt fahren, die wir bei unserem ersten Besuch mit einem Gefühl der Traurigkeit und Leere verlassen hatten: wunderbar restaurierte

Fassaden, ein quirliges Leben in den Gassen, urige Kneipen und Cafés, ein reiches kulturelles Angebot – aber fehlte dort nicht was? Jemand brachte noch einen roten Bilderrahmen herbei, in den ein Stück Stoff und eine Postkarte eingespannt waren. Auf dem Stoff standen mit blauer, leicht wässriger Tinte die Zahlen 183710 geschrieben, hinter diesen Ziffern war ein rotes Dreieck aufgedruckt. Unter den Zahlen und dem Dreieck steckte eine Postkarte, die Kazimierz Kulesza am 18. Juli 1944 an seinen Vater, den Schutzhäftling Kulesza Leon, geb. am 6-IV-1898, Gef. Nr. 183710, K.L. Auschwitz S/O, Postamt 2 B IIa Bl. 12, geschickt hatte.

Das war der eindrücklichste Beweis, dass Leon Kulesza überlebt hatte.

Sie wünschte, ihre Familie besäße so etwas auch von ihrem Großvater, sagte Gabriela, während wir in die Nacht hinein nach Lublin fuhren.

Aber Michał war kein Kämpfer gewesen wie Leon.

»HoAderes«
Krakau, 30. Juni 2011

Unsere Reisen in entlegene Gegenden und verschwiegene Vergangenheiten kamen dort zu einem Ziel, wo sie begonnen hatten: im Krakauer Stadtviertel Kazimierz. Der Kreis schloss sich fünf Jahre, nachdem Gabriela und ich uns zum ersten Mal begegnet waren, wieder während des Jüdischen Festivals, in einem Café, dessen Inhaberin Elżbieta Schönfeld wenige Wochen zuvor mit uns über Bełżec und Rawa Ruska nach Lemberg gefahren war, um zum ersten Mal die Stadt aufzusuchen, in der 1923 ihr Vater geboren worden war.

Die Familie von Eugeniusz Schönfeld war von den Nationalsozialisten ermordet worden, er hatte überlebt, war nach Krakau gekommen und hatte sich dort mit einem Musiker angefreundet, der ebenfalls aus Ostgalizien stammte, aus der 40 Kilometer südöstlich von Lemberg gelegenen Kleinstadt Przemyślany, und bis heute das Café Młynek aufsuchte, um sich dort mit Elżbietas Mutter zu treffen: Leopold Kozłowski-Kleinman, Neffe von Naftule Brandwein, der 1918 nach Amerika ausgewandert und dort zum König der Klezmer-Klarinettisten aufgestiegen war.

Leopold Kozłowski-Kleinman und Eugeniusz Schönfeld waren im selben Jahr geboren und hatten ihr Leben lang geschwiegen über die Gräuel, die sie erlebt hatten. Elżbieta wusste nichts über ihre Familiengeschichte, denn ihr Vater hatte ihr vermittelt, nicht nachzufragen. Dass er Jude war, hatte er ihr erzählt, aber nur, wie Elżbieta sagte, ganz leise und hinter vorgehaltener Hand, eine Schachtel mit Fotografien und Erinnerungsstücken war irgendwann verloren gegangen. Und dann war es für seine Tochter Elżbieta zu spät, um noch etwas erfahren zu können; ihr Vater war 2002 verstorben. Zur Beerdigung war eine Verwandte aus Israel angereist, die Ballett-Tänzerin Rina

Shenfeld, eine Cousine des Vaters. Sie sehe ihrem Vater sehr ähnlich, hatte Rina zu Elżbieta gesagt.

Eugeniusz Schönfelds Freund Leopold Kozłowski-Kleinman hatte doch noch zu reden begonnen, auf Drängen seiner Tochter, als er schon über achtzig war. Er hatte seinem Freund Jacek Cygan seine Lebensgeschichte erzählt, der sie in einem Buch festhielt. Die beiden waren auch zusammen nach Przemyślany gefahren, wo einst die Hälfte der 5000 Einwohner jüdisch gewesen war, wo Juden, Polen und Ukrainer friedlich zusammengelebt, die Christen am Schabbes ihre Geschäfte geschlossen gehalten und die Juden am Sonntag nicht gehandelt hatten, wo die Kleinmans mehr Polnisch als Jiddisch gesprochen hatten.

Heute sei niemand mehr da, mit dem er Jiddisch reden könne, sagte Pan Leopold an seinem Stammplatz in einem Restaurant, das ebenfalls in Kazimierz liegt, an der ulica Szeroka, gegenüber der Remuh-Synagoge. Hier im Klezmer Hois kann man ihn fast täglich treffen, an seinem Tisch unter den Goldenen Schallplatten und den Fotos mit Nastassja Kinski, Steven Spielberg oder Izchak Perlman, die davon zeugen, dass die Musik des »letzten Klezmers Galiziens« in den Synagogen, Konzertsälen und Filmen in aller Welt erklingt.

Er sei mit dem Klezmer-Ensemble seines Vaters auch einmal in Vorokhta aufgetreten, erzählte Pan Leopold, der ein wenig dem alten Kaiser Franz Joseph ähnelt, Gabriela. Vor dem Krieg, als niemand ahnen konnte, dass der Vater und die Mutter wenige Jahre später von den Deutschen ermordet werden würden, dass Leopold und sein geliebter Bruder Dolko das Ghetto und zwei Arbeitslager überleben und sich einer polnisch-jüdischen Partisanengruppe anschließen würden. Und dass Dolko, ein begabter Geigenvirtuose, so bestialisch von den UPA-Männern hingerichtet werden würde, dass sein Bruder die Leiche nicht würde sehen dürfen und noch fast sieben Jahrzehnte später zu weinen begann, wenn er daran zurückdachte. Und mit Pan Leopold weinte Gabriela.

Das Interview, das wir mit Leopold Kozłowski-Kleinman führen wollten, war wieder einmal anders als geplant verlaufen, wie so viele unserer Gespräche, in denen der Satz »es ist schon lange her« seine Gültigkeit verlor. Was sind schon 70 Jahre? Es kann sein, dass für die einen 70 Jahre vergangen sind und sich auf ein paar Seiten im Geschichtsbuch reduzieren. Für die anderen ist es nur eine Sekunde. Eine Sekunde, dann haben sie die Bilder von damals wieder vor sich: schonungslos scharf, erbarmungslos ewig. Und diese Sekunde währt dann ein ganzes Leben.

Der Krieg sei für sie wie Medusa, hatte Gabriela immer wieder gesagt, wie dieses schlangenhaarige Wesen aus der antiken Mythologie, das mit seinem Blick Menschen in Steine verwandeln konnte. Und wie Medusa habe auch der Krieg viele Menschen versteinert, so wie unsere Eltern, denen es nicht möglich sei, über ihre Erlebnisse und deren Auswirkungen auf ihr späteres Leben zu sprechen. Und wie konnten die von Medusa versteinerten Menschen zurückverwandelt werden? Durch die Tränen eines Einhorns. Und so seien auch heute Tränen nötig, war Gabriela überzeugt, um eine Heilung von all den traumatischen Erlebnissen und Erinnerungen zu erlangen.

Tränen waren wahrlich reichlich geflossen auf unserer Reise, Tränen des Zorns und der Wut, der Trauer und der Verzweiflung und auch der Erleichterung und Freude. Überall wo wir hinkamen, flossen sie, manchmal offen und für alle sichtbar, manchmal hinter versteckter Hand und unterdrückt, und sehr oft an Orten, an denen man sie nicht erwartet hatte, so wie nachts um halb drei auf der Mauer unterhalb der Kirche des mittelalterlichen Städtchens Grožnjan, als in einer eben noch fröhlichen Runde all das Elend des Balkan-Krieges an die Oberfläche dräute, in dem Nachbarn auf Nachbarn geschossen hatten und der Bruder den Mann seiner Schwester ermordet hatte, weil er dem falschen Glauben anhing, in dem K., den ich vermeinte, seit Jahren zu kennen, so schreckliche Dinge gesehen und auch getan hatte, dass sie ihn den Rest seines Lebens verfolgen würden. Nein, sagte K., über dessen hintergründigen Humor ich so oft gelacht hatte, er werde keinen Frieden mehr finden.

Oder in der Küche in Verkhovyna, als der wortkarge Stepan plötzlich die Geschichte seiner Großväter erzählte: Dass der Vater seines

Vaters Mitglied der SS-Division Galizien gewesen war und nach dem Krieg von den Sowjets zur Zwangsarbeit in den Uran-Bergbau deportiert wurde – »und von dort kam niemand zurück«. Und dass der Vater seiner Mutter von den Sowjets nach Sibirien verbannt worden war, weil er Pole war. Er durfte zurückkehren, aber er kam als psychisches Wrack. Und so lebte er noch zehn Jahre. Körperlich gesund, aber seelisch … Er sei traurig, sagte Stepan, als er weitersprechen konnte, dass er nichts über seine Großväter wisse und auch nichts mehr in Erfahrung bringen könne. Gabriela und ich könnten uns glücklich schätzen, so viel zu wissen.

Ich sei der Einzige, der bei all den Geschichten nicht weinen müsse, hatte mir Gabriela noch am Nachmittag des 30. Juni gesagt, ich sei offensichtlich nicht fähig, Gefühle zu zeigen.

Ich sei eben Journalist, hatte ich entgegnet, sei es gewohnt, die Dinge mit einer gewissen professionellen Distanz zu betrachten. Schon aus Selbstschutz. Wie sollte ich das sonst durchstehen können?

Manchmal habe sie den Eindruck, ich sei wie versteinert.

Ach … Ich hatte abgewinkt und auf meine Albträume und Schlafstörungen als Beweis verwiesen, dass ich nicht versteinert sei. Gerade wegen meiner Albträume müsse ich lernen, meine Gefühle zu zeigen, hatte Gabriela beharrt. Ich hatte das Gespräch beendet und mich wieder den Notizen von unserer Reise zugewandt, von der wir kurz zuvor zurückgekehrt waren – nicht ahnend, dass mich noch am selben Abend im Café Młynek die Gesänge eines Kantors aus Portland in Oregon so anrühren würden, dass ich meiner Tränen nicht mehr Herr werden könnte.

Es war nicht so, dass dieser Gefühlsausbruch überraschend kam. Mir waren bereits ein paar Tage zuvor die Tränen gekommen – aber so, dass es niemand sehen konnte –, als mich mein 13-jähriger Sohn vor dem Schlafengehen umarmt und gesagt hatte: »Papa, danke, dass du dir so viel Zeit genommen und mir alles erklärt hast. Jetzt verstehe ich endlich, was du die ganze Zeit machst.« Paul hatte uns auf der letzten Reise begleitet: zu den Kuleszas, nach Lublin und Majdanek, nach Białobrzegi, wo Oma Ruth als Einsatzmädel gedient hatte, nach

Horyszów und Zamość, wo Pauls Urgroßvater und Urgroßmutter neben dem Reichsführer SS gesessen hatten. Es war das erste Mal, das Paul direkt mit dem konfrontiert wurde, womit sich sein Vater seit Jahren beschäftigte.

Paul hatte auf dieser Reise begonnen – was ich insgeheim erhofft hatte –, Fragen zu stellen: Warum die Nazis die Juden und Polen ermordet hatten, wie die Nazis die Juden hatten erkennen können und warum sich die Juden, zum Beispiel, nicht selbst die Bärte abgeschnitten hätten, um sich unkenntlich zu machen, ob sein Urgroßvater theoretisch der Mörder von Gabrielas Großvater gewesen sein konnte, ob es unter den Nazis auch gute Menschen gegeben habe, die welche gerettet hätten, und wie überhaupt die Leute in die Häuser der ermordeten Juden hatten einziehen und dort leben können – hatten sie nicht ein schlechtes Gewissen gehabt?

Eine Frage nach der anderen. Und Paul legte, während wir durch das östliche Polen fuhren, seinen geliebten iPod zur Seite und hörte zu, stundenlang, mich immer wieder unterbrechend, wenn er etwas näher erläutert haben wollte. Und ich redete und redete – glücklich darüber, dass ich in ihm, dessen Aufmerksamkeit gewöhnlich nur bis zum nächsten Mausklick reichte, einen solch wissbegierigen Zuhörer gefunden hatte.

Doch eine Antwort blieb ich ihm schuldig. Er stellte die Frage in der Tempel-Synagoge, während des Schabbat-Gottesdienstes zur Eröffnung des Jüdischen Festivals, als ich ihm leise das erklärte, was sich für ihn Seltsames vor seinen Augen abspielte, und warum manche der graubärtigen Männer in Kaftane gehüllt waren und große Pelzhüte auf dem Kopf trugen.

So hätten hier in Kazimierz vor dem Krieg viele Männer ausgesehen, flüsterte ich, das sei die übliche Kleidung gewesen. Bis zu ihrer Ermordung.

»Und warum hat Gott das alles erlaubt?«

Ich konnte ihm auf diese Fragen keine Antwort geben, weil ich selbst keine hatte. Ich hätte ihm wieder sagen können, dass es Menschen waren, die anderen Menschen so etwas zugefügt hatten, aber mit dieser Erklärung hatte er sich schon zwischen Lublin und Zamość nicht zufrieden gegeben. Warum Gott die Menschen so böse erschaffen hatte, hätte er mich wieder gefragt und ich hätte wieder gesagt, dass in den Menschen beides stecke, das Gute und das Böse, und dass jeder selbst dafür verantwortlich sei, wem er mehr Raum in seinem Leben gebe, dem Guten oder dem Bösen. Es arbeitete in ihm, das konnte ich ihm ansehen, so wie es in mir gearbeitet hatte, als ich in seinem Alter war und dieselben Fragen stellte wie er – nur dass ich niemanden hatte, der sich die Zeit nahm, um mir Antworten zu geben.

Ja, es war offensichtlich: Die Vergangenheit wirkt in uns weiter, ob es uns passt oder nicht. Und wir von der dritten Generation sind nicht die Letzten, die sich mit den Folgen des Zweiten Weltkriegs, der nationalsozialistischen und der sowjetischen Diktatur auseinandersetzen müssen. »So wie es aussieht, wird die Geschichte unserer Großväter wohl auch noch unsere Nachfolgegeneration(en) beschäftigen«, hatte mir Daniel Rubin, der Enkel von Danek Gertner, geschrieben. »Bis ins dritte und vierte Glied«, heißt es in der Thora, im 20. Kapitel des 2. Buch Mose, in einer über 2500 Jahre alten, sprichwörtlich gewordenen Redewendung, die von den heutigen Psychologen und Erinnerungsforschern bestätigt wird: Über vier Generationen hinweg erstreckt sich das Familienwissen, vier Generationen werden durch das, was geschehen ist und geschieht, zusammengeschmiedet – ob sie wollen oder nicht. Um es etwas salopp auszudrücken: Noch die Urenkel müssen das ausbaden, was die Vorfahren angerichtet haben. Oder was ihren Vorfahren angetan wurde.

Paul hatte mich mit seinen Fragen in meine Kindheit und Jugend zurückgeführt: Damals sah ich ein Foto in unserer Lokalzeitung, das eine Frau mittleren Alters zeigte, die mit bärbeißig-grimmigem Gesicht in die Kamera blickte. Es trug die Überschrift: »Die Stute von Majdanek« und war meine erste bewusste Begegnung mit den Schrecken des Nationalsozialismus. Die »Stute« war Hermine Braunsteiner-Ryan, Angeklagte im Majdanek-Prozess, der von 1975 bis 1981 am Landgericht Düsseldorf geführt wurde. Sie wurde von den Häftlingen »Stute« genannt, weil es zu ihren Gewohnheiten gehörte, die Inhaftierten mit eisenbeschlagenen Stiefeln zu treten. Das Foto mit der »Stute« hatte sich mir eingeprägt, so wie auch die Szene aus dem Warschauer Ghetto, die 1979 in der amerikanischen Serie *Holocaust* im bundesdeutschen Fernsehen gezeigt wurde: Moses Weiss, wie er am Fenster eines halbzerstörten Hauses steht und sagt, dass er lieber als Kämpfer sterben wolle als kampflos in den Tod zu gehen.

Das Konzentrationslager Majdanek und das Warschauer Ghetto: Sie sollten mich mein gesamtes weiteres Leben beschäftigen und mehr als drei Jahrzehnte später zusammenfließen in einer Geschichte – mit einem weiteren Thema, das mich in meiner Kindheit geprägt hatte. Es hatte mich nicht mehr losgelassen, seit ich als Zwölfjähriger im Krankenhaus den Roman *Exodus* von Leon Uris gelesen hatte, in dem er die verzweifelten Bemühungen junger Juden schildert, mit einem Schiff von Zypern nach Palästina zu gelangen. Ob vorher oder nachher, das weiß ich nicht mehr, aber etwa zur selben Zeit hatte ich einen weiteren Wälzer aus dem Regal meines Vaters gezogen, den ich ebenso begierig verschlang: *... und wurden zerstreut unter alle Völker*, eine Geschichte des jüdischen Volkes von den Urzeiten bis zum Vorabend der Vernichtung des europäischen Judentums.

Warum hatte ich mich schon als Kind für das Judentum interessiert? Warum hatte ich, als meine Urgroßmutter mir aus ihrer alten Bilderbibel vorlas, immer nur die Geschichten des sogenannten Alten Testaments hören wollen? Die Geschichten von Adam und Eva, von Kain und Abel, von Noah und den Tieren, Abraham und Isaak, Jakob und Esau, Joseph und dem Pharao, Samson und Delilah, von Jona im Walfisch und Daniel in der Löwengrube? Konnte man schon als kleines Kind unbewusste Schuldgefühle haben?

Ob ich jüdische Vorfahren habe, hatte mich 1999 der Londoner Jude in der Krakauer Remuh-Synagoge gefragt, und als ich verneinte, hinzugefügt: Er sei sich sicher, ich solle mal nachforschen. Ähnliches war mir später immer wieder und immer öfter widerfahren, vor allem, als nach der Veröffentlichung von *Schweigen die Täter, reden die Enkel* mehr und mehr Juden aus aller Welt in meinen Freundes- und Bekanntenkreis traten. Aber nach möglichen jüdischen Vorfahren zu suchen, das hatte ich nicht unternommen, denn mein SS-Großvater stand weiterhin bestimmend über den Recherchen, auch über denen nach Michał Pazdanowski. Und war er nicht als SS-Mitglied der stärkste Beweis, dass ich diese Suche gar nicht erst zu beginnen brauchte?

Auf die Idee, auf der Seite meiner Mutter zu forschen, war ich ebenfalls nicht gekommen, denn meine Siegerländer Großmutter war wie auch ihr Vater, mein Urgroßvater Heinrich Marburger, evangelisch. Marburger? Hießen nicht viele Juden nach Städten, aus denen sie stammten? Sei Marburger nicht ein typisch jüdischer Name? So wie Wertheimer, Oppenheimer, Warschauer, Krakauer?

Mein Urgroßvater kam aus einem kleinen Dorf, das in der Nähe von Marburg liegt, und war nach seinen Jahren als Soldat im Regiment der kaiserlichen Garde in Berlin in das Dorf gezogen, in dem ich fünf Jahrzehnte später geboren wurde. Seine Frau, die ihn um zehn Jahre überlebt hatte und starb, als ich 15 war, hatte mir oft von ihren Söhnen erzählt, den Brüdern meiner Siegerländer Großmutter: Von Helmut, der im April 1942 im Alter von 29 Jahren gefallen war, irgendwo im Osten, vom kleinen Heinz, der als Zweijähriger an einer Kinderkrankheit verstorben war, und vom großen Heinz, der im Juli 1941, gerade 19 geworden, in der Nähe von Breslau in der Oder ertrunken war. Auf ihren Wunsch hin hatten mir meine Eltern als ersten Namen den Namen »Heinz« gegeben. Als ich mehr über die beiden Wehrmachtssoldaten Helmut und Heinz Marburger herausfinden wollte, stieß ich nicht auf sie, sondern auf andere Marburgers: Während Heinz und Helmut den Heldentod fürs Vaterland starben, waren im April 1942 Leopold Marburger, geboren 1883, Hulda Marburger, geborene Goldschmidt, Jahrgang 1895, und Manfred Marburger, Jahrgang 1922, nach Zamość deportiert und anschließend im Vernichtungslager Sobibor ermordet worden, weil sie Juden waren. Sie hatten in dem Nachbarstädtchen des Ortes gewohnt, in dem mein Urgroßvater Heinrich Marburger geboren worden war. War ein

Zweig der Marburgers zum Christentum übergetreten und der andere jüdisch geblieben?

Gehörten diese Marburgers zur Familie, hatte ich meine 99-jährige Siegerländer Großmutter gefragt, die in einem Pflegeheim lebte, bettlägerig, aber geistig hellwach. Meine Großmutter schaute mich mit dem einen Auge, das sie noch öffnen konnte, lange durchdringend an, ehe sie antwortete. »Bet denne hadde m'r nix zom doa«, sagte sie im Dialekt unserer Gegend.

Das war eine Antwort, die zweierlei bedeuten konnte: »Mit denen wollten wir nichts zu tun haben.« Oder: »Mit denen hatten wir nichts zu tun, weil sie nicht zur Familie gehörten.« Ich wiederholte meine Frage, aber die Antwort blieb dieselbe.

»Aber unser Oppa« – so wurde ihr Vater in der Familie genannt – »galt doch in unserem Dorf immer als Judenfreund«, startete ich einen neuen Versuch. Meine Großmutter hatte mir immer wieder erzählt – ihre zweite Geschichte aus der NS- und Kriegszeit –, dass ihr Vater nach der Reichspogromnacht, als auch die Siegener Synagoge zerstört worden war, gesagt habe: Dieses Unheil, das die Deutschen den Juden angetan haben, werde auf das deutsche Volk zurückfallen. Gottes Augapfel taste man nicht ungestraft an.

Meine Großmutter nickte fast unmerklich. Und schwieg.

»Unser Oppa hatte doch einen Freund, der ihn immer besuchen kam«, fuhr ich fort, »der kam aus Frankfurt und schrieb sich Levy. Oder Loewy.«

»An den kannste dich erinnern?«

»Ja«, sagte ich, »der war so klein wie rund und hatte eine Glatze und riesengroße Ohren. Und zu uns Kindern war der immer nett und freundlich.«

Dieser Herr Levy oder Loewy war in der Tat einer der eindrucksvollsten Persönlichkeiten, die mir in meiner Kindheit begegnet waren. Er kam auch noch nach dem Tod meines Urgroßvaters zu Besuch, denn er war ebenfalls befreundet mit dessen Schwiegersohn, der im Hause lebte, mit Opa Bernhard. Wenn sich Herr Levy/Loewy angesagt hatte, herrschte große Aufregung und das ganze Haus wurde geputzt.

»Aber der war doch Judenchrist!«, sagte meine Großmutter und schloss ihr Auge. Das war das Zeichen, dass sie keine weiteren Fragen mehr hören wollte.

Vielleicht werde ich eines Tages die Geschichte der Marburgers recherchieren, vielleicht auch noch einmal die der Seltmanns, denn während der Niederschrift dieses Kapitels, Mitte September 2011, trat ein Herr in mein Leben, dessen Foto Freunde ausrufen ließ: »Der sieht ja aus wie du!« Ich hatte eigentlich den Ort einer Veranstaltung herausfinden wollen und die Stichworte »Seltmann Budapest« in die Suchmaschine eingegeben, doch statt eines Hinweises auf unseren Vortrag erschien zu meiner Überraschung Dr. Lajos Seltmann auf dem Bildschirm, Sohn des Sandor Seltmann, von 1879 bis zu seinem Tod im Jahr 1932 Oberrabbiner von Hódmezővásárhely.

Hódmezővásárhely liegt bei Szeged und Szeged liegt nicht weit von Temeschwar, heute Timisoara, wo 1740 der Rechtsanwalt und Richter Anton Seltmann die Erlaubnis bekommen hatte, die Gaststätte und Herberge *Zum Trompeter* zu errichten. Dieses Gasthaus hat eine dauerhafte Erwähnung in den Annalen gefunden, denn hohe Herrschaften hatten hier genächtigt: 1768 unter dem Tarnnamen Graf Falkenstein der künftige österreichische Kaiser Josef II. und im Mai 1807 Kaiser Franz I., der ein Jahr später einen Enkel Anton Seltmanns, den »Doctor und Physicus zu Wels«, Franz Seltmann, »mit Edler von nobilitierte« und in den Adelsstand erhob. 1986, noch zu Zeiten des rumänischen Diktators Ceauşescu, war ich an dem Gebäude vorbeigelaufen, ohne zu wissen, welche Geschichte sich hinter der damals schäbigen Fassade verbarg.

Franz heißt auf ungarisch Ferenc, und einen Ferenc Seltmann entdeckte ich in einem Literaturverzeichnis zusammen mit Lajos Seltmann. Franz Seltmann war auch in dem Ahnenverzeichnis meines SS-Großvaters aufgeführt, versehen mit dem Kürzel »r.k.«, also römisch-katholisch. Dieses Ahnenverzeichnis diente meinem Großvater als Arier-Nachweis, den er zur Aufnahme in die SS benötigte. Doch offensichtlich hatte er Schwierigkeiten, denn er wurde noch immer als vorläufiges Mitglied der SS geführt, als er schon Karriere gemacht hatte und sich bereits der Untergang des Dritten Reiches abzeichnete. Wieder und wieder musste er neue Nachweise erbringen, dass er ein reinrassiger Arier war. Ich hatte mich darüber gewundert, hatte es aber nicht einordnen können. Hatte ich nun die Erklärung gefunden? Lag es an dem Oberrabbiner von Hódmezövásárhely, dass mein Großvater Ärger mit den SS-Ämtern gehabt hatte?

»Am 22. war also die Ungarn-Sache«, freute sich die Pfarrerstochter Minni von Seltmann am 28. März 1944 im Brief an ihre Mutter. »Wieder ein Juden-Quartier in Europa weniger, schrieb Lothar. Es wurde aber auch Zeit!« Die beiden Sätze zuvor lauteten: »Leider sind von seinen Kameraden vom Vorjahr schon recht viele gefallen. Wie unendlich dankbar müssen wir sein, unseren Vati noch gesund und nah zu wissen!«

In diesem »Juden-Quartier« hatte Mirjám Mária Rachel Seltmann gelebt, die ich mit den Angaben »Szeged, World War II« in einem jüdischen Genealogieverzeichnis entdeckt hatte. Was war mit ihr geschehen? Wenn meine Informationen stimmten, leben heute keine Seltmanns mehr in Ungarn und Rumänien. Ist sie 1944 mit 565 000 anderen ungarischen Juden nach Auschwitz deportiert und dort ermordet worden? Im Archiv sei der Name Seltmann zu finden, wurde uns mitgeteilt. Allerdings lediglich mit der Jahreszahl 1944 versehen und der Angabe »weiblich«.

War Mirjám Mária Rachel Seltmann zusammen mit Agnes Roth nach Auschwitz deportiert worden, der Mutter unseres Freundes Piotr? Pani Agnes hatte Auschwitz überlebt und nach der Befreiung einen Polen geheiratet – und mit ihm dessen Familie, die aus ihrer antisemitischen Gesinnung keinen Hehl machte. Ihr ganzes Leben hatte Pani Agnes geschwiegen und erst nach dem Tod ihres Mannes den Mut gefunden, ihren Söhnen zu offenbaren, dass sie Jüdin sei. Und wer eine jüdische Mutter hat, ist ein Jude – für Piotr war es eine Freude, denn er hatte endlich seine, wie er sagte, Identität gefunden, für seinen Bruder war es ein Schock.

Der Oberrabbiner Lajos Seltmann hätte gut in die Runde gepasst, die sich nach und nach an diesem Abend im Juni 2011 im Café Młynek versammelte. Womöglich hätte er eingestimmt in die Lieder, die Kantor Yankl Falk aus Portland in Oregon anstimmte. Yankl saß mit seiner Frau Rivka im Nebenzimmer des Cafés und wollte eigentlich schon ins Hotel aufbrechen, um sich schlafen zu legen, als wir den Raum betraten und ihn sahen. Und ich wollte ihm eigentlich nur rasch Danke sagen für das wunderbare Konzert, das er mit seiner Band *Di Naye Kapelye* am Abend zuvor in der Großen Tempel-Synagoge gegeben hatte. Es sollte vier Uhr in der Früh werden, bis wir auseinandergingen.

Auf den Schwarz-Weiß-Fotos, die Elżbieta an diesem Abend machte, wirken die beiden wie aus der Zeit entsprungen, aus der Yankls chassidische Melodien stammten: Rivka, das gekräuselte graue Haar weitgehend unter einer fliederfarbenen Mütze verborgen, weiß geblümte dunkle Schürze über einer weißen Leinenbluse, das dunkle Brillengestell weit vorn auf ihrer Nase, rundes, mütterliches Gesicht, Yankl, das gekräuselte graue Haar weitgehend unter einer schwarzen Kappe verborgen, grauer gestutzter Kinnbart, ein rautenförmig gemusterter Pullunder über dem fliederfarben-gestreiften kurzärmeligen Hemd, Brille mit dunklen Bügeln.

Es war die Musik, die uns zusammengebracht hatte, denn *Di Naye Kapelye*, deren Musiker bis auf Yankl in Budapest leben, spielt Lieder mit alten, traditionellen Melodien, die sie in Ungarn, Rumänien, der Ukraine, in den entlegenen Gebieten der Karpaten gesammelt und vor dem Vergessen gerettet haben. Melodien, wie wir sie auch von Roman Kumlyk und Stepan in Verkhovyna gehört hatten und wie sie Gabrielas Mutter Hanka noch heute vor sich hin summte, wenn sie davon erzählte, dass ihr Vater Cello gespielt habe und dass sie gerne die Kolomejka getanzt hätten.

Yankl war 41, als er 1991 zum ersten Mal auf den Spuren seines Großvaters Beni Schnabel nach Galizien gereist war, acht Jahre nach dessen Tod. Er sei mit seinem Großvater, der im November 1909 als 19-Jähriger nach Amerika ausgewandert war, innig verbunden gewesen, erzählte Yankl, und auch heute noch denke er jeden Tag an ihn. Er hätte unbedingt Zabłotów sehen wollen, den Ort, in dem der Großvater geboren war.

Und als der Augenblick gekommen war, auf den er so lange gewartet hatte, und er in Zablotiv, wie das Dorf längst hieß, eingetroffen war?

Yankl schwieg. Dann sagte er: »It was overwhelming ... No way to explain ... Everything what was there was gone.«

Ja, alles war vergangen in Zablotiv, nichts war geblieben von den *Wasserträgern Gottes,* denen der Schriftsteller Manès Sperber, 1905 dort geboren, ein literarisches Denkmal gesetzt hatte:

Die 3000 Einwohner waren zu 90 Prozent Juden: Handwerker, viel mehr als man je brauchen konnte, Händler mehr als Käufer. Die Zablotower waren wie die Bewohner der anderen Städtchen »Luftmenschen« oder »Luftexistenzen«, wie sie sich selbst gerne nannten – mit jener Selbstironie, auf die sie schwerer verzichten hätten können als auf ihre kärgliche Nahrung oder ihre schäbige Kleidung. Die meisten hungerten sich durch, bis ihre Kinder ihnen helfen konnten, die nach Amerika auswanderten, oder bis sie an einer Lungenkrankheit oder am Herzschlag starben. (...) Zablotow und so viele andere jüdische Städtchen haben ein Ende gefunden. Man hat ihre Einwohner auf dem Marktplatz oder am Ufer des Flusses oder im benachbarten Wäldchen mit Maschinengewehrfeuer hingemacht, oder in Auschwitz, Belzec, Treblinka ausgerottet. Gewiss, es gibt einen Ort Zablotow, genau dort, wo unser chassidisches Städtchen existiert hat: er ist nun von Nichtjuden, hauptsächlich von Ukrainern bewohnt.

Die ersten 1000 Juden aus Zabłotow waren in derselben Woche ermordet worden wie die Juden in Żabie, das Massaker in Zabłotów endete am zweiten Weihnachtstag des Jahres 1941. Nur die eiserne Brücke über den Pruth stand noch – Yankl und später auch ich hatten sie überquert –, und ich erzählte nun die Geschichte von der Brücke aus Zigarettenpapier, die ich fast auswendig konnte:

Die eiserne Brücke war der Stolz des Städtchens, doch wusste man im Voraus, was bald nach dem Erscheinen des Messias geschehen werde. Plötzlich werde es eine zweite Brücke geben, nicht aus Eisen, nicht aus Stein, nicht einmal aus Holz. Nein, aus Papier, jawohl: aus Zigarettenpapier. Und die Zweifler, die Sünder, die Lästerer werden natürlich über die papierene Brücke lachen und die eiserne wählen. Ja, das werden sie tun und mit ihr ins Wasser stürzen und ertrinken. Die Frommen aber, voller Zutrauen, werden nicht zögern und nicht fürchten, singend werden sie über die papierene Brücke ins glückliche ewige Leben hinüberziehen.

Die Zweifler hatten recht behalten, der Messias war nicht gekommen, und die Frommen hatten nicht über die papierene Brücke ins glückliche Leben hinüberziehen können. Die Mörder hatten keinen Unterschied zwischen Zweiflern und Frommen gemacht, und nichts erinnerte in Zablotiv an sie, nicht einmal ein Friedhof: »I couldn't find anything … no identification … too destroyed«, sagte Yankl.

Ein knappes Jahrzehnt nach Yankl hatte ich mit Freunden ebenfalls nach dem jüdischen Friedhof gesucht, und sogar ein paar Überreste gefunden – jemand musste sich in den Jahren nach Yankls vergeblicher Suche um die Gräber gekümmert haben. Durch das Gestrüpp, hinter dem sich die überwucherten Grabsteine auftaten, war ein Weg gebahnt – er war mit Grabsteinen gepflastert.

»Okay, I've seen enough«, hatte sich Yankl gesagt, aber dann doch noch gefragt, ob noch Juden in Zablotiv lebten.

Nur noch zwei, hatte er zur Antwort bekommen.

Er hatte sie aufgesucht, und einer von ihnen war ein Verwandter: Joseph Schnabel, der Cousin seiner Mutter. Sie waren gemeinsam zu dem Massengrab gegangen, in dem Joseph Schnabels erste Frau und seine Kinder begraben lagen.

Er sei genau zur rechten Zeit in Zablotiv gewesen, sagte Yankl. Ein halbes Jahr vorher wäre die Reise aus politischen Gründen noch nicht möglich gewesen, ein halbes Jahr später hätte er keine Juden mehr angetroffen, denn Lew Wassermann und Joseph Schnabel waren bald nach Israel ausgereist.

Ob er noch einmal nach Zablotiv fahren wolle?

Eigentlich hätte er zum 100. Jahrestag der Auswanderung seines Großvaters reisen wollen, doch es habe nicht geklappt. Aber vielleicht im kommenden Jahr.

Mit seinen Kindern?

Er glaube nicht, dass die Kinder mitkämen. »I think, it's a story of grandfather and grandson.«

Die Fotos, die Yankl Falk bei seiner ersten Reise aufgenommen hatte, waren nichts geworden – die Kamera war defekt. Aber er hatte sich ein Säckchen mit Erde aus Zablotiv mitgenommen. Und die Melodien waren geblieben. Yankl hob an zu singen. Es war ein Nigun, ein Lied ohne Text. Er singe gerne Nigunim, sagte er, weil sie direkt aus dem Herzen kämen, das Gehirn und den Verstand umgingen und unmittelbar in die Herzen der Zuhörer drängen. Außerdem, lachte er, könne er sich schlecht Texte merken.

Yankl sang mit geschlossenen Augen, die rechte Hand aufs Herz gelegt, die linke auf und ab bewegend, als ob er einen unsichtbaren Chor dirigierte. Es war eine wehmütige Melodie, voller Sehnsucht. Ich schloss ebenfalls die Augen. Ich hörte Yankl singen und sah Herrn Loewy in der Wohnstube meiner Siegerländer Großeltern auf und ab gehen; ich sah die Gesichter von Leopold, Hulda und Manfred Marburger; sah mich im Arbeitszimmer von Josef Burg und hörte ihn im Takt der Melodie von seinem Heimatstädtchen Wischnitz erzählen und mir die Welt der Chassiden nahebringen; ich sah Gottfried Reichel den kleinen Jungen aus dem Warschauer Ghetto schnitzen.

Ich sah Irène Herz, wie sie 1943 am Rande von Kazimierz, in der ulica Starowiślna 31, für ein paar Wochen ein Obdach fand; ich sah Leopold Kozłowski-Kleinman, wie er 1945 nach Kazimierz kam, sich das Akkordeon umhängte und »Mein jiddische Mame« spielte und hörte ihn sagen: »Es herrschte eine unglaubliche Dunkelheit, alles war öde und leer. Ich wollte die Steine zum Leben erwecken.«

Ich sah Izabela Pazdanowska, wie sie im August 1943, grauhaarig geworden, mit ihren drei Kindern Andrzej, Inka und Hanka in die elterliche Wohnung in der ulica Dietla 22, am anderen Rand von Kazimierz, einzog, sah sie zur Gestapo gehen, um sich nach dem Verbleiben ihres Mannes zu erkundigen, so oft, dass man ihr drohte, sie ebenfalls einzusperren; ich sah Jerzy Pazdanowski im Konzentrationslager Dachau die Bilder zeichnen, die wir ein paar Tage zuvor entdeckt hatten; sah seinen Bruder Michał, wie er auf einen Berg von roten Rüben geworfen wurde; sah Leon Kulesza, wie er an Michałs Mutter Jadwiga die Worte schrieb:

Michał und wir alle versanken oft in Erinnerungen, man kann sagen immer – wir lebten mit Euch zusammen in der Freiheit. In unseren Gesprächen, die Michał, ich und viele von uns führten, sprachen wir oft miteinander, um in Gedanken in die Welt zu gehen, in die Freiheit, und damit an den Ort unserer Träume und Wünsche. Leider haben es die Umstände nicht erlaubt, es festzuhalten. Wenn das Schicksal jemanden so bedacht hatte, dass er in einen anderen Block (Baracke) gehen musste, wurde er ganz nackt ausgezogen. Etwas mitnehmen konnte er nur im Gedächtnis – wenn sie ihm das Gedächtnis mit Peitschenhieben nicht taub gemacht hatten. Michaś erzählte viel über die Familie, über die Mutter, denn Ihren Namen und nicht andere Namen habe ich über all diese Tage in meinem Gedächtnis behalten. Er erinnerte sich an die kleine Schwester, von dem kleinen Bruder erzählte er, und wenn er sich an seine Gattin erinnerte, versank er in tiefen Gedanken. Vielleicht dachte er daran, wie es ihr alleine ergeht. Dass sie in Krakau sind, davon wusste er. Nicht nur einmal unterhielt er sich über Żabie, über seine Landwirtschaftsschule, über die Schule seiner Gattin – eine Grundschule.
Ich wundere mich nicht darüber, dass Sie geschrieben haben, dass Sie ohne Ende fragen würden – in einem solchen Moment versetze ich mich in die Lage meiner lieben Mutti. Mit Ihren Worten »so kläglich ging er von dieser Welt« stimme ich gänzlich nicht überein. Ich will nicht erwähnen, dass er ohne Sarg, ohne Kleidung, ohne Beerdigung ruht,

und nicht in einem einzelnen Grab, sondern in einem Massengrab liegt. Durch das Krematorium erhob er sich in das Blaue, wie wir sagten, er vergrößerte die Schar der Engel. Sehr geehrte Frau, ihr Sohn verließ die Welt als ein Märtyrer für den Glauben und für das Vaterland.

Ich sah Abraham Leber zwischen den Grabsteinen auf dem Friedhof von Bobowa herumspringen; sah meine Großeltern über den jüdischen Friedhof von Rzepiennik Strzyżewski gehen; ich sah meinen Großvater die Worte schreiben:

Unsere Krakauer Wohnung mit all der lieb gewordenen Habe müssen wir ja nun abschreiben. Nicht einmal das, was wir im November noch gepackt haben, haben wir herausbekommen können. Aber wievielle gibt's, die noch viel viel mehr verloren haben. Hauptsache, ich weiß meine Frau und meine Kinderlein in Sicherheit, alles andere ist weniger wichtig.

Ich sah, wie er, 28 Jahre alt, am Todestag seines Vaters die Waffe gegen sich selbst richtete, nicht wissend, dass an diesem Tag sein jüngster Sohn das Licht der Welt erblicken würde; sah meinen Vater mutterseelenallein mit einem Köfferchen in der Hand an der Bushaltestelle unseres Dorfes stehen; hörte Inka beten, dass Gott ihr den Vater zurückbringen möge; sah Hanka sehnlich auf ihren Vater warten und ihre Mutter in ihrem Lebenslauf schreiben:

Im Februar 33 heiratete ich einen Agraringenieur, der als Lehrer und Leiter einer Landwirtschaftlichen Schule in Żabie, Wojewodschaft Lwów, arbeitete. Ab September 38 arbeitete ich mit meinem Ehemann in derselben Schule. Das Jahr 39, der Ausbruch des Krieges, das Aufheben des Unterrichts in den Schulen, hat verursacht, dass ich die Arbeit in der Schule unterbrechen musste. Die Schule wurde von den sowjetischen Soldaten übernommen. Im Jahr 1942 nehmen mir die Deutschen den Mann weg als Geisel und dann transportieren sie ihn nach Majdanek. Hilflos, mit drei kleinen Kindern, von denen das jüngste sieben Monate alt war, sehe ich die einzige Hilfe in dem Durchbruch zu meiner Mutter nach Krakau. Ich habe die Ausreise angemeldet – ein Waggon für die Polen konnte die Ausreisewilligen nicht beherbergen. Zwei Tage und zwei Nächte wartete ich mit den Kindern im Bahnhof. Endlich konnte ich in den Zug einsteigen. Nach einer schrecklichen Fahrt fand ich mich bei der Mutter, nur mit dem, was wir anhatten. Alles was wir erwirtschaftet hatten, haben wir verloren. Das war aber nichts im Vergleich mit der Hoffnungslosigkeit des Wartens auf meinen Mann, von dem jegliche Nachricht fehlte. Die Last, für die Kinder und mich aufkommen zu müssen, erdrückte mich. Ich klammerte mich an jede aufrichtige Arbeit. Ich konnte meine Fähigkeit zu Nähen gut gebrauchen und auch Pullover stricken, um die Kinder am Leben zu erhalten, die das einzige waren, was ich vom bisherigen Leben hatte. Wem sollte ich sie abgeben, wo doch meine einzige Pflicht war sie zu erziehen, und dabei wurde ich immer gewisser, dass mein Mann nicht zurückkommt.

Ich hörte Gabrielas Vater, Hankas Mann Maciej, sagen, dass aus seiner Familie niemand ermordet worden sei, sie seien alle Kämpfer gewesen und hätten sich gewehrt, und sah ihn schweigend davongehen, als wir ihn fragten, warum er irgendwo im Wald geboren und aufgewachsen sei; ich sah seine Mutter Walentyna in ihrem Rollstuhl den Kopf senken und weinen, nachdem Gabriela sie gefragt hatte: »Großmutter, sind wir jüdisch?«; ich sah Jerzy Pazdanowski, wie er in Auschwitz, kurz vor seinem Tod, nachdem er vier Jahrzehnte geschwiegen hatte, vor dem Krematorium auf die Knie fiel und betete, zusammen mit Gaspar, dem Mann seiner Nichte, einem Spanier, und wie er auf Gaspars Frage, ob es nicht besser sei, das alles zu zerstören, damit sich niemand erinnern müsse, ausrief: »Nein, niemals, Zerstören bedeutet Vergessen! Auschwitz ist nicht nur ein Ort des Todes, sondern auch des Lebens, mit einer Botschaft: Ein anderes, besseres Leben zu führen.«
Ich sah Gabriela, wie sie ein Jahr zuvor, im November 2010, endlich die Kraft gefunden hatte, nach Birkenau zu fahren und dort laut eine

Liste mit Namen vorlas, auch den Namen Michał Pazdanowski, und das Selbstporträt ihres Großvaters auf die Erde bettete, um ihm einen symbolischen Platz zu geben, wie sie mit sich selbst konfrontiert wurde und spürte, dass es nicht mehr nur die Geschichte ihres Großvaters war, sondern ihre eigene, wie sie sagte: »Auschwitz is a teacher«; ich hörte Yankl, wie er wenige Minuten zuvor gesagt hatte: »The children and grandchildren have to pay for this what happened« und »We already knew how to die. Now we have to learn to live.«

Ich sah Pani Ruta und Danek Gertner aus dem Todeszug springen, ich hörte Irène Herz zu mir sagen: »Schreib das alles auf!« Und ich sah Paul und all die anderen Kinder und las die Worte Manès Sperbers: »Auf den Schulbänken sitzen die Leichen des kommenden Krieges. Nichts von dem, was sie lernen, wird sie befähigen, sich vor diesem Schicksal zu bewahren. Und ihre Eltern wollen uns nicht glauben.«

Yankl hatte sein Lied längst beendet, doch mir liefen noch immer die Tränen die Wangen hinunter. Aber ich schämte mich ihrer nicht, so wie sich auch Yankl seiner Tränen nicht schämte.

»It's amazing …«, sagte er immer wieder, »it's an amazing evening …«

»Everything is connected«, sagte Elżbieta.

»We have beracha«, sagte Gabriela.

In Elżbietas Café breitete sich mehr und mehr der beracha, der Segen, aus. Die alten Rebben hatten recht: Ein Nigun könne einen Hauch von neuem Leben und Heilung bringen, das Leben mit Licht füllen und Süße in die bitteren Seelen tragen, hatten sie gelehrt. Und das Singen die Menschen zusammenbringen, sie vereinigen – so wie die Zuhörer draußen am Fenster, die nun hereinkamen, mit denen, die um Yankl saßen, um ihn singen zu hören: ein Nigun aus der Tradition der Bobower Chassiden – ein Hochzeitsmarsch – und das Lied der Wischnitzer, dessen Melodie der rumänische Musikwissenschaftler Max Eisikovits Ende der 1930er-Jahre aufgezeichnet und – im letzten Moment – gerettet hatte. Das Lied hatten bereits die Engel gesungen, um die göttliche Herrlichkeit zu preisen, jede Zeile mit dem nächsten Buchstaben des hebräischen Alphabets beginnend. Die frommen Mystiker und Chassiden hatten den Gesang der Engel gehört und das Lied weitergegeben, bis es in die Liturgie der Gottesdienste zum Yom Kippur aufgenommen wurde, dem wichtigsten jüdischen Feiertag: dem Tag der großen Versöhnung. Wem allein gebührt alle Ehre, alle Herrlichkeit, Macht und Treue? Allein dem, der ewig lebt:

Ho-aderes v'ho-amuno – tsu vemen, tsu vemen? L'Khay Olomim!
Ha-bino v'ha-brokho – tsu vemen, tsu vemen? L'Khay Olomim!
Ha-gayvo v'ha-gdulo – tsu vemen, tsu vemen? L'Khay Olomim!
Ha-deyo v'ha-dibur – tsu vemen, tsu vemen? L'Khay Olomim!
Ha-hoyd v'he-hodor – tsu vemen, tsu vemen? L'Khay Olomim!
Ha-vaad v'ha-vosikus – tsu vemen, tsu vemen? L'Khay Olomim!
Ha-zokh v'ha-zohar – tsu vemen, tsu vemen? L'Khay Olomim!
Ha-tekhes v'ha-tohar – tsu vemen, tsu vemen? L'Khay Olomim!

»That's it!«, sagte Yankl in die Stille hinein und seufzte.
Ja, sagte ich, »it's done.« Das war's. In diesem Augenblick wusste ich: Unser Projekt *Zwei Familien, zwei Vergangenheiten – eine Zukunft* hatte seinen Abschluss gefunden, unsere Reise war an ihr Ziel gelangt. Was jetzt kommen würde – only God knows …
»Amen«, rief Elżbieta, und wir erhoben uns langsam von unseren Stühlen. Wir gingen in die Nacht hinaus, Rivka hakte sich bei Gabriela unter, Yankl bei mir.
Er brauche jetzt einen Wodka, sagte Yankl.
Den brauchen wir alle, rief jemand und wir begaben uns zum Plac Nowy, der einst Plac Żydowski hieß, Jüdischer Platz, wo die Kneipen und Cafés noch geöffnet waren. Unsere Wege würden sich bald wieder trennen, aber noch blieb Zeit, um anzustoßen und zu feiern. Mindestens bis zum Sonnenaufgang.
Und nächstes Jahr in Kazimierz …
L'Chaim! Auf das Leben!

Epilog und Dank

Das Buch ist das Ergebnis einer Reise in entlegene Gegenden, verdrängte Zeiten und in uns selbst. Das Projekt *Zwei Familien, zwei Vergangenheiten – eine Zukunft* hat fast vier Jahre lang Gabrielas und mein Leben bestimmt. Gemeinsam haben wir uns auf die Spuren von Michał Pazdanowski begeben und gemeinsam haben wir recherchiert und geforscht. Es war eine überaus ereignisreiche und ausgefüllte Zeit, die vor allem Gabriela bis an den Rand ihrer Kräfte gebracht hat, denn sie hat vielen unserer Gesprächspartner ihren Mund verliehen: Sie hat aus verschiedenen Sprachen simultan übersetzt und war somit das Sprachrohr unserer Gegenüber.

Sich die Worte anderer zu eigen machen zu müssen, kann sehr nahegehen, denn »das Vergangene ist nicht tot; es ist nicht einmal vergangen« (Christa Wolf). Für die einen sind Krieg, Vernichtung und Holocaust lediglich ein paar Seiten im Geschichtsbuch, irgendwo angesiedelt zwischen Dreißigjährigem Krieg und dem Fall der Berliner Mauer, aber für viele andere reicht ein Wort, und sie haben Bilder vor Augen, für die sie mühsam nach Worten ringen müssen, um sie beschreiben zu können. Traumata verjähren nicht. Das Argument »es ist schon lange her« ist kein Argument für jemanden, dessen Mutter oder Großvater in Auschwitz vergast oder auf einem Todesmarsch zugrunde gegangen sind. Aber auch für zahlreiche Nachfahren von NS-Tätern ist die familiäre Verbundenheit mit dem Nationalsozialismus eine Last – auch wenn sie wissen, dass sie für die Verbrechen ihrer Vorfahren keine Schuld tragen. Sie haben damals nicht gelebt, also können sie auch nicht für etwas verantwortlich gemacht oder schuldig gesprochen werden, was sie nicht getan haben. Moralische Schuld vererbt sich nicht. Doch die psychischen, moralischen und sozialen Folgen des Ver- und Beschweigens von Schuld beschädigen noch die folgenden Generationen. Nichts hat sich während unserer Recherchen so sehr bewahrheitet wie der Satz von Hermann Hesse: »Es kehrt alles wieder, was nicht bis zu Ende gelitten und gelöst ist.«

Aber wir hatten nicht nur die Vergangenheit im Blick, sondern auch Gegenwart und Zukunft – getreu des zweiten Mottos, das über unserem Projekt stand: »It's always good to know what went down before you, because when you know the past you can control the future« (Bob Dylan). Wir können die Zukunft sicher nicht kontrollieren, aber wir können versuchen, sie zu gestalten. Dass alles getan werden muss, damit sich das, was zwischen 1933 und 1945 geschehen ist, nicht wiederholt, ist schon so oft gesagt worden, dass es viele nicht mehr hören wollen, doch es verliert dadurch nicht seine Berechtigung. In vielen Ländern Europas wachsen Strömungen und Parteien, die unverhohlen fremdenfeindlich, rassistisch und antisemitisch sind, in Deutschland kann eine rechtsextremistische Terrorgruppe ein Jahrzehnt lang ungestört Menschen ermorden, die nicht in ihr faschistoides Weltbild passen. Wie kann man dazu schweigen? Doch die Stimmen, die aus eigenem Erleben vom Nationalsozialismus erzählen können, werden immer weniger. Schon bald wird niemand von ihnen mehr unter uns sein. Also muss der Staffelstab an die folgenden Generationen weitergereicht werden – im Sinne des Alt-Bundeskanzlers Helmut Schmidt, der einmal gesagt hat, statt von der »Gegenwart der Vergangenheit« solle man lieber von der »Zukunft der Vergangenheit« sprechen.

Wie wichtig, ja geradezu lebensrettend eine geschlossene Erinnerungskette über die Generationen hinweg, von der Vergangenheit in die Zukunft, sein kann, haben im März 2011 die Bewohner des Dorfes Aneyoshi im Norden Japans erfahren. Vielerorts stehen an der Küste Steine mit jahrhundertealten Inschriften, die vor einem Tsunami warnen, doch die Mahnungen der Ahnen waren verwittert, überwuchert und im Laufe der Zeit vergessen worden. Tausende Menschen mussten sterben, weil sie nicht wussten, wie sie sich richtig verhalten sollten, als der Ernstfall eintrat. In Aneyoshi hingegen verlor niemand sein Leben, denn das Dorf war geschlossen auf Anhöhen geflüchtet. Die Bewohner konnten sich in Sicherheit bringen, weil jeder die steinernen Mahnmale mit den Inschriften kannte – sie wurden in der Schule durchgenommen.

In der vierten Generation würden die Erinnerungen an ein grausames Ereignis verblassen, hat der japanische Katastrophenforscher Fumiko Imamura die Ignoranz seiner Landsleute gegenüber den Erfahrungen der Vorfahren erklärt. Die Jungen und Mädchen der vierten Generation nach dem Zweiten Weltkrieg sitzen nun auf den Schulbänken. Sollen sie »die Leichen des kommenden Krieges« sein? Frieden und Freiheit sind keine Selbstverständlichkeit, sie sind stets bedroht. Wir müssen also miteinander reden und aufeinander hören, um Frieden und Freiheit zu bewahren – über Grenzen, Kulturen, Sprachen und Religionen hinweg. Und gemeinsam über die Vergangenheit sprechen. Oder besser: über die Vergangenheiten, denn jeder bringt seine eigene Geschichte mit, die persönliche, die seines Landes, seines Glaubens, seiner Kultur. Nur wenn dieser offene Umgang mit der Vergangenheit gelingt, kann es zu einem Prozess des gegenseitigen Verstehens kommen und damit zu einem friedlichen Miteinander in Gegenwart und Zukunft.

Das gilt nicht nur für Deutsche, Polen und Ukrainer, für Juden und Christen, sondern für alle Menschen. Ob in Ruanda und Burundi, in Serbien und Kroatien, in Kambodscha und China – überall auf der Erde und immer wieder treffen Opfer- und Täterfamilien aufeinander. Die Familien Pazdanowski und von Seltmann stehen nur exemplarisch für zahllose andere Familien, die lernen müssen, mit einer belastenden Vergangenheit umzugehen. Doch warum sollte es nicht gelingen? Man müsse nur das beherzigen und in die Tat umsetzen, mit dem sich unser gesamtes Unterfangen zusammenfassen lasse, sagte uns jemand: »Make love – not war!«

Diese Botschaft gefällt wahrlich nicht jedem, denn während der vergangenen Jahre war ein beständiger Gegenwind unser Begleiter. Es waren nicht nur Sturm und Hagel, die gleichsam symbolhaft über unseren Reisen und Recherchen standen – einzig in Verkhovyna schien uns, zumindest überwiegend, die Sonne – und denen wir zu trotzen hatten. Wir hatten gegen einen Wind anzukämpfen, der von Menschen gemacht war und sich zeitweilig wie eine schier unüberwindbare Mauer vor uns aufbaute. Dass Gabriela mir während der gesamten Zeit Rückenwind verliehen hat, dafür gebührt ihr der höchste Dank. Ohne sie hätte das Buch nicht geschrieben werden können.

Gemeinsam danken möchten wir allen denjenigen, die uns – in unterschiedlicher Zeit und mit verschiedenen Mitteln – unterstützt haben: Unseren Familien und unseren Interviewpartnern zuerst, denn wir haben ihnen mit unseren Fragen viel zugemutet. Vieles von dem, was sie uns erzählt haben, konnte im Buch nicht aufgenommen werden, weil der Platz beschränkt war oder weil wir Vertraulichkeit zugesichert hatten. Doch – ob in Verkhovyna oder in Bidart, in Grybów, Wien oder Pobershau – ohne ihre Bereitschaft zu reden, wären wir nicht vorangekommen: Anna Maciejowska, Inka Pazdanowska-Marchori, Michał Pazdanowski Jr., Gottfried Reichel, Irène Herz, Pani Anna, Pani Wasylyna, Pani Marija, Pani Irena, Alexander Gertner, Daniel Rubin, Ruta Wermuth-Burak mit ihren Töchtern und ihrer Enkelin, Agnes Roth und Piotr Kulisiewicz, Jan Kazimierz und Pelagia Kulesza, Leopold Kozłowski-Kleinman. An dieser Stelle sei an Dieter Ambach erinnert, den Staatsanwalt des Düsseldorfer Majdanek-Prozesses, der im März 2011 verstorben ist. Dank seiner Frau Dorothee, die seine Worte in den Computer getippt hat, konnten wir bis fast zuletzt einen für mich erhellenden und wertvollen Gedankenaustausch pflegen.

In Krakau haben uns mit besonderer Anteilnahme, Ermutigung und Wundermitteln spiritueller, medizinischer und kulinarischer Art unterstützt und gestärkt: Dr. Wojciech Buła, Elżbieta Mazurkiewicz, Elżbieta Schönfeld, Rabbi Tanya Segal und unsere Freunde von Beit Kraków. Małgorzata Maruszkin vom Warschauer Verlag PWN hat uns mit ihrem Enthusiasmus vorangetrieben, Elżbieta Schönfeld uns in ihrem Café Młynek ein Zuhause geschaffen – und mir ein Refugium zum Schreiben. So wie auch Kasia Leśniak und ihre Familie im wunderbaren Leśniakówka. Dank auch an Robert Stępień vom Café Mleczarnia, ans Café Cheder (beide Krakau) und an Ewa und Jacek Budzowski in Lanckorona für die Möglichkeit des Schreibens in kreativer und angenehmer Atmosphäre. Stellvertretend für alle Klezmorim, die mit ihrer Musik unseren Geist beflügelt und unsere Herzen bewegt haben, seien Rivka und Yankl Falk genannt.

Das Buch wäre nicht fertig geworden, hätten mich nicht zwei langjährige Freunde und Kollegen mit ihren Ratschlägen aus einer Schreibkrise gerettet: Holger Spierig und Dirk Reinhardt. Wertvolle Anregungen gaben mir auch Niklas Frank, Sibylle Sterzik, die beiden Lektorinnen Iris Forster und Dagmar von Keller vom Herbig-Verlag sowie Katarzyna Weintraub, die Übersetzerin der polnischen Ausgabe.

Geschrieben werden kann nur, was zuvor recherchiert und durchdacht wurde. Auch das hätten wir nicht alleine geschafft. Unser Dank geht zuerst an Anna Pankiv, die uns mit ihrem unermüdlichen Einsatz in Verkhovyna die Türen und Herzen geöffnet hat. Wir danken ebenso Jacek Cygan, Béla Faragó, Bente Kahan, Tomasz Kobylański, Angelika Kuźniak, Manfred Maurenbrecher, Philipp Maußhardt, Celestyna Osiak, Jurko Prohasko, Arkadiusz Radwan, Leszek Rymarowicz, Froben Schulz, Paulina Schulz, Marcel Smit, Joanna Szwedowska, Herbert Ulrich, Franek Wasyl, Andrzej Wielocha, Anna Wójcik und Magdalena Zieba-Schwind für wertvolle Hinweise, Informationen und Anregungen zum Nach- und Umdenken, den Journalistinnen Judith Brandner (ORF, Wien) und Lidia Ostałowska (Gazeta Wyborcza, Warschau) sowie dem Filmemacher Barak Heymann (Tel Aviv) für weiterbringende Fragen, und besonders Zbyszek Maciejowski, der uns seine in vielen Jahren zusammengetragenen Dokumente zur Verfügung gestellt hat.

Beim Entziffern der Briefe und beim Übersetzen von Texten und Dokumenten waren uns eine unverzichtbare Hilfe: Svitlana Hvozdyar, die das mehrstündige Interview mit Pani Irena in Textform gebracht und aus dem Ukrainischen ins Polnische übersetzt hat, meine Polnischlehrerin Beata Kozak, Dominika Maciejowska, Stanisław Dzida, Joanna Kaczorowska, Georgia von Schlieffen und Tobias Weger. Auf unseren Recherchereisen haben uns in der Ukraine neben Anna Pankiv ihr Mann Stepan und Jaroslav Radzivon, der uns zu einem wahren Freund geworden ist, unterstützt, in Frankreich Marysia Marchori und Ghislain Peyretout und in Wien Steffi Jeller.

Wir wären bei unseren Recherchen unterwegs gestrandet, hätte nicht Achim Wesjohann, mit dem ich im Dresdner Bündnis *Geh Denken* gegen den alljährlichen Naziaufmarsch zum 13. Februar verbunden war, Stefan Schönfelder vom Bildungswerk Weiterdenken in der Heinrich-Böll-Stiftung Sachsen von unserem Projekt erzählt. Mit der institutionellen Anbindung und dank des Engagements von Stefan Schönfelder bekamen wir neuen Rückenwind und einen zeitweiligen polnischen Kooperationspartner: die Edith-Stein-Stiftung in Breslau, in der Paulina Maloy unsere Ansprechpartnerin war.

Unser Ziel hätten wir nicht erreicht ohne die finanzielle Unterstützung von: Michael Wiedenmann, Landesbischof Jochen Bohl, Lidka und Rafał Kazen (Firma Ranal), Lothar und Ursula von Seltmann, Karl Giebeler, dem Verein »Haus unterm Regenbogen« in Blaustein-Herrlingen, der Kulturfabrik Hoyerswerda, Niklas Frank, Sibylle Sterzik, Renate Czwalinna, Johannes und Judith Erlbruch, Annette Ehmler und Peter Schulte, Dietrich Franke, Gisela Kallenbach, Ute Caspers, Veronika Voß, Ulrich Bensberg, Jan von Campenhausen, Marion Gärtner, Klaus Lutz, Holger Spierig, Käte Wittwer, Karin Zips, Christine Dittrich-Kratzig, Siggi Haase und Jens Luniak.

Viele haben uns aus der Ferne freundschaftlich begleitet und immer wieder ermutigt. Stellvertretend für alle seien genannt Uli Adam (Österreich), Daniel Lang (Israel), Ginni Stern von den Zen-Peacemakers (USA), Stefan Seidel (Leipzig) und – mit ihrer Freundschaft Maßstäbe setzend – die bereits erwähnten langjährigen Wegbegleiter Dirk Reinhardt in Leipzig und Michael Wiedenmann mit seinen vier Jungs im Lautertal auf der Schwäbischen Alb. Ihnen allen ein herzliches Dankeschön, dziękuję bardzo, merci beaucoup, a sheynem dank, schtschyro djakujo, thank you, toda raba und ein Vergelt's Gott!

Literatur und Quellen (Auswahl)

Alberti, Bettina: Seelische Trümmer. Geboren in den 50er- und 60er-Jahren: Die Nachkriegsgeneration im Schatten des Kriegstraumas, München 2010

Alexander, Manfred: Kleine Geschichte Polens, Stuttgart 2003

Appelfeld, Aharon: Elternland. Roman, Berlin 2007

Aly, Götz: »Endlösung«. Völkerverschiebung und der Mord an den europäischen Juden, Frankfurt/Main 1995

Aly, Götz/Heim, Susanne: Vordenker der Vernichtung. Auschwitz und die deutschen Pläne für eine neue europäische Ordnung, Frankfurt/Main 5. Aufl. 2004

Ambach, Dieter/Köhler, Thomas: Lublin-Majdanek. Das Konzentrations- und Vernichtungslager im Spiegel von Zeugenaussagen, Düsseldorf 2004

Andruchowytsch, Juri: Zwölf Ringe. Roman, Frankfurt/Main 2005

Assmann, Aleida: Der lange Schatten der Vergangenheit. Erinnerungskultur und Geschichtspolitik, München 2006

August, Jochen: »Sonderaktion Krakau«. Die Verhaftung der Krakauer Wissenschaftler am 6. November 1939, Hamburg 1997

Aust, Stefan/Spörl, Gerhard (Hg.): Die Gegenwart der Vergangenheit. Der lange Schatten des Dritten Reiches, München 2. Aufl. 2004

Baberowski, Jörg: Der rote Terror. Die Geschichte des Stalinismus, München 2003

Baedeker, Karl: Das Generalgouvernement. Reisehandbuch, Leipzig 1943

Bar-On, Dan: Die Last des Schweigens. Gespräche mit Kindern von NS-Tätern, Hamburg 2. Aufl. 2004

Beitl, Klaus (Hg.): Galizien. Ethnographische Erkundung bei den Bojken und Huzulen in den Karpaten, Wien 1998

Benz, Wolfgang (Hg.): Wann ziehen wir endlich den Schlussstrich? Von der Notwendigkeit öffentlicher Erinnerung in Deutschland, Polen und Tschechien, Berlin 2004

Bingen, Dieter/Ruchniewicz, Krzysztof (Hg.): Länderbericht Polen, Bonn 2009

Bode, Sabine: Kriegsenkel. Die Erben der vergessenen Generation, Stuttgart 8. Aufl. 2011

Böhler, Jochen: Auftakt zum Vernichtungskrieg. Die Wehrmacht in Polen 1939, Frankfurt/Main 2. Aufl. 2006

Böhler, Jochen: Der Überfall. Deutschlands Krieg gegen Polen, Frankfurt/Main 2009

Borodziej, Włodzimierz: Geschichte Polens im 20. Jahrhundert, München 2010

Browning, Christopher R.: Ganz normale Männer. Das Reservebataillon 101 und die »Endlösung« in Polen, Reinbek b. Hamburg 1993

Browning, Christopher R.: Die Entfesselung der »Endlösung«. Nationalsozialistische Judenpolitik 1939–1942, Berlin 2006

Broszat, Martin: Nationalsozialistische Polenpolitik 1939–1945, Stuttgart 1961

Bruder, Franziska: »Den ukrainischen Staat erkämpfen oder sterben!« Die Organisation Ukrainischer Nationalisten (OUN) 1929–1948, Berlin 2006

Burg, Josef: Begegnungen. Eine Karpatenreise, Winsen/Luhe 2006

Brunner, Claudia/Seltmann, Uwe von: Schweigen die Täter, reden die Enkel, Frankfurt/Main 2004

Chotkewytsch, Hnat: Osterfest am Czeremosz, in: Gauß, Karl-Markus/Pollack, Martin: Das reiche Land der armen Leute. Literarische Wanderungen durch Galizien, Klagenfurt/Celovec 2007

Cybenko, Larissa: Die Aura einer Berglandschaft: die ukrainischen Karpaten, in: Weltmuseum der Berge, Wien 2009

Cygan, Jacek: Klezmer. Opowieść o życiu Leopolda Kozłowskiego-Kleinmana, Kraków u. Budapest 2009

Davies, Norman: Im Herzen Europas. Geschichte Polens, München 4. Aufl. 2006

Desbois, Patrick: Der vergessene Holocaust. Die Ermordung der ukrainischen Juden. Eine Spurensuche, Berlin 2009

Dulik, Leszek/Golec, Waldemar: The Eastern Borderlands in the Photographs by Henryk Poddębski, Lublin 2010

du Prel, Max: Das Generalgouvernement, Würzburg 1942

Edelman, Marek: Das Ghetto kämpft. Warschau 1941–1943, Berlin 1993

Engelking, Barbara/Hirsch, Helga (Hg.): Unbequeme Wahrheiten. Polen und sein Verhältnis zu den Juden, Frankfurt/Main 2008

Ennulat, Gertrud: Kriegskinder. Wie die Wunden der Vergangenheit heilen, Stuttgart 2008

Gutman, Israel u. a. (Hg.): Enzyklopädie des Holocaust. Die Verfolgung und Ermordung der europäischen Juden (3 Bände), Berlin 1993

Fischer, Torben/Matthias N. Lorenz (Hg.): Lexikon der »Vergangenheitsbewältigung« in Deutschland. Debatten- und Diskursgeschichte des Nationalsozialismus nach 1945, Bielefeld 2. Aufl. 2009

Frank, Niklas: Der Vater. Eine Abrechnung, München 1987

Frei, Norbert: 1945 und wir. Das Dritte Reich im Bewußtsein der Deutschen, München 2009

Gebert, Konstanty: Living in the Land of Ashes, Kraków u. Budapest 2008

Geiss, Immanuel/Jacobmeyer, Wolfgang: Deutsche Politik in Polen 1939–1945. Aus dem Diensttagebuch von Hans Frank, Generalgouverneur in Polen, Opladen 1980

Gertner, Jehoschua/Gertner, Danek: Der Untergang von Kosow und Zabie. Zwei Augenzeugenberichte einer Katastrophe, Wien 1998

Gertner, Danek: Ich folge dem Weg von zuhause. Eine Lebensgeschichte, Wien o.J.

Grabitz, Helge/Scheffler, Wolfgang: Letzte Spuren. Ghetto Warschau – SS-Arbeitslager Trawniki – Aktion Erntefest, Berlin 2. Aufl. 1993

Gross, Jan Tomasz: Und wehe, du hoffst ... Die Sowjetisierung Ostpolens nach dem Hitler-Stalin-Pakt 1939–1941, Freiburg 1988

Herbert, Ulrich: Nationalsozialistische Vernichtungspolitik 1939-1945. Neue Forschungen und Kontroversen, Frankfurt/Main 3. Aufl. 1998

Heer, Hannes: »Hitler war's«. Die Befreiung der Deutschen von ihrer Vergangenheit, Berlin 2005

Hartmann, Kinga: Geschichte verstehen – Zukunft gestalten. Die deutsch-polnischen Beziehungen in den Jahren 1933–1949, Dresden u. Wrocław 2. Aufl. 2009

Heyde, Jürgen: Geschichte Polens, München 2006

Heydecker, Joe J.: Das Warschauer Getto. Foto-Dokumente eines deutschen Soldaten aus dem Jahr 1941. Vorw. v. Heinrich Böll, München 2. Aufl. 1984

Hilberg, Raul: Die Vernichtung der europäischen Juden. Die Gesamtgeschichte des Holocaust (3 Bände), Frankfurt/Main 1990

Himmler, Katrin: Die Brüder Himmler. Eine deutsche Familiengeschichte, Frankfurt 4. Aufl. 2008

Hobsbawm, Eric: Das Zeitalter der Extreme. Weltgeschichte des 20. Jahrhunderts, München 1995

Hofmann, Gunter/Krzemiński, Adam: Schuld & Sühne & Stolz & Vorurteil. Polen und Deutsche, Berlin u. Warszawa 2007

Holzer, Jerzy: Polen und Europa. Land, Geschichte, Identität, Bonn 2. Aufl. 2007

Illustrierte Geschichte der Flucht und Vertreibung. Mittel- und Osteuropa 1939 bis 1959, Warszawa u. Augsburg 2009

Jockheck, Lars: Propaganda im Generalgouvernement, Osnabrück 2006

Jordan, Gerhard von: Polnische Jahre, o.A.

Kappeler, Andreas: Kleine Geschichte der Ukraine, München 3. Aufl. 2009

Kochanowski, Jerzy/Kosmala, Beate (Hg.): Deutschland, Polen und der Zweite Weltkrieg. Geschichte und Erinnerung (Eine Publikation des Deutsch-Polnischen Jugendwerks), Potsdam/Warschau 2009

Kozlowski, Maciej u. a. (Hg.): Difficult Questions in Polish-Jewish Dialogue, Warszawa 2006

Kranz, Tomasz (Hg): Unser Schicksal – eine Mahnung für euch. Berichte und Erinnerungen der Häftlinge von Majdanek, Lublin 1994

Kranz, Tomasz: Zur Erfassung der Häftlingssterblichkeit im Konzentrationslager Lublin, Lublin 2007

Kranz, Tomasz: Lublin-Majdanek – Stammlager, in: Benz, Wolfgang/ Distel,
Barbara (Hg.): Der Ort des Terrors, Band 7, München 2008

Krzemiński, Adam: Testfall für Europa. Deutsch-polnische Nachbarschaft
muss gelingen, Hamburg 2008

Krótki Przewodnik po Huculszczyźnie, Warszawa 1933

Lawaty, Andreas/Orłowski, Hubert: Deutsche und Polen. Geschichte-Kultur-
Politik, München 2003

Lichtenstein, Heiner: Majdanek. Geschichte eines Prozesses, Frankfurt/Main
1979

Longerich, Peter: Heinrich Himmler. Biographie, München 2008

Lüdemann, Ernst: Ukraine, München 3. Aufl. 2006

Madajczyk, Czesław (Hg.): Vom Generalplan Ost zum Generalsiedlungsplan.
Dokumente, Berlin 1994

Marszałek, Józef: Majdanek. Konzentrationslager Lublin, Warszawa 1984

Mazover, Mark: Europa unter der Herrschaft des Nationalsozialismus, München 2009

Meyers Großes Konversations-Lexikon. Ein Nachschlagewerk des allgemeinen Wissens. (20 Bände), Leipzig u. Wien 6. Aufl. 1902-08

Młynarczyk, Jacek Andrzej (Hg.): Polen unter deutscher und sowjetischer
Besatzung 1939–1945, Osnabrück 2009

Motyka, Gregorz: Der Zweite Weltkrieg im ukrainisch-polnischen historischen Gedächtnis, in: Krasnodębski, Zdzisław u. a. (Hg.): Last der
Geschichte? Kollektive Identität und Geschichte in Ostmitteleuropa. Bela-
rus, Polen, Litauen, Ukraine, Hamburg 2009

Müller-Hohagen, Jürgen: Verleugnet, verdrängt, verschwiegen. Die seelischen
Auswirkungen der Nazizeit, München 1988

Musial, Bogdan: Deutsche Zivilverwaltung und Judenverfolgung im
Generalgouvernement. Eine Fallstudie zum Distrikt Lublin, Wiesbaden
1999

Peisker, Ingrid: Vergangenheit, die nicht vergeht. Eine psychoanalytische Zeit-
diagnose zur Auseinandersetzung mit dem Nationalsozialismus, Gießen
2005

Pohl, Dieter: Von der »Judenpolitik« zum Judenmord. Der Distrikt Lublin des
Generalgouvernements 1939-1944, Frankfurt/Main u. a. 1993

Pohl, Dieter: Nationalsozialistische Judenverfolgung in Ostgalizien 1941–
1944. Organisation und Durchführung eines staatlichen Massenverbre-
chens, Wien 1996

Pohl, Dieter: Verfolgung und Massenmord in der NS-Zeit 1933–1945, Darmstadt 2003

Pollack, Martin: Galizien. Eine Reise durch die verschwundene Welt Ostgaliziens und der Bukowina, Frankfurt 2001

Radzik, Tadeusz: Zagłada Lubielskiego Getta – The Extermination of the Lublin Ghetto, Lublin 2007

Rees, Laurence: Auschwitz. Geschichte eines Verbrechens, Berlin 4. Aufl. 2009

Roth, Markus: Herrenmenschen. Die deutschen Kreishauptleute im besetzten Polen – Karrierewege, Herrschaftspraxis, Nachgeschichte, Göttingen 2. Aufl. 2009

Roth, Joseph: Reise durch Galizien, in: Joseph Roth Werke, Band 2. Das journalistische Werk 1924–1928, Köln 1989

Rothfels, Hans/Eschenburg, Theodor (Hg.): Vierteljahreshefte für Zeitgeschichte, 7. Jahrgang/3. Heft, Stuttgart 1959

Sandkühler, Thomas: »Endlösung« in Galizien. Der Judenmord in Ostpolen und die Rettungsinitiativen von Berthold Beitz 1941–1944, Bonn 1996

Schenk, Dieter: Hans Frank. Hitlers Kronjurist und Generalgouverneur, Frankfurt 2006

Schenk, Dieter: Krakauer Burg. Die Machtzentrale des Generalgouverneurs Hans Frank 1939–1945, Berlin 2010

Schulz, Hermann u. a.: Söhne ohne Väter. Erfahrungen der Kriegsgeneration, Berlin 3. Aufl. 2007

Schwan, Gesine: Politik und Schuld. Die zerstörerische Macht des Schweigens, Frankfurt 3. Aufl. 2001

Schwindt, Barbara: Das Konzentrations- und Vernichtungslager Majdanek. Funktionswandel im Kontext der »Endlösung«, Würzburg 2005

Simon, Hermann u. a.: Lemberg. Eine Reise nach Europa, Berlin 2007

Snyder, Timothy: Bloodlands. Europa zwischen Hitler und Stalin, München 2011

Sperber, Manès: Die Wasserträger Gottes. All das Vergangene …, Hamburg 1978

Sydnor, Charles W.: Die Soldaten des Todes. Die 3. SS-Division »Totenkopf« von 1933–1945, Paderborn 5. Aufl. 2007

Templin, Wolfgang: Farbenspiele – die Ukraine nach der Revolution in Orange, Osnabrück 2. Aufl. 2008

Urban, Thomas: Der Verlust. Die Vertreibung der Deutschen und Polen im 20. Jahrhundert, München 2006

Ustorf, Anne-Ev: Wir Kinder der Kriegskinder. Die Generation im Schatten des Zweiten Weltkriegs, Freiburg i. B. 2008

Vincenz, Stanisław: Auf der Suche nach dem Taubenbuch des Baal Schem Tov und andere Geschichten aus dem Karpatenhochland von Huzulen, Chassidim und Rachmanen (Aus dem Polnischen übersetzt von Herbert Ulrich), Lublin 2005

Wermuth, Ruta: Im Mahlstrom der Zeiten. Die ungewöhnliche Geschichte eines jüdischen Geschwisterpaares, Berlin 2005

Wielocha, Andrzej: Petro Szekeryk-Donykiw. Biografia nie całkiem kompletna, in: Płaj. Almanach Karpacki (Band 35), Warszawa 2007

Wiśniewska, Anna/Rajca, Czesław: Majdanek. Das Lubliner Konzentrations-
    lager, Lublin 2. Aufl. 2002
Wittlin, Jozef: Das Salz der Erde. Roman, Frankfurt/Main 2000
Włodek, Jan Marian: Legionista Dyplomata Uczony, Kraków 2009
Zeller, Michael: Noch ein Glas mit Pan Tadeusz. Krakauer Geschichten,
    Cadolzburg 2000

Zitatnachweis:

S. 7 und S. 10: Josef Burg, *Eine Karpatenreise*, Hans-Boldt-Verlag,
Winsen/Luhe 2006, Seite 6

S. 99: Jósef Wittlin, *Das Salz der Erde*, Suhrkamp Verlag, Frankfurt/Main
2000, Seite 34

S. 298: Manès Sperber, *Die Wasserträger Gottes. All das Vergangene ...*,
Europa Verlag, Wien 1974, Seite 19f.

S. 299: Manès Sperber, *Die Wasserträger Gottes. All das Vergangene ...*,
Europa Verlag, Wien 1974, Seite 55

S. 304: Manès Sperber, *Die Wasserträger Gottes. All das Vergangene ...*,
Europa Verlag, Wien 1974, Seite 66/67

Der lange Schatten der Vergangenheit

Das packende Protokoll einer folgenreichen Ge-
schichtsmanipulation: Franz Kadell zeichnet die
Geschehnisse um den Massenmord an polnischen
Offizieren und Bildungsbürgern im Frühjahr 1940
eindringlich nach und zeigt auf, welch perfide Rän-
kespiele die Sowjetunion, die alliierten Westmäch-
te und die Nazis mit dem Verbrechen trieben. Er
macht deutlich, warum der »Fall Katyn« auch heute längst nicht abgeschlossen ist, sondern in die Zukunft Europas reicht.

*»Wer eine übersichtliche, gut lesbare Darstellung der
nunmehr sieben Jahrzehnte umfassenden Manipula-
tionen um das Massaker von Katyn sucht, wird sie bei
Kadell finden.«* Deutschlandradio Kultur

Franz Kadell
Katyn
256 Seiten mit Abb., ISBN 978-3-7766-2660-5

HERBiG www.herbig-verlag.de

Sechs Menschen, sechs Schicksale:
Die letzten Zeitzeugen berichten

Anne Franks tragische Lebensgeschichte ist der
Welt bekannt. Aber was wurde aus den Kindern,
die zur Zeit des Zweiten Weltkriegs gemeinsam
mit ihr das Jüdische Gymnasium in Amsterdam
besuchten?

Theo Coster, ein ehemaliger Schulfreund und
Überlebender des Holocaust, begibt sich auf die
Suche nach seinen Mitschülern. Wer von ihnen
hat den Krieg überlebt, wie sind sie der erbar-
mungslosen Judenverfolgung durch die Nazis
entkommen und was können sie von Anne Frank
erzählen? Aus allen Teilen der Welt kommen sechs
Schulkameraden zu einem späten Klassentreffen
in Amsterdam zusammen und lassen die Erinnerung an eine dramatisch-grausame Zeit lebendig
werden.

Theo Coster
In einer Klasse mit Anne Frank

Aus dem Niederländischen von Mirjam Pressler
224 Seiten mit Abb., ISBN 978-3-7766-2670-4

HERBiG www.herbig-verlag.de

Gibt es Gott? Antworten auf die Sinnfrage

Natürlich existiert Gott, sagen die einen – alles Unsinn, meinen die anderen. Ist Gott der Schöpfer oder selbst nur eine findige Schöpfung? Die Frage beschäftigt den Menschen seit alters und ist doch aktuell wie nie. Gerade in unserer durchrationalisierten Welt suchen viele nach dem tieferen Sinn ihres Daseins.

Karsten Krampitz und Uwe von Seltmann sind überzeugt, dass man über Gott reden und vor allem streiten kann. Dazu sammelten sie unterschiedlichste Stimmen zum Thema »Gott« quer durch unsere Gesellschaft. Das Resultat: eine originell-lebhafte Debatte über Glück und Elend des Menschen, mit oder ohne Gott zu leben.

Mit Beiträgen von Lea Ackermann, Henryk M. Broder, Jakob Hein, Fiona Lorenz, Manfred Lütz, Bodo Ramelow, Michael Schmidt-Salomon u.v.a.

Leben mit und ohne Gott.
Beiträge zur inneren Sicherheit

Herausgegeben von Karsten Krampitz und Uwe von Seltmann
264 Seiten., ISBN 978-3-7766-2645-2

HERBiG   www.herbig-verlag.de

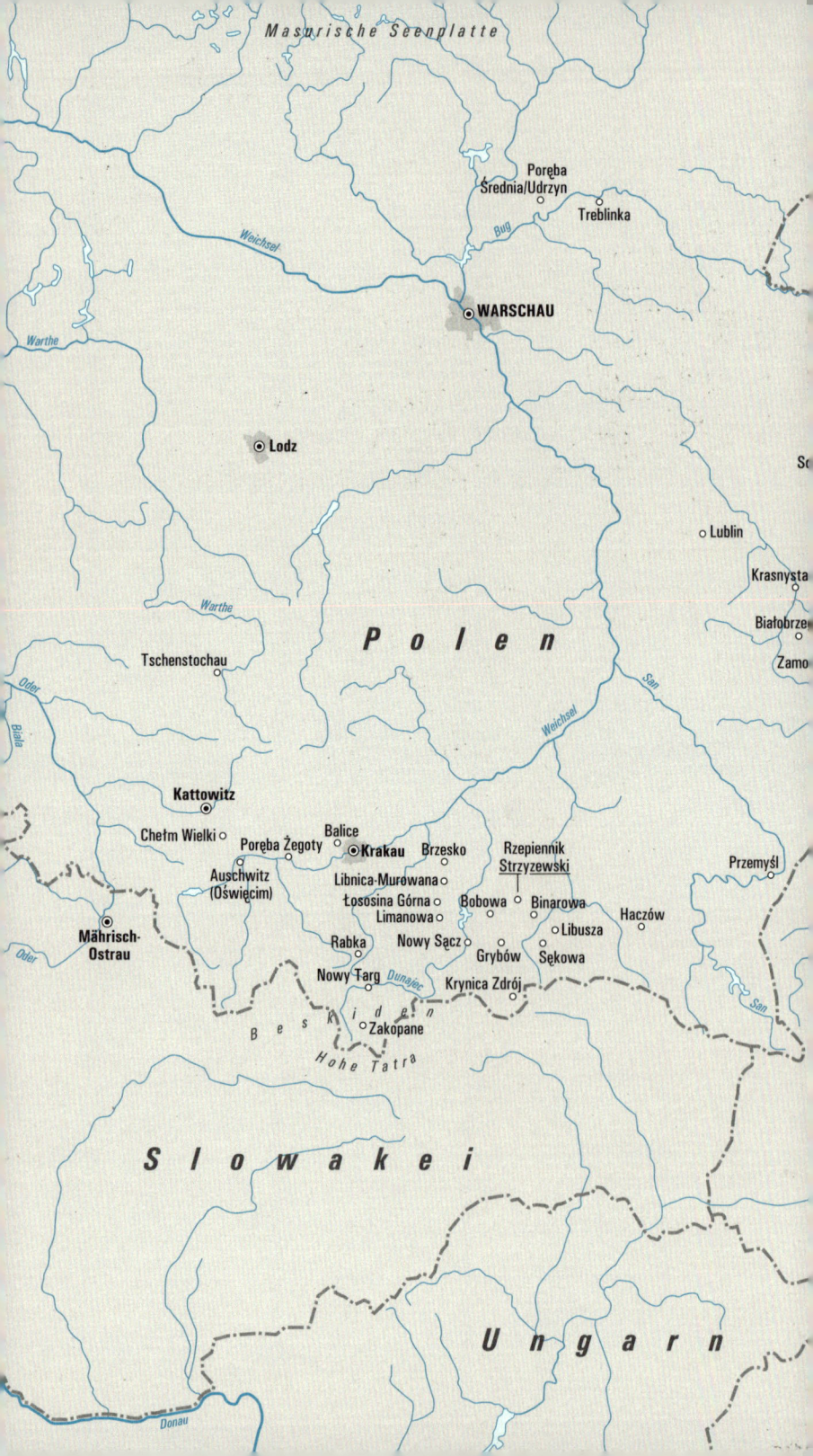